플라톤의 철학

플라톤의 철학

크리스토퍼 J. 로위 지음

유원기 옮김

서광사

이 책은 Christopher J. Rowe의 *PLATO 2nd Edition* (Bloomsbury Publishing Plc.,
2004)을 완역한 것이다.

플라톤의 철학

크리스토퍼 J. 로위 지음
유원기 옮김

펴낸이 | 김신혁, 이숙
펴낸곳 | 도서출판 서광사
출판등록일 | 1977. 6. 30.
출판등록번호 | 제 406-2006-000010호

(10881) 경기도 파주시 회동길 77-12 (문발동)
대표전화 (031) 955-4331 팩시밀리 (031) 955-4336
E-mail: phil6161@chol.com
http://www.seokwangsa.co.kr | http://www.seokwangsa.kr

제1판 제1쇄 펴낸날 — 2019년 6월 30일

ISBN 978-89-306-0640-0   93160

영국 출신의 저명한 철학자 화이트헤드(Alfred North Whitehead, 1861-1947)는 현대 서양철학이 플라톤(기원전 427~347)의 글에 덧붙인 일련의 각주에 불과하다고 말했던 바 있다. 그가 함축하듯이, 오늘날 다루어지는 철학적 주제들이 2,400여 년 전에 플라톤이 다루었던 주제들과 크게 다르지 않은 반면에, 그 주제들에 대한 논의가 과거보다 정교하고 세분화되고 복잡해진 것은 사실이다. 물론 그렇다고 해서 플라톤의 철학적 논의가 누구나 이해할 수 있을 정도로 단순하고 느슨했던 것은 아니다. 무엇보다도 플라톤의 철학은 그가 집필한 30여 편의 저술 속에 넓게 퍼져 있기 때문에, 그의 철학을 전체적으로 파악하고 이해하는 일이 결코 쉽지 않다. 따라서 그의 철학을 제대로 이해할 수 있도록 도와줄 친절한 안내자가 절실하게 요구되며, 그런 안내자의 역할을 자처하고 있는 것이 바로 이 책『플라톤의 철학』이다.

이 책은 영국의 고전학자 크리스토퍼 제임스 로위(C.J. Rowe)가 집필한《Plato》의 개정판을 번역한 것이다. 로위는 영국의 브리스톨대학교(University of Bristol, 1968-1995)와 더럼대학교(University of

Durham, 1996–2009)에서 주로 재직하고 2009년에 퇴임했다. 온화한 인품과 정열적인 학구열을 가진 그는 플라톤과 아리스토텔레스에 대한 연구논문과 저서를 많이 집필했을 뿐만 아니라 플라톤의 『파이돈』, 『파이드로스』, 『향연』, 아리스토텔레스의 『니코마코스 윤리학』 등을 번역하고 주석했으며, 아직도 연구에 전념하고 있다.

이 책의 초판본은 1984년에 출간되었고, 이십여 년이 지난 2003년에 개정판이 출간되었다. 〈초판 서문〉에서 로위는 "플라톤의 핵심적인 주제들과 논증들에 대해 일관된 설명을 제시"하겠다는 목표를 제시한다. 그리고 〈개정판 서문〉에서 그는 초판 출간 이후 이십여 년의 세월이 흘렀지만 이 책이 여전히 플라톤의 철학을 탐구하도록 이끌어주는 안내자의 역할을 제대로 수행할 수 있다는 믿음을 재확인하면서, 지난 이십여 년 동안의 연구를 통해 달라진 몇 가지 견해들을 보여준다. 로위는 그처럼 달라진 견해들을 본문에 반영하지는 않고, 그러한 견해들이 논의되거나 나타난 참고문헌들만을 제시한다. 그럼에도 그는 이 책이 대체로 영어권에서 표준적인 해석으로 간주되는 내용을 담고 있기 때문에 "비교적 안전한 출발점"으로 볼 수 있다고 말한다. 총 10장과 〈에필로그〉로 구성되는 이 책의 내용을 간단히 살펴보자.

1장 〈플라톤과 소크라테스〉에서 로위는 먼저 플라톤의 스승인 소크라테스에 대한 이야기를 시작한다. 우리는 플라톤의 작품들 가운데 마치 연극의 대본이나 영화의 시나리오처럼 대화 형식으로 이루어진 글을 대화록이라 부른다. 그의 작품들이 모두 대화록은 아니지만 대부분이 대화록의 형식을 갖추고 있으며, 또한 모두 그런 것은 아니지만 대부분의 대화록에서 이야기를 이끌어가는 화자가 소크라테스이다. 그런데 여기에서 즉각적으로 제기되는 문제는 소크라테스가 누구인가, 그런 사람이 실제로 존재했는가, 그의 철학은 무엇인가, 대화록에 나타나는 철학적 이론은 도대체 누구의 것인가 등을 포함한 이른바 '소크라테스적 문제'이다. 일반적으로 학계에서는 대화록의 집필 시기를 세 시기로 구분하고, 첫 번째 시기의 대화록에 나타나는 이론은 소크라테스의 것이고, 두 번째와 세 번째 시기의 대화록에 나타나는 이론은 플라톤의 것으로 간주한다. 하지만 로위는 이런 집필 시기를 제시하기보다는 "덕은 지식이다."와 같이 소크라테스의 것으로 알려진 견해와 다른 견해들의 일관성을 살피고, 또한 소크라테스와 플라톤의 이론적 차이를 고찰함으로써 어디까지가 소크라테스의 견해이고 어디부터가 플라톤의 견해인가를 논의하고 있다. 여기에서 로위는 특히 『일곱 번째 편지』가 플라톤의 작품이 아닐 가능성을 강하게 지적한다.

2장 〈대화록과 대화록의 형식〉은 플라톤이 대화록 형식의 글을 쓰기로 결심했던 이유가 무엇인가에 대한 이야기로 시작된다. 로위는 플라톤이 대화록 형식을 이용한 것은 소크라테스의 문답법에서 비롯된 것이며, 이것이 소크라테스와 플라톤의 친밀한 관계를 보여준다고 말한다. 그는 말로 하는 구어적인 논의와 글로 하는 문어적인 논의에 대해 고대 그리스인들이 어떻게 생각했는가에 대해 논의하면서, 특히 『에우튀프론』, 『향연』, 『정치가』를 중심으로 하여 대화록의 구조와 형식을 자세히 설명한다. 로위에 따르면, 『에우튀프론』은 철학적 사고의 필요성을 역설하는 설득적인 방법과 구체적인 사례들로부터 시작하는 귀납적인 방법을 사용하고, 특히 "X란 무엇인가?"와 같은 문답 형식을 사용한다. 반면에 『향연』은 『에우튀프론』처럼 묻고 답하는 형식이 아니라 길고 복잡한 이야기를 전개하는 문학적이고도 희곡적인 형식으로 구성되지만, 결국 궁극적인 목표는 구체적인 사례들을 탐색하는 것이 아니라 그것들에 공통된 형상을 추구한다는 점에서 동일하다. 한편,

『정치가』에서는 철학의 필요성에 대한 설득적 논의가 약화되는 한편 철학적 방법론에 대한 논의가 더 강화된다.

3장 〈'형상'에 관하여〉에서 로위는 '이론'을 '단일하고 통합된 생각들의 모음'으로 규정하고, 이 규정에 따르면 플라톤은 변함없이 항상 동일한 형상 '이론'을 가졌던 것이 아니라 때때로 달라질 수 있는 형상에 대한 '반성'을 했을 뿐이라고 말한다. 로위는 플라톤의 초기와 중기 대화록에 소개되는 형상의 특징을 두 가지로 정리한다. 첫째는 형상이 개별자들로부터 분리되어 존재한다는 것이고, 둘째는 형상이 개별자들보다 더 완벽하다는 것이다. 플라톤은 먼저 『향연과 『국가』를 예로 들어 형상의 성격을 규정하고, 형상과 개별자의 관계를 설명한다. 그런 뒤에 『파르메니데스』와 『소피스트』 등의 내용을 토대로 개별자가 형상에 참여한다고 할 때 '참여'의 정확한 의미가 무엇인가에 대해 자세히 논의한다. 〈덧붙이는 글〉에서 언급되듯이, '형상'과 '속성'의 근본적인 차이점은 전자가 사물로부터 분리되는 반면에 후자는 사물에 속한다는 것이다. 3장은 이와 같이 다양한 형상의 성격들을 논의하고 있다.

4장 〈지식, 쾌락, 그리고 좋음〉은 '좋음(the good)'에 대한 논의로 시작된다. 영어 단어 'good'은 종종 '선(善)'으로 번역되어왔다. 그러나 '선'이라는 한자어는 흔히 '착함'으로 해석됨으로써 도덕적인 성격을 함축하는 것으로 이해되지만, 플라톤이 말하는 좋음이 반드시 도덕적 성격을 갖는가에 대해서는 논란의 여지가 있다. 따라서 여기에서는 'good'을 '좋음'이라고 해석함으로써 도덕적인 의미의 함축을 배제한다. 즉, 어떤 것이 좋다고 해서 그것이 도덕적으로 좋다는 의미는 아니라는 것이다. 한편, 여기에서는 'pleasure'를 '쾌락'으로 번역한다. 종종 '쾌락'이라는 단어가 육체적 쾌락이나 물질적 쾌락의 의미로 이해됨으로써 부정적인 느낌을 주지만, 여기에서의 '쾌락'은 좋을 수도 있고 나쁠 수도 있는 것으로 이해되어야 한다.

　『국가』에서 소크라테스는 '좋음'을 '쾌락'과 동일시하는 사람들과 '지식(또는 지혜)'과 동일시하는 사람들이 있다고 말하면서, 이 견해들을 모두 부정한다. 먼저 쾌락에는 좋은 쾌락뿐만 아니라 나쁜 쾌락도 있으므로 좋음과 쾌락을 동일시할 수 없다. 또한 "좋음이 무엇에 대한 지식이냐?"라는 질문에 대한 답변은 "좋음이 좋음에 대한 지식이다."라는 답변뿐인데, 이것은 순환적이므로 좋음과 지식을 동일시할 수 없다는 것이다. 이와 같이 문제 제기를 한 뒤에, 로위는 "덕이 가르쳐질 수 있는가?"라는 문제와 관련하여 좋음의 문제를 집중적으로 논의하는 『프로타고라스』와 『고르기아스』의 내용을 소개한다. 그런 뒤에 그는 『국가』에서 언급되는 '정의', '덕', '쾌락'에 대한 플라톤의 논의를 소개하며, 끝으로 '쾌락'을 네 가지 범주로 나누어 자세히 다루고 있는 『필레보스』의 논의를 언급한다.

　5장 〈국가와 개인〉은 『국가』, 『정치가』, 『법률』을 중심으로 하여 국가와 개인에 대한 플라톤의 견해를 논의한다. 『국가』 VI권은 배의 선주와 선원들의 관계가 국가와 개인의 관계를 나타낸다고 말한다. 하지만 항해술과 통치술의 유비는 아주 적절하지는 않다. 왜냐하면 선주는 자신이 가려고 하는 목적지는 알지만 그곳으로 배를 항해할 수 있는 항해술을 모를 수도 있다. 그러나 국가의 통치자는 목적지는 물론이고 그 목적지로 나아가는 방법도 알기 때문이다. 즉, 선주는 목적만 알지 수단은 알지 못하는 반면에, 통치자는 목적과 수단을 모두 안다고 할 수 있다. 선주는 자신들이 행복하기를 욕구한다는 것은 알지만 그것을 어떻게 획득할 것인지 알지 못하는 일반 대중들과 비슷하다는 것이다. 이 장에서 로위는 『국가』에서 논의된 통치자의 자격과 역할에 대한 논의로부터 아름다운 국가의 실현 가능성에 대한 논의까지 국가와 관련된

다양한 측면들을 살피고 있다. 그런 뒤에 그는 통치술을 소유한 사람에 의한 통치와 법률에 의한 통치를 구분하는 『정치가』와 가장 바람직한 정치체제를 논의하는 『법률』의 내용을 다룬다.

6장 〈시인, 웅변가, 그리고 소피스트〉는 그들 각자의 역할에 대한 플라톤의 견해를 다루고 있다. 플라톤은 시인들이 화가들과 마찬가지로 진리에 관심이 없기 때문에 좋고 나쁜 것을 구분하지도 않으며, 또한 삶에 대한 참된 지식이 없으면서도 삶에 대해 이야기한다는 점을 비판한다. 예를 들어, 그들은 아름다움 자체, 즉 아름다움의 형상을 보지 못하고 시각적으로 아름답게 나타난 것들에 관심을 갖는다는 것이다. 또한 『고르기아스』와 『파이드로스』에서 플라톤은 수사학자들이 청중들에게 좋거나 나쁜 것이 무엇인가를 알려주기보다는 그들의 쾌락만을 목표로 하며, 또한 좋은 쾌락과 나쁜 쾌락이 무엇이고 그것의 본성이나 원인이 무엇인지에 대해서 탐구하지 않는다는 점에서 거부한다. 플라톤은 웅변가와 수사학자를 구분하는데, 전자는 청중들에게 진리를 설득하려고 노력하는 사람인 반면에, 후자는 그것이 진리든 아니든 상관없이 단지 말의 설득력에만 관심을 두는 사람이라고 말한다. 따라서 그의 비판은 전자보다는 후자에 집중된다. 한편, 플라톤은 소피스트들이 덕을 가르칠 자격이 없음에도 불구하고 교사라고 자처한다는 점에서 그들을 비판한다. 다시 말해서, 그들은 덕을 가르친다고 주장하지만 덕을 가르치는 데 필요한 진정한 지식을 결여하고 있다는 것이다.

7장 〈'영혼'에 관하여〉는 영혼에 대한 논의를 하는 장인데, 로위는 소크라테스가 그 이전의 다른 철학자들과 달리 영혼에 관한 이론을 갖지 않았다고 주장한다. 반면에 우리는 영혼에 관한 플라톤의 이론을 특히 『파이돈』과 『파이드로스』 등에서 찾아볼 수 있다. 플라톤에 따르면, 육체는 물질적이기 때문에 감각적이고 가변적인 반면에, 영혼은 불사하고 지성적이고 단일하고 불가분적이고 불변하며 지속된다. 육체는 지혜와 진리의 추구를 방해하는 방해물이며 우리를 혼란스럽게 만들기 때문에, 육체로부터 영혼을 가능한 한 멀리 떨어지게 해야 한다. 이처럼 육체로부터 영혼이 해방되는 과정이 죽음이며, 죽음을 연습하는 학문이 바로 철학이라는 것이 플라톤의 견해이다. 여기에서 로위는 『티마이오스』에서 언급되는 세계영혼에 대해 간략하게 설명한다.

8장 〈자연세계에 관하여〉는 플라톤의 우주론적 견해를 담고 있다. 우주의 발생과 구성에 대한 플라톤의 우주발생론은 『티마이오스』에서 주로 논의된다. 그의 우주발생론에서 핵심적인 개념들은 데미우르고스라는 신적 제작자 또는 장인, 형상, 그리고 형상을 받아들이는 수용자 또는 질료, 질료가 가진 필연적인 성질을 의미하는 필연성 또는 방황하는 원인 등이다. 로위는 우주발생과 관련하여 이 개념들의 성질과 상호관계를 설명한다. 한편, 『법률』은 기본적으로 정치학적 저술로 간주되지만, 그 안에서도 간혹 천문학이나 자기 운동 등에 대한 플라톤의 자연철학적 견해가 나타난다. 이 장의 중반 이후에, 로위는 특히 운동의 근원에 대한 『티마이오스』와 『법률』의 상충된 견해들이 어떻게 조화될 수 있는가에 대해 자세히 논의한다.

9장 〈 '기록되지 않은 학설들' 〉에서 로위는 대화록 등의 형태로 남지 않고 구술상으로 전해진 플라톤의 사상이 있을 가능성을 함축한다. 즉, 현재 우리에게 전해지는 플라톤의 작품들만으로는 그의 사상을 온전하게 모두 알기 어려울 수도 있다는 것이다. 로위는 사실상 플라톤의 핵심 사상이 대화록 외부에서 발견될 가능성을 2장에서 언급했던 적이 있다. 그는 9장에서 그 문제를 좀 더 자세하게 논의하면서 플라톤이 수학에 토대하여 모든 학문들을 통합하려고 계획했었을 수도 있다고 말한다.

10장 〈플라톤과 당시의 사상〉에서 로위는 이전의 철학자들이 플라톤에게 얼마나 많은 영향을 미쳤는가에 대해 논의한다. 그는 이전 철학자들과 플라톤의 관계에 대한 아리스토텔레스의 견해를 비판함으로써, 플라톤의 제자였고 누구보다 그와 가까웠던 것으로 알려진 아리스토텔레스의 이야기조차 무비판적으로 수용하지 말고 조심스럽게 검토할 것을 제안한다. 플라톤의 철학이 이전 철학자들의 이론을 명료화하거나 종합한 것에 불과한지, 또는 완전히 독창적인 것인지에 대해서는 논의가 더 필요해 보인다.

끝으로, 〈에필로그〉에서 로위는 철학, 과학, 수학과 관련하여 플라톤 철학의 현대적 의의를 간략히 정리한다. 플라톤의 철학이 현대 학문의 발전에 직접적인 어떤 공헌을 했다고 말하기는 어려울지 모르지만, 최소한 감각적으로 관찰되는 물질적 대상들을 넘어서는 추상적 대상들에 대한 사고를 확장시켜켰다는 점에서 그가 철학과 수학 등의 사고 발전에 큰 기여를 했다는 것은 부정할 수 없을 것이다.

이 책에 인용된 플라톤이나 아리스토텔레스의 그리스어 원전은 지은이가 직접 영어로 옮겨놓은 것이다. 글을 번역할 때는 번역자의 견해가 어느 정도 개입되게 마련이며, 따라서 지은이의 번역에 다소 어색한 부분이 있더라도 이 책에 나타난 그대로를 우리말로 옮겼다. 초판이 출간되었던 당시에도 그랬지만 30년이 훨씬 더 지난 지금까지도 플라톤을 이처럼 포괄적이고 자세하게 다룬 책은 드물다. 그러나 한 서평(Ran Baratz, Bryn Mawr Classical Review, 2005)에서 지적되듯이, 이 책이 플라톤에 대해 전혀 모르는 초보자가 읽기에는 어려운 부분이 있다는 점과 뒷부분의 참고문헌이 초판 출간 이후에 갱신되지 않았다는 점이 아쉬움으로 남는다. 그럼에도 플라톤에게 관심을 가진 독자들은 이 책을 통해 그에게 조금 더 가깝게 다가갈 수 있을 것이다.

계명대학교 영암관에서

유원기

이 책은 플라톤의 핵심적인 주제들과 논증들에 대해 일관된 설명을 제시하려고 노력한다. 플라톤 저술의 분량과 복잡함, 그리고 그와 관련하여 진행되었던 연구물들의 비중을 고려한다면 이런 과제는 버거운 일이다. 그러나 나는 플라톤의 전부를 다룬 척하지는 않을 것이다. 이 책은 플라톤에 대한 최근의 연구 상황을 검토하지도 않는다. 이 책은 (플라톤의 주석가들과는 달리) 플라톤 자신이 가장 중요하다고 생각했던 것처럼 보이는 견해들만을 선별적으로 분석하며, 또한 대화록들 자체에 대한 나의 이해에 직접적으로 기초하고 있다. 특정한 대화록들과 그것들의 문맥에 대한 나의 해석은 현존하는 플라톤 관련 문헌에서 상당히 많은 영향을 받았다(나는 목록의 일부만을 참고문헌에 제시했다). 그렇지만 내가 명시적으로 언급한 문헌은 내가 그 문헌을 참고했음을 스스로 기억하는 경우로 제한했다. 그로 인해 간혹 내가 다른 사람들의 견해를 내 것처럼 주장하는 듯이 보이는 결과가 나온다면, 그에 대한 대안은 셀 수 없이 많은 각주들을 사용하는 것이다. 나는 특히 최근에 다른 학자들이 특정한 구절이나 주장에 대해 공들여 연구한 것을 경시하는 듯이 보일 위험성도 있다는 사실을 잘 알고 있다. 그러나 그 부분들이 다소 불명확한 것은 전체를 보려고 시도할 때 어쩔 수 없이 나오게 되는 결과이다. 그리고 내가 반복해서 강조하겠지만, 플라톤의 사상을 구성하는 요소들이 계속 변한다 할지라도, 그것이 광범위하게 통합된 구조라는 점에서 하나의 전체를 이루고 있다는 사실은 아무도 부정할 수 없을 것이다.

나는 플라톤의 생각들을 서로 연결할 뿐만 아니라 당시의 사회나 (철학적이거나 비철학적인 모든) 사상과도 연결하려 노력했다. 또한 플라톤이 말했던 것을 가능한 한 그런 말을 했던 맥락과 연결함으로써, 나는 그가 글을 쓰기 위해 선택했던 특정한 형식에 주목했다. 이것은 대체로 적절한 해석을 위한 필요조건이다. 내가 어디서도 재현하지 못했던 것은 플라톤의 저술이 대체로 지닌 문체의 탁월성이다. 나는 원전에서 인용한 많은 구절의 정확한 번역을 위해 그리스어 원문의 형태를 유지하려 무척 노력했지만, 훌륭한 그리스어 문장이 종종 아주 형편없는 영어 문장이 되곤 했다. 서로 무관한 단어와 어구로 음역하는 것은 주어진 번역이 단지 대략적이거나 또는 논란의 여지가 있음을 의미한다. 그런 식의 음역은 상당히 일반적이다. 하지만 그리스어를 모르는 독자는 여기에서 사용된 글자들이 나타내는 느낌이 때로는 그리스어 본래의 느낌과 전혀 비슷하지 않다는 점을 기억할 필요가 있다.

나는 많은 사람들에게 빚을 졌다. 특히, 끔찍한 필체의 초고를 입력해준 지닌(Jeanine Erskine)과 최종 원고를 훌륭하게 정리해준 엘리노어(Eleanor Gibbins)에게 감사한다.

1984년
크리스토퍼 로위

복잡한 주제를 간단하게 다루는 것은 불만족스러울 수밖에 없다. 왜냐 하면 적절한 설명을 통해 정확성을 높일 수 있는 부분을 생략하고 지나 치게 단순화하기 때문이다. 이 책도 예외는 아니다. 플라톤은 상당히 복잡하고 난해한 작가이며, 그에 관한 거의 모든 진술은 즉각적으로 설 명과 수정이 필요해 보인다. 다양한 해석학적 이론으로 무장한 일부 현 대 해석자들은 우리가 등장인물들의 다양한 목소리 뒤에 영구히 숨어 있는 작가의 진정한 목소리를 대화록들 속에서 찾는 것은 불가능하다 고 주장한다. 이 책이 처음 출간된 이후로 지나온 이십여 년 동안 다섯 개의 특별한 대화록들을 더 접하면서 확인한 내 견해는 그런 주장이 명 백하고도 뼈저릴 정도로 부적절하다는 것이다. 만약 플라톤이 난해하 다면, 그의 난해함은 (그의 직업으로 인해, 그리고 단순히 인간의 이성 적 한계로 인해) 공개적인 선언보다 간접적인 제안을 선호하는 철학자 의 난해함이다.

플라톤을 안내서 수준에서 다룰 때 항상 그런 문제들이 발생한다. 먼 저, 간접적이고 잠정적인 제안을 마치 공개적인 선언처럼 제시하고 싶은 유혹이 항상 있을 것이다. 쓸 만한 플라톤 연구서에서 모두가 가장 먼저 알고자 하는 것은 "그가 무슨 말을 했는가?"가 아닌가? 나는 최소한 내가 이런 위험을 어느 정도 피해왔기를 희망한다(이것이 바로 이 책이 재출간될 가치가 있다고 생각하는 이유 가운데 하나이다). 그러나 더 심각한 문제가 있다. 이것은 플라톤이 자신을 표현하는 방법이 너무나 간접적이기 때문에 그가 말하거나 제안하려는 것을 모두 다 놓칠 수도 있다는 것이다. 플라톤의 저술이 종결되지 않은 작품의 이상적인 사례라고 보는 사람들에게는 아마도 이런 점이 또 다른 격려가 될 것이다. 아래에서 나는 지금 이 책을 처음부터 다시 쓰기 시작하는 경우에 다르게 접근했어야 했을 몇 가지 측면들을 열거할 것이다. 그러나 그와 동시에, 플라톤의 저술들 가운데 상당히 많은 부분이 독자에게 그런 것을 요구한다는 바로 그 사실이 안내서를 집필해야 할 정당성을 제공해준다. 그런 안내서가 없이 플라톤을 읽으려 애쓰는 것은 (어디서든 갑자기 도로가 꺾이곤 하는 전형적인 유럽의 도시, 또는 주민들에게는 모든 것이 완벽하게 정돈된 듯 보이지만 번지수가 명확하게 정리되어 있지 않은 일본의 도시와 같은) 새로운 도시에서 지도 없이 길을 찾으려 애쓰는 것과 같다.

누군가 이런 적절한 질문을 할 것이다. 그렇다면 다른 책들보다 이 안내서가 갖는 장점은 무엇이고, 나 스스로 어떤 방식으로든 다르게 했기를 바랐던 그런 것을 다시 출간하는 이유는 무엇인가? 첫 번째 질문에 대해 나는 (a) 독자들에게 플라톤을 소개하고, (b) 독자들이 플라톤의 몇몇 저술들을 다루는 초보적인 과정을 헤쳐 나가도록 돕고, 또한 (c) 그 저술들의 글에 대해 대체로 믿을 만한 의미를 부여하는 짧고도 이해하기 쉬운 플라톤 관련 도서를 찾기가 지금도 여전히 어렵기 때문이라고, 그리고 학생들에게 플라톤을 가르치는 많은 사람들이 지난 수

년 동안 바로 이 짧은 책을 구할 수 없다는 점을 아쉬워했기 때문이라
고 답할 것이다. (Thomas Szlezák, *Reading Plato*, Routledge, 1999는
대체로 읽어볼 만한 새로운 개론서이다.) 두 번째 질문에 대한 나의 답
변은 1984년에 내가 믿었지만 사실상 지금은 더 이상 믿지 않는다고
느끼는 대부분의 내용이 최소한 영어권에서는 여전히 부분적으로나마
플라톤에 대한 표준적인 해석으로 간주되기 때문이라는 것이다. 따라
서 우선적으로 그런 관점을 지닌 책은 비교적 안전한 출발점이 된다.
내가 의미하는 바는 그런 책이 지난 이십여 년 동안 플라톤을 영어 교
재로 공부했던 사람들에게 비교적 친숙하게 들리고 또한 어느 정도는
옹호될 만한 해석에 대한 상당히 합리적인 진술이란 것이다(나는 그렇
길 희망한다). (어딘가에서 어떤 사람과 어떤 식으로든 충돌하지 않는
부분들은 거의 없을 것이다. 그런 이유에서 그것을 거부하는 사람들은
때때로 자신들에 대한 비난이 두려워 어떤 것에 대해 일반적인 설명을
하는 그런 종류의 사람들은 아닐 것이다. 전문적으로 처리하는 경우에
는 세계 전체에 더 큰 문제가 될 것이다.) 어쨌든 개론서는 독창적이거
나 논란이 되는 일련의 관점들, 즉 본질적으로 장황한 정당화가 요구되
는 일련의 관점들을 논의하기에 적당하지 않다. (그러나 David Sedley,
ed., *The Cambridge Companion to Greek and Roman Philosophy*,
Cambridge 2003, 98-124에 포함된 'Plato'란 제목의 내 글을 참조하
라.)

나는 이 책에서 제시된 것이 플라톤에 접근하는 가능하고도 (개괄적
인 의미에서) 그럴듯한 방법이라고 생각한다. 이 책은 그 이상의 것을
담고 있지 않다. 아래에서 나는 이 책에서 내가 최소한 진심으로 더 이
상 지지하지 않는 견해들을 열거한다. 이것이 이미 함축하듯이, 이 목
록은 플라톤의 저술들과 플라톤이 의도했던 목표 전반에 대한 내 견해

가 1984년 이후로 어떻게 변화했는가를 보여준다. 이것은 플라톤에 대한 (영어권의) 표준 해석이 수정되고 또한 특히 심화될 필요가 있다고 내가 믿는 몇 가지 사항을 독자에게 제시할 것이다.

1. 찰스 칸(Charles Kahn)이 지적했듯이, 오늘날 대화록들을 '초기', '중기', '후기'로 분류하는 전통적인 방법은 '문체 연구자들'의 결론과 플라톤의 문체 변화에 대한 그들의 연구에 들어맞지 않는다(아래 3장 참조). '중기'의 세 대화록, 즉 『파이돈』, 『향연』, 그리고 『크라튈로스』는 문체의 세 가지 유형 가운데 첫 번째에 속한다(Charles H. Kahn, *Plato and the Socratic Dialogue*, Cambridge University Press 1996; 또한 Julia Annas and Christopher Rowe, eds, *New perspectives on Plato, Modern and Ancient*, Harvard University Press 2002에 들어 있는 그의 글 참조). 따라서 플라톤은 초기에 이미 '중기'의 대화록들을 쓰고 있었다고 말하거나 또는 '중기'의 플라톤적 '형상들'을 소개하고 있었다고 말하는 것이 더 적절할 것이다.

2. 내가 은연중에 그렇게 하듯이, 이 책에서 '초기' 대화록들은 대체로 '소크라테스적'인 것으로 취급된다. 이것은 여전히 옳을 수도 있다. 하지만 현재 나는 '소크라테스적'인 것으로 간주되어야 하는 것, 즉 기본적으로 '역사적 실존 인물인 소크라테스'와 연결되어야 하는 것(그만큼 '소크라테스적 문제'가 결국 시급한 문제가 된다. 31쪽 참조), 또는 최소한 플라톤이 스승과 사상적으로 가장 가까웠던 삶의 시기에 속하는 것으로 간주되어야 하는 것이 무엇인가에 대해 재고할 필요가 있다고 생각한다. 무지에 대한 소크라테스적 주장은 사실이지만 '풍자적'이지는 않다(그것이 왜 그런가에 대한 강력한 이유는 30-31쪽 참

조). 첫 번째 유형의 대화록들에 등장하는 소크라테스에게는 부유함이나 그런 어떤 것들은 '좋은 것들'이 아니며, 사실 좋지도 않고 나쁘지도 않은 것들이다. (지금 나는 35쪽에서 『소크라테스의 변론』 30b를 잘못 번역했었으며, 또한 157쪽에서는 '수단으로서 좋은 것들'이 좋은 것들임을 은연중에 부정함으로써 『뤼시스』를 상당히 잘못 해석했었다는 사실을 인정한다.) 소크라테스에게 있어서 덕은 지식이나 지혜와 동일하며(36쪽을 비롯한 여러 곳 참조), 그는 이런 동일시의 관계에 대해 관심을 가졌던 것이지 정의 그 자체에 대해 관심을 가졌던 것이 아니다(따라서 이 점에서 아리스토텔레스는 틀렸다. 41-42쪽 참조). 더구나 이 '덕'과 '도덕적 덕', 그리고 그와 관련된 지식과 '도덕적 지식'의 단순한 동일시가 제한적으로 사용되고 있는데(91-92쪽을 비롯한 여러 곳 참조), 특히 그런 지식이 행위주체에게 좋은 것에 대한 지식이 틀림없다는 이유로 인해 기독교적 덕 같은 것을 논의에 끌어들이게 된다면 그런 동일시는 큰 잘못이다(그와 동일한 이유에서 178쪽 각주 32에서와 달리 현재 나는 그리스어 '아레테 arete'를 '탁월성'으로 해석하는 것을 더 선호한다. 비교: 259-261쪽). 그러나 이것은 지독한 개인주의나 대인 관계에 대한 지루한 견해로 이어지지 않는다(227-228쪽). 행복은 좋은 것들을 소유하는 것에 대한 문제지만, 그런 좋은 것들이 무엇인가를 결정하는 것은 한평생이나 또는 그보다도 더 오랜 세월이 걸리는 일이다(따라서 "[플라톤]은 지식이 가능하다고 믿고 있었다."라는 주장은 상당히 제한적일 필요가 있다. 118-119쪽).

3. 위 2와 관련된 긴 목록은 특히 내가 테리 페너(Terry Penner)와 공동으로 진행했던 『뤼시스(Lysis)』에 대한 연구 전체에 나타난다. 이 결과물은 『플라톤의 뤼시스(Plato's Lysis)』라는 제목으로 2004년에 케

임브리지 출판부에서 출간되었다.[1] 그러나 그 목록은 이 책이 경시하거
나 축소하고 있는 '소크라테스적 대화록들'에 관한 핵심적인 사항에
대한 아무런 언급을 하지 않는다. 다시 말해서, 그 목록은 '소크라테스
적 대화록들'의 '주지주의', 즉 행동들의 질적 차이와 사실상 인간들의
질적 차이를 단지 신념만을 통해 설명하려고 노력하는 그 대화록들의
성향에 대해 아무런 얘기를 하지 않는다는 것이다(왜냐하면 그것이 무
엇인지 알았더라면, 우리는 우리에게 진정으로 좋은 것을 항상 욕구할
것이기 때문이다. 예를 들어, 애나스Annas와 로위Rowe가 편집한 *New
perspectives*에 포함된 페너Penner의 글을 볼 것). 『국가』 IV권에 나타
난 (아래 271-272쪽 참조. 아마도 『파이돈』에서 언급되는 '육체적 욕
구들'과 사촌지간인) '영혼의 비이성적인 부분들'을 도입함으로써 인
간의 행위에 대한 설명을 마침내 포기하는 것이 '소크라테스적'인 대
화록들과 다른 대화록들 사이의 실질적인 갈림길이 된다는 것이 현재
내가 갖고 있는 견해이다. 이 점은 나의 〈에필로그〉에도 잘 나타나는
데, 인간의 행위에 대한 『국가』의 설명은 본질적으로 우리 현대인들이
당연시하는 그런 것이다.

  4. 나는 또한 플라톤의 정치 이론 발전에 대한 표준적인 설명과 근본
적으로 다른 견해를 갖고 있다. 많은 다른 사람들과 마찬가지로, 이제
나는 플라톤이 (물리적으로 불가능하게 보이긴 하지만) 원칙적으로
『국가』, 『정치가』, 그리고 『법률』을 동시에 집필했을 수도 있다고 생각
한다. 특히, Christopher Rowe와 Malcolm Schofield가 편집한 *The*

---

1   옮긴이 주: 그러나 이것은 실제로는 2005년 11월에 『뤼시스(Lysis)』라는 제목으로
출간되었다.

Cambridge History of Greek and Roman Political Philosophy (Cambridge University Press 2000.)를 참조할 필요가 있다. 『정치가』의 신화에 대한 97-98쪽의 해석과 다른 해석, 그리고 (98-99쪽과 230-231쪽에 대한 삽입구들이 함축하는) 『정치가』 300b 이하의 주요 단락에 대한 다른 해석은 Rowe의 저서 *Plato: Statesman* (Aris & Phillips 1998)에서 찾아볼 수 있다.

5. 끝으로, 몇 가지 점들에 대한 내 견해는 이전과 다르다. (1) 만약 플라톤이 완전한 이해에 대한 어떤 주장도 함축하지 않는다면, (66-67쪽에서 주장하는 바와는 달리) 그는 항상 독자보다 앞서 있을 것이다. (ii) 107-108쪽을 비롯한 여러 곳에서 언급되는 '자기-예시(self-instantiation)'라는 개념의 유래에 대한 논의는 이제 너무 단순하고도 심지어 현학적인 듯이 보인다(분명히 플라톤은 이보다 훨씬 더 잘 분석한다). 또한 이곳과 뒷부분에서 사용되는 '자기-예시'라는 용어는 소박한 형태의 '발전주의(developmentalism)'를 증명할 때 내가 자세히 소개하는 '자기 술어화(self-predication)'라는 전통적인 용어보다 더 좋아 보이지 않는다. (iii) 『티마이오스』는 분명히 후기 대화록에 포함되어야 한다(이에 대해 '포함될 수 있는가 아닌가'에 대한 논의는 불필요하다. 149-151쪽). 그리고 현재 나는 그 대화록에서 언급되는 창조에 대한 이야기가 분명히 허구라고 생각한다(나는 305-312쪽에서 내가 제시했던 추론이 설득력 있다고 더 이상 생각하지 않는다). (iv) 지금 나는 『니코마코스 윤리학』 7권이 『에우데모스 윤리학』에 적절하게 속하며 또한 사실 원래 그곳에 속했었다고 생각하기 때문에, 198쪽에서 내가 그것에 대해 가볍게 다루어서는 안 된다.

〈참고문헌〉의 주석서 목록에, C.J. Rowe, *Plato: Statesman* (Aris & Phillips 1998) 뿐만 아니라 C.J. Rowe, Plato: Phaedrus (Aris & Phillips 1986); *Plato: Phaedo* (Cambridge University Press 1993); 그리고 *Plato: Symposium* (Aris & Phillips 1998)은 번역서들이 포함된 첫 번째, 세 번째, 그리고 네 번째 목록에 추가되어야 한다. 『정치학(Statesman)』의 번역서는 Hackett 출판사에 의해 선택되어, John Cooper가 편집한 *Plato: Complete Works* (Hackett 1997)와 새롭게 쓴 짧은 서문과 더불어 개별 판본(1999)에서도 찾아볼 수 있다. 분명히 (수없이 많은 저술들 가운데 선택된) 네 가지 다른 저서들도 〈참고문헌〉에 추가되어야 한다. Terry Penner, *The Ascent from Nominalism* (Reidel 1987); Terence Irwin, *Plato's Ethics* (Oxford University Press 1995: 대체로 그의 1997년 판본인 *Plato's Moral Theory*를 대신하는 책이다); Gerasimos X. Santas, *Goodness and Justice* (Blackwell 2001); 그리고 Gail Fine이 편집한 (상당히 보수적이지만, 구하기 쉬운) 논문집 (*Plato I and II*, Oxford University Press 1999)의 참고문헌은 특히 유용하다.

2003년 3월 더럼에서
크리스토퍼 로위

플라톤과 소크라테스

플라톤의 대화록들이 지닌 특징들 가운데 가장 먼저 독자를 놀라게 만드는 것은 소크라테스라는 인물이 실질적으로 거의 모든 페이지에 등장하는 반면에 저자인 플라톤은 전혀 나타나지 않는다는 것이다. 대화에는 플라톤이라는 등장인물이 참여하지 않으며, 그의 이름은 단지 두 번 언급되고 있을 뿐이다. 한 번은 그가 소크라테스의 재판에 참석한 사람들 중 하나였다고 말해지는 『소크라테스의 변론(Apology)』이며, 다른 한 번은 그가 질병으로 인해 소크라테스의 마지막 순간에 함께 하지 못했다고 말해지는 『파이돈(Phaedo)』이다. 소크라테스에게 중심적인 역할을 부여하겠다는 결정이 분명히 플라톤 자신이 등장하지 않는 이유의 일부를 설명해준다. 어쨌든 플라톤이 태어날 즈음에 소크라테스의 나이는 이미 50대였다. 소크라테스는 플라톤이 30세가 되기 전이었던 기원전 399년에 사형을 당했다. 하지만 이것은 결코 완전한 설명이 아니다. 가장 먼저 우리는 그가 스스로 말하지 않고 그런 식으로 소크라테스를 이용하기로 결심했던 이유가 무엇이냐는 질문을 할 수 있을 것이다. 그러나 그런 결정을 한 뒤에라도, 그 스스로가 열정적인 어떤 역할을 맡도록 대화록을 구성하는 것은 분명히 아주 쉬운 일이었을 것이다. 그는 왜 그렇게 하지 않았을까?

복잡한 이유들이 있을 것이다. 소크라테스를 중심인물로 선택한 것은 아마도 플라톤이 그와 인간적으로는 물론이고 그의 사상과 학문방법에도 상당히 친숙했기 때문일 것이다. 실제로 그가 대화 형태 자체를 사용한 것도 근본적으로 그런 이유 때문이었을 것이다. 그러나 플라톤이 단지 소크라테스의 사상과 활동을 기록하기 위해서만 그곳에 있는 것은 아니었다. 플라톤의 작품들에 기록된 대화들이 결코 실제로 발생했던 일이 아니었다는 점에서, 거의 모든 작품들은 허구이다. 아마도 유일하게 예외적인 작품은 『소크라테스의 변론』일 것이다. 이 작품에서 플라톤은 소크라테스가 재판에서 했던 변론을 설명하고, 또한 자신이 그 재판에 참석했었다고 명시적으로 언급함으로써 그 사건에 관한 신뢰성을 보이려 애쓰고 있다. [플라톤의 글처럼 보이지만 사실상 대부분이 아마도 다른 사람들에 의해 쓰였을 『편지들(Letters)』을 제외한다면, 『소크라테스의 변론』이 외관상으로 대화록의 형식을 갖추지 않은 유일한 작품이다.] 다른 등장인물들에 대해 그렇듯이, 원칙적으로 플라톤은 소크라테스를 완전히 통제하고 있다. 그리고 최소한 하나의 독립적 자료, 즉 아리스토텔레스의 자료를 통해, 우리는 플라톤 자신이 꿈조차 꿀 수 없었던 견해를 소크라테스의 입을 통해 말하게 했다는 사실을 알고 있다. 다른 한편으로, 플라톤의 소크라테스는 허술하게 위장된 플라톤도 아니다. 그의 생김새와 일반적인 행동은 그를 즉시 실존 인물로 인지되도록 만들었고, 또한 최소한 태생적으로는 분명히 소크라테스적인 대화록들에는 많은 사상적 요소들이 들어 있다. 이처럼 플라톤적 소크라테스가 정확히 누구인지, 그리고 작가와 정확히 어떤 연관성을 갖는지를 밝히기는 어렵다. 그러나 어떤 방식으로 분석하더라도, 우리는 플라톤과 (플라톤을 또 다른 등장인물로 내세우는) 그의 소크라테스를 완전히 분리할 수는 없을 것이다.

'소크라테스'에 대한 플라톤의 설명을 이런 식으로 해석하는 것은 학문적으로 지속되는 문제들 가운데 하나인 이른바 '소크라테스적 문제'를 가장 두드러지게 만든다. 도대체 소크라테스는 누구였는가? 그런 역사적 인물이 있었다는 것은 분명하다. 그러나 그가 어떤 사람이었는지, 그리고 그가 어떤 문제에 열중했는지에 대해 우리가 가진 자료들은 아주 다르다. 이 자료들에서는 플라톤이 자신에게 가장 많은 지면을 할애하고, 또한 분명히 소크라테스와 가장 가까웠다는 점에서, 그가 가장 중요한 인물로 보인다. 그러나 그에 대한 다른 사람들의 인식, 예를 들어 크세노폰(Xenophon)의 인식 또는 우리가 아리스토파네스(Aristophanes)의 작품에서 발견하는 인식은 플라톤의 것과 상당히 다르다. 플라톤 자신이 철학자일 뿐 아니라 우리의 유일하고도 중요한 (직접적인) 자료이기 때문에, 최소한 소크라테스적 철학이란 주제에 대해서는 플라톤이 분명히 가장 믿을 만한 안내자라고 말하고 싶은 유혹을 쉽게 느끼게 된다. 그러나 우리가 보기에 소크라테스적이지 않다고 생각하는 사상들을 플라톤이 때때로 소크라테스의 것으로 간주하게 한다면, 이런 접근 방식은 도움이 되지 않는다. 어떤 한 순간에 플라톤이 소크라테스적인 사상적 요소들을 첨삭하거나 변형하거나 발전시키지 않고 단순히 기록만 하고 있다고 가정할 필요는 없다. 만약 우리 자신이 후대를 위해 위대한 개인들의 말을 있는 그대로 보존하려 노력하는 것이 당연하다고 생각할지라도, 플라톤이 그렇게 생각했다고 가정할 아무런 이유가 없다는 것이다. 확실히 일부 대화록들은 (주로 플라톤 문체의

연구자들이 상대적으로 초기 작품이라고 입증했던 대화록들은) 아리
스토텔레스만이 홀로 소크라테스의 것으로 간주했던 종류의 철학적 활
동에 특별히 깊이 참여했던 소크라테스를 보여주지만, 플라톤이 이곳
에서조차 자신의 표식을 남기지 않았을 것이라는 말은 거의 신뢰할 수
없다. 다시 말해서, 그 자신이 등장인물에서 빠졌다는 것은 무언가를
암시하는 것으로 보인다. 그가 등장하지 않는 이유는 아마도 소크라테
스와 다른 인물들의 배후에 모두 그가 이미 참여하고 있음을 스스로 의
식했기 때문일 수도 있다.

우리는 소크라테스에 대한 플라톤의 묘사가 있는 그대로의 그를 드
러내는 것이라 간주하는 경우에도 주의해야 한다. 그는 소크라테스를
초인적 속성들을 가진 사람, 즉 '신과의 유사성(homoiosis toi theoi)'[1]
을 거의 획득하고 있는 사람으로 종종 묘사한다. 즉, 그는 인류가 일반
적인 이상으로 설정하는 신의 개념에 가까운 사람이라는 것이다. 이것
이 소크라테스에 대한 그의 실제 견해와 비슷한 것이었을 가능성이 전
혀 없는 것은 아니다. 그러나 그 묘사가 최소한 부분적으로는 플라톤
자신의 목적을 위해 구성된 이상화된 묘사였음을 분명히 보여주는 일
련의 증거들이 있다. 예를 들어, 『고르기아스』에서 소크라테스는 페리
클레스(Pericles), 테미스토클레스(Themistocles), 그리고 정치적 탁월
성의 모범으로 인정된 다른 사람들보다 우월할 뿐만 아니라 아마도 유
일하게 참된 정치인이라고 주장하게 된다. 그것은 자신의 동료 국민들
을 도덕적으로 개선하려는 소크라테스의 관심을 토대로 플라톤이 끌어
낸 추리이다. 플라톤의 견해에 따르면, 그런 관심은 정치인의 필수 조
건이다. 그것은 소크라테스가 자신의 무지를 인식하는 한 (정치인들을

---

1   『테아이테토스』176b, 『국가』613b.

포함한) 다른 누구보다도 더 현명하다고 주장하는, 역사적 소크라테스에 대한 다른 직접적 기록들에서 '풍자' 적으로 주장되지만, 『소크라테스의 변론』에 등장하는 소크라테스가 했을 법한 말은 결코 아니다. 그러나 아마 여기에서도 이상적인 모습을 제시하고 있을 것이다. 일반적으로, 플라톤은 자신의 사상사를 쓰는 것도 아니며, 소크라테스의 전기 작가로서 글을 쓰는 것도 아니다. 그러므로 그는 어떤 특수한 맥락에 가장 적합한 등장인물의 특징들을 자유롭게 선택하고 강조할 것이며, 그의 '소크라테스' 가 모든 점에서 사실적이라는 주장은 어리석어 보인다. 대화록들 속에서 소크라테스가 매력적으로 (그리고 때로는 매력이 없어) 보일지라도, 그는 항상 어느 정도는 플라톤의 창조물이다. 결국 우리는 그가 정확히 얼마나 플라톤의 창조물인가를 판단할 만한 위치에 있지는 않다. 소크라테스에 대한 다른 증거는 대체로 동일한 종류의 문제나 더 나쁜 종류의 문제를 가지며, 따라서 우리는 그 자체로서 전혀 안전한 토대가 되지 못하는 심리적 가능성에 의존하고 있다.

만약 이것이 '소크라테스적 문제' 에 대한 어떤 해결책도 발견될 수 없음을 의미한다면, 우리의 목표가 플라톤을 이해하고 해석하는 것일지라도 그 또한 특별히 긴급한 문제가 아님을 의미한다. '소크라테스' 가 플라톤의 통제하에 있으므로, 그리고 플라톤이 그를 항상 긍정적인 시각으로 제시하는 듯이 보이므로, 소크라테스 자신이 당시에 결코 생각할 준비가 되어 있지 않았던 사상을 플라톤이 그의 것으로 간주하지는 않았으리라고 생각하는 것이 합리적일 것이다. 이렇게 보면, 그 전체가 플라톤적인 것이 되고 만다. 따라서 뒤의 장들에서 '소크라테스' 와 '플라톤' 은 대체로 상호 교체 가능할 것이다. 다른 한편으로, 플라톤이 소크라테스에게 진 빚을 일반적으로 재구성해보려는 최소한의 시도도 없이 시작하는 것은 잘못일 것이다. 왜냐하면 플라톤이 그 빚을 인지하고 있었다는 사실은 그가 소크라테스를 이상적인 인물이자 완벽한 철학자로 제시하는 곳뿐만 아니라 플라톤이 분명히 소크라테스를 넘어섰음에도 불구하고 그에게 주된 역할을 하도록 유지하는 곳에도 반영되어 있기 때문이다. 여기에서도 그는 자신의 사상이 진정한 소크라테스적 개념들의 발전이라는 의미에서 소크라테스적임을 함축하고 있을 것이다. 플라톤이 그처럼 조심스럽게 소크라테스를 전방에 내세우고, 어떤 의미에서는 모든 것을 기꺼이 그의 것으로 간주한다고 해서, 그의 공헌까지 모두 무시하는 것은 부적절할 것이다. 소크라테스는 플라톤에게 단순히 용이한 매개체에 불과했던 것이 아니라 그의 철학적 발전에 있어 가장 중요한 하나의 외적 자극이기도 했다.

물론 플라톤이 소크라테스에게 영향을 받은 유일한 사람은 아니었다. 아테네의 지성적 삶에 소크라테스가 미친 영향의 범위는 그의 사상을 직접 이어받았다고 주장했던 개인들과 '학파들'의 수에 의해 측정될 수 있다(아래 10장 참조). 그의 재판과 사형에서 보듯이, 항상 그런 것은 결코 아니지만 종종 긍정적으로 보이는 그의 인격적 특징에도 분명히 주목해야 한다.[2] 일반적으로, 소크라테스가 당대에 가장 탁월한 인물들 가운데 한 사람이란 점에는 의심의 여지가 없다. 특히 플라톤이나 크세노폰처럼 그에게 사실상 우호적이었던 사람들을 놀라게 한 것은 그가 아주 드물게 지성적 능력과 고도의 도덕적 기질을 겸비한 인물이었다는 점이었을 것이다.[3] 소크라테스는 전쟁터나 다른 어디에서도

---

2 많은 사람들이 생각하듯이, 만약 재판의 배후에 정치적 동기들이 있었다면, 민중정치제를 반대하는 플라톤이 그것들을 언급하지 않은 것은 놀라운 일일 것이다. Finley (1968) 참조.

겁이 없을 정도로 육체적으로도 용감한 사람이었다. 그는 아테네와 스파르타의 오랜 전쟁에서 공훈을 세웠으며, 최소한 두 번은 자신의 원리와 타협하지 않고 정치적으로 위험한 선택을 했었다. 한 번은 그가 민주정체하에서 정치적으로 인기 있지만 불법적인 움직임을 유일하게 반대하는 원로원 의원이었을 때였고, 또 한 번은 그가 이른바 (기원전 5세기의 마지막 10년 동안 권력을 잡았던 과두정치 또는 소수 독재정치였던) 30인 참주정치하에서 사법살인(judicial murder)을 시행하는 법률에 연관되길 거부했을 때였다. 의심의 여지가 없는 그런 행동에 대한 기록들은 죽음에 직면한 소크라테스의 태연자약함에 대한 플라톤의 이야기를 완전히 설득력 있게 만든다. 또한 그 기록들은 플라톤이 그 사건에 초점을 맞춘 대화록들에서 논의하는 주요 이론들 가운데 한 가지, 즉 우리가 우리 자신의 믿음을 포기할 수밖에 없는 것은 오직 누군가 우리의 믿음을 뒷받침하는 논증보다 더 강력해 보이는 반대 논증을 제시하는 경우라는 이론을 실존 인물인 소크라테스에게 귀속시키는 것이 적절해 보이도록 만든다. 이 원리는 아마도 모든 신념에 적용될 수 있겠지만, 이런 경우에 특히 논란이 되는 신념은 옳고 그름에 관한 신념이다. 여기에서 누군가의 신념을 '포기한다는 것' 또는 변화시킨다는 것은 아마도 우리가 그 신념과 반대로 행동하도록 요구할 수도 있다는 점을 포함할 것이다.

여기에는 또 다른 두 가지 생각이 함축되어 있다. 첫째는 개인의 신

---

3   사실 소크라테스에 관한 크세노폰의 저술은 이른바 그의 『소크라테스 회상』처럼 직접적이고 개인적인 앎보다는 문서에 기초한다. 그는 플라톤과 거의 동시대 사람이었고, 소크라테스를 잘 알았을 수도 있지만, 그와 가장 가까운 사람들 가운데 하나는 아니었다. 그럼에도 불구하고 개인적인 참된 존경심이 그가 『소크라테스 회상』을 썼던 주요 동기들 가운데 최소한 하나의 동기였을 것이다.

념들이 어떤 타당성을 갖든 그것들은 그 밑에 깔린 추론의 타당성에서 끌어낸다는 것이고, 둘째는 사려에 대한 일상적인 고찰이 그 추론과 항상 관련되지는 않는다는 것이다. 추론의 중요성, 그리고 일상적인 물질적 가치의 중요성을 경시하는 성향은 '덕' 또는 아레테(arete)의 필요성에 대한 중요한 강조와 더불어 소크라테스의 문헌에서 반복적으로 나타나는 주제들이며,[4] 그 세 가지 개념들은 서로 밀접한 관계를 갖는 것처럼 보인다. "덕은 지식(episteme, phronesis)이다."라는 소크라테스의 주장은 플라톤은 물론이고 크세노폰과 아리스토텔레스도 주장했던 것이다. 최소한 우리는 이런 불분명한 진술이 부분적으로는 "어떤 상황에서든 올바르게(즉, '덕스럽게') 행동하려면 우리가 그런 상황에서 무엇을 해야 하는가에 대해 완전히 이성적인 설명('지식')을 가져야만 한다."는 것을 의미한다고 생각할 것이다. 소크라테스가 분명히 자신의 무지를 강조하고 있다는 점을 고려한다면, 결국 덕도 거부할 것처럼 보일 것이다. 그는 단지 자기 자신의 행동을 당시 자신에게 최고의 것으로 보였던 논증들에 근거하고 있을 뿐이다. (그리고 이것은 아마도 무지의 주장으로 이어질 수도 있는 그 논증들의 불완전성을 그가 인식했기 때문일 것이다. 왜냐하면 무지는 확실성의 결여로 해석되기 때문이다.) 그러나 어쨌든 그는 우리가 비이성적인 토대 위에서 올바른 선택을 할 수도 있다는 점을 배제하려 하지는 않았을 것이다. 크세노폰에 따르면, 소크라테스가 '신'에 의해 인도되었다고 주장했던 것은 잘 알려져 있었다. 플라톤은 『소크라테스의 변론』에서 때때

---

4   '덕(virtue)'은 그리스어 '아레테'에 대한 부적절한 번역이다(아래 4장 각주 32와 6장 참조). 그러나 우리는 소크라테스적인 (그리고 플라톤적인) 맥락에서 '아레테'라는 표제하에 오는 것을 대체로 '덕'으로 간주할 것이기 때문에, 지금 당장은 그것만으로 충분할 것이다.

로 자신이 할 수도 있었던 일을 하지 못하게 방해했던 '신의 목소리'에 대해 이야기한다. 그러나 아마도 그 자체의 신뢰성을 지니고 있다고 여겨졌을 그런 신적 행위의 경우들을 제외하고라도, 우리가 언제 그것을 바로 잡아야 했던가를 알아야 한다는 어려움이 있다. 다른 한편으로 그것을 알아냈더라면, 우리가 실수 없이 성공을 반복할 수 있어야 한다는 것이 분명하다. 그렇다면 이런 의미에서 이성과 덕은 분리될 수 없다. 지혜로 환원될 수 있는 한에 있어서 "모든 덕은 하나이다." 그러나 이제 '이성과 덕에 대한 이런 종류의 관심사'와 '물질적 복지라고 대략 특징지어질 수 있는 일반적인 인류의 발달과 전통적으로 관련된다고 말해지는 것' 사이에는 일종의 자연스런 대립이 있다. 그것은 그런 목표를 위한 이성적 변호가 시작될 수 없다거나 또는 그 목표의 획득이 어떤 의미에서 덕과 결코 양립할 수 없다는 것이 아니다. 그러나 추론과 올바른 행동에 최우선권이 부여된다면, 부의 추구와 같은 어떤 물질적인 목표가 전적으로 존중될 만한 것으로 밝혀진다 할지라도 재산 축적이 유일하게 합리적이고 따라서 우리가 해야 하는 덕스러운 일이라고 밝혀지지 않는 한, 그것이 **바로 그** 목표는 아닐 것이다. 몇 부분에서 플라톤은 생명에 대해 본질적으로 미적인 이상을 구축하기 위해 자신의 소크라테스를 이용하지만, 실제 소크라테스는 "부는 덕을 가져오지 않지만, 덕은 개인과 국가에 부와 다른 모든 좋은 것을 가져온다."고 말하는 『소크라테스의 변론』 30b와 같은 글귀 속에 머리를 들이밀고 있을 것이다. 소크라테스가 우리에게 해주는 경고는 "당신의 영혼을 보살펴라!"이며, 그는 아마도 우리가 우리의 육체(우리의 '물질적' 행복)에 앞서 우리 자신의 영혼(우리의 '도덕적' 행복)을 보살펴야 한다는 것을 의미했을 것이다. 하지만 특히 도덕을 가르치는 것이 인식론과 밀접한 관계를 갖게 될 때, 플라톤에게

서 그것은 간단히 "당신의 육체가 아니라 영혼을 보살펴라!"라는 말이
된다.[5]

이 목표, 즉 영혼에 대한 적절한 보살핌이란 목표는 우리 모두가 예
외 없이 목표로 해야 하는 것이다. 비이성적으로 사는 악덕(vice)은 궁
극적으로 우리에게 해가 되는데, (소크라테스의 주장에 따르면) 아무
도 자기 자신을 해치는 방향으로 행동하는 것을 선택하지는 않을 것이
다. 만약 그렇다면, 아무도 그릇된 행동을 선택할 수는 없다는 결론이
나온다. (이로부터, "덕은 지식이다."라는 진술은 지식이 덕의 충분조
건인 동시에 필요조건임을 의미하는 것으로 해석될 수 있다는 결론이
나온다.) 플라톤이 선호하는 이 원리의 형식화는 '우데이스 헤콘 하마
르타네이(oudeis hekon hamartanei)'로서, 이 말이 소크라테스 자신
의 것인지 아닌지는 알 수 없으나 소크라테스의 사상이 지닌 핵심을 깔
끔하게 요약하고 있음은 분명하다. 전통적으로 "아무도 기꺼이 잘못하
지는 않는다."고 번역되는 그 문장은 실제로 상당히 애매하다. 도덕적
인 (또는 법적인) 의미에서 잘못한다는 것을 의미하는 '하마르타네인
(hamartanein)'이란 동사는 도덕적 함축 없이 단순히 잘못을 저지르는
것, 목표를 상실하는 것, 실수를 하는 것을 의미한다. 다시 말해서, 무
언가를 '헤콘하게(hekon)' 한다는 것은 그것을 기꺼이(willingly) 또는
자발적으로(voluntarily) 한다는 것은 물론이고 고의적으로(deliberate-
ly) 또는 의도적으로(intentionally) 한다는 것을 의미하기도 한다. 분
명히 거짓으로 보이는 "아무도 기꺼이 잘못을 하지는 않는다."라는 말
과 대조적으로, "아무도 의도적으로 실수를 하지는 않는다."는 말과
"아무도 고의적으로 자신의 목표를 상실하지는 않는다."는 말은 모두

---

5 소크라테스와 플라톤의 '영혼(psyche)' 개념에 대해서는 아래 7장 참조.

분석적으로 참이라고 간주될 것이다. 아마도 이런 애매성을 이용하는 것이 플라톤의 의도였을 것이다. 플라톤과 소크라테스의 견해에 따르면, 잘못된 일을 하는 것은 실수를 하는 것일 뿐만 아니라 자신의 (진정한) 목표를 상실하는 것이다. 그러므로 그런 행위는 기꺼이, 고의적으로, 또는 의도적으로 행해질 수는 없지만, 다만 강요되거나 또는 무지로 인해 행해질 수는 있다. 강요에 저항하려고 노력하는 것 말고는 우리가 첫 번째 종류의 경우들에 대해 할 수 있는 것은 거의 없을 것이다. 그러나 우리의 지식을 확장하려고 시도함으로써, 우리는 무지에 대해 무언가를 할 수 있다. 만약 우리가 소크라테스에 우호적인 자료들을 신뢰한다면, 소크라테스의 목적은 그런 시도를 통해 그 자신과 다른 사람들을 발전시키는 것이었다.

우리가 가진 증거의 상태로는, 지금까지 제시된 소크라테스의 사상에 대한 최소한의 재구성조차도 완전히 정확하다고 보기 어렵다는 점을 인정해야만 한다. 지속적으로 논란이 되는 한 가지 특수한 문제는 소크라테스가 덕과 동일시했던 지식이 무엇인가에 대한 것이다. 그것은 내가 제안했던 것처럼 실질적인 결정들이 (이상적으로, 그리고 이론적으로) 토대를 두는 완전히 합리적인 설명인가, 또는 그것은 '철학적인 삶', 즉 소크라테스가 『소크라테스의 변론』에서 자세히 묘사하는 삶 **자체가** 좋은 것(the good)이라는 지식과 완전히 다른 어떤 것인가?[6] 후자의 경우에 최소한 처음에는 강조점이 도덕적 문제들에 대한 답변들의 발견에 있는 것이 아니라 그 질문 자체에 있을 것이다. 사람들은 '철학하는' 바로 그 행동, 즉 '자기 자신과 타인을 검토하는' 바로 그 행동을 통해 덕스러워질 수 있을 것이다. 아마도 우리는 이처럼

---

6 비교: G. Vlastos, 'The Paradox of Socrates,' in Vlastos(1971).

기초적인 문제들을 최종적으로 해결할 만한 입장에 있지 못할 것이다. 그러나 비록 특히 『소크라테스의 변론』에 방금 기술한 것과 다른 견해를 지지하는 부분이 있다 하더라도, 그리고 비록 그것이 소크라테스적 사고를 즐겁고 흥미로운 구조로 만든다 하더라도, (만약 크세노폰이 이런 점에서 플라톤에게서 독립적이라고 가정하고, 또한 플라톤 자신이 하나의 근거로 적절히 간주될 수 있다면) 우리의 주요 근거들인 플라톤과 크세노폰, 그리고 아리스토텔레스의 무게는 내가 채택한 종류의 해석, 즉 소크라테스가 철학을 목적 그 자체가 아니라 목적을 위한 수단으로 만든다고 보는 그런 종류의 해석을 지지하는 방향으로 기울게 될 것이다. 소크라테스에게 있어서 목적이란 행위의 문제들에 대한 실질적인 답변을 정립하는 것이며, 그는 우리가 물론 합리적으로 살아야 하지만 그런 사실을 단순히 명시하는 것만으로 만족하지는 않는다(고 나는 믿는다). 그는 어떤 종류의 행동들이 합리적인 삶을 **구성하는가**에 대해 몇 가지 제안을 하는 것은 물론이고 그 행동들이 무엇인가에 대해 좀 더 많은 것을 발견하길 원한다.

그의 행동이 보여주는 두 가지 측면들 가운데 첫 번째 것은 특히 크세노폰의 『소크라테스 회상(Memoirs of Socrates)』의 많은 부분을 차지하는 일련의 일화들에 반영되어 있는데, 여기에서 소크라테스는 다양한 개인들에게 대체로 매우 실질적인 조언을 하고 있다. 물론 그런 일화들이 반드시 역사적 사실이라고 생각할 필요는 없다. 그 가운데 많은 것들은 흔한 이야기이고, 또한 현명하다고 알려진 누구에게나 쉽게 연결될 만한 그런 종류의 것들이다. 소크라테스에게만 적용될 듯이 보이는 이야기도 크세노폰의 자료에 의해 또는 크세노폰 자신에 의해 창작되거나 윤색되었을 가능성이 여전히 있다. 그렇지만 그 모든 것들을 무가치하다고 보는 것은 잘못일 것이다. 그곳에서 발견되는 자료들 가운데 흥미로운 것은 정의의 본성[7]에 대한 소크라테스와 히피아스(Hip-pias of Elis)[8]의 논의이다. (플라톤의 대화록에서 흔히 볼 수 있듯이) 자신의 견해를 전혀 제시하지 않고 다른 사람들에게 질문하는 데만 온 시간을 쓰고 있다는 불만에 답하는 과정에서, 소크라테스는 성문법이든 (모든 사회에 적용된다고 규정되는) 불문법이든 모든 법률에 복종하는 것이 정의라는 자신의 설명을 제시한다. 이런 설명을 만들어내려 하는 사람은 그럴 만한 명백하고 충분한 동기를 갖고 있을 것이다. 즉, 소크라테스가 재판을 받게 된 혐의 가운데 하나인 "아테네의 청년들을 타락시켰다는 혐의"로부터 그를 변호할 만한 명백하고도 충분한 동기를 갖고 있으리라는 것이다. 크세노폰 자신은 "그가 그런 말과 행동을 통해 자신과 관련된 사람들을 더 정의로운 사람들로 만들었다."는 명시적인 교훈을 끌어내면서 끝을 맺는다. 이러한 특수한 주제들의 맥락 속에는 플라톤의 저술이나 크세노폰의 다른 저술들의 내용이 분명히 반영되어 있다. 다른 한편으로, 누가 감히 이 주제들 가운데 일부가 본래 소크라테스적인 것이 아니라고 말할 수 있겠는가? 소크라테스의 '무지'라는 주제에 대한 히피아스의 언급은 아마도 이에 반대되는 것으로 여겨지겠지만, 그 작품의 나머지 부분이 명백히 함축하는 내용을 약화시킬 정도는 아니다. 즉, 플라톤의 일부 대화록(특히, 초기 대화록)에서 주장되는 것과는 달리, 소크라테스는 자신의 설명에 대한 적극적인 옹호를 싫어하지 않았으리라는 것이다. 더구나 그는 형제를 어떻게 대할 것인가, 노예에게 어떤 태도를 취할 것인가 등과 같이 대체로 일상적인 주제들에 대해 이야기할 준비가 되어 있었다.

---

7   『소크라테스 회상(Memoirs of Socrates)』 IV. iv. 5-25.
8   이른바 '소피스트들' 가운데 한 사람. 특히, 아래 6장 참조.

만약 소크라테스의 활동이 지닌 이런 측면을 플라톤이 폄하하려 한
다면, 그가 철학적으로 더 생산적이라고 생각하는 다른 것들이 있기 때
문일 것이다. 물론 플라톤의 작품 속에서조차 ('영혼'이 '육체'보다 더
중요하다거나 또는 올바른 추론이 올바른 삶의 전제조건이라는 견해와
같은) 상당히 일반적인 종류의 적극적인 생각들을 소크라테스 스스로
주장하는 경우들이 많이 있다. 이런 생각들은 플라톤의 토대를 이루고
있다. 그러나 그가 소크라테스로부터 받아들였던 또 다른 것은 특별한
종류의 **방법**(method)이다. 소크라테스가 분명히 선호했던 (당시 저명
한 다른 지식인들의 강의 기술과는 구분되는) 문답 기술은 다른 사람
으로 하여금 행동이나 견해를 바꾸도록 설득하는 방법으로 사용될 수
도 있고, 또한 사람들의 견해를 검토하고 미리 준비되지 않았던 결론으
로 움직이게 만드는 방법, 즉 진정한 **탐구** 방법으로 사용될 수도 있었
다. 플라톤의 대화록에서 그것이 항상 그렇게 보이지는 않는다. 왜냐하
면 종종 그것이 실질적으로 긍정적인 결과들을 약속해주는 대화가 아
니라 오히려 대립을 조장하려던 플라톤의 목적에 들어맞기 때문이다.
실제 소크라테스도 때때로 협조적이라기보다는 경쟁적인 태도를 지닌
개인들을 만났었다.[9] 그리고 우리는 자신의 강력한 견해를 가졌던 실제
소크라테스가 플라톤의 소크라테스와 동일한 종류의 열정으로 그런 사
람들을 대하곤 했으리라 추측할 수 있다. 그러나 우리는 실제 소크라테
스가 목적에 대해서도 플라톤의 소크라테스와 동일한 절대적 진지함을

---

9 옮긴이 주: 이 책에서 언급되는 '실제 소크라테스(real Socrates)'는 역사 속에서
실제로 존재했던 소크라테스를 의미하는 반면에, '플라톤의 소크라테스'는 플라톤의
대화록 속에 등장하는 소크라테스를 의미한다. 주지하듯이, 플라톤의 대화록에서 소크
라테스의 입을 통해 제시되는 사상은 역사적 실존 인물인 소크라테스의 사상일 수도 있
고, 또는 플라톤의 독창적인 사상일 수도 있다.

가졌으리라 가정할 수 있을 것이다. 플라톤이 지속적으로 강조했던 목표는 단순히 상대방을 이기는 것이 아니라 진리를 발견하는 것이었다.

우리의 주요 자료들은 모두 소크라테스의 흥미를 끌었던 특별한 종류의 질문이 있었다는 데 동의한다. 크세노폰은 이렇게 설명한다.

[자연과학자들과는 달리] 그 **자신**은 경건한 것, 불경한 것, 훌륭한 것,[10] 수치스러운 것, 정의로운 것, 불의한 것, 분별력(sōphrosynē)이란 무엇인가, 광기란 무엇인가, 용기란 무엇인가, 비겁함이란 무엇인가, 도시국가란 무엇인가, 정치가란 무엇인가, 인간을 지배하는 어떤 규칙이 있는가, 인간을 지배할 수 있는 것은 무엇인가에 대해, 그리고 그 외의 다른 것들에 대해 탐문하면서, 항상 인간적인 것들에 대해 이야기했다. 그는 이런 것들에 대한 지식이 인간으로 하여금 그들이 지녀야 할 모습을 지니도록 만든다고 생각했고, 반면에 그것들에 대한 무지는 비굴하다는 비난을 정당화해주리라고 생각했다.[11]

만약 이것이 (『에우튀프론』이 경건함에 관한 것이고, 『대(大)히피아스』는 훌륭함에 관한 것, 『국가』는 정의에 관한 것, 『카르미데스』는 분별력에 관한 것, 『라케스』는 용기에 관한 것, 『정치가』는 정치술에 관한 것인) 플라톤 전집에 토대를 둔 목록처럼 의심스럽게 보인다면, 소크라테스에게 그런 질문들의 중요성을 부여하는 플라톤의 증거는 아리스토텔레스에 의해 뒷받침된다. 그의 정보는 분명히 대화록과는 상관

---

10   즉, '아름다운'을 의미하기도 하는 칼론kalon. '수치스러운(aischron)'이라 번역된 그리스어 단어는 '추한'도 의미한다. 이러한 다의성은 여기에서 거의 문제가 되지 않지만, 뒤의 장들에서는 중요해질 것이다.
11   『소크라테스 회상(Memoirs of Socrates)』 I. i. 16.

없이 나온 것이다. 아리스토텔레스는 소크라테스가 (아리스토텔레스의 용법에 있어서 신중함이나 이론적인 지혜와 같은 '지성적인 덕들'과 구분되는) '윤리적' 덕들에 관심을 가졌으며, 또한 그가 "이것들에 관한 일반적인 정의들을 찾으려 시도한 첫 번째 인물"이었다고 말한다.[12] 분명히 『정치가』나 『소피스트』와 같은 후기 대화록들에서도 다소 다른 방식으로 그렇긴 하지만, 그것은 주로 『에우튀프론』이나 『라케스』와 같은 일부 초기 대화록들에서 플라톤의 소크라테스가 관심을 가졌던 그런 종류의 활동이다.

우리는 덕에 대한 '일반적인 정의들'을 찾고자 하는 소크라테스의 목표가 행위에 대한 실천적 지침을 설정하기 위한 것이었다고 생각해야 한다. 사람들은 일반적으로 정의롭고 경건하고 용기 있는 행동처럼 수행해야만 하는 어떤 유형의 행동도 있고, 또한 정의롭지 못하고 불경하고 비겁한 행동처럼 회피되어야 하는 다른 유형의 행동도 있다고 생각했었다. 소크라테스는 올바른 행동이 이런 제목에 속하리라는 데 대체로 동의했던 것으로 보인다. 즉, 추론은 정의롭지 못한 행동보다는 정의로운 행동 등으로 적절히 기술된 것을 행하도록 우리를 이끈다는 것이다. 따라서 우리는 『크리톤』에서 그가 (감옥과 죽음으로부터의 도피를 거부하듯이) 스스로 정의롭다고 간주하는 행동을 옹호하는 것으로 묘사되고 있음을 보게 된다. 그와 마찬가지로 플라톤은 『소크라테스의 변론』에서도 소크라테스로 하여금 죽음에 대한 어떤 태도를 갖는 이유, 즉 아마도 용기 있는 사람의 태도임을 누구도 부정하지 않을 그런 태도를 갖는 이유들을 설명하게 만든다. 그러나 일반적으로 정의로운 행동과 용기 있는 행동이 (이성적이라는 점을 제외한) 어떤 점에서

---

12   『형이상학(Metaphysics)』 1078b.

서로 비슷한가를 아는 것도 분명히 도움이 될 것이다. 플라톤의 대화록에서, 소크라테스로부터 이런 종류의 문제에 대한 질문을 받는 사람들은 어느 누구도 그를 만족시킬 만한 답변을 제시하지 못한다. 또한 대체로 그 자신도 답변을 제시하지 않는다. 최소한 초기 대화록에서, 그는 대화가 아무런 결말도 얻지 못하거나 또는 단지 시작했던 곳으로 되돌아가고 있으며, 따라서 처음부터 다시 시작해야 한다고 말하면서 끝을 맺는다. 그런 끝맺음은 플라톤의 핵심적인 목적들 가운데 하나를 위해서, 즉 우리가 철학적으로 사고해야 한다고 설득하기 위해서 분명히 유용하다. 여기에서 전달하려는 논지는 아마도 우리 독자들이 긍정적인 결과들을 얻을 때까지 그 과정을 지속해야 하리라는 것이다. 우리에게는 한 가지 방법이 제시된다. 답변을 위한 어떤 길들은 닫혀 있지만, 다른 길들은 열려 있을 것이다. 전체적으로 부정적인 과정, 즉 소크라테스의 동료들에 의해 제시된 모든 긍정적인 주장들의 파괴로만 구성되는 부정적인 과정이 나타나리라는 것은 착각이다. 우리는 역사적 실존 인물로서의 소크라테스가 정의에 도달하려고 했던 시도는 짜임새가 별로 없을 뿐만 아니라 그 끝맺음을 예측하기가 어려웠다고 생각해야만 한다. 다른 한편으로, 이른바 '난해한(aporetic)' 대화록들이 소크라테스적 대화의 측면들을 올바르게 반영하고 있다고 믿는 것은 어려운 일이 아니다. 그의 주변 사람들은 종종 '정의'나 '용기', 또는 더 정확히 말하자면 완전히 동일한 의미를 갖지는 않을 수도 있는 '디카이오쉬네(dikaiosyne)'와 '안드레이아(andreia)' 등의 용어들을 아주 자신 있게 사용했다. 그리고 물론 이것이 그가 그들에게 그런 것들에 대해 질문하는 것이 가치 있다고 생각했던 이유였을 것이다. 그러나 어떤 하나의 용어를 사용할 수 있다는 것과 그 용어의 의미에 대해 적절한 설명을 할 수 있다는 것은 서로 전혀 다르다. 더구나 소크라테스가 스스로 원하는 종류의 설명에 대해 제시한 요건들은 아주 엄격해서 그것들을 충족시키기 어렵거나 또는 심지어 불가능하기도 하다. 따라서 그의 탐문이 사실상 종종 부정적이었을 가능성이 크다. 그러나 이미 말했듯이, 그것의 **목적**은 부정적이지 않으며, 크세노폰의 소크라테스가 히피아스와의 대화에서 그랬듯이, 그리고 엄격하게 말하자면 『국가』 전체에는 분명히 비(非)소크라테스적인 부분이 많이 있음에도 불구하고 플라톤의 소크라테스가 실제로 『국가』 IV권에서 그랬듯이, 실제 소크라테스가 가끔 실패를 무릅쓰고 자신의 답변들을 제시했을 수도 있다고 가정해보는 것도 그리 나쁘진 않을 것이다.

소크라테스의 접근 방법이 긍정적이고 건설적으로 보이는 더 중요한 또 다른 한 가지 방법이 있다. 그의 불만은 단지 사람들이 자신들의 믿음을 적절하게 설명할 수 없다는 것뿐만 아니라 그 신념들이 종종 실제로 혼란하거나 또는 다른 어떤 면에서 부적절하다는 것이다. 따라서 『국가』 I권에서[13] 플라톤은 소크라테스로 하여금 명백하게 전통적인 그리스적 견해, 즉 필로이(philloi)를 돕고 에크트로이(echthroi)를 해치는 것이 적절하고도 정의롭다는 견해를 거부하게 만든다. 여기에서 필로이는 가족, (우리가 의미하는) 친구 등처럼 어떤 집단에 속해 있는 사람들을 말하고, 반면에 에크트로이는 그런 집단에 속하지 않은 사람들을 의미한다. 소크라테스는 다른 사람을 해치는 것은 정의로운 사람이 할 일이 아니라고 말한다. 만약 이런 견해가 실제로 소크라테스의 견해라면, 그것은 소크라테스의 비판적 방법이 어떻게 기존의 가정들을 재구성하는 급진적인 주장들로 이끌어지는가를 보여주는 사례로 쓰일 수 있을 것이다. 그는 모든 면에서 결코 급진주의자가 아니었다. 예

---

13 『국가』 334b 이하.

를 들어, 플라톤과 크세노폰은 (소크라테스가 법정에서 불경죄로 판결되었기 때문에 그들이 이 점을 강조해야 했던 숨은 이유가 있었다고 알려져 있긴 하지만) 소크라테스가 국가의 법률과 일반적인 종교의 법률을 철저하게 준수했다고 말한다. 그가 전통적인 도덕적 용어들을 그것들이 작용하는 폭넓은 체계로 사용하는 한, 그는 또한 전통주의자였다고 할 수 있다. 그러나 그와 동시에 그는 분명히 그런 용어들의 기저에 깔린 중요한 신념들에 대해 질문을 제기하고, 또한 논의에 필요하다면 항상 그것들을 수정하거나 포기할 준비가 되어 있었다. 다시 말해서, 그의 목적은 단순하게 이론적인 것이 아니었다. 그것은 어떻게 하면 그와 다른 사람들이 더 잘 살 수 있는가를 발견하는 것이었다. 따라서 그의 급진적인 결론들이 그의 동시대 사람들을 종종 놀라게 했을 것으로 보이는 그의 행동에 반영되어 있으리라 생각될 것이다. 아마도 그를 눈에 띄게 만드는 데 가장 많이 기여했을 한 가지 특징은 그가 '물질적인' 또는 외적인 물건을 강조하지 않는다는 점일 것이다. 예를 들어, 다른 사람에게 결코 해를 끼치지 말라는 권고는 누군가 **우리에게** 이미 해를 끼쳤던 상황을 포함할 것이다. 같은 식으로 대응하지 말라는 것은 물질적인 손실을 수용하는 것과 관련이 있을 뿐만 아니라 분명히 (그리고 아마도 그리스인에게는 더욱 중요했을) 시간, 명예, 또는 지각된 가치의 상실과도 관련이 있을 것이다. 적어도 소크라테스는 주어진 상황에서 행동을 결정하는 유일한 사항들로 그런 물질적 손실을 고려해서는 안 된다고 주장한다.

지성적으로나 도덕적으로는 물론이고 육체적으로도 소크라테스가 비범하지 않았던 요소는 거의 없었다. 그의 강건한 신체와 그의 추한 용모도 모두 유명했다. 그는 인간적으로도 상당히 따뜻한 사람이었던 것으로 보이지만, 그것은 결코 이성의 중요성을 그처럼 강조했던 사람에게서 기대할 만한 것은 아니었다. 소크라테스에 관한 그처럼 전적으로 전기적인 사실들은 두 가지 이유에서 현재의 맥락과 관련된다. 첫째는 플라톤처럼 지성적인 사람에게 어떻게 해서 소크라테스가 그처럼 지속적으로 지배력을 발휘할 수 있었는가를 그것들이 설명하기 시작한다는 것이고, 둘째는 그것들이 바로 플라톤이 활용하는 사실들이라는 것이다. 이상화된 것이든 아니든, 소크라테스가 그의 구조물에서 핵심적이었음은 분명하다. 결과는 우리가 소크라테스를 잘 아는 듯이 보인다는 것이다. 그러나 지금부터 내가 설명할 플라톤 자신에 대해 우리는 거의 아무것도 알지 못한다.

만약 『일곱 번째 편지』[14]가 플라톤의 작품이라면, 그가 자신의 삶에서 가장 중요한 것들에 대해 우리에게 말해주는 것이겠지만, 그것들을 제외하고는 극히 의심스러운 외부 자료에 의존해야 한다. 플라톤에 대한 여섯 개의 전기적 보고서들이 오늘날 몇 가지 형태로 전해지고 있는데, 그 가운데 가장 빠른 것은 예수가 탄생할 즈음에 만들어졌지만 그것들이 궁극적으로 의존하는 많은 자료들은 그보다 훨씬 앞선다. '생애'에 관한 이런 자료는 상당히 제한적인 가치를 갖는다. 그 자료의 저자들은 더 탐구할 만한 자료를 거의 갖고 있지 못했으며, 또한 그들은 어쨌든 진실과 거짓을 구분하는 문제에 별다른 관심을 보이지 않았다. 사실 고대의 전기는 매력적이면서도 다소 불안한 창작 능력을 보여주며, 이 창작은 표준적인 주제들에 의존하며 작가들은 그 작품들에 대한 전기적 해석에 의존한다. 플라톤의 경우에 산출되는 결과물의 세 가지

---

14 옮긴이 주: 이 작품의 제목은 흔히 『제7서한』으로 옮겨지곤 했으나 이 책에서는 『일곱 번째 편지』로 옮긴다.

사례는 다음과 같다. (1) 플라톤을 만나기 전날 밤에 소크라테스는 자기 무릎에 앉아있던 새끼 백조가 금방 날개가 돋더니 감미롭게 노래를 부르며 하늘로 날아가는 꿈을 꾸었다. (2) 소크라테스는 플라톤이 까마귀로 변해서는 자기 (그리스어로는 '사람person'을 뜻하기도 하는) 머리 쪽으로 뛰어올라 대머리가 벗겨진 부분을 주둥이로 쪼고 돌아다니며 울음소리를 내는 꿈을 꾸었다. (3) 소크라테스는 (사랑 또는 '우정philia'에 대한 플라톤의 대화록인)『뤼시스』가 플라톤을 잘못 묘사하고 있다고 주장했다. 플라톤의 대화록들에 등장하는 다른 사람들에 대해서도 첫 번째 것과 유사한 이야기들이 있지만, 그들은 자신들에 대한 이야기를 거부하며, 또한 시간적인 순서와 다른 이유들을 고려하더라도 그 이야기들은 다소 믿기 어렵다. 세 번째와 두 번째 이야기는 모두 플라톤에 대해 비판적인 내용이다. 두 번째 이야기는 첫 번째 이야기를 반플라톤적으로 풍자한 것으로서, 그것은 소크라테스가 자신을 백조와 비교하고 있는『파이돈』의 한 구절을 출발점들 가운데 하나로 삼는다. 그곳에서 백조는 자기가 더 나은 곳으로 가리라는 것을 알고 있기 때문에, 자신의 죽음을 앞두고 이전보다 훨씬 더 감미롭게 노래를 부른다고 주장된다.[15] 플라톤의 본명은 아리스토클레스(Aristocles)이며, '플라톤'은 레슬링 훈련 때문에 벌어진 그의 어깨 넓이 때문에 또는 그의 다양한 문체 때문에 또는 그의 이마 크기 때문에 붙여진 (대체로 '넓이'를 의미하는) 별명이었다고 알려져 있었다. 그의 모친이 (또는 사실상 그의 부친이) 누구였는가에 대한 자료들이 모두 일치하지는 않는다. 그의 모친을 강제로 겁탈하려다 실패했던 그의 법률상 부친이 아폴론 신의 환영을 본 뒤에 그의 모친이 그를 낳았다는 이야기

---

15   『파이돈』 84d 이하.

가 아테네에 전해졌다고 한다(우리는 이런 이야기를 제삼자를 통해 듣는다). 이런 수준의 정보에 기초해서 분명하게 말할 수 있는 것은 거의 없다.

다른 한편으로, 우리는 어쩌면 플라톤이 쓴 글을 이해하는 것과 실제로 관련된 그의 삶의 다양한 측면들에 대해 충분한 정보를 갖고 있을 수도 있다. 이 가운데 가장 중요한 것은 이미 논의된 바 있는데, 그것은 바로 소크라테스와의 관련성, 즉 대화록 자체에서 발견되는 증거이다. 대화록에서, 우리는 플라톤이 연구했던 환경에 관한 어떤 것과 그가 저술의 대상으로 삼았던 사람들에 대한 어떤 것을 추론할 수 있다. 대부분의 대화록이 최소한 기원전 4세기에 쓰였지만, 사건들은 기원전 5세기에 배치된다. 왜냐하면 등장인물들이 이전 세대의 실존 인물들이었기 때문이다. 그러나 플라톤이 그들을 묘사하기 위해 글을 쓰는 것은 아니었다. 그들이 행동하고 말하는 것은 항상 그 자신의 시대와 관련된다. 때때로 그는 실제로는 기원전 4세기에 속하는 사상과 태도를 기원전 5세기에 투사하지만, 문제들이 대부분 일반적인 것이지 특정한 장소나 시간에 국한되는 것이 아니므로(또는 최소한 아주 짧은 시간대에 속하는 것이 아니므로) 시간의 차이는 대체로 중요하지 않다. 만약 이것이 옳다면(그리고 플라톤의 작품에 상당히 두드러진 권고의 목적을 고려한다면 그렇지 않을 가능성은 거의 없다), 소크라테스가 대화록에서 주로 대화를 나누는 사람들의 부류는 플라톤이 대화를 하고자 했던 사람들의 부류를 반영하고 있다는 결론이 나오는 것처럼 보인다. 이 사람들은 본질적으로 아테네에서 부유하고 여유가 많은 계층의 사람들이다. 대화록들의 읽기와 이해가 전제하는 문맹의 정도와 교양 교육의 정도를 고려한다면, 그 자체가 아마도 기대하지 못했던 결론은 아닐 것이다. 하지만 그것은 지적할 만한 사항이다. 소크라테스의 청중은 아마도 제약을 덜 받았을 것이다. 아테네에서 가장 부유하고 또한 (아폴론과 연계되었다는 이야기를 제외하고라도) 역사적으로 최상류층과 연계된 사람들 중 하나였던 플라톤의 가족과 달리, 소크라테스의 가족은 평범했다. 그의 부친은 석공이었고, 그의 모친은 산파였다. 모친이 일을 했다는 단순한 사실로부터 그의 집안이 부유하지 않았으며, 따라서 석공이라는 부친의 직업이 특별히 고귀한 직업은 아니었음을 의미한다. (모친의 직업은 또 다른 측면에서 중요해진다. 플라톤에게 있어 소크라테스는 영혼의 산파다. 거의 믿을 수 없을 정도로 우연하게도 그녀의 이름은 파이나레테Phainarete, 즉 문자 그대로는 '덕을 보여주는 사람'이다.) 아마도 더 중요한 것은 최소한 원리상으로는 그의 방법들이 그리스어를 말하는 능력과 약간의 지성만을 전제한다는 사실일 것이다. 『소크라테스의 변론』에서, 플라톤은 소크라테스로 하여금 시인과 정치가는 물론이고 장인(또는 제작자)과도 대화하고 있다는 사실을 언급하게 만든다. 그러나 이 점을 너무 강조해서는 안 된다. 소크라테스가 선호했던 장소는 분명히 부유하고 (젊은) 청년들이 다수를 차지했을 연무장이었을 것이다. 일반적으로 소크라테스와 플라톤이 활동할 환경을 만들어준 것은 부유한 사람들이었을 것이다. 아테네는 당시에 모든 그리스 도시들 가운데 가장 부유한 도시로서 많은 부유한 사람들이 있었으며, 또한 내가 함축하듯이, 부를 통해 교육과 여가를 즐길 수 있었을 것이다. 만약 이것들이 엄격하게 소크라테스적 상표가 붙은 철학의 절대적 요건들이 아니었더라면, 그것들이 그 철학을 더욱 흥미롭게 만들 수 있었을 것이다. 결과적으로, 아테네의 부와 문화는 다른 그리스 지역에서 온 지식인들에게 매력적으로 보였다. 이 방문자들 가운데 많은 사람들이 플라톤의 대화록에 등장하는데, 그들이 실제 소크라테스와 만났을 가능성이 크다. 어쨌든 그들의 등장(또는 그들의 등장

가능성)은 개인들 사이에서 사용된 대화 형식 속에 들어 있는 사고 체계들의 대립을 이끌어낼 많은 기회를 플라톤에게 제공하고 있다.

플라톤의 삶에 대해 언급할 필요가 있는 두 가지 다른 특징들이 있다. 그것들은 그와 실제 정치의 관계, 그리고 기원전 380년대에 설립된 그의 학교 아카데메이아에 대한 것이다. 아카데메이아가 (다른 무엇보다 최소한) 정치인 양성 학교로 간주되는 한, 그 두 가지 주제들 사이에는 밀접한 관련성이 있다고 종종 생각되었다. 그리스 세계 전체에서 정치적으로 영향력 있는 지위를 차지한 '아카데메이아 출신 사람들(Academics)', 즉 아카데메이아와 어떤 연관성이 있는 사람들의 수가 상당히 많다는 점을 고려할 때, 그런 주장은 결코 불합리하지 않다. 플라톤의 대화록들 가운데 가장 읽기 어려운 몇 부분들을 제외한다면, 가장 두꺼운 책인 『법률』은 여러 면에서 법조인을 꿈꾸는 사람들을 위한 실용적인 안내서와 그리 달라 보이지 않는다. 그럼에도 아카데메이아 출신 사람들의 정치적 탁월성은 대체로 우연적이다. 플라톤을 방문하기 위해 왔던 부유한 청년들은 (소크라테스와 이야기를 나눴던 아테네의 젊은 청년들처럼) 어쨌든 정치에 참여할 가능성이 상당히 컸다. 대화록을 통해 '정치술' 또는 '국가 운영술'(politike techne)을 판단하는 것은 사실상 그의 핵심 주제들 가운데 하나였고, 바로 그것이 그런 사람들을 그에게 특별히 매료되게 만들었을 것이다. 그러나 플라톤의 이론들이 구체적으로 실행에 옮겨졌다는 명백한 증거는 없고, 그러므로 직접적이고 실제적인 정치적 기능이 아카데메이아에서 비롯되었으리라는 견해는 추측으로 남을 수밖에 없다. (그런 점에서 아카데메이아가 아테네 정부 자체에 미친 가시적인 영향은 확실히 없다.) 내가 뒤에서 주장하듯이, 아카데메이아의 다른 활동들이 더 잘 증명될 것이다.

정치적 기능을 특히 아카데메이아에 부여하는 견해가 호응을 받았던

한 가지 이유는 플라톤 자신이 아테네(Athens)가 아니라 당시 그리스의 도시국가였던 시라쿠사(Syracuse)에서 개인적으로 실질적인 정치에 관여했었다는 사실과 관련이 있다. 아쉽게도 그에 대한 우리의 증거는 그다지 좋지 않다. 플라톤이 시라쿠사를 방문했다는 것은 분명하며 (또는 최소한 그가 그랬다는 기록을 부정할 만한 증거는 없으며), 아마도 세 번 방문했을 것이다. 그러나 그가 언제 갔고, 왜 갔는지는 그리 분명하지 않다. 그의 방문에 대한 가장 완벽한 설명은 『일곱 번째 편지』에 있다. 만약 이것이 플라톤의 작품임을 확신할 수 있다면, 거의 아무런 문제가 없을 것이다. 하지만 그런 확신은 불가능하다. 그 편지는 대체로 설득력이 있어 보이지만, 결코 전체가 그런 것은 아니다. 특히, 그것은 일반적으로 시라쿠사의 정치적 성향과 특수하게는 지배 왕족의 성향에 대한 놀라울 정도로 순진해 보이는 견해가 플라톤의 견해였다고 전한다. (우리는 그 편지 모음집의 나머지 부분이 대체로 날조된 것으로 거부되고 있다는 사실을 덧붙여야 할 것이다.) 두 번째 종류의 일반적인 변론은 비록 그것이 플라톤에 의해 쓰인 것이 아니었을지라도, 그의 학파를 잘 알고 있는 사람에 의해 쓰였다고 말하는 것이다. 그것이 사실이었을 수도 있지만, 그것을 플라톤이 시칠리아(Sicily)에 갔던 동기를 설명하는 문서의 가치를 변론하기 위한 용도로 사용할 수는 없다. 왜냐하면 만약 누군가 그 편지를 실제로 날조했다면, 그가 그것을 날조한 분명한 이유가 바로 (그가 제대로 말하는 것일 수도 있고 그렇지 않을 수도 있는) 플라톤의 동기를 변론하려는 것이기 때문이다. (『국가』에서 그렇듯이) 철학에 토대를 두는 군주제의 이상을 그곳에서 실현해보고 싶다고 진지하게 생각했다 하더라도, 플라톤이 하필이면 마케도니아(Macedon)보다 약간 낫긴 하지만 그만큼이나 잔혹한 정치가 이루어졌던 시칠리아에 갔던 이유가 무엇이었는지에 대해서는 상상하기조차 어렵다.[16] 그러나 그것이 그 편지가 시사하는 내용이다. 젊었기 때문에 아직 때 묻지 않은 전제군주라는 이론적으로 훌륭한 재료를 갖고 있었음에도 불구하고, 플라톤이 시라쿠사에 머무는 동안 철학자-왕의 이상을 실현하려 시도했다가 명백히 실패했음을 설명하기 위해 그런 이야기를 날조하는 플라톤의 변호인을 상상하는 것이 아마 더 쉬울 것이다. 다른 편지들 가운데 하나에서는 위대한 전문 정치인이 왜 아테네 자체에 실질적인 조언을 제공하지 못했던가에 대한 이유를 바로 그런 방법으로 설명하려 시도한다.[17] 시칠리아의 정치에 무지했던 이름 없는 '날조자' 탓으로 돌린다 해도 아무런 문제가 되지 않을 것이다. 그는 아마도 플라톤과 달리 그곳에 한 번도 가본 적이 없는 사람이 었을 것이다. 그러나 그 문제를 너무 과장해서는 안 될 것이다. 플라톤이 시라쿠사의 일에 의도적으로 관여했던 그렇지 않든, 사회 개혁에 대한 그의 욕구의 진실성에는 의심의 여지가 없다. 만약 우리가 그의 실천적인 정치적 판단에 관한 문제를 해결할 수 있다면, 그것은 분명히 흥미로울 것이다. 그렇지만 그 또한 그의 저술들에 대한 부수적인 정보에 불과할 것이다.

『일곱 번째 편지』는 플라톤의 삶의 다른 측면들에 대해 좀 더 확실한 정보를 제공해준다. 민주적인 아테네에서조차 부와 가문이 뒷받침된 청년에게는 당연한 선택이었을 정계 입문에 대한 생각을 플라톤이 젊은 시절에 포기하겠다고 결정했던 일에 대한 설명은 특히 흥미롭다. 그 결정은 아테네가 일련의 폭력적인 정변을 겪었던 기원전 5세기 후반의 격동적인 시기에 그가 겪었던 경험의 결과였다고 말해진다. 마지막 결

---

16   328a-b를 『국가』 473c 이하, 특히 487e와 비교해볼 것.

17   『일곱 번째 편지』 V. 여기에서 제시된 이유는 아테네가 여러모로 고질적인 요소를 갖고 있어서 치유할 수 없다는 것이다.

정타는 복원된 민중정치하에서 행해진 소크라테스의 처형이었다. 그러나 그의 반론이 존재하는 모든 정부 형태에 대한 반론이었다는 사실이 강조되곤 한다. 그는 『국가』에서 지지되었던 철학적 통치의 필요성을 깨닫게 된다. (여기에서 『소크라테스의 변론』과 『국가』를 함께 고려할 때 사실상 추론하지 못할 것은 아무것도 없다. 그러나 그것이 그랬다고 말하는 것은 아니다.) 여기에서 주장되는 정치적 당파성의 결여는 충격적이다. 『국가』에서 소크라테스의 입을 통해 제시되는 민중정치(democracy)에 반대하는 구절은 대화록에서 가장 탁월한 글에 속한다. 플라톤의 모친 쪽에 속하는 크리티아스(Critias)는 사실상 30인 참주(Thirty Tyrants)의 일원이었다. 그리고 플라톤의 형 글라우콘(Glaucon)은 크리티아스의 남자 친구였을 것이다. 다른 한편으로, 아테네 민중정치의 아버지인 솔론(Solon) 자신의 후손이라는 점에서도, 플라톤은 민중정치와 최상의 연관성을 갖고 있었다. 이런 점에서도 볼 수 있지만, 계급 분석을 아테네의 정치에 적용하기는 어렵다. 플라톤의 경우처럼 부와 출생이 정치적 권력의 분배를 위한 적절한 기준임을 지속적으로 거부한다면, 어떤 일반적인 기준도 분명히 소용없다. 과두제의 구성원들과 마찬가지로, 그는 당시 존재했던 정치체제들 가운데 스파르타 형태를 (그의 경우에는 제한적으로) 선호한다. 또한 과두정치가 더 질서정연하다는 점에서, 그리고 공직을 단지 제비뽑기로 분배하길 선호하는 극단적인 민중정치하에서 아무것도 기준으로 사용하지 않는 것보다 부(wealth)를 기준으로 사용하는 것이 낫다는 점에서, 그는 과두정치를 민중정치보다 높게 평가한다. 그러나 당시 존재했던 정치 집단과 플라톤의 연관성은 그것이 전부이다. 따라서 그와 현대 정치의 관계는 『소크라테스의 변론』에서 그가 넌지시 소크라테스의 탓으로 돌렸던 관계와 상당히 비슷하다. 그는 자신이 더 높은 기준들을 갖고 있기 때

문에 그것을 능가한다고 주장한다. 이성과 덕에 대한 절대적 우선성의
부여에 의존하는 그 기준들 자체는 소크라테스에게서 곧장 나온다.[18]

　그 외에 우리가 인간 플라톤에 대해 더 이야기할 것은 없으며, 아마
도 더 필요하지도 않을 것이다. 중요한 것은 길이 다시 소크라테스를
향하고 있다는 점이다. 플라톤은 소크라테스를 창조하거나 재창조하고
그의 뒤로 사라져버리는 데 만족한다. 그러나 우리는 속지 말아야 한
다. 왜냐하면 모든 대화록의 배후에서 지배적인 정신은 플라톤의 것이
기 때문이다.

18　플라톤과 실질적인 정치에 대한 자세한 내용은 아래 5장 참조.

2

대화록과 대화록의 형식

최소한 공식적으로 모두 대화로 표현되고 있다는 점을 제외한다면, 플라톤의 대화록은 단일한 유형이 아니다. 오히려 그 형식 자체에 서로 다른 목적과 발전을 모두 반영하는 여러 가지 다양한 유형들이 있다. 이런 점을 부분적으로나마 설명하기 위해, 나는 세 가지 대화록에 대한 대략적인 설명을 이 장의 뒷부분에서 제시할 것이다. 첫 번째 것은 대체로 플라톤의 초기에 속한다고 생각되는 작품 가운데 하나이며, 두 번째 것은 '중기' 작품 중 하나이고, 세 번째 것은 '후기' 작품 중 하나이다. 그러나 우리는 먼저 플라톤이 도대체 왜 대화록 형식의 글을 쓰기로 했느냐는 질문으로 돌아갈 필요가 있다. 우리는 이미 일종의 답변을 제시했었다. 그가 대화록 형식을 사용한 것은 소크라테스의 문답법에서 유래하며, 또한 그것은 그 두 사람의 친밀한 관계를 반영한다는 것이다. (아리스토텔레스가 말했다고 알려져 있듯이, 플라톤 이전의 다른 어떤 인물인 테오스의 알렉사메노스Alexamenos of Teos라는 사람이 대화록의 글을 썼다면, 그것은 여전히 옳은 이야기일 것이다.) 그러나 플라톤의 대화록 가운데 많은 것들은 단순히 대화 형식만 취하는 것이 아니다. 즉, 그것들은 연기, 성격묘사, 그리고 희곡적인(dramatic) 표현과 같은 다른 요소들도 포함하고 있다. 여기에서는 소크라테스적 연관성도 관련된다. 대화록 형식이 지닌 희곡적인 가능성들은 플라톤으로 하여금 소크라테스의 성격과 연기를 논증의 완성, 설명, 그리고 확인의 수단으로 사용할 수 있도록 해준다. 내가 사례로 제시하는 플라톤의 중기 작품들 중 하나인 『향연』은 그의 방법에 드러나는 이런 특징을 특히 잘 보여준다. 그러나 그 작품은 플라톤이 대화록에서 굳이 소크라테스의 말을 선택했던 이유를 아주 만족스럽게 설명해주지는 않는다. 만약 그가 소크라테스에게서 빌려왔고 그의 방법과 사람 자체의 특징들을 반영하고 있다면, (내가 1장에서 주장했듯이) 그것은 그렇게 하는 것이 그 자신의 목적에 적합했기 때문이다. 그는 소크라테스를 단순히 이용할 뿐만 아니라 착취하기도 한다. 그러므로 그 문제를 제대로 이해하려면, 우리는 정말로 플라톤의 목적들이 무엇인가, 그리고 대화록 형식이 그런 목적들에 어떻게 기여하는가에 대한 설명이 필요하다.

사실 우리는 여전히 한 걸음 더 돌아갈 필요가 있다. 플라톤 자신이 말하는 것들 중 어떤 것들에 따르면, 적절한 출발점은 그가 그런 방식으로 글을 쓰기로 한 이유가 무엇인가의 문제가 아니라 그가 글을 쓴 이유가 도대체 무엇인가의 문제일 것이다(그러나 이 두 가지 문제에 대한 답변들은 서로 밀접하게 연결되어 있다). 여기에서 가장 중요한 배경은 대체로 중기 후반에 속한 것으로 알려져 있는 『파이드로스(Phaedrus)』에서 발견된다. 그 작품의 후반부에서 대화는 문어(written word)와 구어(spoken word)의 상대적 가치에 대한 질문으로 이어진다(일반적인 배경은 연설문 쓰기와 수사법에 대한 논의이다). 소크라테스는 글쓰기의 가치에 대해 상당히 비판적이다. 그는 글쓰기를 발명한 이집트의 신 테우스(Theuth)가 그것을 기억과 지혜의 '묘약(elixir, pharmakon)'이라고 주장했다고 말한다. 그러나 진실은 그것이 기억의 대용물이며, 지혜 자체가 아니라 단지 지혜의 외양(doxa)만을 제공한다는 것이다. 왜냐하면 사람들은 전혀 이해하지 못하면서도 많이 읽을 수 있기 때문이다.

파이드로스, 글쓰기는 다소 이상한 이런 속성, 즉 사실상 그것이 그림 그리기와 공통적으로 갖는 속성을 갖는다네. 그림 그리기의 산물은 그곳에 생명체들처럼 서 있지만, 그것들에 어떤 질문을 하더라도 아주 근엄한 침묵을 유지한다네. 글로 쓰인 것들[hoi logoi]에 대해서도 마찬가지네. 그대는 그것들이 어느 정도 지성을 갖고 얘기했다고 생각하겠지만, 말해진 어떤 것들의 의미에 대해 그대가 그것들 [가운데 하나]에 질문한다면, 그것은 하나의 것만을, 즉 항상 동일한 것만을 가리킬 것이네. 그리고 그것이 글로 쓰이면 글로 쓰인 모든 것은 이해하는 사람들과 간섭할 권리가 없는 사람들 사이에서 똑같이 이리로 저리로 던져지며, 그것은 말을 해야 하는 사람들과 그러지 말아야 할 사람들을 구분하는 방법을 모를 것이네. 잘못 다루어지고 부당하게 학대당할 때, 그것은 항상 그 부모가 도우러 와야 한다네. 왜냐하면 그것은 스스로를 변호하거나 돕지 못하기 때문이지.[1]

문어는 "배우는 사람의 영혼 속에서 이해(episteme)된 것이 글로 쓰이고, 자신을 변호하고, 올바른 사람들에 대해 어떻게 말하고 침묵할 것인가를 아는 구어의 상 또는 그림자(image or shadow, eidolon)"이

---

[1] 『파이드로스』 275d-e.

다. 글의 작가는 팔 일이 지나면 (분명히) 화창해질 아도니스(Adonis)의 정원에 씨를 심는 사람과 비교된다. 진정한 결과를 산출하길 원하고, "옳고 아름답고 좋은 것들"[2]에 관해 알면서 타인들을 가르치길 진지하게 원하는 그는 적합한 토양에 적절하게 씨앗을 뿌리고 팔 개월 동안은 아무런 수확을 기대하지 않는 진정한 농부와도 같을 것이다. 그는 문자의 정원에 씨를 뿌리고,

> 노령으로 인한 망각이 다가올 때 그것에 대항하여 자기 자신을 위해, 그리고 같은 경로를 밟게 될 모든 사람을 위해 상기의 수단들을 마련해주며, 또한 그는 그것들이 부드러운 새순처럼 자라나는 것을 지켜보며 행복해 할 것이네. … 그러나 어떤 사람이 변증법을 이용하고, 적합한 영혼을 취함으로써 말들(logoi)을 이해(episteme)와 함께 심고 뿌릴 때, 그것은 [정의와 그런 어떤 것들]과 관련하여 훨씬 더 좋은 일이라고 나는 생각하네. 그것들은 그것들 자체와 그것들을 심었던 사람을 보호하기에 충분하고 또한 결실이 없지 않지만, 다른 [말들]이 다른 장소[ethe]에서 자라나는 씨앗을 포함하고 있다네. 이것은 이런 [과정 또는 씨앗?]을 영구히 불멸토록 만들기에 충분하고 또한 그것들[또는 그것]을 가진 사람이 인간으로서 할 수 있는 만큼 최대한의 행복한 삶을 영위하도록 만들기에 충분하다네.[3]

이것은 논의의 절정을 보여준다. 소크라테스는 이제 연설문 작가를 위한 실질적인 결론을 끌어낸다. 만약 그가 자신의 주제에 관한 진실을

---

2 여기에서 '사물들(things)'은 (그리고 나중에 발생하는 다른 많은 번역서들에서) 단지 공백을 채우기 위한 것이다. 그리스어는 단지 형용사를 동반한 정관사의 중성 복수 형태이다.

3 276d-277a.

안다면, 만약 그가 청중의 유형들을 구분할 수 있다면, 그리고 만약 그가 자신의 산물들이 확실성과 명료성을 소유한다고 생각하면서 그것들을 너무 심각하게 다루지만 않는다면, 그를 위한 자리가 있을 것이다. 그 작가가 연설문 작가든 시인이든 또는 입법가든 상관없이, 그 작가에게 보내는 마지막 메시지는 다음과 같다.

> 만약 그의 글이 진리에 대한 지식의 토대 위에서 쓰였다면, 또한 자신이 썼던 글이 검토될 때(eis elenchon ion) 그가 그걸 옹호할 수 있고 또한 자기 변론을 통해 자신의 글이 무가치하다는 것을 밝힐 수 있다면, 그런 사람은 자신의 제목을 이것들로부터 끌어내지 말고 자기가 관심을 가진 중요한 문제들로부터 끌어내야만 한다.[4]

결론에서 보여주듯이, "자신의 글이 무가치하다는 것을 밝힌다는 것"은 더 가치가 있는 것들(timiotera)에 대해 말한다는 것을 의미한다. 진정한 전문가라면 자신이 글로 썼던 모든 것을 항상 말로 더 발전시킬 수 있어야 한다고 소크라테스는 주장하고 있다. 이러한 그의 주장은 아마도 대화록들을 포함한 글로 쓰인 모든 작품들에 적용될 것으로 보인다. 물론 플라톤에 대한 직접적인 언급도 없으며, 또한 그는 연설문 작가도 시인도 입법가도 아니었다. 그러나 글로 쓰인 작품들에 관해 구두로 말해진 것들이 상당히 일반적인 것처럼 보이는 한, 우리는 글로 쓰인 작품, 즉 암묵적으로는 다른 대화록들을 위해 그것들을 말하는 작품이 어떤 영향을 미치느냐는 질문을 기대할 것이다. 그런데 플라톤이 어떤 가치가 있다면, 그것은 그가 자신이 글로 썼던 것보다 더 소중하

4　278b-d.

고 따라서 그것[글로 썼던 것-옮긴이]]을 '무가치' 하게 만들 어떤 것을
항상 말해준다는 점이다. 많은 학자들은 이것이 (우리가 주로 아리스
토텔레스에게서 정보를 얻는) 이른바 제일원리들에 관한 플라톤의 '기
록되지 않은 문서들(unwritten documents)' 을 은밀하게 언급하고 있
다고 보기도 했다.[5] 이 견해에 따르면, 대화록들은 구술상의 논의와 논
쟁의 가장 중요한 결과들을 보여주지 못하기 때문에 (상대적으로) '무
가치' 하다. 이 해석은 『일곱 번째 편지』에 의해 뒷받침되는 것으로 보
인다.

> [내가 진지하게 여기는 것들]에 대한 나의[즉, 플라톤의] 어떤 '쉰그라마
> (syngramma)' 도 [그 편지에 따르면] 존재하지 않고 있으며 또한 존재하지
> 않을 것이네. 왜냐하면 그 주제는 다른 주제들처럼 표현될 수가 없지만, 그
> 것 자체에 기울여진 많은 협력과 공동생활로부터, 갑자기 튀어 오른 불꽃에
> 의해 불붙은 등불처럼 그것은 영혼 속에서 태어나고 일단 태어나면 스스로
> 영양을 섭취하기 때문이지. 그러나 만약 이것들이 쓰이거나 말해진다면 그
> 것들이 나에 의해 말해지는 것이 가장 좋으리라는 것 정도는 내가 정말로
> 알고 있다네.[6]

여기에서 『일곱 번째 편지』는 최상의 주제들이 글이나 말로 표현될
수 없다는 것(또는 "최소한 다른 주제들처럼 표현될 수 없다는 것", 이
것은 덜 극단적인 입장을 담고 있는 것일 수도 있다.)을 주장함에 있어
서 『파이드로스』보다 더 나아간다. 따라서 그것이 위조된 것이라 할지

---

5 Gaiser와 Krämer는 이 맥락에서 중요한 두 이름이다. '참고문헌' 참조.
6 341c–d.

라도, 이 경우에 그것은 '파이드로스'의 단락에만 의존하지는 않을 것
이기 때문에 일종의 독립적 증거 가치를 갖는다. '쉰그라마'는 '함께
글로 쓰는 것'을 의미하는데, 그것은 아마도 단지 글로 쓴 설명일 것이
다. (전형적인 쉰그라마는 역사의 산물일 것이다. 비록 플라톤과 다른
사람들은 그와 관련된 '쉰그라페우스'라는 명사를 일반적으로 '산문작
가'의 의미로 사용하기도 했지만, 그것은 '역사학자'란 의미로 사용될
수도 있다.)『파이드로스』의 단락은 "나는 내가 가장 관심을 갖는 것들
에 대한 완벽한 설명을 어디에서도 적지 않았고, 또한 적지 않을 것이
네."라고 말하고 있다. 이 진술은 글로 쓰인 대화록들이 플라톤의 사상
을 모두 포함하는 것이 아니라는 점을 분명히 함축한다. 대화록들이
'구술 교육(oral teaching)'을 빠뜨리고 있다고 주장된다.

   내가 보기에,『파이드로스』와『일곱 번째 편지』에 대한 이 해석은 전
혀 설득력이 없다. 우리가 그것을 아리스토텔레스가『형이상학』의 마
지막 두 권에서 기술했던 것들과 같은 일련의 구체적인 문서들로 이해
한다 할지라도, 그 두 작품들의 어느 부분도 '구술 교육'에 대한 언급
으로 이해되지 않는다. 우리는 글로 쓰인 그 작품들을 잘못 읽음으로써
'기록되지 않은 문서들'이 아리스토텔레스의 창작물이라고 주장하는
정반대의 극단적인 입장을 수용해서는 안 된다.[7] 플라톤의 사상에 우리
가 대화록에서 발견하는 것보다 더 많은 것이 들어 있다는 것은『파이
드로스』에서도 분명히 언급된다. 그러나 위에서 논의된 견해를 어쩔
수 없이 가정할 수밖에 없는 듯이 보이므로, 그곳에서 표현되지 않은
사상의 일부가 대체로 고정된 일련의 신념들을 통해 이해되어야 한다
고 생각할 이유는 없다. 사실상『파이드로스』가 철학을 고유한 구어적

---

7   Cherniss(1944)와 (1945).

문맥에서도 본질적으로 교정 가능한 과정으로 묘사하고 있으므로, 그런 해석의 여지는 강하게 배제되는 듯이 보인다. 비교적 잘 구축된 어떤 사상체계를 우리가 다루고 있는 것처럼 보인다 할지라도, 플라톤이 자기 생애의 어떤 시기에 그런 체계를 구축했느냐는 물음은 답변하기 어려운 문제일 것이다. 그 대화록들과 '기록되지 않은 문서들'에 관한 우리의 보고 내용 사이에서 발견되는 최초의 분명한 접점은 『국가』에서 좋음(good)의 형상에 대한 논의 형태로 나타난다(아래 3장과 '기록되지 않은 문서들'에 대한 9장 참조). 현재 논란되는 생각들이 그 이전에 플라톤의 마음속에 있었다면, 그에게는 그것들을 억제해야 할 어떤 이유가 있었을 것이다. 그러나 소크라테스가 『국가』에서 좋음에 대한 완전한 설명을 거부할 때, 그가 주로 지식의 부족을 근거로 제시하고 있다는 점에 주목하는 것은 중요하다. 우리가 소크라테스에게서 그런 식의 포기를 기대한다는 것은 사실이다. 그리고 아마도 플라톤이 논의를 더 진행하지 않는 진정한 동기는 다를 것이다. 즉, '기록되지 않은 문서들'의 주인공들이 생각하는 것처럼, 그는 비전문적인 청중들을 겨냥한 대화록들을 순수하게 설득적 기능으로 제한하고자 했기 때문이다. 그러나 이것은 가정에 불과하다. 간단히 말해서, 사실상 플라톤 사상의 핵심이 대화록 외부에서 발견된다 할지라도, 그렇다는 것을 보여줄 만큼 설득력 있는 논증은 아직 제시되지 않았다. 그것은 플라톤이 '구술 교육'의 내용을 중시했다는 것을 부정하기 위한 것도 아니고, 그 내용이 분명히 역사적으로 중요하다는 점을 부정하기 위한 것도 아니다. (후자에 대해서는 9장 참조. 그곳에서는 내가 여기서 불충분하게 다룬 '기록되지 않은 문서들'이라는 어려운 문제 전체를 조금이나마 보완해줄 것이다.)

'더 가치 있는 것들'에 대한 『파이드로스』의 언급은 그 대화록 전반부에서 설명되었던 기록의 한계를 고려함으로써 가장 자연스럽게 이해될 수 있다고 나는 생각한다. 글로 쓰인 작품들이 한계를 갖는다고 할 때, 그 작품들의 저자가 어떤 가치를 가지려면 그것들을 개선할 수 있어야 한다. 말로 할 때 그 저자는 글로 쓰인 작품들이 할 수 없던 모든 것들을 할 수 있어야 한다. 그는 자신의 입장을 설명할 수 있고, 검토되는 자신의 생각을 옹호할 수 있고, 또한 다양한 청중들의 요구에 맞춰 접근 방식을 변화시킬 수 있어야 한다. 소크라테스는 소통, 그리고 특히 교육이 상호적인 과정이라고 강조한다. 적절한 말로 하는 적절한 소통에 대한 묘사가 사실상 소크라테스적 방법(에 대한 플라톤 식)의 표현이라는 것은 우연이 아니다. 그 방법은 유연하고 지속적인 것으로서, 모든 주장이나 결론이 새로운 것에 의해 대체될 수 있다("무가치하다는 것이 보일 수 있다"?). 반면에 글쓰기는 고정되어 있고 변화하지 않으며, 명료성과 확실성의 거짓된 모습을 보여준다. 이것이 핵심이며, 대화록에서 플라톤은 자기가 이 점을 인지하고 있음을 지속적으로 보여준다. 그곳의 논의들은 당면한 주제에 대한 또 다른 논증이나 검토가 필요하다는 주장을 통해 자주 제한된다. 어떤 결론도 얻어지지 않았다는 결론 이외의 다른 어떤 공식적인 결론도 없이 끝나는 모든 대화록들을 통해 가장 명백한 사례들이 제공된다. 예를 들어, 영혼 불멸의 경우처럼 또 다른 대화록에서 하나의 주제가 종종 새롭게 제시된다. 불멸에 대한 일련의 논증들을 마무리하는 『파이돈』의 끝부분에서, 소크라테스는 그 주제가 입증되었다고 결론내리며, 또한 논의 상대들은 제시된 논증들이 전반적으로 설득력이 있다는 데 동의한다. 그러나 누군가 이렇게 덧붙인다. "그러나 논의되는 주제들이 너무도 방대한 반면에, 인간의 능력에 대한 나의 존중심은 너무도 적어서, 아직도 나는 지금까지 말해진 것에 대해 내 마음속에서 의심을 품지 않을 수 없

다네."⁸ 소크라테스도 그것이 아주 옳다고 동의하면서, 그들의 최초 가
정들을 좀 더 자세히 살펴볼 필요가 있다고 덧붙인다. 그런 뒤에『국
가』와『파이드로스』에서는 부가적인 논증들이 제시된다. 이처럼 우리
는 글쓰기의 가치에 대한『파이드로스』의 내용이 어떻게 작가로서의
플라톤의 활동에 이미 함축되어 있는 명백한 사고들을 만들고 있는가
를 알 수 있다. 달리 말해서, 내가 이전에 말했듯이, 그곳에서 말해진
것은 대화록들에 적용될 뿐만 아니라 어떤 의미에서는 이미 그것들 안
에 표현되어 있다는 것이다.

　그러나 우리는 중요한 한 가지 조건을 덧붙일 수도 있다. 글쓰기에
대한『파이드로스』의 발언들은 허구적으로 구술하는 문맥에서 나타난
다. 엄격하게 말해서, 소크라테스가 함축하는 것은 **그가 현재 파이드로
스와 진행하는 그런 종류의 구술적인 논의에 비교하자면** 글로 쓰인 작품
들이 거의 가치가 없다는 것이다. 결국『파이드로스』의 문맥에서 보면,
대화록들에 대한 플라톤의 태도가 애매하다는 것이 나의 주장이다. 그
것들은 단지 유사한 것들(eidola, likenesses), 즉 대화들을 글로 표현한
것들에 불과하다는 점에서, 글로 쓰인 모든 작품들과 똑같은 한계를 갖
는다. 그러나 유사한 것들은 결국 그것들의 원본들을 닮는다. 이것은
현재의 경우에 특히 잘 들어맞는다. 플라톤은 살아 있는 대화라는 환상
을 만들어내기 위해 상당한 주의와 기술을 이용한다. 전반적으로 각 대
화록은 글로 쓰인 한에 있어서 고정되고 불변하는 것이지만, 항상 논증
이라는 운동이 있고 또한 때때로 그 내부에는 활동이 있다. 다시 말해
서, 비록 반드시 아주 체계적인 방식은 아니지만, 연속적인 작품들이
이전 작품에서 남겨진 실마리를 이어가는 성향이 있는 한, 대화록들 사

___
8　107b.

이에 운동이 있다는 것이다. 대화록 형식은 『파이드로스』에 의해 만들어진 글쓰기에 대한 또 다른 비판들을 (최소한 부분적으로나마) 피한다고 주장할 수도 있을 것이다. 첫째, 그것은 결코 다른 글쓰기 형식들만큼 '터무니없지'는 않다. 부가적인 설명을 요구하거나, 또는 제시된 진술들을 공격하거나 방어하는 등장인물들이 항상 있다. 둘째, 『파이드로스』가 다양한 청중들의 요구에 맞추기 위해 개인의 발언을 다양화하는 것이 중요하다고 강조했듯이, 소크라테스가 대화록들에서 작업하는 단계는 그가 말하고 있는 개인의 유형과 연결되어 있다. 따라서 엄격하게 보자면 독자들 개개인의 요구를 맞추기 위해 할 수 있는 것은 아무것도 없지만, 그는 사실상 "복잡한 정신체계를 가진 사람에게는 모든 양태들을 포함하는 복잡한 로고이(logoi)를, 그리고 단순한 사람들에게는 단순한 로고이를 제공함으로써" 다양한 청중들과 다양한 방식으로 대화하고 있다.[9] (일부 대화록들은 상당히 전문적이고 어렵지만, 다른 것들은 보통의 지성인이 이해할 만하다.) 사실상 글로 쓰인 '디알로고스(dialogos)'는 개인들 간의 사적인 접촉을 요구하는 변증법(dialectic)이 아니며, 작가와 독자 간의 (플라톤의 경우에는 특히 멀지만) 먼 관계도 아니다. 그러므로 그것은 대화 방법으로서는 다소 열악한 도구이다. 그러나 그렇다고 해서 그것이 『파이드로스』의 주된 공격 대상인 연설문 작가의 작품 수준으로 격하되지는 않는다. 앞서 인용된 단락에서, 소크라테스는 문자가 싹틔우는 것을 보면서 기뻐하는 문자 정원의 농부에 대해 이야기했었다. 글쓰기가 제대로 수행된다면 여전히 비옥할 것이다.

변증법은 철학의 매개체인 동시에 교육의 매개체이기도 하다. 참된

9　277c.

교육이란 변증법을 통한 지혜(philosophia)의 탐구와 사실상 동일하다.

　　교육은 일부 사람들이 말하는 그런 종류의 것이 아니다[라고 소크라테스
는 『국가』[10]에서 말한다]. 내 생각에 그들이 주장하는 것은, 지식이 영혼에
있지 않을 때 마치 보이지 않는 눈에 시력을 부여하듯이 그곳에 지식을 부
여한다는 것이다. … 현실에서 이 주장은, 마치 몸 전체를 눈과 함께 돌리지
않으면 눈이 어둠에서 빛으로 돌려질 수 없듯이, 각자의 영혼 속에 있는 그
힘, 즉 각자가 이해하기 위해 사용하는 도구는 그것이 존재하는 것[즉, '형
상들'][11]과 존재하는 것의 가장 밝은 부분에 대한 성찰을 견뎌낼 수 있게 될
때까지, 영혼 전체와 함께 생성되는 것[즉, 변화의 세계]에서 멀어지도록 돌
려져야만 한다는 것을 보여준다. 그리고 이것이 우리가 말하는 좋음이다.

　　변증법을 보여주는 대화록들은 두 가지 기능을 모두 수용한다. 그것
들은 교육의 도구인 동시에 철학적 과정의 살아 있는 증거이다. 뒤의
장들에서 나는 대화록에 나타난 몇 가지 왜곡된 추론들을 살펴볼 것이
다. 특히, 후기 대화록 속에서 종종 철학적 문제들의 해결책 자체가 목
적이 되는 듯이 보인다는 것은 놀라운 일이 아니다. 그러나 플라톤은
소크라테스로 하여금 그의 정직하고도 충고적인 어조를 즉각 다시 사
용하게 만들 것이다. 『파이드로스』에서 말하고 있듯이, 그는 탐구가 진
행해야 할 방향에 대해 분명한 생각을 갖고 있기 때문에, 옳음과 아름
다움 그리고 좋음에 대한 지식, 즉 교육과 철학적 탐구라는 이중적인
목적이 원칙적으로 항상 밀접히 연관된다. ('기록되지 않은 문서들'의

10　518b-d.
11　(아마도 『국가』와 상당히 가까운 시기에 집필되었을) 『향연』에 대한 아래 논의와
3장 참조.

옹호자들은 그렇게 하겠지만) 우리는 목표를 기술하는 그의 탁월한 표현 때문에 그가 목표에 도달할 수 있다는 자신감을 갖고 있었다고 오해해서는 안 된다. 진정한 변증적 상황에서의 지도자처럼, 그는 이끌어지는 사람(이 경우에는 독자)보다 불과 몇 발짝 앞에 있을 뿐이다.

그런데 플라톤이 철학과 교육을 대화의 기술(dialegesthai)인 변증법과 동일시했기 때문에, 글을 쓰고자 할 때 그는 어쩌면 대화 형식으로 쓸 수밖에 없었을 것이다. 대화의 표현들(representations)은 대화가 아니다. 그러나 그것들은 플라톤으로 하여금 대화의 본질적인 몇 가지 특징들을 유지하게 해준다. 그럼에도 이것은 "만약 그것이 열등한 매개체의 사용을 의미한다면, 왜 글을 쓰는 것인가?"라는 질문을 다시 제기한다. 그에 대한 답변은 아마도 "글쓰기가 일반 청중에게 말하는(address) 유일한 수단이기 때문이다."일 것이다. 소크라테스는 듣고자 하는 모두에게 말하는 식으로 사람들에게 개별적으로 말을 걸었다. 플라톤의 야심은 더 컸다. 왜냐하면 그는 개인들을 조금씩 개혁하는 것이 아니라 사회 전체를 개혁하고 싶어 했기 때문이다.

플라톤이 그런 형식을 이용하는 것을 좀 더 구체적으로 설명하려면 여기에서 간략하게나마 특정한 몇 가지 대화록들의 구조와 내용을 살피는 것이 유용할 것이다. 플라톤의 저술이 지닌 범위와 다양성을 조금이나마 보여주기 위해, 나는 의도적으로 상당히 다른 세 가지 사례들을 선택했다. 그것들이 (아마도) 플라톤의 생애의 서로 다른 세 시기에 쓰인 것들이라는 사실은 우연이 아니다. 그의 사상이 변하고 발전하듯이, 그 표현의 양상도 변하고 발전한다. 그러나 어쨌든 그 형식은 상황이나 등장인물 또는 선택된 주제에 따라 아마도 무한히 달라질 것이다.

『에우튀프론』

『에우튀프론』은 소크라테스가 사망했거나 또는 사망할 즈음에 구성된 일련의 대화록들 가운데 하나이다. 그는 '불경죄(impiety)'로 재판을 받게 되었다. 구체적으로 말하자면, 『소크라테스의 변론』에서 표현하듯이, 그는 '국가가 믿는 신들을 믿지 않고 다른 새로운 신적 존재들을 믿은 죄'와 '젊은이들을 타락시킨 죄', 즉 자신의 불경한 믿음들을 그들에게 전파한 죄로 기소되었다. 그는 사람을 죽인 자기 아버지를 고발하러 가던 에우튀프론을 길에서 만난다. 에우튀프론의 고발 근거는 자기가 아버지를 고발하지 않고 계속 같이 살게 된다면 그 범죄에 달라붙은 '오염 물질'이 자기에게 똑같이 영향을 주리라는 것이다. 그는 '경건함'이 자기에게 고발할 것을 요구한다고 말한다. 살인은 특히 신과 관련된 범죄의 영역에 속하며, '신의 법률'이 그 법률을 위반했다고 알려진 모든 사람에게 대항할 것을 우리에게 요구한다는 것이다. 이것이 에우튀프론의 견해이며, 그의 친척들은 그가 아버지를 고발하는 것 자체가 불경한 행동이라고 말하고 있음에도 불구하고, 그는 그 행동을 지속하고 있다. (여기에서 볼 수 있듯이, 신이 인간의 행위를 관장한다고 생각하는 성향 때문에, '경건함'이라 번역된 단어 호시오테스hosiotes는 일반적으로 '도덕적 옳음' 같은 것을 의미할 수도 있다.) 따라서 에우튀프론의 본질적인 기질적 특징은 고정되어 있다. 그는 경건함과 불경함을 **안다**. 사실상 그는 종교적 문제 전반에 대한 뛰어난 전문가라고 주장된다. 그러므로 소크라테스는 에우튀프론이 자신을 일깨워줘야 한다고 제안한다. 그래야만 그가 경건함에 대해 스스로 새롭게 발견한 지식을 토대로 자신을 기소했던 멜레토스(Meletus)에게 도전할 수 있으리라는 것이다. 이것이 역설적인 상황임은 분명하다. 소크라테스는 경

건함에 대해 안다고 주장하지 않겠지만, (그가 말하듯이) 그는 최소한
그것에 대해 알려고 노력하는 것을 자신의 과제로 삼아왔다. 그리고
에우튀프론의 상황은 그런 지식이 얼마나 중요한지, 그리고 그것을 발
견하는 것이 얼마나 어려운지를 보여준다. 플라톤은 가능한 그것을 애
매하게 만들기 위해 의도적으로 그 상황을 구성했거나, 또는 실제 있었
던 경우에 토대한 것이라면 의도적으로 애매한 경우를 선택했을 것이
다. 낙소스(Naxos) 섬에서 에우튀프론의 가족에게 고용되어 생활하던
일꾼이 술에 취해 그 가족의 한 노예를 칼로 찔러 죽였다. 에우튀프론
의 부친은 어떻게 처리해야 할 것인지를 알아보기 위해 아테네에 있는
종교 책임자에게 사람을 보냈고, 그동안 노예를 묶어 도랑에 던져두었
다. 그런데 그 노예가 심부름꾼이 돌아오기 전에 죽었다. 따라서 에우
튀프론이 의도하는 고발이 아버지에 대한 자식의 의무와 상충하는가
하는 문제와는 별도로, 그의 부친이 그 노예를 실제로 죽인 것은 아니
었다고 주장할 수도 있었다. 만약 그의 부친이 노예를 죽인 데 대한 책
임이 있다 할지라도, 그 노예는 가족의 일원이 아니었고(이 점이 에우
튀프론의 행위를 좀 더 합리적으로 보이게 만들었을 수도 있다), 게다
가 그 노예 자신이 살인자였다. 그런 경우에는 에우튀프론이 의심을
품었어야만 했다고 소크라테스는 주장한다. 그러나 사실상 그는 전혀
그렇지 않았다. 그 후 대화록의 나머지 부분은 그의 확신이 얼마나 잘
못되었는가를 입증한다. 경건함이 무엇인가에 대한 설명을 제시하라
는 소크라테스의 압박에도 불구하고, 에우튀프론은 시험을 통과할 만
한 어떤 답변도 제시하지 못한다. 마침내 소크라테스는 자신들의 논의
가 처음으로 다시 돌아왔으므로 새롭게 논의를 시작할 필요가 있다고
제안하지만, 에우튀프론은 다른 곳에 급한 용무가 있었음을 문득 깨닫
는다.

이처럼 『에우튀프론』은 특정한 개인을 변증적으로 이기면서 끝이 난다. 그러나 물론 그것이 그 대화록의 내용 전부는 아니다. 에우튀프론은 자신의 지식이 일반인들보다 우수하다고 주장하지만, 결국에는 그가 다른 누구보다도 더 낫지 않은 것으로 드러난다. 사실상 그가 특별한 지식을 가진 척하는 한, 그는 더욱 궁색해지게 된다. 그럼에도 옳음에 대한 그의 믿음은 분명히 끝까지 거의 훼손되지 않는다. 그는 자신들의 태도를 충분히 반성하려 하지 않는 사람들의 일반적인 비자발성이라고 플라톤이 말했던 것과 그런 반성의 필요성이 시급함을 설명한다. 그리고 그는 마침내 한 가지 극단적인 행동을 취하려 한다. 그러나 그와 소크라테스 사이의 대화도 우리의 사고가 발전해야 하는 그런 방법을 설명해준다. 다시 말해서, 그 대화록에서 플라톤의 목적은 설득적일(즉, 철학적 사고를 할 필요성이 있다고 우리를 설득하는 것일) 뿐만 아니라 방법론적이기도 하다. 그 혼합에 포함된 또 다른 두 가지 재료들은 대체로 종교와 신에 대한 대중적인 태도라고 생각되었던 것에 대한 비판적 검토, 그리고 도덕성에 대한 플라톤 자신의 접근 방식에 대해 상당히 근본적인 최소한 하나의 명제에 대한 분명한 진술이다.

소크라테스가 에우튀프론에 대한 자신의 질문에 공식적으로 처음 사용하는 형식은 그 자체가 흥미롭다.

... 살인과 관련하여, 그리고 다른 모든 것과 관련하여, 자네가 신성하다고 말하는 것[또는 여기에서 경건함과 동의어로 사용되는 신성함, to eusebes]과 신성하지 않은 것이 어떤 종류의 것인지 내게 말해보게. 모든 행동에서의 경건한 것[경건함]은 그 자체와 동일하며, 그와 마찬가지로 불경한 것은 경건한 모든 것과 반대가 아니라 그 자체와 같고 그것의 불경함과 관련된 하나의 어떤 형상[이데아], 즉 불경해질 모든 것을 갖고 있지 않

은가?[12]

'이데아(idea)'라는 그리스어 단어는 전통적으로 '형상이론(또는 관념이론)'이라는 주제로 사용되는 특별한 존재자들을 언급하기 위해 플라톤이 사용했던 두 단어 가운데 하나이다. 그리고 『에우튀프론』은 그처럼 중요한 플라톤 철학의 영역에 대한 모든 논의와 관련될 것이다 (아래 3장 참조). 하지만 『에우튀프론』이 하는 이야기를 이해하기 위해 플라톤이 다른 곳에서 '형상들'에 대해 무슨 이야기를 하고 있는가를 우리가 알아야 할 필요는 없다. 소크라테스는 경건한 모든 것이 경건한 이유는 그것이 모든 경우에 동일한 하나의 특수한 형상, 즉 바로 '경건함'이라는 용어가 근본적으로 지칭하는 특수한 하나의 특징 또는 일련의 특징들을 갖기 때문이라고 말한다. 불경함의 경우도 마찬가지이다. '형상이론'의 주된 요소는 그런 공통된 성질들이 그것들을 소유하는 사물들로부터 분리된 것으로 (그와 동시에 그것들에 의해 '공유'된 것으로) 다룬다는 점이다. 그런 어떤 분리가 여기에 함축되어 있지는 않다. 유일한 분리는 소크라테스가 설명하려는 방식으로 형상을 분리하는 것이다. 즉, 형상 자체가 아니라 형상을 소유하는 사물들에 우연히 속할 수도 있는 모든 부가적 특징들로부터 '형상'을 분리하는 것이다. 그렇게 되면 경건한 행동들의 집합에 속하는 어떤 행동들이 있으며, 또한 불경한 행동들의 집합에 속하는 어떤 행동들도 있게 된다(소크라테스가 그렇게 말하지는 않지만, 에우튀프론의 경우에서 보듯이 두 집합에 모두 속하는 행동들도 있다). 필요한 것은 그 두 집합의 각 구성요소와 관련된 행동들을 제한하는 특징들을 구체적으로 명시하는 것이다.

---

12   5c–d.

에우튀프론은 핵심을 놓치고 있다. 그는 자신이 지금 하는 일이 경건함이라고 말한다. 즉, 죄 지은 사람을 고발하는 일이 경건함이라는 것이다. 그의 행동이 경건하다는 것은 특히 신들의 사례를 통해 확인된다. 신들 가운데 가장 훌륭하고도 가장 정의로운 신이라고 믿어지는 제우스는 다른 아들들을 삼켜버리는 죄를 지었던 자기 아버지 크로노스를 결박하는 데 동의했다. 또한 크로노스도 비슷한 이유로 **자기 아버지의** 신체에 위해를 가했다.[13] 소크라테스는 이런 종류의 이야기들을 받아들이기 어렵다고 말한다. 그러나 그런 뒤에 그는 어쨌든 그가 원했던 것, 즉 ('많은 경건한 것들 가운데 한 가지 또는 두 가지'와 같은) 경건함의 사례들이 아니라 경건한 행동들을 경건하게 만드는 형상 그 자체[에 대한 설명]을 에우튀프론이 제시하지 않았다고 지적한다.[14] 아마도 어떤 상황에서는 사례들을 제시하는 것이 "x란 무엇인가?"와 같은 유형의 질문들에 답변하는 완전히 만족스러운 방법일 수도 있다. 그러나 소크라테스는 더 많은 것을 원하며, 만약 그 질문이 "그것은 정말로 경건한가?"라는 질문으로 제시되었다면, 분명히 에우튀프론은 자신이 생각했던 행동을 사례로 적절히 제공할 수 없을 것이다. 그가 원하는 것은 '파라데이그마(paradeigma)', 즉 그가 그런 경우에 결정할 토대로 삼을 수 있는 전형(paradigm) 또는 모형(model)이다.[15] 그는 그런 전형의 역할을 하는 것이 바로 형상이라고 주장한다. 일단 그것이 무엇인지 파악하게 되면, 우리는 그것이 관련된 하나의 특징(또는 특징들)을

---

13 옮긴이 주: 이것은 크로노스가 자신의 아버지 우라노스의 성기를 낫으로 잘라버렸던 일을 말한다.

14 여기에서 '형상'은 에이도스(eidos)의 번역이며, 다른 한 쌍의 용어들은 이전 단락에 언급되었다.

15 6e.

갖는지 아닌지를 봄으로써 행동의 경건함이나 다른 어떤 것을 결정할
수 있을 것이다. 만약 형상이 '파라데이그마'라는 개념에 포함된 은유
를 너무 강하게 압박하면, 여기에서는 분명히 문제가 발생할 것이다.
특히, 형상과 형상을 소유하는 행동 사이에는 물리적 모형과 그것을 모
형으로 삼은 것 사이에 있는 것과 같은 종류의 '유사성'이 거의 없을
것이다. 그러나 최소한 현재 맥락에서 플라톤이 염두에 두고 있다고 가
정할 필요가 있는 것은 "그가 결과물의 상태를 확인하기 위해 자신의
모형을 언급할 때 제안했던 절차"와 "건축가나 화가의 절차"에 대한 광
범위한 비교이다. 그 두 경우에 확인되어야 할 것은 다른 어떤 것과 일
치된다.[16]

　에우튀프론은 이제 올바른 유형의 제안을 내놓는다. 그에 따르면, 경
건한 것은 신들이 사랑하거나 또는 승인하는 것이며, 불경한 것은 그들
이 혐오하거나 거부하는 것이다. 그러나 소크라테스가 지적하듯이, 제
우스와 크로노스에 관한 이야기들은 신들이 서로 동의하지 않는 경우
도 있음을 보여준다. 그리고 신들이 서로 동의하지 않는 것은 사람들이
동의하지 않는 것과 거의 비슷하다. 즉, 특히 해결하기 어려운 옳고 그
름의 문제들이라는 것이다. 제우스와 그의 아버지 크로노스, 그리고 크
로노스와 그의 아버지 우라노스는 분명히 이런 종류의 것에 동의하지
않는다. 따라서 (일부) 신들이 사랑하는 것을 (일부) 신들은 때때로 혐
오할 것이다. 또한 에우튀프론의 설명에 따르면, 그렇기 때문에 (아마
도 그 자신의 행동들을 포함한) 어떤 행동들은 경건한 동시에 불경하
다. 아마도 그들은 모두 부당한 살인을 거부하겠지만, 살인이 정당하든

16　그러나 '형상들'에 관한 후기 논의에서 나타나는 같은 종류의 시각적 은유의 범
위는 3장 참조.

정당하지 않든 에우튀프론의 아버지 사건에서처럼 문제는 항상 제기될 수밖에 없다. 만약 사실상 신들이 모두 그의 아버지가 부당한 살인을 저질렀다고 간주하고 또한 그런 상황에서 아들이 자기 아버지를 고발하는 것이 옳다는 데 모두 동의했음을 에우튀프론이 보일 수 있다면, (소크라테스는 그가 그것을 어떻게 보여줄 것인지 알기 어렵다고 암시하지만) 그것은 사실상 그가 그렇게 하는 것이 옳았다는 강력한 증거가 될 것이다. 그렇지만 그것이 경건에 대한 **일반적인** 설명을 제시하는 일에는 아무런 도움이 되지 않을 것이다. 아마도 신들은 모두 지금의 에우튀프론을 승인할 것이며, (만약 어떤 것의 경건함이 신들에 의해 사랑됨을 의미한다면) 이것은 그의 행동을 경건한 것으로 만들어줄 것이다. 그러나 만약 그들이 다른 행동에 대해 동의하지 않는다면, 그들의 태도는 쓸 만한 참고사항이 되지 못할 것이다. 소크라테스가 현재 제안하듯이, "**모든** 신들이 혐오하는 것은 불경한 것이고, 그들 **모두가** 사랑하는 것은 경건한 것인 반면에, 그들 가운데 일부가 사랑하고 일부가 혐오하는 것은 불경하지도 않고 경건하지도 않거나, 또는 불경한 동시에 경건하다."는 것을 우리가 구체적으로 언급하지 않는 경우에 그렇다. 뒤의 두 대안들 가운데 첫 번째 경우에는, 모든 신들이 사랑한다면 그리고 오직 그 경우에만 행동을 경건하다고 할 수 있다. 반면에, 두 번째 경우에는, 그들 모두가 사랑하는 경우, 그리고 오직 그 경우에만 하나의 행동이 **예외적으로** 경건하다고 할 수 있다. 그러나 어떤 것도 애매함으로 이루어지지 않으며, 아마도 플라톤은 그것이 애매하다는 것을 전혀 알지 못했을 것이다. 결과적으로, 만약 하나의 행동이 그런 의미에서 예외적으로 경건한 것이 아니라면, 그것이 (엄격하게 말하자면, 사실상) 경건하지 않다는 의미로 보일 수도 있을 것이다. 그리고 다른 곳에서 우리는 플라톤이 이런 식으로 설명하고 있음을 보게 될 것이다. 게다가 그는 신들이 실제로 그렇게 서로 다투는가를 의심하고 있음을 우리는 이미 알고 있다. 어쨌든 소크라테스의 다음 움직임은 경건함에 대해 새로운 설명이라고 주장되는 두 가지 형태에 모두 효과적이다. 그것은 사실 경건함과 신들이 사랑함에 대한 최초의 단순한 동일시에도 효과적이다. 복잡한 논의를 통해, 소크라테스는 신들이 사랑하는 것이 아마도 경건의 '우연적 속성'인 파토스(pathos)이지 그것의 본질인 '우시아(ousia)'가 아니라는 점을 에우튀프론에게 깨닫게 한다. 경건한 것은 그것이 경건하기 때문에 신들이 사랑하는 것이지, 신들이 사랑하기 때문에 그것이 경건한 것이 아니라는 것이다. 그들이 경건한 것들을 사랑한다는 사실이 그것들의 경건함을 구성하지는 않는다. 이처럼 우리는 신들이 그것들을 사랑한다는 사실만을 알뿐, 경건함이 실제로 무엇인지를 알지 못한다.

여기에서 플라톤은 또 다른 방법론적인 쟁점을 제시한다. 전통적인 설명에 따르면, 신들이 경건한 행동뿐만 아니라 좋은 삶을 사랑하듯이, 경건함(또는 다른 어떤 것)이 무엇인가를 발견하는 것은 그것의 본질을 식별하는 문제이지 우연히 그것에 대해서 참이고 다른 것들에 대해서도 참일 수 있는 것들을 발견하는 문제가 아니다. 경건한 행동이 신들이 사랑했던 **유일한** 행동이었다 할지라도, (비록 그런 경우에, 즉 어떤 행동들이 그들의 승인을 받을 것인가를 누군가 홀로 발견하는 일이 혹시라도 발생한다면, 신들이 경건함을 사랑했음을 아는 것은 그것의 본질을 아는 것만큼이나 실질적으로 유용하겠지만) 플라톤은 그들의 사랑이 여전히 경건함의 단순한 파토스(pathos)라는 점을 분명히 하고 있다. 경건한 것과 일반적으로 덕스러운 것은 누군가 (신들 또는 오히려 인간들이) 말하거나 생각하기로 우연히 동의했기 때문이 아니라는 점은 플라톤에게 너무도 자명했다. 즉, 과학자가 물리적 우주의 특징들을 묘사하기를 희망하듯이, 경건함과 다른 도덕적 '형상들'은 단지 발견되고 묘사되기 위해 그곳에 있을 뿐이다.[17] 이렇게 제안된 윤리학이라는 학문과 과학 그 자체는 일반 명제들을 산출하거나 확인하는 수단으로 일련의 구체적인 자료를 사용한다는 점에서 또 다른 명백한 유사성을 갖는다. 이것이 '귀납법'이라고 대략 번역되곤 하는 에파고게(ep-agoge)의 방법이며, 아리스토텔레스는 이것이 소크라테스에게서 비롯되었다고 말한다. 에우튀프론은 이런 방식으로 경건한 행동의 사례들을 고찰함으로써 경건함에 대한 설명을 제시하라고 요구받는다. 그러나 여기에서 유사성은 사실상 피상적이다. 왜냐하면 경건함의 본성을 발견하려는 목적은 바로 어떤 행동들이 마침내 경건한 것으로 간주되는가를 결정하기 위한 것이라고 분명히 말해지기 때문이다. 그러므로 우리는 제시된 경건함의 사례들이 사실상 경건한 것들이 결코 아니라고 결론 내리면서 끝낼 수 있을 것이다. 만약 우리가 사실상 경건한 행동들에서 시작한다면 실질적으로 그 방법은 귀납적이겠지만, 우리는 사람들의 신념들, 즉 기껏해야 그것들이 현실과 어떤 관계를 갖는다고 가정될 수 있는 신념들에서 시작해야만 한다. 그 신념들이 원칙적으로 만족스러운 결과를 산출할 수 없다는 것은 아니다. 대체로 소크라테스는 최소한 그것들이 만족스러운 결과들을 산출할 수 있으리라고 희망하는 듯이 행동한다. 그러나 그것들에 대해 신성불가침한 것은 전혀 없다. 그것들은 종종 그리고 심지어는 일반적으로 부적절하다고 밝혀지며, 근본적으로 새로운 접근 방법들로 대체된다(1장 참조). 그렇다면 그것들은 탐구되고 있는 현실을 구성하지 않을 뿐만 아니라 그것들이

---

17   이것은 플라톤의 유비가 아니라 나의 유비이다. 자연과학에 대한 그의 태도에 대해서는 아래 8장 참조.

근본적으로 오류임이 밝혀질 것이다.

　하지만 소크라테스가 자기 자신과 에우튀프론이 실제로 발전하고 있다고 머잖아 주장하게 될 『에우튀프론』에서는 (우리가 그 주장을 액면 그대로 받아들인다면) 아마 전적으로 그렇지는 않을 것이다. 모든 신들이 사랑한다는 말로 경건함을 새롭게 설명하는 것이 불완전하다는 점이 밝혀진 뒤, 에우튀프론은 약간의 도움과 격려를 필요로 한다. 그는 몹시 놀라서 자신의 생각을 제대로 표현하지 못한다. "우리가 내세우는 것이 무엇이든 그것은 어쨌든 움직이기 시작할 것이고, 우리가 고정하려는 곳에 멈추지 않을 것이기 때문입니다." 소크라테스는 움직일 수 있는 조각을 만드는 신비로운 장인(craftsman) 다이달로스(Daedalus)와 자기 자신을 조심스럽게 비교한다. 그들의 유일한 차이점은 다이달로스가 자신의 생산물에만 운동력을 부여할 수 있는 반면에, 소크라테스는 다른 사람들의 생산물에도 그렇게 할 수 있다는 것이다(그는 그것을 멈추라고 탄탈로스의 재산을 주겠지만). 여기에서 중요한 점은 이것이 바로 소크라테스가 의도했던 효과가 아니라는 것이다.[18] 그가 원했던 것은 진보이지 단지 논쟁에서의 승리가 아니었다. 마치 자기 의도의 적극적인 성격을 인정이라도 하듯이, 그는 자신의 생각을 제시한다. 경건한 모든 것은 정당하지만 정당한 모든 것이 경건하지는 않다는 근거 위에서, 그는 경건함을 '정의(to dikaion)'의 '일부'로 간주해야 한다고 말한다. 두어 가지 유사한 사례들을 통해, 에우튀프론은 그 주장을 받아들이고, 정의의 어떤 부분이 경건함인가라는 질문을 받았을 때, 그는 신의 '돌봄(therapeia)'과 관련된 그 부분, 즉 인간의 '돌봄'

18　반대자들을 마비시키는 그의 효과 때문에, 『메논』에서 그는 노랑가오리와 비교된다.

과 관련된 나머지 부분이 그것이라고 주장한다. (이것이 의미하듯이, 여기에서 '정의' 라고 번역된 표현이 일반적으로 '타인에 대한 올바른 행동' 을 의미한다. 경건함은 최소한 표면적으로는 엄격하게 종교적인 의미로 축소된다.) 그러나 소크라테스는 이제 우리가 이것이 어떤 종류의 '돌봄' 인지 결정할 필요가 있다고 말한다. 왜냐하면 그것은 분명히 개 조련사들이 개들에게 또는 농부들이 소들에게 하는 그런 종류의 돌봄은 아니기 때문이다. 에우튀프론도 이에 동의한다. 그것은 오히려 노예들이 주인들에게 부여하는 종류의 돌봄, 즉 어떤 것을 생산하려는 목표를 위해 제공하는 그런 종류의 기술이다. 의사의 노예들 (slaves)은 건강을 생산하고, 조선공의 노예들은 배를 생산하며, 건축가의 노예들은 집을 생산한다. 그렇다면 여기에서 중요한 질문은 우리의 봉사를 통해 신들은 도대체 무엇을 생산하는가 하는 것이다. 에우튀프론은 '많은 좋은 것들' 이라고 약하게 답변하며, 그는 자기가 지식이 부족한 것은 아니라고 주장하면서도 더 구체적으로 답변하라는 요구는 거부한다.

이 대화록의 전반부에서처럼, 여기에도 (나중에 아리스토텔레스가 선호했던 것과 아주 유사한) 특수한 유형의 정의를 소개하는 것, 즉 의미가 이미 명료하고 동의된 용어들만을 정의에 포함할 필요성에 대한 언급하는 것, 정확성의 필요성을 강조하는 것 등의 방법론과 관련된 것이 많이 있다. 그러나 플라톤이 실제로 논의되고 있는 것, 즉 경건함에 대한 자신의 설명에 대해 상당히 긍정적인 어떤 제안들을 하지 않는다고 생각하기는 어렵다. 그곳에서 그는 소크라테스에게 한 가지 생각을 스스로 제기하게 만들면서 논의를 시작한다. 그리고 그는 소크라테스로 하여금 에우튀프론이 논지에서 벗어났다고 지적하게 만들면서 논의를 끝낸다. "만약 자네가 나의 질문에 답변했더라면, 나는 자네에게서

경건함에 대한 충분한 지식을 얻었을 걸세." 여기에는 분명히 역설적
인 점이 있지만, 그것은 아마도 에우튀프론이 질문에 답할 능력이 있었
다고 주장하는 경우에만 그럴 것이다. 플라톤은 소크라테스가 그런 선
상의 질문이 발전적이라고 생각하고 있음을 암시해준다. 특히, 그는 소
크라테스와 에우튀프론이 노예와 주인에 대한 유비를 통해(소크라테
스는 『파이돈』에서 이와 동일한 유비를 사용한다), 사람들과 신들의 관
계가 지닌 성격을 정확하게 파악하고 있다고 생각한다. 신들이 우리에
게 부여한 과제라고 플라톤이 생각한 것은 덕스러운 행동이었을 것이
다. 그렇지 않은 경우에는, 플라톤이 『소크라테스의 변론』이나 다른 곳
에서 소크라테스로 하여금 주장하게 만들었던 이전의 과제가 그에게도
요구되는데, 그 과제는 바로 (『에우튀프론』에서 그가 하고 있는 것으로
그려지듯이) 덕을 증진하기 위해 자기 자신과 다른 사람들을 살피는
것이다. 만약 그 결과가 소크라테스를 진정으로 경건한 유일한 사람으
로 보이게 만드는 것이라면, 그것은 결코 플라톤이 꺼려할 만한 결과는
아니다.

그러나 그가 이것을 염두에 두고 있었을지라도, 그것을 강조하지 않
는다. 논의의 나머지 부분은 에우튀프론의 마지막 주장으로서, 그는 경
건함을 "기도에서 무슨 말을 하고 행하며, 신들을 기쁘게 할 만한 것을
바칠 줄 아는" 문제로 해석한다. 이것은 경건함을 일종의 상업적 기술,
즉 신들에게 무엇을 바치고 그에 대한 보상으로 무엇을 요청하는가를
아는 일종의 상업적 기술로 만든다고 소크라테스는 말한다. 에우튀프
론이 이 설명에 대해 그다지 만족스럽게 생각하지 않는 것은 놀라운 일
이 아니다. 그러나 "경건함이 신들을 기쁘게 할 것을 말하고 행하는 것
을 의미한다."는 말이 "신들에 의해 **사랑되는** 것을 행하는 것을 의미한
다."는 말과 매우 비슷해 보인다는 것이 더 큰 문제이다. 이것은 이전

에 있었던 문제이다. 따라서 우리가 다시 시작할 필요가 있다는 공식적인 결론이 나온다. 특수한 행동들의 경건함이나 다른 어떤 것, 즉 대화의 출발점이 되었던 것과 비슷한 어떤 것을 판단할 수 있게 해주는 아무런 설명도 아직 찾지 못했다. 그리고 우리는 그 대화록의 전반부에서 주장되었던 그런 선상의 사고라도 우리에게 도움이 될 수 있으리라고 덧붙일 수 있을 것이다. 만약 그런 식의 사고가 우리를 이끌어주는 곳에 대한 내 생각이 옳다면, 그 대화록의 끝부분에서 소크라테스가 경건하게 행동한다는 것은 알 수 있겠지만 에우튀프론도 그렇게 행동하는가의 문제에 대해선 알 수 없을 것이다. 왜냐하면 그것은 그가 하려고 하는 것이 옳고 덕스러운가의 문제가 우리의 지식에 달려 있고, 또한 그것은 결국 소크라테스의 탐구가 완성되었는가의 문제에 달려 있을 것이기 때문이다.

사실상 논의가 완전히 새롭게 시작되어야 한다는 주장은 그의 생각들이 부적절하다는 증거가 있음에도 불구하고 이전에 말해졌던 어떤 것으로도 전혀 비판되지 않은 상태로 남아 있는 에우튀프론의 경우에만 유효할 것이다. 실제로 대화록의 진행 과정에서 많은 긍정적인 종류의 것이 획득되었다. 그러나 여전히 여행해야 할 여정을 모두 강조해야 한다는 것은 플라톤의 설득적인 목적과 일관성이 있다. 끝부분에서, 이상주의적 철학자인 소크라테스는 이야기를 지속하고 싶다는 자신의 의지를 표현한다. 에우튀프론은 자신이 여전히 답을 알고 있다고 생각하지만 다른 곳에 급히 가야 한다는 사실을 깨달았고, 따라서 (소크라테스가 표현하듯이) 그의 지식을 소크라테스에게 전해줌으로써 여생을 더 잘 살게 해줄 기회를 놓쳤으며, 그럼으로써 (이것이 명확하게 말해지지는 않지만) 에우튀프론 자신은 마침내 진정으로 경건한 행동을 수행할 기회를 놓쳤다.

『향연』

『향연』은 『에우튀프론』과는 전혀 다른 세계이다. 그것은 훨씬 더 길고 구조적으로 더 복잡하며, 질문과 답변이라 할 만한 것을 거의 포함하지 않을 뿐더러 철학적 과제와 관련된 것도 분명히 덜 포함하고 있다. 그러나 뒤에서 보듯이, 궁극적인 목표들은 결국 그리 다르지 않은 것으로 밝혀진다.

대화록의 대부분은 에로스(eros)라는 주제, 즉 성적인 측면의 욕구나 사랑에 대해 서로 다른 개인들이 하는 긴 이야기들로 구성된다. 이야기의 배경은 저녁식사와 음주를 겸한 잔치인 '향연(symposion)'이지만, 그리스어 명칭이 보여주듯이 대체로 음주가 더 중요한 요소이다. 집주인 아가톤은 젊은 비극 시인으로서, 전날 있었던 희곡 경연대회에서 우승을 한 사람이다. 전날 술을 많이 마셨기 때문에, 이 날은 아가톤과 손님들이 저녁식사 후에 음주보다는 이야기를 나누기로 하고, 피리 부는 소녀에게는 연주도 하지 못하게 했다. 그들은 순서대로 이야기함으로써 자신들의 여흥거리를 제공하기로 했다. 그러나 사랑이라는 주제는 아직도 일반적으로 향연에서 상당히 성적인 함축성을 지니는 주제이다. 그러므로 처음부터 우리는 진지함과 진지하지 않음이 혼합되리라 예상하게 된다. 그리고 플라톤은 대화록 전체에서 그런 혼합을 유지한다.

아폴로도로스라는 사람이 이름이 알려지지 않은 한 동료에게 그날 있었던 모든 일을 이야기한다. 그는 그 이야기(오래전에 있었다고 말해지는 그 사건)를 손님들 가운데 한 사람인 아리스토데모스에게서 들었던 적이 있었다. 그는 예전에 플라톤의 형제인 글라우콘에게 이미 그것에 대해 말했던 적이 있었지만, 지금 다시 그것을 반복하고 있다. 서

론격의 이야기를 한 뒤에, 전체 대화는 "아리스토데모스가 말하기를…"과 같이 예전에 들었던 이야기를 보고하는 형식으로 제시된다. 플라톤이 배경에 대한 이야기를 왜 이처럼 자세하게 말하는 것인지 전혀 분명하지 않다. 아마도 플라톤의 형제를 소개함으로써 강조되는 그 주된 효과는 전체적으로 진솔한 인상을 주기 위함일 것이다. 동시에 그 원래 사건의 시간적 거리와 한 사람이 다른 사람에게 그 이야기를 전달하는 허구성은 (만약 그것이 허구라면) 그 이야기를 유연하게 만들기 위한 희곡적인 이유를 제공한다. 즉, 아폴로도로스는 아리스토데모스가 모든 이야기를 기억하지 못하며, 또한 그 자신도 아리스토데모스가 자기에게 말해줬던 모든 내용을 기억하지 못한다고 말한다. 따라서 그는 자신이 가장 기억할 만한 가치가 있다고 생각했던 것과 주요 인물들이 말했던 것을 단지 연결시키기만 하겠다고 제안한다.

등장인물은 일곱 사람이다. 파이드로스, 파위사니아스, 에뤽시마코스, 아리스토파네스, 아가톤 자신, 소크라테스, 그리고 끝으로 소크라테스의 이야기가 끝나갈 쯤에 갑자기 잔치에 끼어들었던 알키비아데스이다. 그들은 모두 실존 인물들이다. 분명하지는 않지만 최소한 파이드로스, 에뤽시마코스, 그리고 특히 알키비아데스를 포함한 세 사람은 기원전 400년대 후반에 정치에 관여했는데, 이런 사실이 그들을 자신의 대화록에 포함시켰던 플라톤의 결정과 어떤 관련이 있는지는 아마도 알키비아데스의 경우를 제외하고는 분명하지 않다. 알키비아데스는 자신의 이야기에서 소크라테스와의 친분을 묘사하는데, 이 묘사는 소크라테스가 젊은이들을 부패시켰다는 고발의 배경으로 읽힐 수도 있는 설득력 있는 근거로 종종 생각된다. 알키비아데스가 소크라테스와 교류했으며, (정치적 기회주의의 전형적 사례로 보이는 삶을 살았다는) 그에 대한 독특한 평판이 분명히 그 고발의 중요한 증거였다는 것이다.

그러나 우리는 대화록 자체의 전개 과정 속에서 알키비아데스가 소크라테스의 모습을 설명하는 것 이상의 다른 어떤 역할을 수행하고 있음을 알게 될 것이다. 에뤽시마코스는 의사였으며, 아리스토파네스는 비극 시인인 아가톤을 돋보이게 만드는 유명한 희곡 시인이었다.

끝으로, 소크라테스가 있다. 그는 처음에 초청받지 못했지만, 아리스토데모스가 잔치에 가는 길에 그를 만나 함께 갔거나 또는 그렇게 하고 있었다고 알려져 있다.[19] 하지만 아리스토데모스가 아가톤의 집에 도착했을 때 소크라테스는 어디에서도 찾을 수 없었다. 그는 뒤떨어져 있었는데, 나중에 사람들은 현관에서 깊은 생각에 잠겨 있는 그를 발견한다. 그처럼 멍하니 있는 모습은 분명히 그에게는 아주 정상적인 일이었다. 펠로폰네소스 전쟁 기간에 군대가 출정했을 때,[20] 한겨울에 소크라테스가 "자신이 해결하지 못했던 어떤 것에 대해 생각하느라" 현관에서 24시간을 꼬박 서 있었던 한 가지 일을 알키비아데스는 언급한다. 이런 종류의 일화는 그가 일상적인 물질적 관심사에 무심했음을 보여주는 효과를 갖는다. 그가 그 잔치에 (초대받지 않은-옮긴이) 이방인이었다는 사실은 그와 마찬가지로 그를 잔치의 주흥에서 멀어지게 만든다. 그가 마침내 도착했을 때, 그는 이미 충분하게 달아오른 잔치 분위기에 끼어든다. 그가 들어오자 아가톤은 그처럼 그를 사로잡았던 생각이 무엇이었는지 들려달라고 요청한다. 하지만 소크라테스는 차라리 극장에서 그처럼 탁월한 영향을 줬던 아가톤의 지혜를 들려주겠으며,

---

19　옮긴이 주: 여기에서 이 책의 필자 로위는 소크라테스가 잔치에 초대받지 못했는데 아리스토데모스가 그를 데려간다고 말하면서 그런 맥락에서 이야기를 진행하고 있다. 하지만 사실상 『향연』에서는 아리스토데모스가 초대받지 못했고 소크라테스가 그를 데리고 간다고 말한다.

20　옮긴이 주: 펠로폰네소스 전쟁은 기원전 431-404에 있었던 장기간의 전쟁이었다.

그에 비교하자면 자신의 지혜는 (만약 그것을 지혜라고 할 수 있을지라도) 보잘것없다고 말한다. 아가톤은 "우리 두 사람이 지혜에 있어서 어떤 위치에 있는지 곧 결론에 도달하게 될 것이다."라고 말한다.

여기에서 이미 볼 수 있듯이, 아가톤과 소크라테스의 대립은 중요해진다. 이 두 사람의 이야기는 아가톤보다 먼저 이야기했던 아리스토파네스와 알키비아데스와 함께 대화록의 핵심적인 내용을 구성한다. 파이드로스, 파위사니아스, 그리고 에뤽시마코스 등 다른 사람들의 이야기는 상대적으로 덜 중요하다. 모든 발언자들의 과제는 바로 사랑의 찬양이다. 파이드로스의 이야기는 대체로 수사적이다. 그것은 상반된 내용, 즉 사랑에 대한 비난을 담고 있는『파이드로스』라는 대화록과 비교된다. 그곳에서 파이드로스는 (리시아스가 썼다고 말해지는) 그 내용을 읽으며 특히 표현방식에 감탄한다. 파위사니아스는 사랑의 두 가지 다른 유형을 구분한다. 하나는 정신보다는 육체를 향한 세속의 사랑이고, 다른 하나는 나이 든 사람이나 연인 그리고 그의 애인의 도덕적 발전에 대한 상호적 욕구에 기초한 천상의 사랑이다. 이것이 동성애적인 관계에 대한 일반적인 변론으로 의도되었다고 생각하는 것은 아마도 잘못일 것이다. 그것은 그런 관계들에 대한 당시의 태도에서 볼 수 있는 실질적인 이중성을 설명하려는 (또다시 다소 수사적일지라도) 참된 시도이다. 그 관계는 최소한 사회적으로 상류계급에 속하는 남성들에 의해 모든 점에서 아주 정상적인 것으로 간주되면서도 그와 동시에 공적으로는 인정되지 않았을 그런 관계이다. 이상적인 관계의 유형에 대한 파위사니아스의 설명도 소크라테스가 나중에 제시하는 진정한 성적 (erotic) 과정의 묘사를 위한 (층위가 다르기는 하지만) 일종의 모형을 제공한다. 파위사니아스 다음에 아리스토파네스가 이야기하기로 되어 있었지만, 아리스토파네스가 갑자기 딸꾹질을 한다. 이 사건은 그를 그런 신체적 상태에 있게 만들고(앞에서 소크라테스는 "그의 모든 관심은 디오니소스와 아프로디테에 대한 것이다."라고 말했다), 또한 우연이라 여겨지지만 희극 작가인 그를 상반된 비극 작가인 아가톤보다 먼저 이야기하게 만든다. 따라서 에뤽시마코스가 그 다음에 이야기하게 된다. (에뤽시마코스가 오만하고 지루한 사람이므로) 그의 이야기는 오만하고 지루한 이야기이다. 그리고 이것은 우리가 그리스의 의학적 전통에서 가끔 발견하게 되는 웅장하지만 분명하지 않은 우주론적 추측의 유형을 풍자하기 위해 플라톤이 이용하는 것들 가운데 하나이다.

아리스토파네스의 이야기도 풍자이지만, 그것과 이전 것의 유사점은 그것들이 풍자라는 점뿐이다. 왜냐하면 그것이 생생하고 매력적인 만큼, 이전의 것은 가식적이고 매력이 없기 때문이다. 우리가 기대했던 대로 그는 이야기를 창작한다. 옛날 옛적에 인간은 두 가지 성별이 아니라 남성과 여성, 그리고 자웅동체라는 세 가지 성별로 구분되었다. 자웅동체의 각 구성원은 하나의 머리를 가졌지만, 두 개의 얼굴과 네 개의 팔과 네 개의 다리, 그리고 두 개의 생식기를 가졌다. 신화 속의 거인들처럼 그들은 신들을 공격했고, 신들은 그들을 반으로 자름으로써 대응했다. 그 결과로 오늘날과 같이 남성과 여성이 있게 되었고, 그 남자 또는 그 여자는 자신의 초기 상태를 회복하기 위해 각각 다른 반쪽을 절실하게 찾아 헤맨다. 반쪽의 두 사람이 재결합하면, 그들은 자신들이 무엇을 열망했는지 정확하게 말하지는 못하면서도 강렬한 열망으로 인해 서로 애착을 갖는다. 그것은 단순하게 한시적인 성적 결합 이상의 어떤 것임이 분명하다. 사실상 그 이야기에 따르면, 그것은 완전하고도 영속적인 융합을 위한 것이다. 전체적인 설명은 상당히 자세하고도 상당히 독창적인 방식으로 전개된다. 물론 플라톤이 그 [이야기를 창작한] 창작자이지만, 그는 진정한 아리스토파네스의 어조를 아름

답게 끌어낸다. (여기에서도 동성애적 사랑이 선호되는 것이 농담이
아니라면, 그것이 유일하게 아리스토파네스적이지 않은 요소이다. 아
리스토파네스는 가장 우수한 종류의 사람들, 즉 정치인들이 될 사람들
은 다른 남성들과 짝을 이룬다고 말한다. 태양의 후손, 즉 온전한 한 남
성의 부분들이었던 그들은 대체로 '남성적'일 것이다.) 최종적인 결론
은 인간의 열정이 도달할 수 있는 강렬함에 대한 감동적이고도 정확한
그림이다. 그러나 아리스토파네스 자신의 설명에 따르면, 그 열정은 항
상 불만족스러운 채로 남게 된다. 왜냐하면 육체적 결합이 사실상 불가
능하기 때문이다. 유일하게 실질적인 가능성은 우리가 신들에 대한 또
다른 불복종을 보이는 경우에 우리가 다시 절반으로 갈라지게 된다는
것이다. 그러므로 무대는 사랑에 대한 소크라테스의 설명을 위해 장식
되는데, 그곳에서 우리는 우리의 욕구가 완전하게 충족되는 상태를 위
해 감각적이고도 순수하게 육체적인 단계를 넘어선다. 아리스토파네스
는 육체적 사랑에 대해 유창하게 이야기했지만, 그의 유창함도 그것이
제공하는 성취가 완전하지 못하다는 사실을 (플라톤이 그렇게 주장하
는 것처럼 보이듯이) 감추지 못한다. 그러나 아리스토파네스에게는 더
이상 제공할 어떤 것도 남아 있지 않다. 그는 우리 각자가 우리에게 적
합한 반쪽을 찾게 되는 경우에 인간 종족이 그에 적합한 행복을 갖게
되리라고 결론 내린다.

아가톤에게 많은 것이 기대된다. 그것은 그가 극장에서 보여줬던 것
같은 현란한 광경으로서 그날 저녁의 절정이다. 만약 소크라테스가 늦
게 도착해서 그의 곁에 자리를 잡지 않았더라면, 그가 마지막에 이야기
를 하면서 행사가 마무리되었을 것이다. 어떤 면에서 그는 청중들을 실
망시키지 않는다. 그는 당대의 가장 탁월한 웅변가들 가운데 한 사람인
고르기아스에 의해 발전된 독창적이고 상반된 형식을 모형으로 삼는

탁월한 언어적 불꽃놀이를 보여준다. 그러나 소크라테스가 즉각 보여 주듯이, 그 이야기에는 전혀 아무런 내용이 없다. 아가톤은 에로스 (Eros) 신이 시인인 동시에 다른 사람들의 시적 영감의 근원이며, 젊고 부드럽고 우아하고 아름답고 정의롭고 절제하고 용감하고 현명하다고 주장하거나 또는 주장하는 척한다. 실제로 에로스는 모든 예술의 근원 이다. 소크라테스는 이제 자신의 전형적인 문답법을 통해, 그리고 좀 더 진정한 논증처럼 보이는 어떤 것을 통해, 에로스(Love)가 아름답지 도 않고 좋지도 않다고 주장한다. 사랑(love)과 욕구는 사람이 결핍하 는 것에 대한 사랑과 욕구이다. 사랑은 아름다운 것과 좋은 것에 대한 것이다. 따라서 사랑은 그 어떤 것도 될 수 없다고 주장한다. 그런 뒤에 그는 집주인에 대해 보여야 하는 손님의 예절을 지키면서, 자신이 지금 아가톤을 깨우치는 그런 방식으로 그 자신이 한때 깨달음을 가졌던 것 처럼 주장한다. 그의 스승은 만티네이아[21]의 여사제인 디오티마이다. 에로스(Love)는 실제로 추하거나 악한 것이 아니다. 오히려 그는 아름 다움과 추함, 선함과 악함의 중간에 있다. 이와 마찬가지로 만약 그가 현명하지 않다면, 그는 무지하지도 않다. 그는 중간에 위치한다. 그는 또한 신들과 인간들 사이에 있으면서 한 쪽을 다른 쪽에 해석해주는 역 할을 한다. 그는 가난하고 거칠고 경직되어 있다. 그는 필로소포스 (philosophos), 즉 지혜를 사랑하는 사람이다. 왜냐하면 사랑은 아름다 움에 대한 사랑이며, 지혜는 가장 아름다운 것들 가운데 하나이기 때문 이다.

---

21 그런 여인이 존재했든 아니든, 그녀에게 소크라테스가 배웠다고 주장하는 것, 즉 결국 순수하게 플라톤주의적인 것을 그녀가 그에게 가르쳤을 가능성은 전혀 없다. 그녀 는 아마도 플라톤이 만들어낸 가공의 인물일 것이다. 그가 그녀를 만티네이아 출신으로 만든 이유는 만티네이아라는 이름이 '예언자' 또는 '선지자'를 의미하기 때문이다.

이 모든 것의 핵심은 아주 명백하다. 알키비아데스의 이야기에서 확인되듯이, 디오티마가 묘사했던 속성들이 바로 소크라테스의 속성들이다. 그렇게 되면 소크라테스는 이상적인 연인을 대표하는 것이며, 이상적인 사랑은 지혜에 대한 사랑이다(소크라테스는 이야기를 시작하자마자 자신이 사랑과 관련된 문제들 외에는 아무것도 아는 것이 없다고 주장한다). 만약 이것이 역설적으로 보인다면(결국 사랑은 분명히 사람들 사이의 사랑이다), 지혜에 대한 사랑이 함축하는 그 탐색이 일상적인 의미에서의 성적인 맥락에서 일어난다는 사실로 인해 그 역설은 적어진다. 디오티마가 곧 제안하듯이, 변증법은 두 사람, 즉 이상적으로는 서로에게 사랑하는 사람과 사랑받는 사람의 관계를 갖는 두 사람(또는 오히려, 남자)을 필요로 한다. 게다가 그녀는 철학, 즉 지혜의 사랑이 일상적인 성적 충동들이라기보다는 그것들 안에 뿌리박혀 있고 그것들의 궁극적인 표현을 제공하는 것으로 대체하는 듯이 보이게 만드는 그런 방식으로 표현한다. 그녀는 행복이나 좋음, 또는 더 정확하게 말하자면 일종의 불멸성을 의미하는 '좋음의 영원한 소유'에 대한 욕구가 아이들의 출산 그 자체의 근원이듯이, 창조적인 작품들이란 그것들이 시이든 법률이든 또는 다른 어떤 것이든 모두 출산의 형상들이자 그것들의 궁극적인 근거라고 말한다. 우리는 우리의 창작물들과 우리의 아이들 속에서 살아간다. 아이들은 육체적으로만 '임신한(pregnant)' 사람들의 산물로서 적절하게 여성들에 의존하며, 반면에 임신한 정신이나 영혼을 가진 사람들은 덕과 지혜를 생산하고, 호메로스(Homer)나 헤시오드스(Hesiod)와 같은 시인들이 되며, 또한 특히 리쿠르고스(Lycurgus)나 솔론(Solon)과 같은 정치인들이 된다. "가장 위대하고 가장 훌륭한 종류의 지혜는 국가와 가정의 질서와 관련된 것이며, 그것의 이름은 절제와 지혜이다." 디오티마는 그 모든 경우에 생성과정은 개별적 형태인 아름다움이 있음으로써 촉발된다고 주장한다. 그러나 사랑이 우리로 하여금 이 단계들을 넘어서게 할 수 있다. 그녀는 이제 소크라테스에게 사랑의 "가장 은밀하게 불가사의한 것들"에 대해 설명하는 반면에, 그가 그것들 안에서 시작할 수 있는가에 대한 의구심을 표현한다. 이상적인 연인은 젊을 때는 육체적 아름다움을 사랑하면서 시작한다. 첫째, "만약 그가 올바르게 인도된다면" 한 사람의 아름다움을 사랑할 것이고, 모든 아름다운 육체들의 아름다움이 얼마나 유사한가를 고찰한 뒤에는 아름다운 모든 육체들의 아름다움을 사랑할 것이다. 다음 장면에서, 그는 육체적 아름다움보다 영혼의 아름다움을 중시하고 "젊은이들을 발전시키듯이, 그런 말들[logoi]을 탄생시키고 탐구하는" 자신의 애정을 적절하게 부여한다. 그것은 그로 하여금 관습과 법률의 아름다움, 그리고 지식의 다양한 영역을 보도록 이끌어준다. 마침내 그는 더 이상 한 개인의 아름다움과 사랑에 빠지지 않게 된다(연인은 목적을 위한 수단으로 사용된 듯이 보인다. 그럼에도 그것이 한때는 같은 종류의 사랑이었다). 이제,

위대한 아름다움의 바다를 향해 몸을 돌리고 그것을 바라보면서, 내가 묘사할 단일한 어떤 학문, 즉 다음과 같은 종류의 아름다움에 대한 학문을 그가 그곳에서 키와 힘이 성장하여 찾아낼 때까지, 그는 지혜의 사랑에 대한 많은 훌륭하고 장엄한 말과 사고를 제한 없이 탄생시킬 것입니다.

그리고 디오티마는 (소크라테스는 그녀가 실제로 그렇게 불렀다고 말하지는 않지만) '아름다움의 형상'을 대략 묘사하려 한다.[22]

---

22 플라톤은 희곡적인 문맥을 유지하기 위해 의도적으로 자신의 표현을 가능한 한

　개괄적으로 정리하자면, 위에 묘사된 과정은 에우튀프론에게 요구되
었던 종류의 활동과 유사하다. 개별적 사물들의 아름다움에 대한 '유
사성(kinship)'을 인지하는 일은 그것들에 공통된 것을 파악하는 일과
크게 달라 보이지 않는다. 그러나 『향연』과 『에우튀프론』에는 두 가지
중요한 차이점이 있다. 첫 번째는 『향연』에서 마침내 찾았던 '형상'이
(비록 개별자들이 형상을 '공유하는' 한에 있어서 형상이 여전히 개별
자들 안에 있다고 말해지긴 하지만) 그것에 상응하는 개별자들과 무관
하다는 것이다(플라톤이 스스로 『파르메니데스』에서 제기한 문제들 가
운데 하나가 명백한 모순에 대한 것이다. 다음 장을 참조하라). 두 번
째 차이점은 '형상'을 찾기 전에는 주어진 집단에 의해 공유된 특정한
특징을 파악하는 문제처럼 보였지만, 이제 형상 그 자체는 그 특징을
특별한 방식으로 소유한 소유자처럼 보인다는 것이다. 그 입회자의 마
지막 견해에 대한 설명은 다음과 같이 제시된다.

　그는 본성적으로 경이로운 아름다움, 즉 과거에 있었던 모든 노동의 목표
였던 바로 그것을 보게 될 것입니다, 소크라테스. 첫 번째로 그것은 항상 존
속하며, 생성되지도 않고 소멸되지도 않으며, 또한 증가되지도 않고 감소되
지도 않습니다. 두 번째로 그것은 [특수한 아름다운 것들처럼] 어떤 점에서
는 아름답고 다른 점에서는 추한 것이 아니고, 한 때는 아름답고 다른 때는
그렇지 않은 것도 아니며, 다른 것과 관련하여 아름다운 것도 아니고 다른
것과 관련하여 추한 것도 아니며, 어떤 사람들에게는 아름답게 보이고 다른
사람들에게는 추해 보이는 그런 것도 아닙니다. 또한 아름다움은 그에게 얼
굴이나 손이나 다른 어떤 신체 부위의 형태로 나타나지도 않을 것이며, 일

비전문적으로 만들고 있는 것이 분명하다.

련의 말들[logos]이나 학문 또는 실제로 동물이든 땅이든 하늘이든 또는 다른 어떤 것이든 [그 자체가 아닌] 다른 어떤 것 안에 존재하는 것도 아닙니다. 그러나 그것은 스스로 그 자체와 더불어 항상 단일한 형태로 존재하면서, 그것들을 공유하는 다른 모든 아름다운 것들이 생성되고 소멸되더라도 그것은 더 증가하거나 더 감소하지도 않고 아무런 영향을 받지 않습니다.[23]

나는 이 중요한 구절의 또 다른 의미들을 다음 장에서 논의할 것이다. 현재의 맥락에서 중요한 점은 연인이 탐구를 통해 발견하는 이 아름다움이 자신의 모든 욕구들을 만족시키기에 충분하다는 것이다. "만약 다른 어느 곳이 아니라면 … 이 삶의 이 지점에서, 그것은 사람이 아름다움 자체를 성찰하며 살아갈 만한 가치가 있는 것입니다."[24] 그리고 아마도 이것이 그리 놀라운 일은 아닐 것이다. 결국 (그것이 어떤 종류의 것이든) '아름다움 그 자체' 라는 말은 모든 아름다움을 어떤 식으로든 한 마디로 압축하는 것으로 생각된다. "완전하고 순수하며 섞인 것이 없고, 인간의 살과 색깔 그리고 무의미한 다른 많은 물질적인 것에 오염되지 않은" 아름다움 그 자체를 보았기 때문에, 사람들은 "덕의 상들이 아니라 참된 덕을 생산하고 양육"할 수 있다.[25] 왜냐하면 아름다움은 좋음을 포함하기 때문이다. 또는 더 엄밀하게 말하자면, 동일한

---

23   210e 이하.

24   비교: 아래는 해당 구절에 대한 옮긴이의 번역이다. "친애하는 소크라테스, 삶의 그곳, 아름다움 그 자체를 성찰하는 바로 그곳에서, 사람은 살 가치를 찾곤 합니다" (211d). 이와 관련해서는, 유원기 역해(2018), 『소크라테스의 변론, 크리톤, 향연』, 대구: 계명대학교출판부 참조.

25   비교: 아래는 해당 구절에 대한 옮긴이의 번역이다. "만약 누군가가 완전하고 순수하고 정결한 아름다움 그 자체를 보게 된다면, 즉 그가 인간의 살이나 색깔이나 다른 많은 사멸적인 쓰레기에 오염되지 않고, 단일한 형태를 갖춘 신적인 아름다움 자체를 보게 된다면 무슨 일이 생길까요?"(211e-212a) 위의 책 참조.

그리스어 단어가 두 가지 의미를 모두 포함하며,[26] "따라서 신들에 의
해 사랑받을 뿐만 아니라 할 수 있는 사람은 모두 불멸할 것이기" 때문
이다.[27] 방금 전에, 현실세계의 시인들과 정치인들은 플라톤에게서 흔
히 보던 것보다 대체로 더 긍정적인 방식으로 다루어지는 듯이 보였다.
이제 정상적인 균형이 복구된다. 왜냐하면 방금 묘사되었던 상승
(ascent)[28]을 완성하지 못한 사람은 누구도 덕의 '상(image)'들, 즉 단
순히 위조된 덕의 복사물들보다 더 나은 어떤 것을 산출하지 못한다는
것이 함축되기 때문이다.

　알키비아데스가 들어오는데, 그는 처음에 소크라테스를 보지 못하고
아가톤에게 다가가 자기 머리에 있던 화환을 씌워준다. 그런 뒤에 그는
돌아서다가 소크라테스를 발견한다. 거짓된 질투를 보이면서(그는 분
명히 아가톤의 연인이다), 그는 소크라테스가 아리스토파네스처럼 재
미있는 사람이 아니라 그 자리에서 가장 아름다운 사람인 아가톤의 옆
에 앉으려 의도했다고 비난한다. 알키비아데스 자신이 나중에 말하듯
이, 이 이야기의 핵심은 소크라테스 자신의 이야기가 최소한 피상적으
로는 재미있거나 또는 어리석다(geloios)는 것이다. 그는 항상 (도덕적

26　위 1장 각주 10 참조. 비교: 아래는 해당 구절에 대한 옮긴이의 번역이다. "그가
참된 탁월성을 출산하고 그것을 양육할 때, 그는 신이 좋아하는 사람이 되는 것이며,
인간들 가운데서 불멸하는 인간이 되는 것입니다"(212a). 위의 책 참조.

27　211e–212a.

28　옮긴이 주: 여기에서 '상승(ascent)'은 사다리의 계단을 밟고 올라가듯이 낮은
수준의 아름다움에서 높은 수준의 아름다움으로 '올라가는' 것을 의미한다.(특히, 『향
연』 211c 참조. "최상의 아름다움을 위해서, 그는[어떤 사람이] 항상 [이 세상의] 아름
다운 것들로부터 시작하여 사다리의 계단처럼 하나에서 둘로, 그리고 둘에서 모든 아름
다운 육체들로 높이 올라가야 합니다. 즉, 그는 아름다운 육체들로부터 아름다운 행동
들로, 행동들로부터 아름다운 배움들로, 배움들로부터 마침내 다른 것이 아니라 오직
아름다움 그 자체에 관한 배움으로 말입니다. 그렇게 해서 마침내 그는 아름다움 자체
에 대해 알게 되는 것입니다.")

지식과 기술이나 공예에 관한 지식의 유비를 끌어내는 소크라테스의 습관을 지칭하는) "짐 나르는 나귀, 대장장이, 갖바치, 무두장이[29]"에 대해 이야기한다. 그러나 사실상 바탕에 깔려 있는 것은 진지하고도 중요한 것으로서, 실제로 그것은 그가 사랑이라는 주제에 대해 방금 했던 이야기를 통해 입증된다. 그리고 알키비아데스는 이제 아가톤에게 씌워줬던 화환의 일부를 적당히 돌려받아 소크라테스에게도 씌워주려고 한다. 소크라테스의 독특한 이야기 방식이 (이 경우에는 충분히 향상되었지만) 수사학적 기술의 산물보다 더 우수하다는 점을 입증한다. 그러나 이제 우리는 그가 내세웠던 흥분된 어조를 뒤로 하고, 평범하고 아리스토파네스적인 성적 표현(eroticism)으로 돌아간다. 알키비아데스의 제안으로 이제 많은 술을 마시기 시작한다. 그러나 또다시 소크라테스는 다른 나머지 사람들과 다른 위치에 조심스럽게 남겨져 있다. 알키비아데스는 그가 아무리 술을 마셔도 끄떡없으리라고 말한다. 그리고 그가 (사랑이 아닌 소크라테스를 찬양하면서) 잔치에 공헌하기 위해 자신의 몫을 하기로 동의했던 이야기를 하면서, 그는 사랑받는 사람과 사랑하는 사람의 역할을 바꾸면서까지 (비록 실패했지만) 그 위대한 사람을 유혹하기 위해 자신이 한때 얼마나 노력했던가를 설명한다. 소크라테스가 술의 영향을 받지 않고 다른 사람들과 술을 마실 수 있듯이, 젊은 이들이 그에게 매력을 발산함에도 불구하고 그가 단순한 육체적 욕구를 넘어서 있음이 입증된다. 이처럼 그는 자신의 이야기에서 설명했던 사랑의 상승을 이미 스스로 시작했다. 그것의 관련성은 다른 방식으로 제시된다. 다른 사람들과는 전혀 달리 특히 그의 육체적 용기는 강인하

---

29 옮긴이 주: 갖바치와 무두장이는 각각 가죽신을 만들던 사람과 짐승의 가죽을 부드럽게 만드는 일을 하던 사람을 의미한다.

고도 인내심이 많으며, 다른 사람들보다 현명함에도 불구하고 모든 지혜를 부정하며, 육체는 추하지만 영혼은 신적일 정도로 아름답다.

더 이상의 이야기는 없었다. 이전에 알키비아데스가 끼어들었던 것처럼 술에 취한 새로운 한 무리의 손님들이 끼어들었을 때, 소크라테스는 아가톤을 찬양하는 이야기를 하려고 했었다. 마침내 소크라테스, 아리스토파네스, 그리고 아가톤만이 깨어 있으면서 이야기를 나누고 있었다. 아리스토데모스는 소크라테스가 이야기를 이끌어가면서 다른 사람들에게 "희극과 비극을 쓸 줄 아는 것은 동일한 사람의 일이며, 또한 숙련된 비극 작가가 희극 시인이기도 하다는 점"에 동의할 것을 강요하던 일만을 기억한다.[30] (나는 이 사항과 그것의 중요성을 아래 6장에서 논의할 것이다.) 그리고 결국 아리스토데모스와 아가톤을 비롯한 다른 모든 사람들을 잠들게 한 뒤에, 소크라테스는 체육관(gymnasium)[31]으로 돌아가 씻고 다른 날과 마찬가지로 하루를 보내고는 저녁이 되어서야 집으로 돌아가 휴식을 취했다.

『정치가』

이제 분명해졌겠지만, 『향연』은 상당히 문학적이고도 희곡적인 기술(skill)을 담은 작품이다. 이러한 그의 성취를 고려하지 않는다면 플라톤에 대한 어떤 설명도 완전할 수 없다. 그것은 단순히 그의 글쓰기가

---

30   223d. 비교: 아래는 해당 구절에 대한 옮긴이의 번역이다. "그가 말하기를, 핵심은 소크라테스 선생님께서 그들에게 '같은 사람이 희극과 비극을 만드는 지식을 가질 수 있다는 점, 즉 비극 작가의 기술이 희극 작가의 기술일 수도 있다는 점'에 동의할 수밖에 없도록 압박을 가하고 계셨던 것이라네"(223d). 위의 책, 유원기 역해(2018) 참조.
31   옮긴이 주: 플라톤의 원문에는 '뤼케이온'으로 되어 있는데, 이것은 운동선수들이 훈련하는 일종의 체육관을 가리킨다.

지닌 우연적 특징이 아니며, 우리에게 철학의 중요성과 성격을 설득하고자 하는 그의 목적과 직접적으로 관련된다. 그러나 나중에 그런 설득적 목적은 덜 두드러진다. 그에 따라 (그의 글은 항상 강력함을 유지하지만) 플라톤의 예술적인 기술들도 덜 두드러진다. 『정치가』라는 대화록은 이 후기에 속한다.

플라톤이 『궤변가(Sophist)』, 『정치가(Statesman)』, 그리고 『철학자(Philosopher)』라는 3부작을 계획했던 것은 분명하다. 이것들 가운데 첫 번째 것은 상당히 중요한 대화록이며, 충분하게 다루지는 못하겠지만 다른 장들에서 언급할 것이다. 『철학자』는 분명히 집필된 적이 없다. 『궤변가』와 『정치가』는 모두 형식적으로는 각각 궤변가와 정치가를 정의하는 일과 관련되지만, 그것이 실질적인 내용을 완전히 설명하지는 못한다. 그것들은 모두 '분할' 또는 '통합과 분할'이라는 방법을 이용한다. 간단히 말하면, 정의되는 것을 포함하지만 그보다 더 넓은 하나의 집합(class)이 먼저 선택된다. 그런 뒤에 그것은 다시 나뉘며, 관련이 없는 부분은 거부된다. 그리고 [정의되는] 피정의항이 도달될 때까지 분리하는 과정이 계속되며, 우리가 출발했던 집합에 이르기까지 다시 읽음으로써 최종적인 정의가 얻어진다. 이 방법은 그것이 변증법 자체와 사실상 동일시되는 『파이드로스』에서 처음 소개된다. 이것은 플라톤이 그것에 상당한 중요성을 부여하고 있음을 의미한다. 그것은 『에우튀프론』에서 설명되었던 복불복의 접근 방식보다 우월하다고 그가 간주했던 실재에 대한 표현을 발견할 수단을 제공해준다. 논의는 여전히 '형상들(eide)'에 대한 것이다. 이 형상들의 존재론적 위상에 대해 확실하게 말해질 수 있는 것은 아무것도 없으며, 플라톤이 그것들에 대해 『향연』에서 제시했던 것과 아주 똑같은 설명을 제시하길 원한다는 가정은 주의가 필요하다. 『정치가』와 대체로 같은 시기에 집필된

『파르메니데스』는 그 주제에 대한 그의 생각들이 결코 멈춰 있는 것이 아님을 보여준다(이 장의 뒷부분과 다음 장의 두 번째 부분 참조). 그러나 어쨌든 플라톤이 『정치가』에서 그 탐구를 현실 세계에 대한 것으로 간주했다는 점은 분명하다. 궁극적으로 정치술은 실제로 존재하는 '정치가들'의 실무와는 거의 또는 아무런 공통점이 없는 것들을 통해 정의된다.

  (그런 식의 묘사는 없지만) 대화록의 주요 '등장인물들'은 소크라테스와 같은 이름을 가진 청년과 (철학자 파르메니데스의 고향이었던 남부 이탈리아의 한 마을인) 엘레아 출신의 이방인이다. 플라톤은 나중에 명백해질 이유들 때문에 파르메니데스를 상당히 존경했다. 그리고 자신의 이름이 붙은 대화록에서, 파르메니데스는 『향연』과 같은 '중기' 대화록들에서 '형상들'에 관해 말해졌던 것들을 날카롭게 비판하고 있다. 이처럼 '엘레아 출신의 이방인'은 '건전한 철학자'를 상징한다. 『파르메니데스』에서 소크라테스 자신은 (의외로) 수용적인 입장에 서는데, 그것은 아마도 가르쳐진 교훈의 근본적인 성격 때문이었을 것이다. 여기에서 단지 그와 우연히 같은 이름을 공유하는 것은 청년이었다. 한 때 그 이방인과 젊은 소크라테스는 자신들의 주된 탐구 목적이 정치인들을 '일반적으로 더 나은 변증가들(dialectician)'로 양성해야 한다고 규정하기 위한 것이 아니라는 점에 동의한다.[32] 여기에서 플라톤은 대화의 형식을 유지하면서도 그 대화록이 철학적 방법론에 대한 것이라는 공개적인 선언을 가능한 한 유지하려 한다. 『에우튀프론』과 같은 작품에서는 함축적이었던 어떤 것이 이제 거의 명시적으로 드러난다. 어디에서나 방법론적인 문제들은 조심스럽게 강조되며, 때로는

---

32   285d.

아마도 힘겹게 강조되기도 한다. 그러나 그 이방인이 말하듯이, 논의가 지루하게 보일 수도 있다는 것이 그것을 좋은 철학이 되지 못하게 방해하는 요소는 아니다. 길이와 간결성 그 자체가 담론의 영역에서 적절한 기준은 아니다. 문제는 말해진 것이 청자로 하여금 더 잘 '형상들에 따라 분리할 수 있게' 해주느냐는 것이다.[33] 모든 경우에 그렇듯이, 적절성이나 올바른 수단이 핵심이다. 다른 일반적인 사항들은 사례들의 이용에 관한 것, '가장 위대하고 가장 가치 있는 것들' 을 파악하는 특별한 어려움에 관한 것(이것은 내가 다음 장에서 다시 살펴볼 중요한 구절이다),[34] 그리고 당연히 '분할' 방법 자체의 적용에 관한 것이다.

우리는 정치술(statesmanship)이나 (그와 동일한 것으로 간주되는) 군주술(kingship)이 기예(art) 또는 테크네(techne)라는 제안에서 출발했고, 그것은 지금까지 계속 가정되고 있다. 그렇다면 질문은 그것이 어떤 종류의 기예인가에 대한 것이다. 최초의 정의는 그것을 양치기나 소치기와 비교할 만한 것으로 만든다. 그러나 이것은 실수임이 드러난다. 예를 들어, 그것은 다른 사람들에 대한 사람의 통치와 우리가 신적인 통치라고 생각하는 것을 혼동한다. 플라톤은 대화들을 장식하는 많은 '신화들' 가운데 하나를 소개함으로써 그 점을 분명히 한다. 즉, 그는 흔히 전통적인 (그리고 다른) 요소를 끌어들이고 그로부터 새로운 이야기를 만들어낸다.[35] 신은 스스로 우주를 주기적으로 통제하고 그것에 회전력을 부여하지만, 우리의 시대에 운동하는 것에는 반대 방향으로 회전력을 부여한다. 이것은 당연히 우주 내부의 대규모 변화를 함축

33　286d.

34　285d 이하.

35　『향연』에서 '아리스토파네스' 의 신화는 동일한 방식으로 구성된 또 하나의 그런 '신화' 이다.

한다. 특히, 성적 결합을 통해 자식을 낳는 대신에, 인간은 지상에서 백
발로 태어나며, 늙어가는 것이 아니라 젊어진다. 이런 시대에는 모든
것에 대한 신의 통제가 있다. 곡식은 노동이 없이도 자라난다. 전쟁도
없고, 정보도 없고, 결혼도 없다(사실상 천국에는 성별의 구분이 전혀
없다. 그 자체가 전통적인 주제이지만, 특히 플라톤에게 잘 들어맞는다
는 점에는 아무런 의심의 여지가 없다). 그러나 약속된 시간이 다가오
고, 신이 통제를 포기할 때, 우주는 그것의 '내적 충동'에 따라 다시 방
향을 바꾼다. 일반적인 출산이 시작된다. 그리고 인간은 신에 의해 부
여된 재능의 도움으로 자기 자신을 위한 저항을 해야 한다[프로메테우
스는 불을, 헤파이스토스(수공예를 담당하는 신-옮긴이)와 아테네(전
쟁 또는 지혜의 신-옮긴이)는 공예 기술을 부여했다]. 이 모든 것은 단
지 정치가와 양치기의 유비를 적용하는 것이 불가능하다는 것을 지적
하기 위한 정교한 방법으로 보이며, 그 실질적인 목적은 사실상 광범위
하다. 종종 그 이야기에 대한 기발하고도 독창적인 세부내용의 바탕에
는 현실세계에 대한 플라톤의 핵심적인 견해들이 명료하게 진술되고
있다. 즉, 그것은 혼돈과 무질서를 향한 내적 성향을 지닌 불완전한 세
계이고, 그에 대한 우리의 역할을 변화시키고 발전시킬 책임이 우리에
게 있으며, 또한 그 변화는 지식과 기술, 특히 참된 정치가나 왕의 기술
을 통해서만 촉발될 수 있다는 것이다.

　위에서 제시된 정의에 관한 또 다른 문제가 있다. 그것은 국민들에
의해 자발적으로 수용된 통치와 그렇지 않은 통치를 구분하지 못한다
는 것이다. 자발적으로 수용되지 않은 통치는 폭군의 통치이지 일반적
인 왕의 통치가 아니다.[36] 그러나 우리는 여전히 그곳에 도달하지 못했

36　그러나 나중에 이 구분은 버려질 것이다. 만약 통치가 지식과 기예에 기초한다

다. 직물 짜기와 비슷한 예를 통해 그 [엘레아 출신의] 이방인이 보여 주듯이, 우리는 정의를 끝내기 전에 국가에 필수적인 다른 기술들을 정치가로부터 분리시킬 필요가 있다. 또한 우리는 참된 정치가로부터 자신의 역할을 하는 척하는 사람들, 즉 군주정치, 전제정치, 귀족정치, 과두정치, 민중정치 등 현존하는 정치체제들을 구분할 필요가 있다. 이 정치체제들을 서로 구분하는 상반된 것들 가운데 최소한 두 가지는 국가가 잘 통치되고 있는가 또는 그렇지 않은가라는 문제와는 무관하다. 통치권이 한 사람의 손에 있든 또는 다수의 손에 있든, 플라톤의 견해에서 민중정치의 경우처럼 가난한 사람의 손에 있든 또는 부유한 사람의 손에 있든 아무런 차이가 없다. 현존하는 법률을 준수하는 정치체제들과 그것을 무시하는 것들 사이에 있는 상반된 세 번째 유형의 것은 관련성의 정도에 차이가 있다. 군주정치와 귀족정치, 그리고 첫 번째 항목에 속하는 민중정치의 한 유형은 전제정치, 과두정치, 그리고 두 번째에 속하는 좀 더 극단적인 유형의 민중정치보다 선호된다. 그러나 법률은 불완전한 도구이다. 그것은 융통성이 없으며, 서로 다른 상황의 다양한 요구들을 충족시키지 못한다. 궁극적으로, 유일하게 적절한 정부의 토대는 발생하는 상황에 따라 정확하고도 유연하게 대처할 수 있는 참된 정치가의 모습에서 실현되는 통치술이다. 그가 소유하는 지식은 거의 널리 퍼지지 않으며, 이것은 정치가와 (참된) 왕의 일치를 의미한다. 만약 그런 개인이나 개인들이 발견되지 않는다면, 법률을 엄격하게 준수하는 것이 가장 좋다. 그러나 참된 지식을 소유하는 사람을 기존의 규정에 얽매는 것이 원칙적으로 틀렸음은 분명할 것이

면, 사람들이 동의하든 동의하지 않든 별다른 차이가 없다. 전제정치가 잘못이라는 것은 그것이 힘을 사용하기 때문이 아니라 그것의 목표들 때문이다.

다. 그것은 처방의 부적절했음이 변화된 조건을 통해 밝혀졌음에도 불구하고 의사는 처음에 처방했던 것을 고수해야 한다고 주장하는 것과 비슷하다.

통치자와 의사의 유비는 플라톤에 있어서 일반적인 유비이다. 의사와 마찬가지로, 자기 밑에 있는 사람들을 돌보는 것이 통치자의 유일한 목적이라는 것이 그의 견해이다. 즉, 그들을 위해 자신이 아는 것을 처방한 것이 궁극적으로 그들을 이롭게 하리라는 것이다. 『국가』에서 그의 지식은 『향연』에서 이야기되었던 '아름다움의 형상'과 동일하거나 또는 그렇지 않다면 밀접하게 관련된 '좋음(good)의 형상'에 대한 이해로부터 나온다고 말해진다. 좋음의 형상 자체가 『정치가』에서 나타나지는 않지만, 그렇다고 해서 그것이 그의 마음속에 더 이상 있지 않다는 증거는 물론 아니다. 그러나 다른 것들은 분명히 달라졌다. 『국가』에서 그는 민중정치를 완전히 무시한다. 그런데 『정치가』에서 그는 최소한 그것에 대해 약간 더 긍정적인 태도를 보인다. 그는 그것을 법률을 준수하는 세 가지 유형의 정치체제들 가운데 가장 나쁘지만, (다른 체제들보다 그 체제하에서 권력이 더 넓게 분배되기 때문에 악의 잠재성이 더 적다는 이유에서) 법률들을 무시하는 세 가지 유형의 대응체제들 가운데 가장 좋은 것으로 만든다(두 가지 유형의 민중정치들의 차이점은 기원전 5-4세기 사이에 아테네에서 있었던 발전을 플라톤이 인지했던 데서 나왔을 가능성이 있다. 하지만 그가 인지했던 것이 정확한가의 문제는 또 다른 문제이다). 『법률』에서 민중정치의 복귀는 한 걸음 더 나아간다. 그곳에서 플라톤은 그것을 군주정치와 혼합된 그의 '이상적인' 새로운 정치체제의 일부로 포함시킨다. 『정치가』와 『법률』에서는 『국가』에서 발견되었던 타협되지 않는 이상주의의 일반적인 후퇴, 또는 현실세계와 이상세계의 간격을 연결하는 실질적인 가능성에 대한 새로운 비관론에 대한 증거가 있다. 『정치가』는 정부에 대한 법률적 토대를 두 번째 좋은 것으로 추천하며, 『법률』은 초월적 정치술에 대한 어떤 언급도 없이 올바른 종류의 법률들이 무엇인가에 대해 자세히 논의하고 있다(그러나 이 점에 대한 더 자세한 논의는 아래 5장 참조).

그러나 『국가』, 『정치가』, 그리고 『법률』을 완전히 통합하는 한 가지 주제는 정치적 개혁의 필요성이다. 그 세 대화록들은 그 개혁이 취해야 할 일반적인 방향성에 대해서도 동의한다. 통치는 이성적인 토대를 가져야 하며, 이성이 그것을 위해 확립해야 하는 통치의 유일한 관심사는 (의사가 육체적 건강을 증진시키듯이) 사회 구성원들의 도덕적 건강을 증진시키는 것이다. 이 개념은 앞에 제시되었던 직물 짜기에 대한 유비를 통해 『정치가』의 마지막 부분에서 전개된다. 정치가는 사회의 날실과 씨실, 즉 더 용감하고 공격적인 요소들과 더 조용하고 더 온건한 것들을 함께 짜야만 한다. 교육에 의해 완화될 수 없는 기질을 가진 사람들은 사형을 시키거나 또는 그와 비슷하게 혹독한 방식으로 다루어야 하는 반면에, '무지와 복종'을 넘어서지 못하는 사람들은 노예로 강등될 것이다. 항상 그렇듯이, 덕의 요구조건은 절대적이다. 여기에 타협은 없다.

3

'형상'에 관하여

이 장의 주제는 전통적으로 '형상이론(또는 관념이론)'이라는 제목에 속할 것이다. 그러나 이 제목은 오해의 여지가 있다. '이론(theory)'은 단일하고 통합된 일련의 생각들(body of ideas)을 의미하는 반면에, 플라톤의 사고는 다른 영역에서처럼 이 영역에서도 계속 변하기 때문이다. 만약 '형상들'이 우선적인 정의의 대상들이라면, 우리가 갖고 있는 것은 형상**이론**이 아니라 (또는 **하나의** 이론이 아니라) 아마도 일련의 반성(reflection)들일 것이다. 우리는 『에우튀프론』에서 명료하게 밝혀졌던 대체로 특별한 것이 없는 입장에서 또는 그에 가까운 곳에서 시작한다. 그런 뒤에 우리는 『국가』나 『파이드로스』와 같은 대화록에서 반복되는 『향연』의 폭로들로 나아간다. 다음에는 『파르메니데스』의 비판들이 있는데, 이것은 (이유가 무엇이든) '형상들'의 일반적인 성격과 위상의 문제가 배경으로 사라져가는 부분을 뒤따른다. 연속적인 사건들의 중간 부분이 가장 흥미롭고 독특하므로, 아마도 그것이 '이론'과 동일시되더라도 놀랄 일은 아닐 것이다. 그리고 이 장 가운데 상당히 많은 부분이 불가피하게 그것에 할애될 것이다. 그럼에도 불구하고 그것에 그런 이름표를 붙인 것은 우리 자신이지 플라톤이 아니며, 논란이 되고 있는 그 생각들의 모음이 각자 나름대로 역사와 발전을 갖는다는 사실을 기억할 필요가 있다.

또 다른 예비적인 사항이 있다. '형상들'에 대한 플라톤의 논의가 특히 어려운 이유는 어떤 단계에서든 그 주제에 대한 그의 생각들이 광범위하게 퍼져 있는 내용에서 재구성되어야 하기 때문이다. 플라톤은 그것들에 대해 체계적인 어떤 설명을 제공하지 않는다. 그는 (여러 차례 말했듯이, 만약 그가 정말로 그 편지의 필자라면)『일곱 번째 편지』에서 그 이유들 가운데 하나를 제시한다. 가장 중요한 주제들이 (그리고 최소한 대화록들의 문맥상에서 이것들은 대체로 '형상들'이라는 집합에 속하는 구성원들로 나타난다) 원칙적으로는 언어로 표현될 수 없다는 것이다. 대화록 형식 자체나 또는 형상들이 어떤 역할을 수행하는 그런 대화록들의 성격에 공헌하는 또 다른 원인이 들어 있음은 의심의 여지가 없다.『향연』의 희곡적 문맥이 그곳에서 아주 기술적인 모든 설명을 배제하는 것과 마찬가지로, 그와 비슷한 제약들이 다른 대화록에서도 작용한다. 그러나 그런 제약의 주된 이유가 플라톤의 글 속에서 그 자신이 의식적으로 자신의 길을 더듬어나가기 때문이라는 결론이 이전 장의 논의에서 나올 것이다. 주어진 자료에서 그가 더 많은 이야기를 했을 수도 있다. 하지만 그가 완전하고 궁극적이라고 간주하는 어떤 설명을 제시하지 않는다고 생각해서는 안 된다. 따라서 이전 구절에서 말해졌던 것에 또 다른 관점이 부가된다. 서로 다른 대화록들이 그 주제에 대한 서로 다른 접근 방식들을 포함할 뿐만 아니라 그가 어디서 무엇을 말하든 그 안에 이미 구축되어 있는 한시성(provisionality)이라는 요소를 갖는다.[1] 그러나 여기에서 우리가 그것을 강조할 필요는 없다. 내가 지금 관심을 갖는 것은 플라톤 해석자들에게 미치는 결과들에 대한 것이다. 수 세기 동안 그의 형이상학적 개념들을 설명해왔던 다양한 방법들은 강한 바람에 날리는 종이를 따라다니는 그림을 보여주기 시작한다. 이 경우의 차이점은 달리는 사람들이 서로 다른 장소에서 출발하거나 끝마친다는 것이다.

나 자신의 출발점은 『향연』에 대한 소크라테스의 공헌이다. 그 장의 첫 번째 부분에서, 나는 그곳에 표현된 이론들의 근원들을 살피고, '중기' 대화록들 전체에서 (그리고 필요한 경우에는 후기 대화록들을 간혹 언급하면서) 형상에 관해 말해진 것들을 간략하게 검토할 것이다. 이 부분은 대체로 서술적이며, 또한 논란의 여지가 없기를 기대한다. 그 장의 실질적인 내용은 내가 『파르메니데스』와 그 대화록의 함축을 고찰하는 두 번째 부분에서 발견될 것이다.

초기와 중기 대화록

『향연』에서 우리는 아름다움의 형상에 부여되는 두 가지 특징을 보았다. 첫째, 그것은 (개별자들의 아름다움에 어떤 일이 발생하든 그것은 아무런 영향을 받지 않을 것이기 때문에) 어떤 면에서는 개별적인 아름다운 것들의 존재로부터 독립된 존재를 갖는다는 것을 의미했다. 둘

---

1   철학자에게서 이런 종류의 행동을 발견하는 것은 전혀 놀라운 일이 아닐 것이다. 그러나 명시적으로든 암시적으로든 플라톤에 대해서는 그것이 부정되어왔기 때문에 그것을 지속적으로 재진술할 만한 가치가 있다. 그러나 푸딩의 증거는 먹는 데 있을 것이다(옮긴이 주: 이 문장은 "푸딩 안에 무엇이 들었는지 알기 위해서는 먹어봐야 한다."는 의미로서 "백문이 불여일견이다."로 옮겨질 수 있을 것이다).

째, (최소한 그것이 더 성취감을 주는 사랑의 대상이었다는 의미에서) 그것 자체가 아름다울 뿐만 아니라 더 나아가 그것에 ‘참여하고 있는 (sharing in)’ 것들보다 어쨌든 더 아름답다는 것을 의미했다. 모든 형 상들은 분명히 유비적인 방식으로, 즉 ‘분리된’ 것으로 또는 자기-예 시적인 것으로 보일 수밖에 없다. (어떤 것의 형상들이 있느냐는 질문 에 대해, 우리는 『국가』[2]의 한 문장에서 시작할 수 있을 것이다. 그 문 장은 주로 “내 생각에, 우리는 같은 이름을 적용하는 많은 사물들의 각 집합에 대해 어떤 단일한 형상을 상정하는 습관이 있다.”라는 말로 해 석된다. 물론 이것이 그 문장에 대한 유일한 해석은 아니지만, 아마도 자연스러운 해석일 것이다.[3] 어쨌든 뒤에 가서 『파르메니데스』는 ‘하나 와 여럿(one over many, 일과 다)’의 원리를 상당히 폭넓게 적용하고 있음을 함축한다.) 이제 일부 해석자들에게 이 두 번째 특징은 불행한 일탈로 나타나곤 한다. 형상들에 대한 플라톤의 관심은 분명히 일반적 으로 소크라테스로부터 물려받은 일, 즉 정의를 찾는 일에 뿌리를 두고 있다. 훌륭한 아리스토텔레스적인 원리들에 따르면, 정의는 보편자들 에 대한 것이다. 그리고 최소한 보편자들이 (‘그것들에 참여하고 있는 것들’인) 개별자들로부터 분리되어 있다고 보는 것이 그럴듯하지만, 그것들을 (만약 그런 것이 의도된 것이라 할지라도) 완벽한 개별자들 의 묶음이나 또는 실제로 개별자들과 비슷한 것으로 다룰 필요는 없다. 달리 말해서, 이런 관점에서 볼 때, 현재 논의되는 특징은 그렇지 않았 더라면 고상했을 이론, 즉 보편자들에 대한 존중할 만한 실재론이 될

---

2   596a.

3   다른 해석은 ‘우리가 [형상에 대해 그러듯이] 동일한 이름을 적용하는 많은 사물들 의 각 집합과 관련된 하나의 형상’일 것이다. 이것은 지금 다루어지고 있는 문제를 중 립적인 것으로 만들 것이다.

수도 있었던 방패의 얼룩에 불과하다. 이 진단은 상당히 합리적이다. 그러나 결국 그것은 플라톤을 실제로 정당하게 평가하기는 지나치게 협소하다. 사실은 형상들에 대한 그의 사고는 어떤 개념적인 '보편자 문제'보다 훨씬 더 많은 것에 답하려는 목표를 갖고 있다. 그것이 그 역할을 제외한 다른 어떤 철학적 관심도 갖고 있지 않은 것으로 밝혀지리라는 것이 내 생각이다. 그러나 그런 결론을 내리기 전에, 분명히 우리는 플라톤의 이론들을 그 자체의 문맥에서 조심스럽게 검토할 필요가 있다.

『향연』에서 아름다움의 형상이 그 자체로서 완전히 아름답다는 이론은 분명히 아주 핵심적인 이론이다. 만약 그것이 제거된다면, 소크라테스의 주장 전체가 파괴된다. 그러나 형상은 완전히 아름다워야 할 뿐만 아니라 (우리가 일상적인 경험에서 접하는) 다른 모든 아름다움의 사례들은 불완전해야만 한다. **그것들의** 아름다움은 결함이 있거나, 손상되거나, 단지 비교되거나, 또는 기호의 차이들을 갖게 됨으로써, 또는 그렇지 않으면 신체 일부분의 아름다움처럼 어떤 것의 아름다움이 됨으로써, 항상 어떤 방식으로든 제한된다. 형상의 아름다움, 또는 오히려 형상인 아름다움은 이것들 가운데 어떤 것도 아니다. 그것은 "그 자체에 의해, 그것과 더불어, 항상 단일한 형상에 대한" 것이거나 또는 달리 말해서 단지 아름다움일 뿐 다른 어떤 것과 결합된 아름다움이 아니며, 항상 완전히 그 자체를 유지한다. 이 모든 것은 그 자체로서 다소 혼란스럽다. 그러나 우리는 아마도 플라톤을 '자기-예시'라는 개념 전체와 '분리'라는 이전의 개념으로 이끌어갈 어떤 길을 재구성할 수 있을 것이다(그 재구성은 한편으로는 『향연』과 『에우튀프론』을 함께 읽음으로써, 그리고 다른 한편으로는 『파르메니데스』의 몇몇 부분들을 읽음으로써 이루어진다). 『에우튀프론』이 제안하듯이, 플라톤은 개별

적인 사물이 갖고 있는 것을 통해 또는 그 사물 안에 존재하는 아름다
움의 형상(아름다움)을 통해 개별적인 사물의 아름다움을 분석하면서
시작한다. 그곳에서 아름다움의 형상은 그 사물 안에 있는 요소이거나
또는 그것의 일부로 보이게 된다(내가 계속 아름다움을 사례로 이용하
는 이유는 우리가 『향연』에서 그것을 공식적으로 논의했기 때문이다.
이와 관련된 『파르메니데스』의 내용에 나타나는 경건함이나 폭넓음처
럼 많이 사용되는 다른 사례들 가운데 하나를 예로 이용해도 괜찮다).
그 사물의 다른 특징들에도 비슷한 분석이 마찬가지로 적용될 것이기
때문에, 이 요소 또는 부분은 단지 그 사물에 대해 아름다운 것이지 다
른 어떤 것에 대한 것이 결코 아니다. 그러면 '아름다운' 은 근본적으로
그 부분에 적용되며, 적절한 의미에서 오직 그 내부에 아름다움을 갖기
때문에 아름다운 그 사물 전체에는 오직 이차적으로만 적용된다. 그러
나 다른 아름다운 사물들도 그 형상을 소유할 것이다. 그러면 아름다운
사물들의 집합에 속한 어떤 것을 아름답다고 말할 때 우리가 언급하는
것은 '아름다운 사물 그 자체(auto ho esti kalon, 형상들을 묘사하는
기준이 되는 유형의 표현)' 이다. 그렇게 되면 문제는 어떻게 해서 동일
한 것이 동시에 많은 수의 서로 다른 사물들 내에서 존재할 수 있는가
하는 것이다. 아마도 여기에서 우리는 『에우튀프론』을 남겨놓고 떠나
기 시작할 것이다. 최소한 그곳에서 플라톤이 그 문제를 제기하고 있다
는 분명한 표시는 없다.[4] 플라톤이 채택한 해결책은 (그것이 그 자체의
새로운 문제들을 야기하긴 하지만) 형상을 '분리시키고'[5] 각각의 개별

4   『향연』에서 그것이 그처럼 가시적이지는 않다고 인정된다. 그러나 나는 그것의 **결
과**들이 가시적이라고 주장한다. 이 문제에 대해서는 『파르메니데스』 130e 이하와 이 장
의 후반부를 볼 것.
5   『파르메니데스』는 '형상들을 분리시키는 것(diaireisthai choris)', 즉 그것들에 참

적인 아름다운 사물이 그것에 '참여하고 있다고'[6] 보는 것이다. 이제 우리는 서로 다른 세 가지 유형의 존재를 갖게 된다. 아름다운 바로 그 것 또는 '아름다움 그 자체(auto to kalon)', 형상에 참여함으로써 각 각의 개별적인 아름다운 사물 속에 있는 아름다움,[7] 그리고 아름다운 사물들 자체이다. 이것들 가운데 첫 번째 것은 이제 근본적인 의미에서 아름다운 것이다. 그러나 그 방법은 내가 출발했던 다른 유형의 대조에 도 열려 있다. 개별적인 아름다운 사물들은 (소크라테스가 그의 육체 가 아니라 그의 영혼의 측면에서만 아름답듯이) 오직 한 가지 측면에 서만 아름다울 것이고, 그것들은 소멸할 것이고 등등의 특징을 갖는다. 그리고 이것은 그것들 안에 있는 아름다움도 또한 제한된다는 것을 의 미한다. 그것은 한 가지 측면에서만 아름답고 (다른 것에서는 아니며), 지금은 아름답지만 (내일은 아니다). 그러나 그런 제한은 첫 번째 유형 의 아름다움, 즉 '아름다움 그 자체'에만 적용될 것이다. 왜냐하면 그 것 자체는 어떤 개별자들 안에도 들어 있지 않기 때문이다. 그것은 항 상 그리고 완전히 '아름다운 것'이다.

  뒤의 것은 플라톤이 『향연』과 다른 중기 대화록들에서 '참여하고 있 는(sharing in)' 또는 '참여(participation)'를 의미하는 메테케인(me-techein)이라는 용어를 사용하는 이유의 설명에 도움이 된다. 그가 의 미하는 바는 아마도 개별자가 형상에 **단지** 참여만 한다는 것, 즉 형상 의 완전한 실현은 아니라는 것이다. 그가 개별자와 형상(즉, 분리된 형

여하는 것들로부터 분리시키는 것에 대해 이야기한다. '분리시키는(choristos)'은 아리 스토텔레스가 플라톤의 형상들을 다루는 데 있어서 표준적인 용어가 된다.

6 나는 여기에 함축된 그 논증의 증거를 『파르메니데스』 130e-132a에서 찾을 수 있 다고 생각한다(아래 135쪽 참조).

7 이러한 두 번째 유형의 존재는 『향연』에서 직접적으로 언급되지 않는다. 그러나 그 것은 『파이돈』과 『파르메니데스』에서 특징적으로 나타난다.

상)의 관계를 묘사하기 위해 사용하는 '모방'의 은유에서 그와 동일한 개념이 더 직접적으로 표현된다. 그 유비는 예술적인 과정에 대한 것이다. 형상들은 화가나 조각가의 모형(model)들, 즉 원본들과 유사하다. 개별자들은 그것들과 '유사한 것들' 또는 그것들의 복사물들이며, 개별자들 자체는 형상들보다 필연적으로 열등하다. 아리스토텔레스의 초기 작품인 『형상에 관하여』[8]의 단편에 들어 있는 논의에서, 이 유비는 속성의 제한적인 소유자인 개별자들과 무제한적인 소유자인 형상들의 구별과 직접적으로 관련된다. (이 논의는 플라톤 자신보다 '플라톤주의자들'의 것이라고 말해지지만, 그의 것이 아닐지라도 존재하는 개념들로부터 직접적으로 발전된 것이다.) '어떤 특정한 유형의 형상'과 '그 밑의 개별자들'의 관계는 '소크라테스'와 '소크라테스의 초상화'의 관계와 비교된다. 그 자신과 그의 초상화는 모두 규칙적이고도 상당히 정확하게 '소크라테스'(초상화는 최소한 누군가 그것을 보고 "저것은 소크라테스이다."라고 진실하게 말한다는 의미, 즉 그것이 그 사람이지 다른 어떤 사람이 아니라는 의미이다)를 언급하고 있다. 그러나 그 초상화가 실제로 소크라테스가 아니라는 것은 물론 이해되어야 한다. 그것은 '부가된', 즉 '누군가의 초상화'로서 부가되거나 제한된 소크라테스이다. 사실 우리는 소크라테스와 사람 형상의 관계에까지 그와 비슷한 분석을 연장할 수 있다. 그렇지만 현재 논의되는 글에서는 그렇지 않다. '인간'이라는 단어는 두 경우에 모두 적용되지만, 퀴리오스(kyrios)라는 단어는 형상의 경우에는 독립적이거나 우선적인 의미에서, 그리고 소크라테스의 경우에는 ('이 사람', '사멸적인 사람', '추

---

8 아프로디시아스 출신의 알렉산더, 그리고 아리스토텔레스에 대한 후기 주석가에 의해 전해지고 있다(*ad Metaphisica* 82-83).

한 사람', '아름다운 사람' 처럼) 부가적으로 적용된다.[9]

원본과 유사한 것의 관계에 대한 유비는 또 다른 중요한 점에서 작동한다. 원본들은 그와 유사한 것들이 없이도 존재할 수 있다는 의미에서, 원본들은 유사한 것들에 의존하지 않는다. 어떤 것들과 유사한 것들이 있으려면, 원본들이 없는 유사한 것들은 존재할 수 없다. 이와 마찬가지로 형상들은 개별자들에 의존하지 않지만, 개별자들은 형상들이 없이는 존재할 수 없다. 실제로, 플라톤은 때때로 개별자들이 도대체 정말로 존재한다고 말해질 수 있느냐는 질문을 제기하는 것처럼 보인다. 『국가』 V권의 유명한 구절에서,[10] 소크라테스는 '보기와 듣기를 사랑하는 사람들', 즉 평범하고 비철학적인 사람을 대표하는 자들에게 그들이 아름다운 목소리와 색깔과 형태를 넘어선 아름다움의 존재를 인정하길 거부하는 것은 잘못임을 입증하려고 시도한다. 개별자들이 어떤 특징을 소유하는 것처럼 보이든 상관없이, 그 특징들과 상반된 것들도 소유하는 것처럼 보이리라는 이유에서, 그는 모든 개별자들이 '존재와 비존재 사이를' 헤맨다는 개념을 논증의 일부로 소개한다. 개별적인 아름다운 것들은 또한 추해 보일 것이고, 정의로운 것들은 또한 불의로 보일 것이고, 경건한 것들은 또한 불경해 보일 것이고, '두 배의 것들은 절반'으로 보일 것이고,[11] 큰 것들은 또한 작아 보일 것이고, 무거운 것들은 또한 가벼워 보일 것이다. 우리는 이것이 두 배라거나

---

9 이것은 물론 플라톤이 사람과 같은 그런 것의 경우에 형상을 상정했으리라는 것을 가정한다. 그는 『파르메니데스』 시기에 이르러 분명히 그렇게 한다. 그보다 앞서 그는 일련의 특별한 술어 집합들에 더 관심을 갖는다. 주요 사례들에 대해서는 아래 인용문 참조.

10   476b 이하.

11   즉, (주어진 사물보다) 두 배 크기의 사물도 (다른 어떤 것의) 절반 크기로 나타난다.

크다고 말할 때처럼 관계적 특징들의 경우에 어떻게 적용되는가를 아는 것은 쉬운 반면에, 그것이 예를 들어 정의롭다거나 경건하다고 말하는 경우에 어떻게 적용되는가를 아는 것은 덜 쉽다는 것에 반대할 것이다. 왜냐하면 어떤 행동들이 정의와 불의 또는 (아마도 에우튀프론이 자기 부친을 고발하는 것처럼) 경건과 불경을 결합하는 것처럼 보일 수도 있지만, 왜 어떤 행동들이 분명히 정의롭거나 경건해서는 안 되는가를 설명해주는 분명한 이유는 없기 때문이다. 그러나 그런 행동들은 주어진 어떤 상황에서만 정의롭거나 경건하다고 말할 수도 있을 것이다. 다른 상황에서는 ('동일한 행동'이라는 한 가지 설명하에서) 동일한 행동이 정의롭지 못하거나 경건하지 못한 것으로 보일 수도 있을 것이다. 『국가』 I권에 나타나는 사례를 살펴보자.[12] '빚을 갚는 것'이 항상 그렇지는 않지만 종종 정의롭다. 왜냐하면 만약 그것이 정의롭다면, 그것은 미친 사람에게 무기를 돌려주는 것이 정의로움(또는 옳음)을 함축할 것이기 때문이다. 따라서 '빚을 갚는 것'으로 묘사할 수 있는 정의로운 행동들이 플라톤적인 의미에서는 **전적으로** 정의로운 행동들이 아니다(정의는 '부가물이 없이'는 그것들에 적용되지 않는다). 그러나 우리가 그와 함께 이렇게 멀리 갈지라도, 그의 또 다른 움직임을 수용하고 싶지는 않을 것이다. 즉, 정의로운 것들이 정의이기도 하고 불의이기도(즉, 정의롭지 않기도) 하고, 아름다운 것들이 아름답기도 하고 아름답지 않기도 하다고 말하는 것으로부터 그것들이 그렇기 때문에 있기도 하고 있지 않기도 하다라고 말하는 것으로까지 움직이는 것을 수용하고 싶지는 않으리라는 것이다. 그것들이 '있다(are)'라고 말하는 것은 그것들이 존재한다(exist)라고 말하는 것처럼 보이며, 만

---

12 331c 이하.

약 어떤 것이 정의롭거나 아름답지 않을지라도, 그것이 결코 그곳에 존재하지 않는다는 결론이 나올 것 같지는 않다. 그러나 우리는 어떤 사물이 (진정으로) 아름답지 않다면, (진정한) 아름다움이 그곳에 존재하지 않는다고 말할 수 있을 것이다. 더구나 만약 그 사물의 다른 특징들이 동일한 방식으로 다루어진다면, 그것의 아름다움에 대해 우리가 말하는 것이 궁극적으로는 그 사물 전체에 유효할 것이다. 일상 세계는 대체로 형상들의 불완전하고 한시적인 예시들의 연속으로 보인다. 이런 생각은 때때로 궁극적인 실재자들로 간주되었던 불, 공기, 물, 그리고 흙 등의 이른바 '원소들'과 관련된 『티마이오스』의 구절에서 특히 분명하게 나타난다.

우선적으로, 우리가 지금 물이라고 부르는 것이 압축될 때는 흙과 돌이 되고, 또한 동일한 이것이 용해되고 해체될 때는 바람과 공기가 되고, 공기는 타오름으로써 불이 되고, 반대로 불은 응축되고 불이 꺼짐으로써 다시 한번 공기의 형태로 돌아간다. ... 따라서 이것들은 결코 동일한 것들로 보이지 않으므로, 그것들 가운데 어떤 형태가 다른 어떤 것이 아니고 (그것이 무엇이든) 그것으로 유지되게 할 수 있는가? ... 왜냐하면 그것들은 빠져나가고 '이것'이나 '저것'으로, 또는 그것들을 존재하는 것들로 보여주는 어떤 표현으로도 언급되길 기다리지 않기 때문이다.[13]

이 주장은 『향연』과 『국가』에서 우리가 발견하는 것과 다르지만, 바탕에 깔려 있는 가르침은 동일하다. 우리가 세상의 사물들에 적용하는 묘사들은 오직 불안정하게 그것들에 적용된다는 것이다.

---

[13]　49b 이하. 그 전후 맥락에 대해서는 아래 8장 참조.

오직 이런 의미에서 플라톤은 세계의 '존재'에 대한 의문을 제기한다. 즉, 그것의 부분들이 분명히 또는 전적으로 또는 진정으로 그들이 주장하는 것들이 아니라는 의미에서만 그런 의문을 제기한다는 것이다. 그는 파르메니데스가 전개했던 이론, 즉 감각 세계가 순수하게 착각이라는 이론을 수용하려 하지 않는다. 그러나 그가 파르메니데스에게서 수용하는 것은 실재자의 본성이 궁극적으로 이성을 통해 발견할 수 있다는 견해이며, 대화록들에서 파르메니데스와 '엘레아 출신의 이방인'에게 부여된 중요한 역할들은 그 견해가 플라톤에게 얼마나 중요한가를 보여준다. 일상적인 경험에서 우리는 우리가 보거나 만지거나 듣는 것에 실재성을 부여한다. 그러나 반성은 우리가 물질적인 사물들보다 '더 실재하는' 또 다른 일련의 존재자들을 믿어야 한다는 것을 보여준다. 사실상 사고 자체가 이런 존재자들에 의존해 있는 것으로 나타난다.

만약 ... 누군가가 [플라톤의 대화록에 등장하는 파르메니데스가 말하듯이] 존재하는 사물들의 형상들이 있다는 것을 인정하지 않으려 하고, ... 어떤 것을 각 사물의 형상으로 표시하려 하지 않는다면,[14] 그는 자신의 생각을 돌릴 곳을 갖지 못할 것이네. 만약 항상 동일한 것으로 존재하는 각 사물의 특징을 인정하지 않는다면, 그리고 이런 식으로 그가 논의의 힘을 함께 파괴하려 한다면 말일세.[15]

(동일성의 요구조건은 아마도 『에우튀프론』에서처럼 동일한 내적 형

---

14   '사물'에 상응하는 그리스어는 이곳에 없다. 위 2장의 각주 2 참조.
15   『파르메니데스』 135b-c.

상을 상정함으로써 충족될 수 있으므로, 아마도 이 인용문만을 고려할 때는 분리되고 독립적인 형상들을 주장하는 분명한 언급은 없을 것이다. 그러나 나는 이 장의 두 번째 부분에 있는 『파르메니데스』의 분석이 이것이 불합리한 해석임을 보여줄 수 있기를 희망한다.) 우리가 (그렇게 플라톤의 논의가 진행되듯이) "x는 F이다."와 같이 형상에 대한 어떤 것을 생각하거나 말할 때마다, 또는 어쨌든 그 진술이 철학자의 입에서 나올 때, 'F'에 대한 함축적인 언급이 있다. 이것은 다른 F 사물들에 의해 소유된 것과 같은 F임(F-ness)일 수가 없다. 왜냐하면 그것이 F인 경우를 제외하고는 그것은 다른 경우들에 동일하지 않을 것이기 때문이다. 우리 자신은 언어적 구조들에 상응하는 형상들이나 보편자들처럼 실질적인 존재자들을 상정하려는 유혹에 저항하고 싶을 수도 있다. 그러나 암묵적으로 플라톤 자신은 폭넓은 언어 이론을 '이름 붙이기(naming)'로 규정한다. 물론 언어가 반드시 실재에 대해 정확한 거울이라는 말은 아니다. 『크라튈로스』[16]에서 소크라테스는 그런 견해의 극단적인 형태를 검토하고 거부한다. 그런 뒤에 그는 "우리가 이름들로부터 나온 그것들이 아니라 그것들 자체로부터 나온 그것들에 대해, 그것들의 이름들로부터 나온 것들이 아닌 [존재하는 사물들]에 대해 연구하고 탐구해야만 한다."고 결론짓는다. 사실 플라톤은 언어가 분명히 오도의 여지가 있다는 것을 인정한다. 그가 『정치가』에서 불평하는 그리스인들과 '이방인들', 즉 비그리스인들의 구분이 하나의 사례일 것이다.[17] 실재를 그것의 자연스런 관절 부분에서 절단하지 못하는 무능력한 정육점 주인의 경우가 명백한 사례이다.[18]

---

16   439b.
17   262d.
18   『파이드로스』265e.

만약 형상들이 사고의 전제조건이라면, 그것들은 지식의 전제조건이
기도 하다. 또다시 『크라튈로스』에 따르면, 우리는 지속적으로 변화하
는 것에 대해 지식을 말할 수 없다.

왜냐하면 누군가가 그것을 이해하기[gnosomenou] 위해 접근하는 동시
에, 그것은 다른 어떤 것, 다른 종류의 것이 될 것이기 때문이네. 따라서 그
것이 어떤 종류의 것이었는지 또는 어떤 상태에 있는지가 더 이상 이해될
[gnostheie] 수 없을 것이네. 또한 만약 지식이 상태가 아니라면, 분명히 어
떤 지식[gnosis]도 그것이 아는 것을[gignoskei] 알지 못하네. 만약 모든 것
들이[chremata] 변화의 상태에 있고 어떤 것도 정지해 있지 않다면, 크라튈
로스, 도대체 지식이 있다고 말하는 것 또한 합리적이지 않을 것이네. 그러
나 만약 아는 것, 알려지는 것, 그리고 아름다운 것[또는 훌륭한 것]과 좋은
것과 존재하는 사물들 각각의 것이 있다면, 내게는 이 [사물들], 즉 우리가
지금 말하는 것들이 어떤 식으로도 유동하거나 운동하는 것처럼 보이지 않
는다네.[19]

사실상 이 문맥에서 사물들이 지속적으로 변화한다는 이론은 그것
또는 그와 비슷한 것을 헤라클레이토스에게서 받아들였던 크라튈로스
의 것이다. 그러나 좀 전에 인용되었던 『티마이오스』의 구절은 최소한
플라톤이 어떤 부분에선가 자기 자신의 설명에 수정된 이론을 받아들
였음을 보여준다. (그와 헤라클레이토스주의의 관계에 대한 정확한 내
용은 아래 10장 참조.) 그에 따르면, 지식은 가능하다. 그러나 지식은
안정적인 대상들을 요구한다. 만약 개별자들이 본질적으로 불안정하다

---

[19]   439e-440c.

면, 지식은 그것들에 대한 것일 수가 없다. 그러나 '상반된 것들의 공존(the compresence of opposites)'이라는 원리는 어떤 특별한 변화 이론과 상관없이 그런 결론의 토대를 제공한다. 최소한 F의 많은 가치들(그리고 이것들은 가장 중요한 것을 포함할 것이다)에 대해, (『국가』에서 말하듯이) 특수한 F 사물들은 F인 동시에 F가 아닐(not-F) 것이다. 그것은 그것들이 F인 경우인 동시에 그렇지 않은 경우이며, 또한 그것들 가운데 어떤 것에 대해 "이것은 F이다."라는 말은 참인 동시에 거짓이다. 그것이 F인 것은 **어떤 점에서, 언제인가 등**에 대해 상술할 준비가 되어 있다면, 우리는 이런 종류의 참인 (그리고 또한 거짓이 아닌) 진술들을 못하게 하는 것은 아무것도 없다고 답변할 것이다. 그렇다면 이것은 개별자들에 대한 어떤 지식의 가능성을 제공할 것이다. 그러나 플라톤은 (『크라튈로스』의 사례들을 사용하자면) 예를 들어 훌륭함이나 좋음의 불완전한 사례들을 배타적으로 처리하는 것이 우리에게 훌륭함이나 좋음의 완전한 이해를 제공할 수 있다고 계속 주장할 수도 있다 (그리고 주장하기도 한다). 이것들이 알려질 수 있다고 할 때, 그리고 그것들이 개별자들을 통해 (완전히) 발견될 수 없다고 할 때, 그것들은 탐색될 수 있어야만 하며, 따라서 그것들과 독립적으로 유지되어야만 한다. (수학적 지식이 여기에서 그 모형일 수도 있다. 그것이 도덕적 지식의 좋은 모형인지 아닌지에 대한 문제가 제기될 필요가 있다. 플라톤 자신은 어디에서도 그런 질문을 하는 것으로 보이지 않는다.)

이처럼 오직 형상들을 적절히 접할 수 있는 사람(즉, 철학자)만이 최소한 초기와 중기 대화록에서 모두 플라톤의 주된 관심사였던 도덕적 영역과 미학적 영역의 지식을 소유한다고 말해질 수 있다. 일반인들, 즉 『국가』V권에 언급되었듯이 오직 개별자들에 관심을 갖는 '보기와 듣기를 사랑하는 사람들'은 오직 '의견', 즉 독사(doxa)만을 소유한다고 말해진다. 지식과 달리 참이거나 거짓일 수 있는 독사는 (의견을 통해 설득될 수 있기 때문에) 안정적이고 영속적인 소유가 아니며, 그 자체에 대한 완전한 설명을 줄 수 없다(만약 줄 수 있다면, 그것을 통해 설득될 수 없을 것이다). 그렇다면 우리는 이 단계를 어떻게 넘어설 수 있을까? 아남네시스(anamnesis) 이론, 즉 상기 이론에 그 답변이 주어져 있다. 영혼은 영원하며, 다양한 육체들 속에서 많은 삶을 살아간다. 그러나 영혼은 육체에 들어오기 전에 형상들을 직접 접함으로써 (영혼은 그것들을 '보았다') 그것들에 대한 지식을 획득했다. 태어나면서 형상들에 대한 지식을 잊었다가 상기하게 되는데, 이것이 참된 배움이다. 개별자들은 형상들을 닮기 때문에 무언가를 상기시키는 것들로 작용할 수 있을 뿐만 아니라 그 과정도 유발한다. 플라톤은 영혼의 불멸과 윤회를 문자 그대로 믿었고, 상기 이론이 진지한 제안이 아니라고 생각할 이유는 없다. 그것은 문제를 해결하는 논리적 해결책이다. 『파르메니데스』가 명시적으로 논의하듯이, 형상들은 단순히 마음속에 있는 관념들이 아니라 마음 밖에 있는 대상들로서 직접적으로 파악되어야만 하는 것이다. 그러나 그것들은 세계의 외부에 있기 때문에 세계에 대한 우리의 경험에서 우리에게 나타나지는 않는다. 그러므로 우리는 우리가 세계에 들어오기 전에 그것들을 파악했어야만 한다. 다시 말해서, 특히 논리학이나 수학에서 진리를 파악하는 경험은 기억을 회복하는 것과 다르지 않을 것이다(『메논』은 이런 점을 설명하기 위해 수학의 사례를 이용한다). 그러나 플라톤에게는 형체 없는 영혼의 여행을 입증할 수 없는 가정들에 의존하는 인식론을 갖는다는 것이 끝내 만족스럽지 않았다. 그가 어디선가 그 이론을 조용히 포기했으리라는 것이 내 견해이다. 그 이론은 오직 『메논』, 『파이돈』, 그리고 『파이드로스』를 비롯한 세 개의 대화록들에서만 역할을 수행하며, 그 가운데 아마도 오직

『파이돈』만이 앞에서 설명했던 방식으로 그 이론을 확고하게 지지할 것이다. '신화'의 일부로 소개되는『파이드로스』이후에,[20] 그것이 또 다시 명시적으로 언급되지는 않는다. 이 사실은 중기 대화록에서 그처럼 중요한 주제였던 개별자와 형상의 분리에 대한 강조가 후기 대화록에서 현저하게 완화된다는 점과 관련 있을 것이다(아래 146쪽 이하 참조). 다른 한편으로, 플라톤은 어디에서도 그 이론에 대한 대안을 분명하게 제시하지 않는다. 그러나 분명한 것은 그가 지식이 가능하다고 여전히 믿고 있다는 것이다. 논증에 의해 정당화되거나 되지 않거나 상관없이, 그는 그 신념의 토대 위에서 항상 더 핵심적이었던 과제, 즉 지식에 도달되는 데 필요한 방법들을 전개하는 과제를 다룬다.

플라톤이 지금 그것과 연결시켜 놓은 대상들의 성격을 고려할 때, 그의 철학에 대한 설득력 있는 옹호가 때로는 철학자들의 관심사 자체가 일상세계와 동떨어져 있음을 시사한다는 것은 어쩔 수 없는 일이다. 어떤 면에서는 아마도 일상세계와 동떨어져 있을 것이다. 영원성의 측면에서(sub specie aeternitatis) 볼 때, 영혼이 육체에 들어오는 경험은 단지 짧고도 일시적인 구속이며, 이성을 통해 적절하게 정화되면 그것은 구속에서 빠져나와 마침내 참된 실재를 성찰하는 영원한 행복의 상태를 향할 것이다. 더구나 만약 지식이 현세의 삶에서 회복된다면,『향연』이 주장하듯이 그 자체가 전적으로 완성된 경험일 것이다.『국가』에서 소크라테스는 국가를 통제하도록 훈련받은 철학자-수호자들이 지식이라는 빛으로부터 동굴의 일상적인 삶으로 자발적으로 돌아오게끔 설득되리라는 점을 인정한다. 그러나 처음에 철학의 전체 과정의 출발

---

[20] 그러나 이런 사실 자체는 중요하지 않다. 플라톤의 신화들은 진지함과 결코 양립할 수 없는 것이 아니다.

점을 제공했던 것이 삶의 실질적인 문제들에 대한 답변을 찾을 필요성에서 비롯되었음을 우리는 잊지 말아야 한다. 그리고 사실상 이런 문제들이 플라톤의 핵심적인 관심사였다. 그것이 현세의 삶이나 다른 어떤 삶을 살아가는 개인에게 부여할 행복이 어느 정도이든, 철학의 진정한 중요성은 그것이 사회 전반에 부여하는 이익에 달려 있다. 따라서 『국가』에서는 모든 도덕적 불확실성과 모든 정치적 논의에 나타나는 이상 국가에 대한 꿈 또는 악몽은 수호자들의 철학적 통찰력에 의해 제거되는 것으로 생각된다(이것은 『정치가』에서 희미하게나마 반영되고 있는 꿈이다).

좋음(good)의 형상이라는 중요한 주제는 바로 『국가』에서 소개된다.[21] 이것은 미래 지도자의 '가장 고귀한 학습 대상'이라고 말해지는데, 오랜 교육의 정점을 나타낸다. 소크라테스는 자신이 그 주제를 직접적으로 묘사하지 못하겠다고 말하면서 비유를 통해 그것에 접근하겠다고 제안한다.[22] 좋음의 형상은 태양에 비유되는데, 태양은 좋음의 '자손'이기 때문에 좋음을 닮는다. 그 비유의 핵심은 두 개의 구체들이 각각 지닌 역할들에 있다. 태양은 가시적 사물들을 생성하는 원인인 동시에 빛의 근원으로서 가시성의 원인이기도 하다. 따라서 좋음의 형상은 '존재'의 원인인 동시에 알려진 사물들(아마도 다른 형상들)의 지성성의 원인이기도 하다. 물리 세계에 대한 플라톤의 견해를 다시 고려함으로써, 우리는 아래로부터 이 개념들에 접근할 수 있을 것이다. 만약 이 세계가 불완전하다면, 그것은 그것이 할 수 있는 한도 내에서 (즉, 좋음과 나쁨이 개인들로서의 우리 각자에게 달려 있는 인간의 행

---

21   504a 이하.

22   소크라테스가 더 진행하려고 하지 않는다는 점에 대한 해석에 대해서는 위 62쪽 참조.

동 범위를 배제하는) 좋은 것이기도 하다. 인간의 행위는 그가 가장 좋다고 생각하는 것을 통해 설명되며, 그와 마찬가지로 물리 세계에서 사물들을 설명하는 적절한 방법은 일반적으로 그것들이 어떻게 존재하는 것이 가장 좋은가를 묻거나 또는 달리 말해서 일종의 목적론적 설명을 제공하는 것이라고 소크라테스는 『파이돈』에서 주장한다.[23] 이 경우에 사물들이 지향하는 좋음이나 목표는 그것들이 소유하는 지성을 그것들에 부여하는 것이자 어떤 의미에서는 '그것들의 존재 원인' 이다. 왜냐하면 그것 없이는 그것들이 현재의 그것들이 아닐 것이기 때문이다. 아마도 세계가 하나의 **체계**(system)를 구성하며, 그것의 부분들이 전체와 관련하지 않고는 이해될 수 없다는 것이 바탕에 깔린 생각일 것이다. 그리고 『파이돈』에서 제안되는 넓은 선들과 더불어 물리 세계에 대한 방대한 설명을 시도하는 『티마이오스』는 다른 것들과 마찬가지로 물리적인 사물들이 이런 점에서 형상들을 '모방' 하거나 또는 반영하고 있다고 주장한다. 즉, 그것들 안에서 관찰되는 질서는 형상들 자체 사이에서 존재하는 질서와 유사한 것(likeness) 또는 그것의 상(image)이다. 예를 들어, 생물의 형상이 모든 '지성적인' 생물들을 '그 자체에 포함' 하듯이, 영혼을 갖고 있어서 그 자체가 생명체인 세계도 다른 모든 가시적인 생물들을 포함한다.[24] 이 경우에 '좋음' 은 모든 존재, 즉 형상들과 물리적 사물들의 통합 원리로 나타난다.

'태양의 유비' 에 대한 설명을 마친 뒤, 소크라테스는 '태양의 유비' 의 연속이라고 선언되는 '분리된 선의 유비' 와 '동굴의 유비' 라는 두 가지 다른 종류의 유비를 제공한다. 이 가운데 두 번째 것은 우리의 현

---

23   97b 이하.

24   30c 이하.

재 목적에서 덜 중요하고 간단하게 다루어질 수 있다. 그것은 특히 국가의 미래 수호자에 대한 고급 교육에 대한 설명으로 이끌어지도록 고안되어 있다. 철학자가 자신의 여정을 마무리할 즈음 얻는 깨달음은 전체 인간의 무지와 대조된다. 그는 오직 그림자만을 아는 일상 경험이라는 어두운 감옥에서 풀려나는 것으로, 그리고 햇빛 비치는 위쪽 세계로 끌려 나가는 것으로 그려진다. 만약 그 사람이 아래에 있는 동굴로 돌아가게 된다면, 영원히 갇혀 있는 죄수들은 어둠 속에서 보지 못한다고 그를 비웃을 것이다. 그리고 그들은 할 수만 있다면, 탈출하려 시도하는 사람들을 모두 잡아 죽일 것이다. 이 마지막 사항은 소크라테스 자신의 죽음을 플라톤이 진단하는 『소크라테스의 변론』에 반영되어 있고,[25] 반면에 그 철학자의 상승(ascent)에 대한 그림은 『향연』에 언급되는 철학적인 연인의 상승에 대한 설명과 비슷하다. 플라톤에게 있어서 좋음과 아름다움은 밀접하게 관련된다. 만약 그것들을 실질적으로 같은 것들로 다루는 것이 틀렸다면, 우리가 다음 장에서 보게 되듯이, 진정한 좋음들의 집합은 진정으로 아름다운 것들의 집합과 외연이 똑같다('아름다운'은 칼로스kalos의 번역이며, 그것은 '아름다운'뿐만 아니라 '훌륭한', '옳은'의 의미도 포함한다).

분리된 선(line)의 유비는 위쪽의 지성적인 영역과 가시적인 영역의 구분과 앞에서 보았던 지식과 의견의 구분 위에서 이루어진다. 지식은 형상들에 대한 지식이라 말해지며, 의견은 개별자들, 즉 가시적인 세계의 사물들에 대한 것이다. 소크라테스는 철학자들뿐만 아니라 수학자들도 형상들에 관여한다고 주장한다. 사물들의 그림자(shadow)와 비

---

25 "만약 그들이 그에게 손을 댈 수 있다면"도 "그대가 나를 잡을 수 있다면, 나를 파묻어라!"라고 말하는 『파이돈』 115c를 상기시킨다. 그들은 단지 철학자의 육체에만 손댈 수 있다.

취진 모습(reflection)에 대한 검토로부터 그것들을 드리우는 것들로 전환하는 경우에 우리가 하는 것과 같은 정도로, 철학자들과 수학자들은 다른 사람들보다 더 진리와 실재에 가까이 있다. 그러나 철학자는 수학자보다 그만큼이나 더 장점을 갖고 있다. 왜냐하면 수학자들은 가설로부터 아래 방향으로 일하고 가시적인 것(즉, 도식)을 상(image)이나 유사한 것(likeness)으로 이용하는 반면에, 철학자의 경우는 이성이 스스로 기능하고 가설을 제일원리(archai)가 아니라 참된 가설로 다루며, '비가설적인 것에 이르기까지', 즉 모든 것의 (진정한) 제일원리에 이르기까지 위쪽 방향으로 진행하기 때문이다. 이 제일원리를 파악한 뒤에, 그것은 "그것에 의존하는 것들에 의존해서 다시 내려가고, 따라서 지각되는 어떤 것을 더 사용하지 않고 오직 형상들만을 ... 이용하여 끝까지 내려가며, 형상들에서 끝이 난다."[26]

여기에는 불분명한 점이 많이 있으며, 전체적인 문맥이 상당히 논란이 되었던 주제이다. (내가 단지 일부분만 제시했던) 철학의 이상적인 방법에 대한 설명이 특히 불분명하다. 그러나 여기에서 말할 수 있는 것은 첫 번째 단계, 즉 가설을 통해 제일원리로 올라가는 길이 바로 이론들을 만들어내고 시험하는 소크라테스의 초기 대화록들의 방법에 토대를 두고 있는 것처럼 보인다는 것이다. 비록 (예를 들어, 『정치가』에서 그렇듯이) 그 방법의 실질적인 사례들이 전체가 아니라 형상들의 체계의 부분들에 관한 것이기는 하지만, 전체로서 요약된 방법과 '모음과 분할'이라는 뒤의 방법은 유사한 형태를 지닌다.[27] 어

---

26 511b-c.

27 『정치가』가 정의와 관련된 한에 있어서, 그것이 어떤 의미에서 형상들을 다룬다는 것이 분명하다. 그것과 다른 후기 대화록들이 분리된 형상들을 다루는가 또는 그렇지 않은가에 대한 문제는 여전히 해결되어야 한다.

쨌든 철학자가 아마도 완전한 과정의 끝에서 획득하리라 예상되는 것은 형상이 좋음의 구성 원리에 속한다고('의존한다고') 이해하는 것이다. 수학자의 이해력이 열등한 이유는 그가 여전히 어느 정도 개별자들에 의존할 뿐만 아니라 철학자의 포괄적인 견해를 결여하기 때문이다. 수학자가 형상들을 다루기는 하지만(그는 삼각형이나 사각형의 속성들에 관심이 있는 것이지 개별적인 삼각형들이나 사각형들에 관심이 있는 것이 아니다), 그것들을 전체와 연결하지 못한다면 그는 그것들을 완전히 이해하는 것이 아니다.

대화록들 속에서 이런 점을 다루면서, 플라톤은 아마도 스스로 경건, 용기, 정의 등과 같은 개별적인 형상들을 구별하는 데 초점을 맞추었을 것이다. 그런 과정의 일부로서, 그는 당연히 형상들과 개별자들 사이의 기본적인 대립, 그리고 특히 각 형상의 단일성과 그것에 참여하는 개별자들의 다수성 사이의 대립을 강조하는 성향을 지닌다. 이런 성향은 『국가』 자체에서 볼 수 있다. V권에서[28] 소크라테스는 "정의와 불의와 좋음과 나쁨과 모든 형상들의 경우에, 그것들은 각자 그 자체로서 하나이지만 그것들이 행동들과 육체들은 물론이고 서로서로 교감[koinonia]하기 때문에 그것들은 어디에든 나타나며 또한 개개의 것이 다수로 나타난다."고 말한다. 이 설명은 서로 분리되고 독립적으로 존재하는 사물들의 단순한 모음에 대한 것이다. 그러나 VI권은 그것들을 하나의 체계로 나타냄으로써 그 설명을 수정하기 시작한다. 형상들이 서로서로 연결되어야만 한다는 기본적인 내용은 사실상 정의에 대한 최초의 탐구에 함축되어 있었다. 만약 상어(dogfish)가 생물이라면, 상어의 형상은 생물의 형상과 어떤 식으로든 연결되어야만 한다. (그럼에

도 그것이 예를 들어 암컷이고, 길이가 90센티미터이고, 왼쪽 면에 흉터가 있는 것이 아니라는 의미에서, 그것은 여전히 '단지 상어가 되기 위한 것(just what is dogfish)' 이다. 생물이 된다는 것, 그리고 암컷이고 길이가 90센티미터이고 흉터가 있다는 것은 그것이 상어이기 위한 것의 부분이 아니다.) 그러나 『국가』에서 플라톤은 그 견해를 더 확장한다. **모든** 형상들은 어떻게든 전체의 부분들로서 서로 연결된다. 철학을 위한 과제는 이제 실재를 표현하는 완전한 지도를 제공하는 과제가 된다. 오직 이런 과제를 완성한 남성(또는 여성)만이 통치할 자격을 제대로 갖추게 될 것이며, 또한 참된 정치술의 목표인 덕스러운 사회를 완성할 수 있을 것이라고 『국가』는 주장한다. 학문과 도덕이 여기에서 만나 융합된다. 인간은 자연의 일부이며, 따라서 인간의 행동을 지배하는 원리들은 자연에서 전반적으로 작동하는 원리들과 궁극적으로 동일하며, 또한 그것들과 분리해서는 제대로 연구될 수 없다.

『파르메니데스』와 그 이후

우리는 이제 『국가』에 대한 낙관적인 해석으로부터 그런 해석을 뒷받침하는 몇 가지 이론들로 돌아가서 고찰하고 있는 『파르메니데스』로 진행한다. 나는 『파르메니데스』에서 관련된 부분의 논증을 요약하고, 그런 뒤에 플라톤이 대화록을 집필하던 시기에 그것이 형상들에 대한 그의 견해에 대해 무엇을 함축하고 있는가를 고찰할 것이다.

　플라톤의 이복형제인 안티폰(Antiphon)이 수년전 아테네에서 당시 이십 세의 소크라테스와 엘레아 출신인 파르메니데스와 제논의 대화를 기억하고 있다고 말해진다. (안티폰 자신은 아마도 피토도로스Phythodorus라는 사람에게서 그 대화를 들었을 것이다. 또 다른 등장인물인 케팔로스(Cephalus)는 피토도로스가 말해줬던 것에 대한 안티폰의 설명을 들려준다. 플라톤은 이처럼 안티폰을 통해 자신을 그 이야기와 연결시키기도 하고, 또한 동시에 그로부터 떨어뜨리기도 한다.) 제논은 그의 몇 가지 주장들을 다음과 같이 묘사한다.

[그 주장들은-옮긴이] 만약 하나의 사물이 존재한다면[즉, 만약 존재하는 것이 하나라면], 그 주장과 관련된 많은 불합리한 것들과 자기모순들이 나타난다는 것을 보임으로써 자신의 주장을 조롱하려는 사람들에 대항하여 파르메니데스가 자신의 입장을 변론하는 것이네. 따라서 이런 종류의 글은 다수에 대해 이야기하는 [즉, 존재하는 것이 다수라고 말하는] 사람들에 대한 하나의 반박[antilegei]이지. 또한 그것은 만약 누군가가 충분히 잘 집중한다면, 다수의 사물들이 존재한다는 그들의 가설이 그곳에 하나의 사물이 존재한다는 가설보다 더 어리석은 결론들을 가져오리라는 것을 보여주려는 목적을 갖고 그와 동일한 것 또는 그 이상의 것을 그들에게 돌려줄 것이네.[29]

현대의 철학자와 수학자는 우리가 독립적인 증거를 갖고 있는 제논의 몇 가지 주장들을 높이 평가한다. 그에 대한 플라톤의 태도는 그리 적극적이지 않다. 그는 『파이드로스』에서 '엘레아 출신의 파르메니데스'[30]라는 표제하에 그를 언급하며, 그를 '논쟁가(antilogikos)', 즉 전적으로 언어적 논쟁을 탐닉하는 사람으로 분류한다. 『파르메니데스』에

---

29   128c-d. 앞에서 인용된 다른 단락들에 대한 번역에, '사물(thing)'과 '사물들(things)'이라는 단어들은 단지 영어를 설명하기 위해 제시된 것이며, 아래에서도 그와 마찬가지이다. 그 점을 명확히 정리하는 것이 가장 좋을 것으로 보인다. 특히 『파르메니데스』에서는 그와 관련된 그리스어 숙어의 사용 빈도가 높아서 대괄호의 작은 숲이 필요할 정도이다.
30   261d.

서 제논은 앞서 언급되었던 주장들이 단순히 젊은 사람의 호전성에서 비롯된 것이라고 주장하게 된다. 그러나 이제 그는 더 나이가 들고 더 현명한 반면에, 소크라테스는 여전히 젊을 뿐만 아니라 심지어 제논에게조차 철학에 대해 배울 것이 많이 있다고 말해진다. 『파르메니데스』의 두 번째이자 더 많은 부분은 ("만약 하나가 존재한다면 ...," "만약 하나가 존재하지 않는다면 ..."과 같은) 일련의 논증들로 구성된다. 비록 제논 자신이 수용한다고 말해지는 중요한 형식으로 그의 방법이 수정되긴 했지만, 그 논증들의 기본적인 형태는 분명히 제논에게서 나왔다. 이런 수정의 결과는 '반논리학(antilogic)' [31]의 영역에서 엄밀한 의미에서의 변증법의 영역에 이르기까지 그 방법을 제거하는 것이다. 그 논증들은 정신 훈련의 한 가지 사례로 존경스러운 파르메니데스에 의해 권장되었는데, [32] 대화록의 첫 번째 부분에서 제기되었던 종류의 문제 해결에 필수적인 예비 단계이다.

이 부분에서 심각한 문제는 제논이 자신의 초기 작품에서 주장했던 논증들 가운데 첫 번째 것에 대한 소크라테스의 비판에서 시작된다.

> 만약 존재하는 것들이 다수라면, 자네는 그것들이 그런 이유에서 유사한 동시에 유사하지 않으며, 또한 그런 것이 불가능하다고 말할 것이네. 그렇지 않은가? 왜냐하면 그것들 가운데 어떤 것도 유사하지 않은 것이 유사한 것이 될 수도 없고 유사한 것이 유사하지 않은 것이 될 수도 없기 때문이네. ... 따라서 만약 유사하지 않은 것이 유사한 것이 되고 유사한 것이 유사하

---

31   반논리학적인 성격, 그리고 그것의 '논쟁적(아래 6장 비교)'이고 변증론적인 것과의 관계에 대해서는 Kerferd(1981), 6장 참조.

32   '일의 형태를 갖는 게임'에 대해서는 137b. 다른 무엇보다도 파르메니데스는 체스 게임(game of draughts)을 발명했다고 알려져 있다.

지 않은 것이 되는 것이 불가능하다면, 다수의 것들이 존재하는 것도 불가
능할 것이네. 왜냐하면 만약 [다수의 것들이-옮긴이] 존재한다면, 그것들은
불가능한 결과들을 가져올 것이기 때문이지.[33]

이 논증에 대해, 소크라테스는 두 종류의 것들이 구분되어야 한다는
것을 반대한다. 즉, 그는 한편으로 "유사한 것의 형상[eidos], 그 자체
에 의해 그 자체로서 존재하는 것(itself by itself), 그리고 다시 그런 것
에 상반된 다른 어떤 것, 즉 유사하지 않은 것"이며, 다른 한편으로 이
것들에 "참여하고 있"거나 "참여하게 될" 것들, 즉 "나와 너, 그리고 우
리가 '다수'라고 부르는 다른 것들"의 구분을 반대한다. 그는 다음과
같은 점에 동의하지 않느냐고 묻는다. 즉, 후자들 가운데

유사한 것에 참여하게 된 것들은 그런 점에서, 그리고 그것들이 그것에
참여하는 정도만큼 유사해지고, 유사하지 않은 것에 참여하게 된 것들은 유
사해지지 않으며, 또한 두 가지 모두에 참여하는 것들은 두 가지 모두가 되
는 것입니까? 비록 모든 것이 서로 상반된 두 가지 모두에 참여하게 될지라
도, 그리고 그것들이 두 가지 모두에 참여함으로써 서로 유사한 동시에 유
사하지 않게 될지라도, 그 내부의 무엇이 놀라운[thaumaston] 것입니까?
왜냐하면 만약 어떤 사람이 유사하지 않은 것들[즉, 유사하지 않은 개별적
인 것들이 유사하지 않은 것에 '참여'하는 것들] 자체가 유사해지는 것을
보여줬다면, 그리고 그 반대라면, 제가 생각하기에 그것은 놀라운 일일 것
이기 때문입니다. 그러나 만약 그가 이 두 가지 모두[즉, 유사한 것과 유사
하지 않은 것]에 참여하는 것들을 보여준다면, 제논, 그것은 제게 전혀 이상

---

33   127e.

해 보이지 않으며, 또한 만약 누군가 하나에 참여하기 때문에 모든 것이 하나임을 보이고, 또한 반대로 다수에 참여하기 때문에 그만큼 많은 동일한 것들이 다수라는 것을 보여준다고 할지라도, 이상해 보이지 않을 것입니다. 그러나 만약 그가 다수로서의 하나이고 또한 하나로서의 다수[즉, '다수인 바로 그것, 형상']인 바로 이것을 보여준다면, 이것은 저를 놀라게 **만들** 것입니다. 그리고 다른 모든 경우에도 마찬가지입니다. 만약 그가 종류들 [gene]과 형상들 자체가 그 자체로서 이런 상반된 속성들이 된다는 것을 보여주고자 한다면, 놀라움의 이유가 있을 것입니다.

왼쪽, 오른쪽, 앞, 뒤, 위, 그리고 아래에 소크라테스의 부분들이 있다면 그는 다수일 것이다. 반면에 그가 존재하는 일곱 부분들 가운데 하나라면 그는 하나일 것이다. 그는 다수성과 단일성에 모두 참여하며, 여기에는 아무런 문제가 없다.

그러나 만약 누군가 먼저 [개별자들에 의해 참여된] 형상들 자체들을 그것들(예를 들어, 유사한 것과 유사하지 않은 것, 다수성과 단일성, 정지와 운동, 그리고 그와 유사한 모든 것)을 통해 분리시키고, 그런 뒤에 이것들을 서로 혼합되고 서로 분리될 수 있는 것임을 보여준다면, 저는 그것에 무척이나 감탄[agasthai]할 것입니다, 제논. 저는 당신이 이런 것들을 상당히 단호하게 다루었다고 생각합니다. 그러나 제가 말하듯이, 만약 당신이 그것을 [다수의] 우리가 보는 것들에 적용해서 설명했던 것처럼, 누군가 추론에서 파악된 것들 사이에서 이와 동일한 문제를 그것의 다양한 방법으로 엮어 보여줄 수 있다면, 저는 훨씬 더 감탄할 것입니다.[34]

---

34   128e-130a.

이 난해한 구절을 자세히 살펴볼 가치가 있다. 왜냐하면 그것은 앞으로 논의될 플라톤의 형상 개념이 지닌 몇 가지 특징들을 보여줄 뿐만 아니라 앞으로 검토될 특별한 영역도 표시해주는 것처럼 보이기 때문이다. 소크라테스는 제논과 (만약 소크라테스가 끝에서 슬며시 끼워 넣는 복수 형태의 '자네 you'에 파르메니데스도 포함된다고 가정할 수 있다면) 파르메니데스가 올바른 종류의 문제를 잘못된 것들과 연결시켰다고 주장하는 것처럼 보인다. 분명히 그 문제는 동일한 것이 어떻게 대립적인 또는 상반된(enantios) 속성들을 소유할 수 있는가에 대한 것이다. 우리가 ('많은 것들', '우리가 보는 것들' 등과 같이) 일상 세계에서 사물들에 대해 이야기하더라도, 그것들이 상반된 형상들에 참여함으로써 F인 동시에 F의 반대가 된다는 것을 이해한다면, 여기에는 아무런 어려움이 없다고 소크라테스는 주장한다. 현재 우리가 살피고 있는 구절과 분명히 연결된 『소피스트』[35]의 중요한 한 부분이 있다. 예를 들어, 어떤 사람이 색깔, 형태, 크기 등을 가졌다고 말할 때처럼, 청년들과 '노인들 가운데 늦게 배운 사람들'은 같은 것에 서로 다른 많은 '이름들'을 적용하는 데서 제기된다고 생각되는 모순을 즐긴다고 말해진다.

왜냐하면 다수가 하나가 되는 것과 하나가 다수가 되는 것이 모두 불가능하다고 누군가 즉각적으로 반대하는 것은 상당히 쉽기 때문이지. 그리고 실제로 그들은 우리로 하여금 어떤 사람이 좋다고 말하지 못하게 하는 데서 기쁨을 느낀다네. 대신에 우리는 좋음(the good)이 좋다고 말하고, 사람(the man)이 (한) 사람이라고 말해야만 한다네.

---

35   251a 이하.

그런 난제들이 곧 뒤에 남겨진다. 그리고 그 논의는『파르메니데스』가 제안했던 방향으로, 즉 형상들 또는 '종류들' 자체의 경우에서 야기되는 술어화의 문제들로 향한다. (그 논의는『정치가』에서 그랬던 것처럼 이름 없는 엘레아 출신의 인물에 의해 적절하게 전개된다. 최소한 파르메니데스는 '늦게 배운 사람들' 속에 포함되어서는 안 된다.) 플라톤은 자신이 그에 대한 해결책을 갖고 있다고 생각한다. 하지만 형상들이 상반된 속성들을 갖는 한, 제논과 파르메니데스가 '가시적인 것들' 속에서 발견했다고 주장하는 '그와 동일한 난제'는 실제로 그곳에서 야기되는 것으로 나타난다. 각각의 형상은 다수 속의 하나로서 하나이며 또한 다수이다. 서로 다른 사물들이 진실로 그것에 대해 말해질 수 있기 때문이다. 각각의 것은 (그것 자체와) 동일한 동시에 (다른 모든 것과) 다르다. 각각의 것은 (그것이 무엇이든) **그것인** 동시에 (다른 모든 것들이) **아니다.** (그런데『소피스트』의 이 부분에서 우리가 발견하는 것과『파르메니데스』의 후반부에 있는 상당히 난해한 몇몇 논증들 사이에는 분명한 연결고리가 있다. 그것들은 예비적 훈련이라고 말해지는 것이다.) 앞에서 언급되었던 존재와 비존재의 상반성(opposition)은 파르메니데스의 작업에서 핵심적인 역할을 한다. 그는 존재하는 것은 존재할 수 없다고 말하며, 모든 부정적 술어들을 금지시킴으로써 조금이라도 말해질 수 있는 것에 대한 그의 견해를 급진적인 결과들로 마무리한다.『국가』에서 플라톤은 이미 (그것들이 무엇이든) 단순히 **존재하는** 형상들과는 대조적으로 개별자들을 '존재하는 동시에 존재하지 않는 것들'이라고 (파르메니데스적 관점에서) 도발적으로 묘사했던 적이 있다. 그러나 이제 그는 상반된 것들이 실제로 형상들 사이에서 공존한다는 것을 명확하게 인식한다. 그런 뒤에 그는 엘레아적인 도전에 좀 더 완전한 답변을 제시하기 위해 나아가는데, 이것은 그가 반드시 해야 하는 일이었다.

『파르메니데스』로 돌아가자. 제논의 논증에 대한 소크라테스의 비판 이후에, 파르메니데스는 소크라테스 자신의 입장에 대한 조사를 시작한다. 소크라테스는 또다시 유사성, 단일성, 다수성의 형상들이 존재한다고 주장한다. 그는 또한 정의, 훌륭함이나 아름다움, 선 등의 형상들이 존재한다는 것을 의심하지 않는다. 그러나 그는 사람, 불, 물의 형상들에 대해 그와 동일한 방식으로 이야기해야 하는가에 대해서는 확신하지 못한다. 분명히 그는 머리카락, 진흙, 그리고 오물처럼 볼품없고 하찮은 그런 형상들이 있을 수 있다는 견해를 불합리하다고 생각한다. 후자의 경우에 사물들은 '바로 우리가 보는 바의 사물들'이다. "동일한 것이 모든 경우들에 참일 수도 있다(즉, 모든 경우에 형상들의 존재를 인정해야 한다)."는 고민스러운 생각이 그에게 떠올랐을 것이다. "그러나 그 입장에 도달했을 때, 나는 내가 불행히도 터무니없는 구덩이에 빠질 수도 있다는 두려움 때문에 물러났다네. 어쨌든, 나는 방금 우리가 말했던 형상들을 갖는 사물들에 도달했고 그 문제들에 매달렸지." 파르메니데스는 사람들이 생각하는 것을 지나치게 많이 설명하는 데서 이런 태도가 나오게 되며, 소크라테스가 더 나이가 들고 철학이 그를 더 확고하게 잡게 되면, 그가 더 이상은 현재 논란이 되는 것들을 그런 식으로 거부하지는 못할 것이라고 말한다.[36]

사람이나 불 또는 물의 형상들을 인정해야 하는가의 문제를 의심스러워하는 소크라테스의 이유는 제시되지 않지만, 이전 장에서 간략히 언급되었던 『정치가』의 구절에서 아마도 그 이유를 추리해볼 수 있을

---

[36] 130b-e. 『티마이오스』는 사람의 형상의 존재를 가정하며, 불과 물의 형상들을 주장한다. 아래 8장 참조.

것이다.[37] 그곳에서 플라톤은 '분명히 지각할 수 있는 유사한 것들'을 갖는 것들과 그렇지 않은 것들을 구분한다. 우리는 '가장 크고 가장 가치 있는 것들인' 두 번째 부류의 것들이 특히 좋음과 정의(그리고 정치술)의 형상들을 포함한다고 가정할 수 있다. 반면에 첫 번째 것은 (엄격한 의미에서) 물리적 사물들의 형상들로 구성될 것이다. 『정치가』의 논점은 두 번째 부류에 속하는 사물들이 '유사한 것들(likenesses)'을 결여한다는 사실이 그것을 이해하기 어렵게 만드는 반면에, 『파르메니데스』는 첫 번째 부류의 경우에 그것들이 실제로 존재한다는 사실이 우리로 하여금 그런 부류의 존재를 상정할 필요가 있느냐는 의문을 제기하게 만든다고 주장할 것이다. 정의, 좋음, 그리고 그 나머지에 대해 이야기할 수 있다는 것은 정의의 형상과 좋음의 형상이 존재한다는 것을 전제하지만(그렇지 않으면 그런 이야기에서 이야기할 것이 전혀 없을 것이므로), 사람, 불, 그리고 물에 대한 이야기가 우리가 실제로 보는 사람, 불, 그리고 물을 언급하면 왜 안 되는 것인가?[38] "머리카락, 진흙, 그리고 오물처럼 볼품없고 하찮은 것들"의 경우에는 문제가 달라 보인다. 철학자가 그런 것들에 대해 성찰하면서 정말로 한없이 행복할 수 있을까? 아리스토텔레스는 생물학 연구와 관련하여 자신이 비슷한 반론에 직면하게 된다는 사실을 깨닫는다. 그 반론을 일축하면서, 파르메니데스는 (정상적이고도 일반적인 방식으로 읽을 때) 『국가』[39]에 의해 제시되는 원리, 즉 형상이 그와 동일한 이름을 공유하는 사물들의 각각의 모든 집합에 상응한다고 가정해야 한다는 원리를 은연중에 재확인하고 있는 것처럼 보인다. 플라톤의 사고에서 가장 특징적인 것은

---

37   285d 이하.

38   『티마이오스』에서 이유가 제시된다(위 각주 36 참조).

39   106-107쪽 참조.

도덕적이고 수학적인 형상들이다. 여기에서 그는 자신의 가설이 원칙
상으로는 대체로 일반적인 것임을 자기 자신과 우리에게 상기시킨다.
아리스토텔레스를 통해 우리가 아는 것처럼,[40] 플라톤주의자들은 아마
도 현재 다루어지는 구절에 포함된 것들과는 다소 다른 근거들을 통해
인조물(artefact)들과 상반된 것(negation)들과 같은 몇몇 사물들의 부
류들에서 형상을 배제한다.

이제 파르메니데스의 접근은 더 공격적이다. 그는 '참여'를 개별자
들과 형상들의 관계에 대한 표현으로 이해하는 데 대해 문제를 제기하
면서 시작한다. 파르메니데스는 받아들여진 '공유'가 형상 전체이거나
또는 부분이어야 한다고 말한다. 하지만 그것은 전체일 수 없다. 왜냐
하면 그것이 전체라면, 동일한 것이 동시에 서로 다른 많은 장소에 있
을 것이기 때문이다. 또한 그것은 부분일 수 없다. 왜냐하면 형상이 부
분들로 나누어질 수 있다면, 그것은 더 이상 하나가 아닐 것이기 때문
이다. 파르메니데스는 엘레아의 집게를 단단하게 조이면서, 그렇다면
사물들이 어떻게 형상들에 '참여'할 것이냐고 묻는다. 말하기가 결코
쉽지 않다고 소크라테스는 응답한다.

파르메니데스가 여기에서 주장하는 것은 사실상 어떤 형상이 많은
개별자들에 의해 참여된다면 그것은 하나인 동시에 다수여야 한다는
것이다. 그것은 정의상 하나이지만, 또한 동시에 다수의 것들이다. 그는
형상의 단일성의 또 다른 측면, 즉 그것의 독창성을 공격한다. 소크라
테스로 하여금 각각의 경우에 단일한 형상을 상정하게 만든 그런 종류
의 고찰은 사실 각 사물의 한 가지 형상을 등장시키는 것이 아니라 각
사물의 무수히 많은 형상들을 등장시킨다고 파르메니데스는 말한다.

---

40   『형이상학』 991b, 990b.

"일련의 사물들이 우리에게 넓은 것으로 나타나면, 우리가 그것들을 바라볼 때 어떤 하나의 특징이 그곳에 있는 것으로 나타나며, 이것은 모든 경우에 동일하다네." 소크라테스는 "선생님이 맞습니다!"라고 말했다네. "이제 넓음 그 자체와 다른 것들, [본래] 넓은 것들을 가져보게. 만약 자네가 영혼을 통해 그것들 모두를 바라본다면, 이 모든 것들이 넓어 보이는 결과로 어떤 하나의 넓은 것이 다시 나타나지 않겠는가?" "그렇게 보입니다." "그 경우에, 넓음 그 자체와 그것에 참여하는 사물들 외에 또 다른 넓음의 형상이 나타날 것이네. 또다시 이 모든 것들을 넘어서, 이 모든 것들이 넓은 것이 되게 하는 또 다른 것이 있을 것이네. 그리고 그 형상들 각자는 더 이상 하나가 아니라 수적으로 무한할 것이네."[41]

이 인용문과 앞의 인용문은 플라톤으로 하여금 형상들을 '분리'하게 만들었던 논증을 제시하기 위해 내가 이 장의 시작 부분에서 사용했던 것이다. 우리는 F인 모든 것들이 하나의 동일한 것인 F임(F-ness)을 소유함으로써, 즉 그것들 각자의 내부에 있는 F인 것을 소유함으로써 그렇게 된다는 점에 주목하기 시작했다. 그러나 하나의 동일한 것이 동시에 서로 다른 많은 장소에 있을 수는 없다. 그러므로 F인 바로 그것은 (다른) F인 것들에서 분리되어야만 하며, 그것과 어떤 관련성을 가짐으로써 F가 될 것이다. 현재의 논의에서, 그 관계의 성격에 관한 질문은 (곧 다시 등장하겠지만) 한쪽에 남아 있게 된다. 형상은 단지 F인 것들을 F가 '되게 하는 것(by which)',[42] 즉 플라톤이 여기에서 최소한 의도적으로 부정확하게 사용했던 형식이다. 지금 당장 파르메니데스는

---

41   132a-b.
42   비교:『파이돈』100d.

다른 문제에 주목하고 있다. 만약 F의 형상 자체가 F라면, 그것은 F인 것들의 집합에 속할 것이다. 그렇다면 최초의 것에 대해 그랬던 것처럼 새롭게 연장된 집합에도 그와 동일한 설명이 주어져야 하고, 또한 무한히 그렇게 되어야 하지 않겠는가?

만약 소크라테스가 이 결론을 받아들일 수 없다면, 그는 분명히 형상이 F임을 부정하거나, 또는 F라 하더라도 그것이 개별적인 F들과 동등하게 그리고 동일한 집합에 속하는 것으로서 다루어질 수 없는 방식으로 그것의 F임(F-ness)을 분석해야 할 것이다. 뒤에서 보겠지만, 그는 이 대안들 가운데 첫 번째 것을 수용하고 싶어 하지 않는다. 참여라는 최초의 은유를 통해 두 번째 것에 접근할 수도 있지만(사물은 그 자체에 '참여'할 수 없다. 아래 〈덧붙이는 글〉 참조), 파르메니데스의 첫 번째 논증은 지금까지 그 개념의 사용을 물론 약화시켰다. 소크라테스의 실질적인 반응은 '이 각각의 형상'이 영혼 내부를 제외한 어디에든 존재할 수 있는 그런 종류의 것과는 다른 하나의 **사고**(noema)일 가능성을 먼저 제기하는 것이다. "그 경우에 각각의 것은 어쨌든 하나일 것이며, 지금 방금 말했던 것들이 더 이상은 그것에 발생하지 않을 것입니다."[43] "지금 방금 말했던 것들"이란 파르메니데스의 두 번째 논증은 물론이고 첫 번째 논증도 언급하는 것처럼 보인다. 만약 F의 형상인 F임이 다른 어떤 것의 내부가 아니고 단지 '영혼 내부의 사고'라면, 그것의 단일성과 그것의 특수성이 모두 보존될 것이다. F임이 동시적으로 많은 장소에 존재하지 않을 것이며(나의 사고들은 당신의 사고들과 다르다), 또한 부분들로 나뉘지도 않을 것이다. 그리고 우리는 무한소급을 피할 것이다. 왜냐하면 만약 F임이 그것들 안에 있지 않다면, (우리

---

43 132b.

가 '사고'에 대해 무엇을 말하든) 개별자들 자체가 **F가 되지는** 않을 것이기 때문이다. 그러나 "각각의 것은 어쨌든 하나일 것이다."라고 말할 때, 소크라테스는 이미 그 결과에 대해 얼마간의 비용을 지불했음을 보여주고 있다. 파르메니데스는 그의 주장을 신속하게 일축한다. 각각의 사고가 무엇인가에 대한 사고이기 위해서는 그곳에 (독립적으로 존속되는) 어떤 것이 있어야만 하며, 이것은 사고가 모든 경우에(epi) 있어서 존재한다고 생각하는(noei) 하나의 것이다. (『파르메니데스』의 다른 곳에서도 그렇듯이, 플라톤은 여기에서도 실질적인 엘레아의 논증들에 끼어든다. 사고(noein)는 사고되는 무언가를 필요로 한다는 것이 실존했던 파르메니데스의 논증에 포함된 기본 전제들 가운데 하나였다.) 게다가 파르메니데스는 "다른 것들이 형상들에 참여한다고 자네가 말하는 방식에 따르면, 각각의 것이 사고들로 구성되고 또한 모든 것이 사고한다고 가정하거나, 또는 사고들이라 할지라도 그것들이 사고되지 않는다고 가정해서는 안 되지 않는가?"라고 덧붙인다. 이 반론은 아마도 사고의 대상들을 제거하려고 하는 소크라테스의 의지에 토대할 것이다. 만약 형상이 사고이고 따라서 사고가 아무런 대상을 갖지 않는다면, 그것은 사고 작용과 동일할 것이다. 개별자들이 형상들에 '참여하기' 때문에, 그것들 자체가 이런 의미에서의 사고들로 구성될 것이다. 이 경우에 그것들은 모두 생각하거나(사고 작용들이거나) 또는 그것들은 실제로 사고되지 않은 사고들일 것이다. 이것은 더욱 터무니없는 결론이다.

  지금까지 말했듯이, 여기에서 소크라테스에 대한 파르메니데스의 답변은 그다지 타당하지 않다. 실제로 사고는 어떤 의미에서 무엇인가에 대한 것이어야 하지만, 이 무엇이 독립적으로 존속하는 대상일 필요가 없음은 분명하다. 그러나 이 문맥에서 '사고(thought)'와 '사고 작용

(thinking)'으로 번역된 단어들은 아마도 마음이 어떤 것을 '파악' 하거나 '보는' 개별적인 종류의 사고 작용을 언급하는 것으로 이해되어야 할 것이다(누군가 진리를 '파악' 하고, '누군가의 마음의 눈 앞에' 어떤 것이 있고... 등). 만약 그렇다면, 그 논증은 더 훌륭해 보일 것이다. 이해되거나 보이는 것은 우리가 대상을 이해하고 보는 것과는 무관하게 그곳에 있거나 또는 그런 경우여야만 한다. 플라톤은 사고의 모든 경우들을 동일한 모형에 비유하는 성향으로 인해 가끔 비난받는다. 그러나 그 비난이 사실이라 할지라도 여기에서는 관련이 없다. 그것은 최소한 우리가 한 무리의 큰 것들을 만나서 큼이라는 그것들의 공통된 측면을 뽑아낼 때, (특히 다른 사람들이 동일한 방식으로 그것들에 연결시킬 가능성이 있기 때문에) 마음은 그것들에 관한 어떤 것을 파악하는 것이지 단순히 그것들에 어떤 구조를 부여하는 것이 아니라고 말하는 것이 합리적이다.

이제 소크라테스는 참여라는 개념에 대해 수용될 만한 또 다른 설명을 제시하려 시도한다.

제게 있어서 그 문제는 사실상 이런 것처럼 보입니다. 이 형상들은 본성적으로 모형들과 비슷하며, 반면에 다른 것들은 이것들을 닮았고 유사한 것들이며, 다른 것들이 형상들 속에서 갖게 되는 이러한 공유는 다름 아니라 그것들이 그것들의 상들로 만들어진 것이거나 [또는 '생성된 것들']입니다.[44]

그러나 파르메니데스가 지적하듯이, 이 새로운 설명은 또 다른 무한

---

44 132c-d.

소급으로 이끌어질 가능성이 있다. 닮음(resemblance)은 양 방향의 관계이다. 즉, 개별자들이 형상들을 닮는다면, 개별자들이 형상들을 닮는 한에 있어서 형상들도 개별자들을 닮을 것이다. 그러나 유사한 것들은 그것들을 유사하게 만드는 것과 동일한 것에 참여할 것이며, 이것이 바로 형상일 것이다. 그러므로

개별자가 형상과 비슷해질 수 없거나 또는 형상이 다른 어떤 것과 비슷해질 수 없거나 또는 모든 경우에 첫 번째 것 외에도 또 다른 형상이 나타날 것이네. 만약 그것이 어떤 것과 유사하다면, 또 다른 것이 나타날 것이고, 또한 만약 형상이 그것에 참여하는 것과 비슷하다면, 새로운 형상이 모든 경우에 나타나는 것이 결코 중단되지 않을 것이네.[45]

그렇다면 "다른 것들이 유사성을 통해 형상들에 참여하지는 않지만, 우리는 그것들이 그것들에 참여하는 다른 방법을 찾아야만 한다."는 결론이 나온다. 개별자들은 사실상 형상들과 전혀 비슷하지 않다. 만약 그렇다면, (비록 파르메니데스 자신이 이 점을 명시적으로 전개하진 않지만) 참담하게도 F라는 개별자들은 'F'라는 이름을 제외하고는 F의 형상과 아무런 공통점을 갖지 않는다. 『형상들에 관하여(On the forms)』의 용어로는 형상과 개별자가 단순히 동의어에 불과하다.

파르메니데스의 다음 논증이자 마지막 논증은 다음과 같다.[46] 그는 만약 소크라테스가 "모든 경우에 어떤 것을 분리시켜서 사물들의 각 형상을 하나로 만들 것을 주장한다면",[47] 다른 어려움들이 있으리라고

---

45 132e-133a.

46 133b 이하.

47 문자 그대로, '존재하는 것들의', '존재하는 [것들]'.

말한다. 회피하는 많은 경험, 자연적인 능력, 그리고 투지를 필요로 하는 어려움들 가운데 가장 큰 어려움은 형상들을 알 수가 없다는 것이다. 형상들은 '그 자체만에 의해 그 자체로서' 존재한다고 말해진다. 그러므로 그것들 가운데 어떤 것도 '우리 안에' 존재하지 않는다. 어떤 형상들(여기에서는 ideai)은 본질적으로 다른 것들과 묶여 있다. 그것들은 다른 형상들과 관련하여 "그것들인 형상들[또는 특징들]이지",

우리에게 있는[par' hemin] 유사한 것들과 관련되거나 또는 누군가 그것들을 어떤 방식으로 상정하든, 우리가 각 사물의 부류라고 부르는 것에 참여하기 때문이 아니네. 또한 [형상들과] 동일한 이름을 갖는 우리에게 있는 이것들이 서로와 관련해서 [그런 것들로 존재하는] 것이지 형상들과 관련해서 [그런 것들로 존재하는] 것이 아니며, 많은 것들이 그런 방식으로 불리듯이 서로에 대한 것이지 그것들에 대한 것이 아니라네.

예를 들어, 만약 우리 중 한 사람이 다른 사람의 주인이거나 노예라면, 그는 노예나 주인의 형상(즉, '노예인 바로 그 노예 자체', '주인인 바로 그 주인 자체')의 주인이나 노예가 아니라 노예나 주인의 주인이나 노예이다. 그리고 "주인임(masterhood) 그 자체는 노예임(slave-hood) 그 자체에 대한 것이며, 그 반대도 그렇다." 이와 마찬가지로 지식 자체는 진리 자체에 대한 것이며, '우리에게 있는 지식'은 '우리에게 있는 진리'에 대한 것이다. 지식의 형상으로 알려진 것은 형상들, 즉 '사물들의 각 집단이 존재하는 종류 자체'이다. 왜냐하면 **우리는 지식의 형상을 소유하지 않거나 또는 그것에 참여하지 않으므로**, 아름다움 그 자체와 우리가 그 자체로서 형상들(특징들)이라고 간주하는 모든 것은 알 수 없기 때문이다. 파르메니데스는 자신이 '여전히 더 강력한'

사항이라고 부르는 것을 덧붙인다. 만약 지식의 '종류(genos)' 그 자체가 존재한다면, 그것은 우리가 가진 지식보다 더 완전할('더 정확할') 것이다. 아름다움과 그 외의 것도 그렇다. 만약 다른 어떤 것이 이 지식에 '참여'한다면(즉, 그 지식에 참여하지 않는다고 말해졌던 우리 외의 다른 사람들), 그것은 신일 것이다. 그러나 그렇게 되면 (지식 자체는 다른 형상들에 대한 것이며, 우리의 지식은 '우리가 가진' 것들에 대한 것이기 때문에,) 신들은 인간적인 것들에 대해 아무것도 알 수 없을 것이며, 또한 우리도 신적인 것들에 대해 알 수 없으리라는 결과가 나온다. 이것이 소크라테스가 받아들일 수 없다고 생각했던 결론이다. 신들이 알지 못하는 것들이 어떻게 있을 수 있단 말인가?

이 어려운 논증의 해결책은 **"우리는 지식의 형상을 소유하지 않거나 또는 그것에 참여하지 않으므로"**라는 말 속에 들어 있는 것으로 보인다. 만약 형상들이 (그것들에 대한 표준적인 묘사인) '그 자체에 의해 그 자체로서(themselves by themselves)' 존재한다면, 파르메니데스는 그것들이 어떤 의미에서든 '우리 안에' 있을 수 없다고 주장한다. 우리는 그것들을 소유하거나 그것들에 '참여'할 수 없다. 왜냐하면 우리가 그것들에 참여한다면, 그것들은 여전히 우리 내부에 (부분적으로) 있을 것이기 때문이다. 단지 '유사한 것들 또는 그것들이 무엇이든 우리 안에 현존하는 것'에 참여하기 때문에 우리가 불리는 그런 식으로 (주인, 노예 등으로) 불린다고 말함으로써, 그는 우리가 개별자들에 대해 어떤 설명을 부여할 것인가라는 질문을 회피한다. 그의 핵심은 우리 내부에 있으면서 우리를 우리이게끔 만드는 것이 무엇이든, 그것이 형상들 자체일리는 없다는 것이다. 그런 가정이 주어졌다고 할 때, 그 주장은 충분히 잘 작용한다. 어떤 형상들의 쌍은 서로 관련되어 있는 (논리적으로 관련되어 있는) 것이다. '우리가 가진 것들', 즉 이런 형상들과 동일한 이름을 공유하는 개별자들은 그와 마찬가지로 서로 관련되어 있다. 우리가 가진 그 어떤 것도 형상들 속에 있는 그것의 짝에 반대되는 것과 이런 식으로 관련되어 있지는 않다. 물론 플라톤의 일반적인 가정들에서 개별자들 그리고 그것들에 상응하는 형상들의 관계는 사실상 그것들 사이에 있는 일종의 논리적 관계의 존재, 그리고 그 형상들과 상관성이 있는 것들을 필연적으로 포함한다. 그러나 개별자들과 형상들을 묶고 있는 탯줄이 당장은 끊어진다. 그렇게 되면 지식 그 자체는 진리 (즉, 존재하는 것 또는 그런 경우; 알 수 있는 것) 그 자체 '에 대한(of)' 것이다. '우리가 가진' 지식은 '우리가 가진' 진리에 대한 것이지 진리 그 자체에 대한 것이 아니다. 왜냐하면 우리는 지식 그 자체를 소유하거나 또는 그것에 참여하지 않기 때문이다(그리고 우리는 우리가 아는 진리가 진리 그 자체에 참여하지 않기 때문이라는 이유도 덧붙일 수 있을 것이다). 파르메니데스는 형상들이 지식 그 자체를 통해 알려진다고 "나는 생각하네[pou]!"라고 다소 도발적으로 말한다(즉, 진리는 물론이고 다른 형상들도 그 자체를 통해 알려진다는 것이다. 사실 '우리가 가진' 것들은 그렇지 않지만 그것들은 진리나 가지성(know-ability, 인식가능성) 자체에 참여한다고 생각할 수도 있다는 점에서 그렇다). 그러므로 형상들은 우리에게 알려지지 않는다. 만약 어떤 것이 지식 그 자체에 참여한다면, 그것은 신일 것이다. 따라서 그 논증의 부가적인 결과는 신들이 인간적인 것들, 즉 '우리가 가진' 것들에 대해 알지 못한다는 것이다.

『파르메니데스』의 다른 부분들에서처럼 여기에서는 (그리고 사실상 다른 대화록들에서도) 작용의 정도가 적지 않다. 플라톤은 '청년 시절의' 제논에게 부과했던 것과 동일한 열정과 기쁨을 갖고 자신의 역설들을 전개한다. 그러나 그 논증들의 기저에 깔린 관심사들은 전체적으로 심각한 것들이다. 각각의 경우에 형상과 그 이름을 공유하는 개별자들로부터 형상을 '구분해냄으로써' 얻어지는 설명들, 즉 형상들과 개별자들의 관계에 대해, 그리고 형상들을 '그것들 자체를 통해 그것들 자체'가 존재하는 것으로 취급하는 것에 대해 주어지는 설명들이 파르메니데스의 주요 목표들이었다. 중요한 질문은 제기된 반론들에 대한 플라톤의 반응이 어떠냐는 것이다. 그에게 한 가지 가능한 해결 방법은 분명히 꼬리를 자르고 도망치는 것, 즉 (이른바 '제3인간' 논증이라는 무한소급의 문제를 야기하는) 형상들이 자기 예시적(self-initiating)이라는 주장과 그것들이 개별자들로부터 분리된다는 주장을 즉시 포기하는 것이다. 만약 『티마이오스』가 『파르메니데스』보다 늦게 집필되었다는 기존의 연대 추정이 옳다면 우리는 이런 가능성을 즉각 배제할 수 있을 것이다. 왜냐하면 형상들에 관한 두 가지 이야기 방식들이 모두 『티마이오스』에 상당히 핵심적이기 때문이다. 그러나 다른 고려사항들은 차치하고라도, 그 문제들을 그처럼 조심스럽게 제시하고 또한 (역설적 상황을 보이지 않고) 그것들의 문제점을 강조했으므로, 플라톤이 다음 대화록에서 마치 그것들이 존재하지 않는 것처럼 진행했어야 한다고 생각하는 것은 최소한 심리적으로는 상당히 불합리하다. 그러나 심지어 『파르메니데스』 자체도 플라톤이 형상들의 **분리**에 대한 주장을 쉽게 포기하지는 않으리라는 것을 보여준다. 문제는 오히려 그 분리의 성격을 이해하는 것이다. 내가 앞서 인용했던 구절[48]의 최종적인 논의가 끝난 뒤에, 파르메니데스는 앞에서 언급된 문제점들의 결과로서 어떤 사람이 형상들의 존재를 인정하길 거부하는 경우에 다음과 같은 일이 발생하리라고 말한다. "만약 그가 항상 동일하게 존재하는 사물들

---

[48]   135b-c. 위 114쪽 참조.

의 각각의 특징[관념]이 있다는 것을 승인하지 않는다면, 그는 어디에서도 자신의 생각을 바꿀 수 없을 것이다. 그리고 그는 이런 방식으로 담론[dialegesthai, '대화', '변증법']의 힘을 모두 파괴하게 될 것이다." 만약 내가 인정했듯이, 이 구절에서 분리에 대한 명확한 언급이 없다면, 그에 대한 구체적인 **거부**도 없다. 그리고 논의 전체에서 '형상'은 분명히 '분리된 형상'을 의미했으므로, 여기에서 파르메니데스가 다른 어떤 것을 언급한다고 보는 것도 정당화되기 어려워 보인다.[49] (여기에서 '분리'는 그 장의 첫 번째 부분에서 정의되듯이 '독립성'을 포함하는 것으로 이해되어야 한다. 형상들이 사고 속에서만 분리될 가능성은 이미 파르메니데스에 의해 다루어졌던 적이 있다. 그리고 만약 그 주장이 적극적으로 고려된다면, 형상과 개별자의 관계에 대한 문제는 이미 오래전에 고려 대상에서 사라졌거나 또는 규모가 상당히 축소되었을 것이다.) 파르메니데스는 이것들이 각각의 경우에 우리가 형상을 분리시킬 때 제기되는 몇 가지 어려움들이며, 그것들을 극복하기 위해서는 엄청난 기술이 필요할 것이라고 말한다. 그러나 그런 형상들이 존재한다는 것은 사고의 조건인 동시에 철학 자체의 조건이기도 하다. 따라서 플라톤은 자신이 진정한 딜레마에 직면했음을 보여준다. 이와 마찬가지로, 그는 자기-예시라는 개념에도 문제의 소지가 있음을 깨닫는다. 다른 한편으로, 그가 그것을 기꺼이 포기하리라고 볼 만한 명백한 징후는 없다.[50]

---

49 그러나 그 문제는 활발하게 논의되고 있고 앞으로도 지속될 문제이다. 나는 (Guthrie, HGP vol. V, 51쪽, 각주 1과 비교하여) 방금 제시된 견해가 결정적이라고 주장하지는 않는다. '분리'가 포기되어야 하리라는 징후가 그 논증들 자체에 있다고 말해질 수 있을 것이다. 단순한 해결책들은 없다. 그러나 내가 채택했던 해석이 내게는 가장 설득력이 있어 보인다.

50 이 주장은 다른 경우의 주장과 같다. 자기 예시화(또는 최소한 자기-술어화. 나

　　이런 딜레마들에 직면해서,『파르메니데스』에 등장하는 소크라테스는 나아갈 길을 전혀 찾지 못한다. 파르메니데스는 소크라테스가 어려움을 겪는 이유는 걷게 되기도 전에 뛰려 했기 때문이라고 주장한다.[51] 아름다움, 정의, 좋음, 그리고 다른 것들의 형상들을 정의하려고 시도하기 전에, 그는 변형된 제논식의 체조를 했어야 한다는 것이다. 제안된 첫 번째 변형은, 소크라테스가 처음에 주장했듯이 가시적인 것들(개별자들)과 관련하여 예상된 어려움들을 답습하는 대신에 탐구 자체가 "특히 담론[logos]을 통해 파악될 수 있고 형상들로 생각될 수 있는 그런 것들"을 다루어야만 한다는 것이다. 둘째, 파르메니데스는 주어진 사물이 (제논이 '다수'의 경우에 그랬던 것처럼) **존재한다**는 가설의 결과들을 고려하는 것은 물론이고 그것이 **존재하지 않는** 경우의 결과들을 고려하는 것도 필요하다고 말한다. 이 두 가지 점을 함께 고려할 때, 우리는 형상들과 관련하여 긍정적인 경우와 부정적인 경우에 대해 모두 술어의 연구를 필요로 하게 된다. 플라톤은 그런 연구가 자신의 문제들을 해결하는데 **어떻게** 도움이 될 것인가를 우리에게 말해주지 않는다. 그리고 (또다시『파르메니데스』의 불명확한 두 번째 부분을 배제한다면)『소피스트』에서 설명된 그런 유형의 탐구에 대해 우리가 유일하게 갖고 있는 건설적인 사례는 불행하게도 그것들을 직접 다루지 않는다. 최소한 현대철학적 관점에서 그것의 핵심 주제는 실존했던 파르메니데스가 남긴 부정적 술어에 대한 특별한 문제들에 대한 것이다. 그러나 우리는 아마도 플라톤의 사고가 움직여가는 길에서 중요한 점을 발견할 수 있을 것이다.『소피스트』의 주요 논의 과정에서, 예를 들

___
는 이 두 가지를 구분할 것이다)는 처음부터 형상들과 연결되어 있기 때문에, 그것이 파르메니데스의 최후 진술에서 그것들과 연결된다고 가정하는 것이 자연스럽다.
51　　135c 이하.

어 운동이나 정지와 같은 어떤 '종류들(kinds)'은 최소한 서로 '섞일 수 없다'고 주장된다. 만약 운동이 정지와 '섞일 수' 있다면, "운동 자체가 완전히 정지할 것이며, 반대로 정지 자체가 움직일 것이다."[52] 분명히 이것이 자기 모순적이기 때문에 터무니없다는 것은 명백하다. 만약 그렇다면, 플라톤의 견해에서 그 자체가 운동하고 있는 운동과 그 자체가 정지해 있는 정지에 대해 말하는 것은 의미가 있을 뿐만 아니라 참이기도 하다. 그러나 '운동하고 있다(운동 중에 있다, is in motion)', '움직인다(운동한다, moves)', '정지해 있다(is at rest)', '가만히 있다(stands still)' 등의 일반적인 의미에서, 플라톤의 진술들을 포함한 그런 진술들은 어떤 가정 위에서도 아주 이상할 뿐만 아니라 실제로 거짓이기도 하다(운동 중이거나 정지해 있다는 것은 공간 중의 위치를 필요로 하며, 종류들 또는 형상들은 비공간적 존재자들이다). 그러므로 술어들이 어떤 특별한 의미의 종류들에 적용되는 것으로 가정된다고 생각하는 것이 불합리하지는 않다. (한 가지 가능한 대안은 여기에서 '종류들(kinds)'이 '집합들(classes)'로 해석되는 것이지만, 전체적인 맥락에서 그런 분석을 유지하기는 어렵다.) 이전에 언급했던 『형상들에 관하여(On the forms)』의 논증은 사실상 F를 '퀴리오스(kyrios) F', 즉 '절대적이고도 근본적인 의미의 F'로 다루는 한에 있어서 이 단계를 명확하게 만들 수 있을 것이다. 그 입장이 여전히 독창적이고도 유사하다는 표현을 사용하는 한, 그것이 여전히 플라톤을 무한소급 논증에 열려 있게 만들리라는 것은 옳다.[53] 그러나 정도가 더 강하긴 하지만 F임(F-ness)을 개별자 F들(Fs)에 속하는 것과 동일한 의

---

52 252d.

53 그러나 이것은 최근에 거부되었다. Gail Fine, 'Aristotle and the More Accurate Arguments', in Schofield and Nussbaum(1982) 참조.

미에서, 이제 그는 F임(F-ness)이 형상에 속한다고 다루는 데 의존했던 자기-예시라는 개념 자체를 포기한다. 우리는 플라톤이 자기-술어화에 대한 이야기를 모두 포기하는 것이 더 낫다고 생각할 수도 있다. 그러나 형상들과 개별자들의 관계를 '참여'와 '모방'이라는 용어들을 통해 다루기를 선호하는 그의 방법들로 인해, 아마도 그는 그것을 포기할 수 없을 것이다. 그것들로부터 야기되는 문제들을 인지하고 있음에도 불구하고, 그는 분명히 '참여'와 '모방'을 대체할 만한 것을 아직 찾지 못하고 있다.

　『소피스트』의 분석은 『파르메니데스』에서 두드러진 다른 중요한 문제, 즉 개별자들과 형상들의 '분리'에 대한 문제와 관련된 종류의 결과들도 함축한다. 형상들은 이제 서로에 '참여하고 있다(share in)'고 말해진다. 예를 들어, 운동과 정지는 ([그것들이 무엇으로 존재하든] 그것들은 존재하므로) 존재(being)에 참여하며, 반면에 존재는 비존재(not being)인 존재 자체와 다르며, 따라서 차이에도 '참여하고 있'다. 달리 말해서, 동일한 종류의 관계가 개별자들과 형상들 사이에 존재한다고 생각되듯이 형상들 사이에도 그런 관계가 존재한다는 것이다. 그러나 이제 만약 형상들이 여전히 구별되면서도 실제로 서로에 '참여'한다면, 결과적으로 분리와 참여라는 개념들은 양립 불가능하지 않을 것이다. 그렇게 되면 우리는 아마도 형상들이 어쨌든 개별자들 '안에(in)' 있다(실현된다)고 말하는 것으로 돌아가야 할 것이다. 플라톤은 명시적으로 그렇게 말하지는 않는다. 다른 한편으로 그는 형상들을 서로에게서 분리시키는 것을 포기했던 것처럼, 형상들이 개별자들로부터 완전히 분리된다고 주장하는 것으로 보이는 식의 형상들에 관한 표현을 분명하게 중단한다. 또한 그는 형상들에 관한 평행한 진술들을 통해 개별자들에 대한 진술들을 분석함으로써, (특히, '존재하지 않는 것'에 대해 말하거나 생각하는 것이 어떻게 가능한가라는 거짓 진술의 문제를 해결하기 위하여) 형상들의 관계를 개별자들의 관계를 이해하기 위한 수단으로 사용한다.

만약 형상들에 대한 연구가 개별자들에 대한 우리의 이해를 도울 수 있다면, 개별자들에 대한 언급도 형상들에 대한 우리의 이해를 도울 수 있을 것이다. 동전의 양면인 이런 점들은 형상들에 대한 플라톤의 초기 사고에 물론 구축되어 있었다. 그러나 중기 대화록들에서 그는 형상들의 완전성과 개별자들의 불완전성에 대한 대비를 강조하면서 그것들을 폄하한다. 사물들의 두 집합들 간의 밀접한 연결고리를 다시 주장하는 그의 새로운 분석을 통해, 그는 그 두 가지를 모두 그것들의 본래 중요한 어떤 것에 돌려줄 수 있게 된다. 내가 주장했듯이, 첫 번째 것은『소피스트』에서 암묵적으로 다시 부각되며, 두 번째 것은『소피스트』와 암묵적으로 연결되어 있는 대화록인『테아이테토스』에서 다시 부각된다.『테아이테토스』의 요지는 적절한 지식의 정의에 대한 것이다. 그 주제는 특히『파르메니데스』가 '우리가 가진 지식'이라 불렀던 지식의 개별적인 경우들, 그리고 상당히 제한되어 있는 그런 경우들의 영역(즉, 개별자들, 사물들, 그리고 아마도 우연적인 사실들이나 사태들에 대한 지식도 포함하는 영역)과 관련하여 전반적으로 다루어진다. 그러나 우리는 그 탐구가 지식이라는 **형상** 자체에 대한 것임을 의심할 만한 어떤 실질적인 이유도 갖고 있지 않다. 플라톤은 사물들로 하여금 동일한 이름을 공유하게 만드는 사물들 내부의 공통된 요소나 특징을 탐구하던 과거의 방법으로 조용히 돌아갔다. 그리고 다른 대화록에서 말해졌던 어떤 것도 "사물들이 공통된 요소를 소유하는 것"이 여전히 "사물들이 적절한 형상에 참여하는 것"으로 설명되리라고 (이 관계가 지금 어떻게 이해되든) 우리가 가정하는 것을 막지는 못할 것이다. 따라서 하나의 정의(definition)가 발견된다면, 그 정의가 지식의 경우들인 개별적인 경우들에도 적용되겠지만, 그것이 우선적으로 적용되는 것은 형상이다. (이 경우에는 만족할 만한 어떤 정의도 발견되지 않는다. 정의에 관한 초기 대화록들에서 그랬듯이, 그 논의는 막다른 골목에서 공식적으로 종료된다.)

　『국가』는 지식이라는 제목을 형상들에 대한 철학자의 이해로 한정하는 한편, 『테아이테토스』는 형상들에 대한 지식을 전혀 언급하지 않는다. 비록 이 변화가 극단적으로 보이지만, 자세히 살펴보면 별로 그렇지 않다. 플라톤이 (개별자들에 대한 지식 등에 대한) 지식의 일반적인 경우들을 인정하기로 결정했을 때, 그는 더 이상 그것을 그 대상들을 통해 정의하지 않는다. 우리는 결국 동일한 사람을 알거나 알지 못할 수 있다. 우리는 어떤 것이 (그런 경우라는 것을) 알 수도 있고 또한 믿을 수도 있다. 그러므로 그는 마음의 상태, 즉 지식 그 자체의 정의를 추구해야 한다. 그리고 어떤 종류의 지식의 대상이 논의의 토대로 사용되느냐 하는 것은 (그가 사물들에 대한 지식과 명제적 지식을 엄격한 의미에서 명확하게 구분하는 것을 우리가 원한다는 점을 제외하고는) 거의 아무런 문제가 되지 않을 것이다. 이런 관점에서 보자면, 형상들에 대한 지식의 경우를 생략하는 것이 어떤 특별한 의미를 가질 필요가 있는 것은 아니다. 지식의 일반 개념에 대한 **비난**조차 실제로 태도의 근본적인 변화를 요구하는 것은 아니다. 만약 플라톤이 어떤 사람에 대해 그가 그리스어를 (만약 그가 안다면) 또는 말의 앞쪽에서 꼬리 부분을 또는 아테네가 소크라테스를 사형시켰다는 사실을 **안다**고 말하는 것을 금지시키려는 의도를 가졌을지라도, 그는 결코 그에 대한 어떤 근거도 갖지 못했다. 이런 종류의 경우들은 대체로 도덕적 지식의 본성에 대한 그의 관심사들과 관련이 없을 뿐이다. 만약 누군가 좋음(the

good, 좋음이 무엇인지)을 안다면, 그가 아는 것은 단지 그것에 참여한
다고 주장하는 것들에 불과한 것이 아니다. 그럼에도 불구하고 『테아
이테토스』에서 형상들이 지식의 대상들이라고 **전혀** 언급되지 않고 있
다는 사실은 놀랍다. 한 가지 설명에 따르면, 이것은 의도적이다. 지식
의 고유 대상들을 소개하지 않고 지식에 대한 설명을 발견하는 것이 불
가능하다는 것을 증명함으로써, 그런 대상들을 믿는 것이 얼마나 필요
한가를 보여주려는 의도라는 것이다.[54] 좀 더 간단한 대안은 단지 플라
톤이 형상들 자체를 하나의 주제로 보았던 관심이 상대적으로 감소했
음을 보여주는 증거로 읽는 것이다. 후기의 다른 대화록들을 통해서도
(『티마이오스』가 이것들에 포함되더라도 도움이 되지는 않겠지만) 그
런 결론은 나올 수 있을 것이다. 『파르메니데스』 이후에, 그곳에서 제
기되었고 또한 중기 대화록들에서 상당히 중요한 (형상들의 성격, 그
것들의 위상, 개별자들과 그것들의 관계에 관한) 그런 종류의 질문들
이 한때 가졌던 중요성은 더 이상 그것들에 부여되지 않으며, (내가 이
미 주장했듯이) 논의되더라도 은연중에 논의될 뿐이다. 플라톤은 형상
들의 발견을 적극적인 용도로 돌려놓는 데 더 많이 주목하는 듯이 보인
다. 본질적으로 형상들의 존재는 하나의 가정, 즉 정의의 기능에 대한
이론적 토대(현실의 '지도 만들기')와 다른 문제들의 해결을 위한 틀
을 제공하는 하나의 **가정**임을 함축한다. 그것이 『소피스트』에서처럼
일반적인 철학적 종류에 대한 것이든 또는 (다음 장에서 논의될) 『필레
보스』에서처럼 윤리적 종류에 대한 것이든 상관없다.[55] 그렇다고 해서
그가 가설 자체를 여전히 괴롭히는 문제들을 무시하려 한다고 생각할

---

54   Cornford(1935).
55   나는 존재론적 문제에 대한 『필레보스』의 침묵이 『소피스트』나 『테아이테토스』
의 침묵보다 훨씬 더 오래 지속된다고 주장할 것이다.

필요는 없다. 플라톤의 이론에 대한 아리스토텔레스의 논의들은 그 문제들이 아카데메이아 내에서 상당히 생생한 문제로 남아 있었음을 보여준다.

덧붙이는 글

'형상'이 어떻게 비플라톤주의적인 용어들로 번역되느냐는 질문을 우리가 대화록의 어느 부분에서 제기하든 그리 정확한 답변은 나오지 않는다. 형상들은 후기 철학에서 보편자들이라고 부르는 영역을 분명히 채워준다. 즉, 정의(definition)의 과정을 통해 파악되는 것이 바로 형상들이다. 그렇지만 이것 자체가 우리를 그리 멀리 데려가주지는 못한다. 왜냐하면 그런 경우에 그 질문은 플라톤이 보편자들에 대해 어떤 종류의 견해를 갖느냐는 질문이 될 것이기 때문이다. 더 자세히 말하자면, 때때로 형상들은 마치 그것들이 본질적으로 **완전한 개별자들**, 즉 그것들에 상응하는 일상세계의 사물들보다 속성들을 단적으로 더 완전하게 보여주는 **완전한 개별자들**처럼 다루어진다. 그럼에도 불구하고 '일상적인 의미에서 개별자들이 동일한 속성들을 소유'하는 것에 부여했던 설명을 '그것들이 관련된 속성들을 소유'하는 것에 똑같이 부여할 수는 없다. 형상은 그 자체에 '참여'할 수 없다. 왜냐하면 이 관계는 각자 확인 가능한 두 사물들의 존재, 즉 그것에 참여되는 어떤 것과 그런 참여를 하고 있는 어떤 것의 존재를 필요로 하기 때문이다. 그리고 그런 조건은 오직 고유한 의미에서의 개별자들에게만 충족될 수 있을 것이다. F의 형상은 단지 'F인 바로 그 사물'이지 F이기도 한 다른 어떤 것이 아니다. 근본적으로 형상들은 단지 **속성들 자체**일 뿐이다. 그렇다면 이것은 자기-술어화에 대한 모든 이야기를 차단하지 않는가?

정의(justice)의 속성 그 자체가 정의롭다고 말해질 수는 없으며, 또한 푸름(blueness)의 속성 그 자체가 푸르다고 말해질 수는 없다. 그것들이 위장된 동일시-진술들(identity statements)로 의도된 것들이 아니라면 말이다. 플라톤은 자기-술어화를 지속적으로 가정하며, 그에 대한 **이런** 분석을 받아들인다고 볼 수 있는 명백한 어떤 징후도 보이지 않는다. 그러나 그는 그 문제를 인지하고 그 자신의 분석을 전개하기 시작한다. '푸르다(is blue)'는 특별하고도 예외적인 의미에서 푸름에 적용될 것이다. (즉, '푸른'이라는 단어가 근본적으로 적용되는 것, 즉 그것이 근본적으로 명명하는 것은 푸름이다. 다른 것들이 푸르다고 말해지는 것은 오직 그에 대한 그것들의 관계 때문이다. 최소한 표면적으로 이런 종류의 입장과 푸름이 완전히 푸르다고 말하는 것은 그리 다르지 않다. 예를 들어 『향연』에서 플라톤이 그랬다고 내가 전에 주장했듯이, 만약 플라톤이 정말로 후자의 것과 같은 입장을 취한다면, 그것은 전자의 견해를 잘못 읽음으로써 나왔을 것이다.)

그러나 속성과 형상 사이에는 또 다른 중요한 차이점이 있다. 속성들은 사물에 속하지만, 형상들은 결코 그렇지 않다. 플라톤은 형상들이 그 자체로 존재하는 독립적인 존재자들이라는 개념을 중기 대화록부터 (내가 보기에) 끝까지 유지한다. 이에 대한 여러 가지 이유들이 있음은 분명하다. 그러나 가장 중요한 한 가지는 도덕적이고 정치적인 영역에 대한 논증들의 근본적인 전제로부터 제공되는 동시에 뒷받침되는 가정, 즉 도덕적 가치들의 객관성에 대한 그의 가정이다. 그런 가치들이 원칙적으로 우리의 신념과 상관없이 유지된다는 (따라서 수학의 진리들처럼 발견될 수 있다는) 이 이론은 『에우튀프론』에서 전개되었으며, 플라톤이 결코 포기하지 않는 이론이다. 그리고 이것은 도덕적인 형상들을 포함하는 모든 형상들의 가설, 즉 (도덕적 형상들에 '참여'하거나 최소한 잠재적으로 그것들에 '참여'하는 우리 개인들과 우리의 행동들을 모두 포함하는) 개별자들로부터 분리되어 존재한다는 가설로서, 궁극적으로 그 이론에 대한 이론적 정당성을 제공한다. 예를 들어, 만약 형상들이 오직 사고 속에서만 분리될 수 있다면, 좋음의 가지성(knowability, 인식가능성)과 정의, 아름다움, 그리고 옳음의 기준들에 대한 이론이 노출될 것이며, 또한 개인과 사회의 변혁을 위한 대규모 계획이 위험에 처하게 될 것이다.

4

지식, 쾌락, 그리고 좋음

우리의 모든 행동들이 좋음을 목표로 한다는 것은 소크라테스에게 그
랬던 것처럼 플라톤에게도 자명했으며, 여기에서 '좋음'은 우리 개인
들에게 좋다는 의미이다. (이것이 처음에는 매력적이지 못한 입장으로
들리지만, 그것은 그의 적대자들에 의해 동의되는 장점을 갖는다. 좋음
이라는 그의 개념이 우리에게 실제로 무엇인가를 깨닫게 되면, 그것은
금방 그리 부당한 것처럼 보이지 않는다.) 『국가』에서 소크라테스는 좋
음을 "모든 영혼이 추구하고, 그것을 위해 모든 것을 하는 것"으로 규
정한다.[1] 더 나아가 영혼은 좋음이 무엇인지 제대로 파악하지 못하며,
"단지 그것이 어떤 것이라는 (즉, 그런 어떤 것이 있다는) 예감만을 갖
는다."고 소크라테스는 덧붙인다. 깨달음은 좋음의 형상에 대한 탐구
를 통해 발견된다. 대체로 세계는 좋음에 의해 영향 받으며, 제한적으

---

1 505d-e.

로나마 가장 좋은 것을 위해 기능한다. 그러나 우리는 자신의 행동과 그런 행동을 결정하는 자신의 성격이나 욕구를 통제한다. 우리는 **선택**을 하며, 이해의 결여 때문에 올바른 선택을 할 수도 있고 잘못된 선택을 할 수도 있다. 그러므로 우리는 좋음이 (우리에게) 실제로 무엇인가에 대해 알 필요가 있다. 이것은 좋음 자체에 대한 탐구를 필연적으로 함축한다고 알려져 있다.

『니코마코스 윤리학』I권에서 아리스토텔레스는 좋음의 형상에 대한 플라톤의 가설에 몇 가지 근본적인 반론들을 제기한다. 그 중 하나는 그 가설이 모든 좋음의 경우들에 공통된 어떤 요소가 있다고 잘못 전제한다는 것이다. 아리스토텔레스는 '좋음'이 상당히 다의적인 용어라고 지적한다. 그런 뒤에 그는 플라톤주의자들이 할 수 있는 답변을 제시한다. 그들이 말하는 것이 모든 좋음에 적용되지는 않지만,

> 그것들 자체로서 추구되고 존중받는 것들은 단일한 형상 때문에 좋다고 말해지는 반면에, 그것들을 산출하거나 또는 어떤 방식으로든 그것들을 보존하거나 또는 그것들의 대립자(상반자)들을 예방하는 것들은 그것들 때문에 그리고 다른 방식으로 좋다고 말해진다. 그렇다면 사물들은 두 가지 방식으로 좋다고 말해질 것이다. 어떤 것들은 그 자체로서 좋고, 다른 것들은 그것들 때문에 좋다는 것이다.[2]

그러나 아리스토텔레스는 그 자체로서 좋은 것들 사이에도 공통된 요소는 없으리라고 말한다. "사람들은 어떤 종류의 것들을 그 자체로서 좋다고 상정할까? 지성, 시각, 그리고 어떤 쾌락과 명예처럼 그 자

---

2 『니코마코스 윤리학』 1096b.

체로서 취해졌을 때도 추구되는 모든 것인가? … 그러나 명예, 지성, 그리고 쾌락의 정의들은 그것들의 좋음에 있어서 구별될 뿐만 아니라 서로 다르기도 하다." 아리스토텔레스는 '하나와 여럿(一과 多, the one over many)'의 원리를 토대로 위 인용문에 언급된 첫 번째가 플라톤의 입장이었다고 적절하게 말할 수 있을 것이다. 그러나 아마도 두 번째가 플라톤의 참된 입장일 것이다. 초기 대화록인 『뤼시스』는 이미 목적으로서 좋은 것들과 수단으로서 좋은 것들의 구분에 익숙하다.[3] 그리고 그 두 가지 경우에 '좋음'의 의미상 차이점에 관한 주장은 아주 직접적으로 나오기 때문에, 그가 그것을 깨닫지 못했을 가능성은 거의 없다. 만약 아리스토텔레스가 플라톤의 이론이 오직 **인간의** 목적들과 관련된다고 주장한다면, 그것은 그의 잘못이다. 3장에서 보았듯이, 플라톤도 자연의 다른 영역에서 목적들이 작용하고 있음을 발견한다. 그리고 나는 그가 인간의 목적들(또는 유일한 목적)을 이처럼 인간의 외부 영역에 있다고 여겨지는 목적들과 연결하는 것이 그의 본질적인 특징이라고 생각한다. 인간을 위한 최상의 것 또는 좋은 것이 무엇이냐고 질문할 필요가 있듯이, 다른 사물들을 위한 최상의 것이나 좋은 것이 무엇이냐고 질문하는 것도 적절하다. 그리고 인간적이거나 비인간적인 좋음들은 모두 서로 관련될 것이다. '각각에 대한 좋음은 물론이고 모두에 대한 공통된 좋음'도 있으리라는 것이다.[4] 다시 말해서, 이런 좋음들은 '단일한 형상 때문에 좋다고 말해지는' 것들이다.

이러한 형이상학적 또는 은유적인 단계에서, 아리스토텔레스의 비판들이 어떤 파장을 미치기는 더 어려울 것이다. (그 자신은 플라톤의 일

---

3   219d.
4   『파이돈』98b.

반적인 목적론적 견해를 공유하지만, 서로 다른 영역의 목적들에 대한 **유비**에 관해 이야기하기를 좋아한다.) 현재 논의되고 있는 좋음들은 그 것들이 모두 특정한 종류의 좋음들이기 때문에 순수하게 형식적인 몇 가지 특징들을 공유할 것이다. 우리는 아리스토텔레스가 인간을 위한 좋음을 설명하기 위해 제시하는 일반적인 내용들을 비교할 수 있다. 그 것은 다른 것들이 목표로 하는 어떤 것이고, 결코 다른 어떤 것을 위해 선택되지 않으며, '자기-충족적'이라는 식으로 묘사된다. 그러나 이것 은 결코 플라톤이 생각하고 있는 전부가 아닐 것이다. 좋음에 대한 그 런 공식적인 연구에서는 삶의 실질적인 문제들이나 우주의 구조에 대 한 눈부신 섬광과 같은 어떤 성찰이 뒤따를 가능성은 없다. 만약 형상 의 파악이 플라톤이 제안하는 방식으로라도 원칙적으로 유익하다면, 그것이 우리에게 말해줘야 하는 것은 그것에 직접적으로 참여하는 좋 음들의 **내용**에 관한 것이다. 그러나 그것은 결국 그런 좋음들 또는 목 적들의 내용이 서로 본질적으로 연결되어야 한다는 함축을 갖는다. 뒤 에서 보겠지만, 플라톤은 인간에게 좋은 것과 자연에서 좋은 것에 대한 논의에서 좋음을 측정, 질서, 그리고 조화라는 개념들과 연결하는 특이 한 성향을 보여준다. 그리고 좋음에 대한 그의 '구술 교육(oral teach-ing)'에 대해 우리가 갖고 있는 빈약한 정보들은 그런 개념들이 그 주 제에 대한 그의 사고에 핵심적이었음을 확증해준다. 그러나 그것에 대 해 더 이상의 것을 말하기에는 증거가 불충분하다. 사실상『국가』는 좋 음의 형상 자체가 중요한 역할을 수행하고 있는 유일한 대화록이며(그 러나『필레보스』에 대해서는 아래 참조), 이미 보았듯이, 이유는 분명 하지 않지만 그곳에서 소크라테스는 그것을 직접 다루기를 꺼린다.

좋음 자체의 바탕에 깔려 있는 원리의 본질은 대체로 불분명하지만, 그것이 인간의 영역에서 실현되는 형태에 대해서는 상당히 많은 것이 말해진다. 사람에게 좋음은 덕(arete)과 그것의 부분들, 그리고 그로부터 나오는 삶의 종류의 소유에 달려 있다고 플라톤은 생각한다. 『국가』자체는 '정의(dikaiosyne, justice)'라는 덕의 부분들이나 측면들 가운데 하나와 관련된 의미에서 좋음을 보여주려는 시도의 틀, 즉 그것이 최종적인 좋음 또는 그 자체로서 욕구될 만한 어떤 것임을 보여주려는 시도의 틀을 중심으로 구성되었다. 그러나 나중에 밝혀지듯이, 그것은 단순히 삶의 좋음들 중 하나의 최종적인 좋음이 아니라 그 이상의 어떤 것이다. 그것은 삶을 살 가치가 있게 만드는 바로 그런 것이다. 그것의 존재는 다른 것들에게 그것들이 소유할 수도 있는 어떤 가치를 부여해 준다.[5] 『메논』[6]과 『에우튀데모스』[7]에 따르면, 부와 건강, 그리고 심지어는 일반적으로 덕스러운 행동 양상들로 간주되는 것처럼 좋은 것들로 간주되는 것들도 지식과 지혜를 통해 인도되지 않는다면 사실상 우리에게 해가 될 것이다. 그리고 『국가』에 따르면, '정의로운' 사람은 이성이 지배하고, 따라서 지혜가 지배하는 사람이다. 또는 더 정확하게 말하자면, 그는 영혼의 각 부분이 고유하고도 자연적인 그것의 기능을 수행하고 있는 그런 사람이다. 그러나 중요한 요구사항은 저급하고도 비이성적인 부분들이 이성적인 부분의 통치 기능을 방해해서는 안 된다는 것이다. 비이성적인 부분들의 고유한 욕구 대상들인 외부의 좋은 것들은 사실상 그에게 좋을 것이다. 왜냐하면 그는 그것들이 올바른 방식으로 사용되도록 배치하며, 또한 그는 그것들에 대한 추구를 전체적인 좋음과 일치되는 것으로 제한할 것이기 때문이다. 즉, 잘 정돈되고 이성적인 삶으로 제한할 것이다. (그러나 그런 것들이 좋은 삶에 필요

---

5   445a-b.

6   87e 이하(아래에 부분적으로 인용되어 있다).

7   281a 이하.

한 부분은 아니다. 10권에서 소크라테스는 가난과 질병을 단지 '외견 상의seeming' 악들이라고 언급하며,[8] 다른 것을 기대하면서도 정의로운 사람은 그런 것들을 견뎌낼 수도 있어야 한다는 것을 인정한다. 그러나 그는 또한 자신의 고통이 아마도 죽음 이후에는 어떤 좋음으로 끝나리라고 말하는데, 이것은 최소한 그런 고통이 영원하지는 않으리라는 생각을 보여준다.)

이처럼 플라톤은 좋음들의 순서에 대해 자신이 선호하는 설명을 갖고 있다. 흔히 목적들로 간주되는 것이 그처럼 적절하게 간주되지는 않는다. 실질적이고 궁극적인 목적, 즉 참으로 이롭고 따라서 참으로 욕구할 만한 것은 덕이다. 그렇지만 이 견해가 승인되기 위해서는 사람에게 좋은 것이 결국 **그것의** 가치를 끌어내게 될 형상, 즉 좋음 자체에 대한 철학자의 탐구를 기다려야만 할 것이다. 그런 탐구는 어렵지만 필수적이다. 왜냐하면 소크라테스가 말하듯이, "정의롭고 훌륭한 것들이 좋다!"는 것을 모르는 사람(즉, 마침내 자신들이 목적들로 다루었던 것을 정당화해줄 자신들의 좋음에 대한 설명을 줄 수 없는 사람)은 그것들의 부적합한 수호자이기 때문이다.[9] '정의롭고 훌륭한 것들'이 받을 만한 종류의 공격은 1권에서 트라시마코스에 의해 설명된다. 소크라테스 자신이 그 도전에 응하지만, 그의 논증은 (또는 어쨌든 4권에서 제기되는 그것의 일부는) 필요할 만큼의 완전한 방어가 되지 못한다고 분명하게 말해진다. 그것은 미래의 과제로 남지만, 그것이 대화록들에서 시도되지 않고 있는 것은 분명하다.

여기에서 답하려고 하는 질문은 좋음을 구성하는 하나의 속성 또는

---

8   613a.

9   506a.

속성들에 대한 것이다. 『국가』가 주장하듯이, 궁극적인 목표는 덕에 대한 주장들을 우리에게 정당화하는 것이다. 이 주제는 『국가』 이전에 대두되었던 주제이며, 『국가』 자체는 그에 대한 이전의 탐사들에 대한 암묵적인 언급처럼 보이는 것을 포함하고 있다. 소크라테스는 좋음에 대해 주장되는 두 가지 견해를 언급한다. '다수(the many)'는 그것을 **쾌락**이라고 생각하는 반면에, 좀 더 교양 있는 부류의 사람들은 그것을 **지식**(또는 '지혜', phronesis)과 동일시한다. 소크라테스는 그 주제의 일반적인 문제점을 설명하는 두 견해에 모두 문제가 있다고 말한다. 두 번째 것은 순환적인 견해로 밝혀진다. 왜냐하면 그 견해의 반대자들이 좋음이 무엇에 **대한(of)** 지식이냐는 질문을 받는 경우에, 그들이 제시할 수 있는 유일한 답변은 그것이 좋음에 대한 지식이라는 것뿐이기 때문이다. 첫 번째 견해의 문제는 좋은 쾌락들뿐만 아니라 나쁜(즉, 해로운) 쾌락들도 있다는 것이다. 내가 생각하기에, 플라톤은 사실상 이 반론들을 자기 자신에게 제기하고 있다. 형상을 통한 새로운 접근을 소개하기 위한 일환으로, 그는 이전의 대화록들 속에서 두 가지 해결책을 시도했고 이제 그것들의 실패를 공공연하게 선언하고 있다.

  (방금 전에 인용했던) 『메논』과 『에우튀데모스』에서는 좋음(또는 이로움)과 지식이 아주 비슷한 방식으로 동일시되고 있지만, 『메논』이 덕을 마지막 문제로 소개하기 때문에 더 흥미롭다. 그곳에서 소크라테스는 덕이 '좋음 그 자체(agathon auto, 즉 제한 없는 좋음)'이며, 또한 "지식에서 분리될 때, 그 어떤 것도 좋지 않다."는 근거 위에서, 덕이 지식(지혜를 의미하는 프로네시스phronesis의 동의어로 다루어진 에피스테메episteme)이라고 주장한다. 우리는 건강, 힘, 아름다움, 그리고 부와 같은 것들이 이롭다(즉, 좋다)고 말하지만, 그것들의 쓰임새가 지혜에 의해 지배되지 않을 때 그것들은 사실상 우리에게 해가 될 수도

있다. 우리가 덕스럽다고 말하는 행동들도 마찬가지이다. 지혜를 덧붙일 때에만, 그것들은 유익해진다.

그러므로 인간에게 있어서 다른 모든 것들은 영혼에 의존하며, 영혼의 것들[즉, 그것의 상태들과 그것들로부터 나온 행동들]은 좋은 것이 되기 위해 지혜에 의존한다고 말할 수 있을 것이다. 그리고 이 논증을 통해 유익한 것은 지혜가 될 것이다.

덕은 유익하다. "그렇다면 우리는 덕이 [지혜의] 전체이든 또는 일부이든, 그것을 지혜라고 말하는가?"[10] 『국가』에서 소크라테스에 의해 제시된 진단은 분명히 여기에 적용될 수 있을 것이다. 덕스러운 행동들의 이익을 비롯한 모든 이익이 지식으로부터 도출된다. 그러나 이 지식 자체는 어떻게 하는 것이 사물들을 가장 잘 사용하는 것인가, 일반적으로 어떻게 가장 잘 행동하는 것인가, 즉 정확히 무엇이 유익하거나 좋은가에 대한 것이다.

하지만 『메논』은 좋음의 문제와 직접적으로 관련되지 않는다. 좋음과 지식의 연결에 대한 사항은 (나는 단지 그 일부분만을 제시했지만) 다른 주제에 대한 것보다 훨씬 더 포괄적인 논증 단계로 보인다. 다른 두 대화록들인 『프로타고라스』와 『고르기아스』는 좋음의 문제를 더 직접적으로 다룬다. 이 가운데 첫 번째 것은 『국가』가 좋음과 쾌락에 대한 일반적인 동일시라고 기술했던 것을 더 적극적으로 이용하려 시도하며, 쾌락의 측정(쾌락 계산법)을 지식의 적용을 위한 합리적인 영역

---

10 이 주장을 가장 효과적으로 만들기 위한 분석에 대해서는 Irwin(1977), 317쪽 참조.

으로 소개한다. 두 번째 것은 특히 좋음에 대한 쾌락주의적 해석에 반대하는 논증들을 제시하는데, 이것은 『국가』의 인용문에서 언급된 것을 포함한다. 지금 나는 『프로타고라스』와 『고르기아스』의 관련 구절들을 간략하게 살펴보자고 제안한다. 그런 뒤에 나는 『국가』로 돌아오고, 좋음에 대한 플라톤의 마지막 작품이자 가장 집중적인 논의를 하는 작품인 『필레보스』로 마무리할 것이다.

『프로타고라스』

이 대화록에서 소크라테스는 아레테(arete), 즉 '덕'을 가르친다고 주장하는 '소피스트(sophist)' 철학자 프로타고라스를 만나는 것으로 그려진다. 이것은 분명히 역사적 실존인물인 프로타고라스가 다른 '소피스트들'과 더불어 제시한 주장이었다. 뒤에서 보듯이,[11] 그들 모두가 '덕'을 소크라테스나 플라톤과 동일한 의미로 사용했던 것은 결코 아니었다. 그러나 그런 어떤 의견의 불일치가 『프로타고라스』 자체의 논증적 요소는 아니다. 프로타고라스가 가르친다고 주장되었던 것은 본질적으로 소크라테스적이고 플라톤적인 의미에서의 '덕'이었다. 『메논』에서 그렇듯이, 최소한 공식적으로 그 대화록 전반에 깔려 있는 근본적인 질문은 이 덕이 사실상 가르쳐질 수 있느냐는 것이다. 만약 덕이 인간의 최종 목적이라면, 그것이 어떻게 획득될 것인가에 대한 일반적인 질문은 분명히 중요한 질문일 것이다. 그리고 그것이 지식이라면, 우리는 가르침을 통해 그걸 획득할 수 있어야만 할 것으로 보인다. 그것을 실제로 가르친다고 주장하는 사람들이 있다는 것은 동일한 결론

---

11 6장.

을 함축한다. 다른 한편으로는 그런 증거가 어떤 가치를 갖든, 그것이 가르쳐지는지 또는 사람들이 대체로 마치 그것이 가르쳐질 수 있는 것처럼 행동하는 것인지 분명하지 않다. 결국『프로타고라스』나『메논』에서 소크라테스는 그것이 가르쳐질 수 있는지 없는지에 대해 명확한 답변을 제시하고 있다고 주장하지 않는다. 그 두 가지 경우에, 플라톤은 아마도 덕과 지식의 관계에 대한 이전의 문제를 더 깊이 고민하고 있었을 것이다. 그러나『프로타고라스』의 전체적인 설계에서 특히 중요한 또 다른 목표는 프로타고라스 자신과 같은 소위 교육자들의 자격에 대해 의문을 제기하는 것이다. 덕이 지식임을 보이기 위한 논증임에도 불구하고,『메논』은 덕이 아마도 가르쳐질 수 없으리란 결론을 내린다. 반면에『프로타고라스』는 오히려 그것이 지식이 아니라면 놀라울 것이란 결론을 내린다. 최초의 소크라테스적 분석은 테크나이(technai), 즉 기술(arts and crafts)과 관련된 지식에 대한 유비를 통해 덕을 다루었다. 이런 유형의 지식은 분명히 가르쳐질 수 있을 것이고, 또한 플라톤은 덕에 대한『메논』과『프로타고라스』의 분석에서 그와 동일한 모형을 사용하고 있는 것으로 보인다. 그러나 나중에 그는 다른 입장을 취한다.『향연』과『국가』는 철학자가 자신의 지식을 획득하는 방법, 즉 일반적으로 이해된 '가르침'의 어떤 과정과도 거의 또는 아무런 관련이 없는 방법에 대해 그것들 자체의 특별한 설명을 전개한다.[12] 더구나 최소한『국가』를 집필할 즈음에는 덕과 지식의 단순한 동일시

---

12   『국가』488b-c는 이상국가에서 철학자가 획득하게 될 '통치술'의 교육 가능성을 함축하는 듯이 보인다. 그러나 여기에서 실질적으로 강조되고 있는 것은 단지 통치가 하나의 기술이며, 특별한 지식을 요구한다는 사실이다. (대부분의) 기술들이 가르쳐질 수 있기 때문에, 통치가 가르쳐질 수 있다고 말하는 것은 그것이 단순히 하나의 기술이라고 말하는 한 가지 방법이 될 수 있다.

자체가 포기된다. 지식은 이제 기껏해야 덕의 필요조건이지, 영혼의 비이성적인 욕구들을 통제하에 두려고 요구하는 충분조건이 아니다.

『프로타고라스』의 끝부분에 이르러, 소크라테스는 모든 덕들의 단일성을 입증하려는 더 포괄적인 시도의 일부로서, 용기가 지혜와 같다는 주장을 확립하기 위해 노력한다. 즉, 모든 덕들은 사실상 지혜나 지식으로 환원될 수 있다는 것이다. 논증 과정에서 소크라테스는 쾌락주의적 입장을 수용한다.[13] 좋은 것들은 그것들이 즐겁고 또한 미래에 고통으로 이어지지 않는 한에 있어서 좋다. 나쁜 것들은 그것들이 고통스럽고 또한 미래에 쾌락으로 이어지지 않는 한에 있어서 나쁘다. 사람들이 우리가 가장 좋다고 알고 있는 과정에서 쾌락으로 인해 벗어나게 되는 '무절제'의 가능성에 대해 이야기한다는 점에서, 그들은 일반적으로 좋음과 쾌락을 구별하는 것처럼 보인다. 그러나 그들이 사실상 채택하는 유일한 기준은 쾌락과 고통에 대한 기준이다. '가장 좋은' 과정은 단지 쾌락의 최대량과 고통의 최소량으로 끝나는 과정이다. 그 경우에 무절제하다고 여겨지는 사람은 더 많은 쾌락을 가질 수 있을 때 의도적으로 더 적은 쾌락을 선택하는 입장에 있을 텐데, 만약 쾌락이 목표라면 이것은 터무니없다. 만약 누군가 **실제로**(does) 더 적은 양을 선택한다면, 그것은 분명히 무지로 인한 것이며, 그것의 치료는 지식의 일종인 테크네(techne), 즉 측정 기술을 적용하는 것이다.

소크라테스는 처음에 쾌락주의 이론을 자신의 것으로 소개했다. 만약 다수의 사람들이 그것을 수용한다면, 그런 사실이 그들에게 알려져야만 한다. 프로타고라스는 이것이 터무니없다고 생각하며, 쾌락이 오직 '훌륭한 것들(칼라kala)' 안에 있는 경우에만 쾌락적인 삶이 좋다

---

13   351b 이하.

고 주장함으로써 그 이론을 자신과 명확히 분리시킨다.[14] 여기에서 플라톤은 그 이론 가운데 분명히 비소크라테스적인 성격을 의도적으로 강조한다. 그것은 무척이나 비소크라테스적으로 들렸고, 따라서 일부 학자들은 '소크라테스'가 그것을 진지하게 받아들인다고 보려 하지 않았다.[15] 그러나 물론 플라톤은 단지 우리를 놀리고 있을 뿐이며, 소크라테스는 단지 프로타고라스를 놀리고 있을 뿐이다. 모든 것은 어떤 것이 마침내 최대한의 쾌락을 주는 것으로 밝혀지는가에 달려 있을 것이다. 그리고 소크라테스 자신은 이것을 마침내 훌륭한(즉, 덕스러운) 행동들과 동일시한다. 우리는 최대한의 쾌락을 획득함으로써 좋음을 획득한다. 우리는 훌륭한(fine) 행동들을 수행함으로써 최대한의 쾌락을 획득한다(따라서 '좋은', '쾌락적인', 그리고 '훌륭한'은 모두 공통된 지칭대상을 갖는다). 이 마지막 조치는 다소 무심하고도 불명확한 방식으로 제시된다. 소크라테스는 "고통이 없고 쾌락적인 삶에서 이것을 목표로 하는 모든 행동들, 이것들이 훌륭하지 않습니까? 그리고 훌륭한 일은 좋기도 하고 이롭기도 하지 않습니까?"라고 묻는다.[16] 청중들이 동의하지만, 그들이 무엇에 동의하고 있는지는 즉각 분명하지 않다. 당연히 첫 번째 질문은 행동들이 쾌락적인 한에서만 훌륭하다는 것으로 받아들여질 것이며, 이로부터 훌륭함이 쾌락과 무관하게 인식될 수는 없다는 결론이 나올 것이다. 그러나 사실 소크라테스는 용기에 대해 논의하는데, 그것은 (아리스토텔레스가 말하듯이, 행동들의 가장 주된 특징이 아닌) 그것에서 나오는 행동들의 쾌락으로부터 그것들의 훌륭함까지에 이르는 용기가 아니라 그것들의 훌륭함과 좋음으로부터 그것

---

14   351c.
15   예: Sullivan(1961) 참조.
16   358b.

들의 쾌락까지 이르는 용기이다. 그러므로 그가 동의된 것으로 간주했던 것처럼 보이는 것은 대체로 쾌락적인 삶으로 이어지는 행동들이 일반적으로 훌륭하다고 여겨지는 행동들, 즉 도덕적으로 덕스러운 행동들이라는 것이다. 측정술, 즉 지식은 쾌락의 균형이 덕스러운 행동에 달려 있다고 우리에게 말해줄 것이다. 그렇다면 한편으로 용기 있는 사람과 다른 한편으로 겁이 많은 사람과 무모한 사람의 차이점은 전자가 (용기의 영역에서 두려워할 것과 두려워하지 않아야 할 것이라는 설명에 속하는 것으로 나타나는) 쾌락과 고통, 좋음과 악함에 관한 지식을 소유하고 있는 반면에 후자들은 그렇지 않다는 것이다.

『고르기아스』

이미 보았듯이, 『국가』는 좋은 쾌락들뿐만 아니라 나쁜 쾌락들도 있다는 이유를 들어 좋음이 쾌락이라는 이론을 거부한다. 소크라테스는 그 이론을 『프로타고라스』에서 부정한다. 쾌락 자체는 좋으며, 쾌락적인 것들은 고통으로 이어지는 경우에만 나쁘다. 그러나 이 입장의 문제점은 쾌락적인 어떤 것들, 즉 사람들이 즐길 수 있고 어떤 경우에도 어쩔 수 없이 고통으로 끝나는 것으로 보이지 않는, 그리고 그럼에도 불구하고 플라톤이 나쁜 (즉, 그것들을 즐기는 사람에게 해로운) 것으로 다루길 원할 만한 어떤 것들이 있다는 것이다. 이것들은 악에서 나온 행동들이다. 그러므로 쾌락주의 이론은 플라톤이 필요로 하는 것이 아니다. 나 자신은 『프로타고라스』가 진정으로 그것이 적절한가를 그에게 보여준다고 믿는다. 그러나 이것이 유일하게 가능한 견해는 아니다. 예를 들어, 그의 목적은 사람들이 '일반적인' 견해를 취한다 **할지라도** 자신의 결론이 뒤따르리라는 것을 입증하는 것일 수도 있다.[17] 어쨌든, 『프로타고라스』이후의 플라톤의 입장은 분명하다. 어떤 것의 좋음이 그것의 쾌락에 의해서만 판단될 수는 없다. 『국가』는 '다수'에 반대하는 이런 종류의 견해를 제시한다. 그들은 쾌락을 좋은 것으로 만들지만, 나쁜 쾌락들의 존재도 인정한다. 그러므로 그들은 동일한 것들이 좋기도 하고 나쁘기도 하다고 말하는 것으로 나타날 것이다. 『고르기아스』에서 플라톤은 그 점을 스스로 효과적으로 수용하고 있으며, 쾌락주의가 어떤 종류의 진정한 명제라는 견해를 포기한다. 쾌락은 결국 좋음이나 훌륭함과 동일한 외연을 갖는다. 심지어 그는 더 훌륭한 어떤 것이 필연적으로 더 쾌락적이지는 않다는 것을 인정할 준비가 되어 있는 듯이 보인다. 우리가 나중에 보겠지만, 그는 여전히 덕이 진정으로 쾌락적인 것이라고 말하고 싶을 것이다. 그러나 『프로타고라스』에서 플라톤이 처리하고 있는 용기의 사례는 이미 그가 그런 견해를 확립함에 있어서 제기되는 문제점들을 인지하고 있음을 보여준다.

이와 관련된 『고르기아스』의 부분은 소크라테스와 폴로스의 대화 중간에서 시작한다. 폴로스는 그 대화록의 제목이 된 위대한 웅변가이자 수사학 교사인 고르기아스의 학생이다. 소크라테스는 폴로스가 너무도 터무니없다고 거부하는 입장을 제시한다. 즉, 행위주체에게는 잘못을 행하는 것 자체가 그것을 자기 자신에게 행해지도록 만드는 것보다 더 나쁘고 해로우며, 잘못을 저지른 것에 대해 처벌받지 않는 것은 처벌받는 것보다 더 나쁘다. 더구나 사실상 폴로스와 세계는 이것이 그렇다는 것을 전반적으로 수용하고 있다. 그는 다음과 같은 논증을 이용한다. 폴로스가 동의하듯이,[18] 그리고 대부분의 사람들이 동의하리라고 두 사

---

17   Sullivan(1961) 참조.

18   475d.

람이 모두 말하듯이, 잘못을 행하는 것은 그것을 감내하는 것보다 더 수치스러운 반면에 덜 훌륭하다. 우리가 훌륭한(또는 아름다운. 여기에서는 칼론kalon의 의미에 들어 있는 두 가지 부분들이 모두 작동하고 있다) 것들을 말할 때, 우리는 그것들이 산출하는 쾌락이나 그것들의 유용성, 또는 그 두 가지 모두를 참조함으로써 그렇게 말하는 것이다. 그것의 사례들은 훌륭한(또는 아름다운, kala) 신체, 색깔, 형태, 소리, 법률, '실천(epitedeumata)', 그리고 배움의 분야들이다. 폴로스는 "쾌락과 좋음을 모두 통해 훌륭함을 정의하는 것은 훌륭한 정의입니다, 소크라테스."[19]라고 말하면서 그 점을 적극적으로 받아들인다. 그러므로 어떤 하나는 (그 자체에) 더 많은 양의 쾌락이나 좋음을 포함하기 때문에 다른 것보다 더 훌륭할 것이다. 다른 하나는 더 많은 양의 고통이나 해로움을 포함하기 때문에 다른 것보다 더 수치스러울 것이다. 그러나 잘못을 행하는 것, 즉 누군가에게 행해지게 하는 것보다 더 수치스럽다고 폴로스가 말했던 것이 더 고통스럽지 않다는 것은 분명하다. 그러므로 소크라테스가 처음에 주장했고 폴로스가 부정했던 것처럼, 그것은 분명히 더 해롭고 또한 더 나쁘다. (잘못에 대해 처벌받지 않는 것보다 처벌받는 것이 더 좋다는) 다른 이론과 많은 이론들에 대한 논증들이 뒤따른다.

이처럼 소크라테스는 폴로스와 (그가 줄곧 교류했던) '다수의 사람들'이 흔히 이야기하던 방법을 통해 모순을 드러내겠다고 주장한다. 그들은 이러한 그의 초기 명제에 동의하지 않는다고 주장하는 반면에, '훌륭한'과 '수치스러운'과 같은 단어들의 일상적인 용법이 사실상 그 명제에 대한 그들의 동의를 함축하는 것으로 나타난다. 그러나 물론 플라톤의 궁극적인 목적은 단순한 인신공격적 논증 이상의 것이다. 본질적인 사항은 훌륭함 자체에 대한 것이다. 훌륭함은 쾌락이나 좋음(또는 두 가지 모두)을 통해 '정의' 된다. 그가 이것을 통해 다른 어떤 것을 의미했든, 그는 분명히 훌륭한 것들과 행동들은 그것들이 쾌락적이고(또는 쾌락적이거나) 좋은 한에 있어서만 선택의 가치가 있음을 의미한다. 그렇기 때문에 핵심적인 사례를 구성하는 일련의 훌륭한 행동은 실제로 고통을 (또는 오히려 신체적 고통이나 정신적 괴로움을 모두 포괄할 수 있는 고통type을) 포함한다. 그러나 다른 훌륭한 행동들이 쾌락적일 수 있는가의 문제는 아직 열려 있다. 쾌락적인 것(pleasurableness)은 그것을 욕구할 만한 것으로 만드는 덕스러운 행동이 여전히 가질 수 있는 **한 가지** 특징이다. 그러나 최소한 쾌락과 고통을 구성하는 (소크라테스가 지금 사용하고 있는) 일반적인 개념을 고려할 때, 그것이 그런 유일한 특징일 수는 없다. 다른 맥락에서 그는 사실상 불의를 행하기보다 고통을 감내하기로 선택함으로써 얻어지는 마음의 만족스러움이 일상에서 겪는 어떤 고통보다도 더 클 것이라고 주장한다. 그러나 그런 견해가 폴로스나 다수의 사람들을 설득할 가능성은 거의 없을 것이다. 플라톤은 역설적인 상황에 대해 기쁨을 느끼는 반면에, 역설 자체가 물론 설득적 기능을 가질 수 있지만 설득하는 일에 상당히 힘쓰고 있으며 또한 그에 따라 자신의 옷감을 재단할 줄도 알고 있다.

폴로스가 논쟁에서 패한 뒤에 칼리클레스라는 인물이 논의를 이어받는다.[20] 칼리클레스는 잘못을 행하는 것이 그것을 감내하는 것보다 더 수

---

20 칼리클레스가 실존 인물이었는지 분명하지 않다. 『고르기아스』를 제외하고는 그가 생존했다는 증거가 없다. 그러나 어쨌든 플라톤이 분명히 실존했던 등장인물들에게 불성실한 점이 있을지라도, 그것은 대체로 학술적인 부분이다. 폴로스(Polus)와 마찬가지로, 칼리클레스는 고르기아스의 지지자로 묘사된다.

치스럽다고 인정했던 것이 폴로스의 잘못이었다고 주장한다. 자연은 사람이 타인의 이익을 고려함이 없이 눈도 깜박이지 않고 자기 자신의 이익만을 추구할 것을 요구하며, 정말로 수치스러운 것은 이것을 할 용기(andreia, '남자다움')와 힘을 갖지 못하는 것이다. 정의나 덕과 같은 일상 개념은 자신들을 보호하기에는 너무 약한 다수의 사람들이 자신들의 열등함에도 불구하고 동등한 할당을 확보하기 위해 기획한 단순한 협약에 불과하다. 진정으로 정의로운 사람은 이런 제약들을 떨쳐버리고 자신의 욕구를 수행할 것이다. 칼리클레스도 자신의 욕구를 스스로 억제하는 자기-통제라는 '덕'을 거부한다. 우리는 우리의 욕구들이 가능한 크게 성장하도록 허용해야 하며, 또한 그것들을 충족시킬 힘을 가져야 한다. 좋음은 단지 최대 쾌락의 획득에 있을 뿐이다. 쾌락과 좋음은 동일하다.

칼리클레스는 이렇게 자신의 입장을 드러내며 소크라테스를 공격하기 시작하면서 철학이 진정한 직업이라는 주장을 비난한다. 그는 그것이 적절하게 추구되면 즐겁겠지만 삶의 진정한 목적에 대해서는 불필요할 뿐만 아니라 사람들을 공격에 취약하도록 만들 수 있다고 말한다. 중요한 것은 말하는 기술이라는 것이다. 그러나 결국 철학이 최후의 승리를 거둔다. 소크라테스는 칼리클레스의 견해대로라면 심지어 섹스 대상인 노예 소년조차 자신의 행동을 추구할 무제한적인 자유를 갖게 될 때 완벽하게 행복할 것이라고 상당히 적절하게 지적한다. 그러나 그 소년의 삶은 사실상 '기이하고도 수치스럽고 또한 견딜 수 없는' 것이 아니겠는가?[21] 칼리클레스의 즉각적인 반응은 소크라테스를 파렴치한 사람이라고 비난함으로써 자신의 주장을 강화하는 것이었다. 결국 쾌락이 유일한 기준은 아니라는 것이다. 위선적인 수치심을 갖지 않는다

---

21   494e.

는 이유에서 소크라테스의 신념들[22]에 대한 척도로 묘사된 적이 있는 칼리클레스조차도 어떤 쾌락들은 좋고 어떤 쾌락들은 나쁘다고 말하면서 쾌락들을 구분하고 있다는 사실이 마침내 밝혀질 것이다. 그러나 그가 그 점을 인정하기 전에 더 광범위한 두 가지 논의가 필요하다. "좋음은 모든 행동의 목표이며, 다른 모든 것들이 그것을 위해 행해져야 하는 것이지 다른 것들을 위해 그것이 행해져야 하는 것은 아니다."라는 점과 "우리는 좋은 것들을 위해 즐거운 것들을 포함한 다른 것들을 하는 것이지 즐거운 것들을 위해 좋은 것들을 하는 것은 아니다."라는 점에 대해 마침내 동의가 이루어진다.[23] 달리 말해서, 어떤 쾌락들이 향유되는가는 무엇이 우리에게 좋은가를 통해 결정되어야만 한다는 것이다. 좋음에 대한 우리의 견해는 우리가 우연히 향유하게 되는 것에 의해 결정되어서는 안 된다. 따라서 『국가』에서는 좋음의 절대성을 비타협적으로 주장하기 위한 길이 마련되어 있다.

어떤 종류의 쾌락이 실제로 좋고 어떤 것이 나쁜가를 구별할 수 있는 전문가(aner technikos)가 필요하리라고 소크라테스는 말한다. 누가 이런 전문가가 될 것인가? 쾌락에만 관심을 갖는 현존하는 웅변가들의 부류는 분명히 아니다. 그들이 실천하는 것은 결코 기술이 아니라 자신들의 이익을 증진하기 위해 청중을 만족시키는 단순한 재주이다.[24] 진정한 웅변술이나 정치술은 국민들의 좋음을 그것의 목표로 삼을 것이다. 그리고 (소크라테스가 유일한 사례거나 아니면 그런 한 사람이라고 주장되는) 그에 대한 반대자들이 우리가 찾고 있는 전문가들일 것이다. 국민들에게 이익이 되는 것은 칼리클레스가 경멸한다고 주장하

---

22   486d 이하.

23   499e-500a.

24   502e.

는 그런 덕들을 소유하는 것이다. 사람에게는 건강한 신체를 갖는 것이 건강하지 못한 신체를 갖는 것보다 더 좋듯이, 영혼을 적절한 상태로 복구하는 것이 그에게 더 좋을 것이다. 어떤 것의 적절한 상태란 그 안에 질서와 구조(탁시스taxis와 코스모스kosmos)가 있음을 함축한다. 질서 있는 영혼은 자기-통제적인 영혼이다. 그리고 만약 그것이 자기-통제력(전통적으로 '절제'라고 번역되었던, 불합리한 욕구들인 소프로쉬네sophrosyne에 대한 통제력)을 소유한다면, 그것은 분명히 다른 덕들도 소유할 것이라고 소크라테스는 주장한다.

『국가』

『고르기아스』의 이러한 마지막 논증은 오늘날 강력하게 거부되는 쾌락주의(hedonism)에 기초한 덕을 대체하기 위해 새로운 덕을 방어하는 방법을 발견하려는 시도가 시작되고 있음을 보여준다. 폴로스와의 논의에서 시작된 방어는 제한적인 유용성에 대한 것이다. 왜냐하면 그것은 폴로스가 이미 약간의 가치와 중요성을 덕에 부여하는 성향이 있었고, 따라서 논의가 시작되기도 전에 소크라테스의 입장에 절반쯤 다가가 있기 때문이다. 실제로 대부분의 사람들이 폴로스의 관점을 공유할 수도 있을 것이다. 그러나 소크라테스 자신이 폴로스에게 말하듯이, 문제는 우리가 말하는 것을 지지하는 증인들을 얼마나 많이 찾을 수 있는가에 대한 것이 아니라 우리가 말한 것이 옳은가 또는 그렇지 않은가에 대한 것이다. 칼리클레스처럼 타협되지 않는 적대적인 반대자가 있음에도 불구하고 진정한 시험이 진행될 수 있는가 하는 것이다. 이것은 처음부터 시작해야 한다는 것을 함축한다. 『고르기아스』의 마지막 부분에서 소크라테스가 이런 방향으로 아주 멀리 나아갔는가에 대한 의

문의 여지가 있다. 그러나 그 논증은 그가 칼리클레스의 사촌인 트라시
마코스의 입장을 취한 새로운 적대자를 만나는 『국가』에서 최소한 훨
씬 더 많은 중요성을 갖는다.

『국가』에서 제기되었던 중요한 첫 번째 문제는 정의(dikaiosyne, 다
시 넓게 말하자면 타인들에 대한 올바른 행동, 또는 소크라테스가 나중
에 주장하듯이, 그런 행동이 발생하게 되는 기질 또는 영혼의 상태)가
무엇인가에 대한 것이다. 다른 두 명의 등장인물이 자신들의 주장을 제
시하지만 그것은 모두 소크라테스에 의해 거부된다. 그런 뒤에 트라시
마코스가 뒤를 잇는다. 그의 견해에 따르면, 정의란 "강한 자의 이익에
불과하다." 그는 이렇게 설명한다.

> 민중정치는 민중정치적 법률을 제정하고, 전제정치는 전제정치적 법률을
> 제정하는 등, 각종의 규칙은 그 자체의 이익과 관련하여 법률을 제정한다.
> 그리고 그들은 이런 법률들의 제정이 지배되는 사람들에게 정의롭다고, 즉
> 통치자들 자신의 이익에 있는 것이라고 주장한다. 그리고 그들은 이것을 위
> 반하는 사람을 위법자 또는 불의를 행하는 자로 처벌한다.[25]

그는 칼리클레스처럼 자연적 정의(natural justice)라는 용어를 그 자
체로 소개하지는 않지만, 일상적인 정의가 덕이라는 것을 거부하는 데
대해 스스로 만족한다. 거부의 근거는 그것이 사람에게 '이익(ly-
sitelein)'이 되지 않는다는 것이다.[26] 그것은 "다른 사람에게 좋은 것이
지 자신에게 좋은 것이 아니다."[27] 그것은 악덕(vice)이 아니라 "전적으

---

25   338c-e.
26   348c.
27   343c.

로 고귀한 소박함(simple-mindedness)"이다.[28] 불의가 바로 분별력
(good sense)의 특징이며, 그 규모가 클수록 더 좋다.

　이것은 우리를 문제의 핵심으로 이끌어간다. 만약 정의가 실제로 우
리에게 이익이 아니라 해악이 된다면, 트라시마코스가 그랬듯이 플라
톤도 그것을 권장할 수 없을 것이다. 우리는 모두 자신의 이익을 욕구
한다. 정의가 우리에게 손해로 작용함에도 불구하고 우리가 그것을 선
택한다면, 그것은 단지 우리가 그 사실을 모르기 때문이다. 그러나 표
면적으로 정의는 이와 비슷하다. 왜냐하면 그것은 바로 타인들의 이익
을 위해 우리 자신의 이익을 포기할 준비가 되어 있다는 것을 포함하는
것처럼 보이기 때문이다. 이렇게 해서 우리는 실제로 '이득이 되는
(pay)' 것은 정의인가 또는 불의인가에 대한 『국가』의 주요 탐색을 시
작하게 된다. I권의 끝부분에서, 트라시마코스 자신은 다양한 가치를
갖는 일련의 논증들을 통해 패하는데, 이 논증들은 정의에 대한 그의
설명을 뒤집고, 그것이 결국 모두 좋은 삶의 덕이자 요구 조건임을 밝
힌다. 그러나 II권의 도입부분에서, (플라톤의 형들인) 글라우콘과 아
데이만토스는 불의에 대한 주장을 다시 진술한다. 글라우콘은 소크라
테스가 트라시마코스로 하여금 너무 쉽게 포기하도록 만들었다고 말한
다. 그 자신은 불의에 대한 주장을 받아들이지 않지만, "트라시마코스
와 수없이 많은 다른 사람들[myrioi alloi]"[29]에게 귀가 따가울 정도로
그 말을 듣고 혼란스러워 한다. 이것은 분명히 (우리가 어쨌든 추측할
수도 있을) 두 가지를 시사한다. 첫째는 플라톤이 트라시마코스와 칼
리클레스에 대해 개인들로서가 아니라 (최소한 어느 정도는 그가 그들

28　348c-d.

29　358c.

에 대해 이야기를 만들어냈을 가능성도 있는) 특별한 유형의 견해를 대표하는 사람들로서 관심 갖는다는 점이며, 둘째는 그가 충족시켜야 할 사항이 본질적으로 이론적이라는 점이다. "수없이 많은 다른 사람들"을 언급하고 있음에도 불구하고, 우리는 트라시마코스와 칼리클레스의 견해가 널리 통용되고 있었다고 생각해서는 안 된다(다음 장 참조). 그러나 그렇다고 해서 그것들을 충족시키는 일이 플라톤에게 덜 중요하지는 않다. 왜냐하면 그것들이 참일 수도 있기 때문이다. 글라우콘과 아데이만토스는 함께 반대자들을 위해 강력한 도전의 분위기를 조성한다. (『고르기아스』의 문맥에서 "잘못을 저지르는 것"으로 번역된 단어인) 불의를 행하는 것(adikein)은 본성적으로 좋으며, 그것을 다른 사람에게 행하게 만드는 것은 나쁘다. 그러나 사람들이 정의를 선택하는 것은 하나가 없이 다른 하나를 가질 수 없기 때문에, 그리고 불의를 피할 수 있다고 확신할 수 없기 때문이다. 정의가 가져오는 좋은 명성과 그와 관련된 다른 보상들은 정의로움이 아니라 (신들이 제물을 통해 매수될 수 있다고 흔히 이야기된다) 단순히 정의로워 보이는 것을 통해 획득될 수 있다. 따라서 가장 좋은 정책은 불의를 정의의 모습과 결합시키는 것이다. 이것은 정의를 옹호할 수 있는 한 가지 주장을 제거한다. 즉, (칼리클레스가 표현하듯이) 정의는 어떤 사람이 더 큰 것을 가질 수 있을 때 더 적은 몫을 선택하는 것을 포함하는 반면에, 그것은 사람들이 그것에 공개적으로 부여한 가치 때문에 사실상 그 사람을 결과적으로 더 좋게 만든다는 주장을 제거한다. 소크라테스는 그것이 그 자체로서 좋다는 것, 즉 그로부터 어떤 외적인 결과들이 축적되든 상관없이 바람직하다는 것을 보여줘야만 한다.

　IV권의 끝부분에서 정의(definition)란 영혼의 세 부분이 각자 "그 자체의 일을 수행하는 것"이라고 규정한 후에, 소크라테스는 "비록 어떤 사람이 처벌을 받지 않거나 또는 처벌 받음으로써 더 좋아진다 할지라도, 정의로운 일들을 행하고 훌륭한 일들을 실천하며 또한 정의로워지는 것이 [사람에게] 이득이 되는가, 즉 그가 그렇게 보이는가 아닌가, 또는 불의를 행하고 불의로운 사람으로 보이는가?"[30]라고 묻는다. 그러나 글라우콘은 이제 그 질문이 터무니없다고 생각한다.

육체의 본질이 부패되고 있다면, 삶은 살 가치가 없어 보이네. 모든 종류의 음식과 음료, 모든 부, 그리고 모든 권력을 갖고 있을지라도 말일세. 그렇다면 우리 삶의 원인인 바로 이것의 본질이 [즉, 영혼에 불의를 만들어낸다고 말해지는 불의로운 행동들에 의해] 혼란스러워지고 부패될 때, 즉 건강하지 못한 행동들이 육체에 질병을 만들어내는 것과 동일한 방식으로 영혼의 부분들에 부자연스러운 '지배'의 분배가 이루어질 때, 만약 (각 쌍이 우리가 기술했던 것과 동일한 경우에) 어떤 사람이 악덕과 불의로부터 해제되는 것과 정의와 덕을 획득하는 것을 제외한, 자신이 원하는 모든 것을 행한다면 삶은 살 가치가 있겠는가?

여기에는 몇 가지 다른 맥락이 있다. 첫째, 육체의 자연적 질서나 구조와 유사한 영혼의 자연적 질서와 구조에 대해 『고르기아스』에 처음 소개되었던 것보다 구체화된 형태의 이론이 있다. 또 다른 맥락은 "우리 삶의 원인인 (문자 그대로 말하자면, '우리가 갖고 살아가는') 바로 이것"의 부패에 대한 언급에 포함되어 있다. 이것은 『국가』 I권의 끝부분에 있던 주장으로 돌아가고 있다.[31] 소크라테스는 그곳에서 각각의

---

30   444e-445a.

31   352d 이하.

것이 그 자체의 과업, 즉 에르곤(ergon)과 그것을 소유함으로써 그것
으로 하여금 그것의 과업을 잘 수행하게 만드는 적절한 아레테(arete),
즉 탁월성[32]을 갖는다고 말했다. 영혼의 과업은 "돌보는 것과 지배하는
것과 반성하는 것[bouleuesthai]과 그런 모든 것들이다." 그렇다면 좋
은 영혼은 이런 것들을 잘 행할 것이며, 나쁜 영혼은 나쁘게 행할 것이
다. ... 그러나 영혼의 탁월성은 (이전에 동의되었듯이) 정의이다. "그
러므로 정의로운 영혼과 정의로운 사람은 잘 살 것이고, 불의로운 사람
은 나쁘게 ... 그러나 잘 사는 사람은 축복받고 행복하며, 잘 살지 못하
는 사람은 그 반대이다." 이것은 그 자체로서 만족스러운 주장같이 보
이지 않는다. 성공적인 삶이 좋은 계획과 통제를 필요로 한다고 할 때,
성공적이고 잘 계획된 불의로운 삶은 왜 그렇지 않은가? 그러나 IV권
의 끝부분에서, 불의는 분명히 비이성과 동일시되었다. 그것은 비이성
적인 두 부분을 통해 그것들에 주어진 부차적인 역할들을 포기하는 데
서 얻어진다. 이성은 본성적으로 지도하는 역할을 한다. 마음이나 영혼
도 당연히 육체를 지배하며, 우리의 저급한 충동들은 육체에 근거한다.

우리가 이전보다 더 설득될 가능성은 아마도 없을 것이다. 소크라테
스가 제안하는 불의에 대한 분석은 어쨌든 불필요하며, 최악의 경우에
는 다른 문제를 만들어낸다. 그럼에도 플라톤 자신은 결코 그 문제가
해결되었다고 생각하지 않는다. 그에 대한 논의는 형상들에 접근할 수
있는 이상적인 철학자에 의해 더 높은 수준에서 지속될 것이다(라고

---

32 여기에서는 '덕(virtue)'이 아니라 '탁월성(excellence)'이다. 왜냐하면 그 이야
기는 눈이나 가지치기용 칼과 같은 그런 것들에 대한 것이기 때문이다. 아레테를 '탁월
성'으로 번역해야 하는 이유에 대한 논의가 전체에서 제시된다(사람은 탁월할 수 있지
만, 칼은 덕스러울 수 없다). 다른 한편으로 그리스어 단어 범위에 상응하는 단일한 영
어 단어가 있는 척하는 것은 의미가 없으며, 플라톤이 다루고 있는 것은 대체로 '탁월
성'보다는 '덕'에 더 가깝다.

말해진다). 그리고 VIII권과 IX권에서 소크라테스는 자신이 선택한 수준에서 그 논의를 지속한다. (덜 중요한 문제이긴 하지만, II권에서 고려되지 않았던 불의에 대한 외적 보상들에 단순히 포함하는 X권에서도 논의를 지속한다.) 이전의 권들은 정의로운 국가와 (정의로운 국가가 반영하는 구조를 갖고 그것이 설립되어 있는) 정의로운 영혼에 대해 설명했다. VIII권과 IX권은 이제 열등한 국가와 개인의 유형들에 대해 설명한다. 정의로운 국가와 정의로운 개인은 이성에 의해 지배된다. 즉, 개인은 영혼의 이성적 부분에 의해 지배되며, 국가는 철학자-수호자들의 지혜에 의해 지배된다. 우리가 열등한 유형들을 거쳐 내려가면서 마침내 네 번째이자 마지막 '국가의 질병'[33]인 전제정치와 (활짝 피었을 때 가장 나쁜 욕구들과 욕정들에 의해 소유된 완전히 불의로운 사람인) 전제적인 개인에 도달하게 될 때, 이성은 점차 영혼의 비이성적인 요소들에 의해 지배된다. 소크라테스는 이런 사람의 영혼은 "우리가 영혼 전체에 대해 이야기한다면, 최소한 그것이 원하는 것을 할 것이다."라고 주장한다.[34] 그것은 그것의 다양한 욕구들을 충족시킬 자원을 결여하고 두려움과 비참함이 가득해서 혼란과 후회가 충만할 것이다. 이런 종류의 설득력 있는 설명에 직면한 글라우콘은 다양한 개인들의 유형을 그들의 행복을 통해 평가할 수 있는 방법을 쉽게 결정할 수 있게 된다. 그들에 상응하는 국가의 유형들처럼, 정의로운 또는 '군주다운' 사람은 가장 행복할 것이며, 전제적인 사람은 가장 불의롭고 가장 적게 행복할 것이다. II권의 시작 부분에서, 이제 소크라테스는 글라우콘이 자기에게 요구했던 최초의 조건들을 자신이 충족시켰다고 생각

---

33   544c.
34   577e.

한다.[35] 그러나 그는 좋은 측정(measure)에 대한 '두 번째 증명'을 덧
붙인다. 영혼의 각 부분(사실상 사용된 단어는 '부분'이 아니라 에이도
스eidos, 즉 '형상'이다)[36]은 그 자체의 쾌락들과 욕구들을 갖는다. 가
장 하위의 부분은 육체의 쾌락들, 그리고 물질적 소유나 '이익(ker-
dos)'과 관련된 것들을 욕구한다. '기개적인(spirited, 기백이 넘치는)'
부분은 지배, 정복, 그리고 명성의 쾌락들을 욕구한다. 그리고 이성적
부분의 욕구들은 배움과 지혜에 대한 쾌락들이다. 어떤 사람들의 영혼
에서는 부분들 가운데 하나가 지배하고, 다른 사람들의 영혼에서는 또
다른 하나가 지배하며, 따라서 사람은 근본적으로 세 종류(gene), 즉
지혜를 사랑하는 사람(philosophon), 승리를 사랑하는 사람(philoni-
kon), 그리고 이익을 사랑하는 사람으로 구분된다. 각 종류의 사람은
자신의 삶이 가장 쾌락적이라고 평가할 것이다. 소크라테스는 "그렇다
면 쾌락들과 각 종류[eidos]의 삶 자체가 논란될 때", (나는 더 훌륭하
거나 더 수치스러운 방식으로, 또는 더 좋거나 더 나쁜 방식으로 사는
것이 아니라 그 자체로서 더 쾌락적이고 덜 고통스러운 방식으로 사는
것에 대해 말하는 것이다) 그 가운데 어떤 것이 가장 진실되게 말하는
지 우리가 어떻게 알 수 있는가?[37] 그는 올바른 판단이 "경험과 통찰력
[phronesis], 그리고 추론능력[logos]"에 달려 있다고 주장한다. 철학
적 종류에 속한 사람은 두 가지를 모두 가질 것이다. 즉, 그는 세 유형
의 쾌락 모두에 대한 경험에 기초한 통찰력을 가질 것이며, 판단의 도
구인 추론능력이 특히 그에게 속한다.

첫 번째 사항에 대해서는 쉽게 답변될 수 있을 것이다. 즉, 모든 철학

35　580c-d.
36　아래 7장 참조.
37　581e-582a.

자들이 (그 자체가 의심스러운 명제이긴 하지만) 다른 무엇보다 철학하기를 즐겼다는 것이 진실이라 할지라도, 비철학적인 다수가 실제로 철학자의 지극한 행복을 누릴 수 없다면, 그들의 선택에 어떤 영향을 미칠 필요가 없다는 것이다. 시각적 쾌락들은 경이롭지만, 눈먼 사람이 다른 것에 관심을 갖는 것을 비난할 수는 없을 것이다. 두 번째 사항이 더 그럴듯해 보인다. 만약 우리가 철학적 쾌락들에 접하지 못한다면, 우리가 접할 수 있는 어떤 쾌락들을 다른 것들보다 더 선호하고 다른 것들은 모두 회피한다는 주장이 여전히 가능할 것이다. 만약 그렇다면, 철학적 쾌락들을 가장 잘 제공할 수 있는 사람은 아마도 논증을 업으로 하는 철학자일 것이다. 다른 한편으로, 그런 모든 논증들이 방금 논의에서 공공연하게 배제되었던 쾌락(과 고통) 외의 다른 기준들, 즉 좋음과 훌륭함과 같은 기준들을 소개하는 데 의존할 것처럼 보인다. 플라톤은 여전히 『프로타고라스』에서 제기되었던 종류의 것, 즉 쾌락과 고통의 '측정술' 자체의 가능성을 염두에 두고 있는 것처럼 보인다. 그러나 단지 다른 것보다 더 쾌락적이라는 이유만으로 한 가지 행동 유형이 다른 것보다 더 선택할 만한 가치가 있다고 단정하는 것은 어떤 이성적인 수단을 통해서도 원칙적으로 불가능해 보인다. '쾌락적인(pleasant)' 이란 단어는 불완전한 술어이다. 쾌락적인 어떤 것이 누군가에게 쾌락적이고, 사람들이 실제로 무엇을 즐기는가에 대해서는 분명히 아무런 제약이 없다. 후대의 아리스토텔레스는 좋은 사람의 기준, 즉 "진정으로(truly) 쾌락적인 것은 그가 즐기는 것"이라는 기준을 소개함으로써 아무런 '제한 없이(without qualification)' 쾌락적인 것들에 대해 이야기하는 것을 지지한다. 이런 종류의 입장은 플라톤에게도 내포되어 있을 것이다. 그러나 그렇다 하더라도, 그것이 그 경우를 강화하지는 못한다. 여기에서 '진정으로'가 **더** 쾌락적임을 반드시 함축하지는 않을 것이다.

그러나 플라톤은 철학자가 이용할 수도 있는 추론능력의 사례, 즉 우리가 그 자체의 가치를 통해 판단할 만한 사례를 제시한다. '야심을 갖는' 유형과 '이익을 추구하는' 유형의 쾌락은 "전적으로 참되거나 순수한 것이 아니라 현자들 중 한 사람에게 내가 들었던 것으로 생각되는 용어인 '배경 그림(shadow picture)'의 일종"이라고 소크라테스는 주장한다.[38] 영혼이 휴식을 취하며 이것저것 모두 느끼지 않는 쾌락과 고통의 중간 상태가 있다. 사람들은 종종 이런 상태를 쾌락적이거나 고통스럽다고, 즉 이전의 고통들에 비해 쾌락적이라거나 이전의 쾌락들에 비해 고통스럽다고 **말**한다. 그러나 둘 중의 어떤 것도 아닌 것은 둘 모두가 될 수 없다. 그리고 어쨌든 쾌락과 고통은 '일종의 운동[kinesistis]'이다. 그러므로 이것들은 "쾌락의 진정한 성격, 즉 일종의 마법[goeteia]에 대해 합리적인 어떤 것도"[39] 포함하지 않는 단순한 현상들(phantasmata)이다. 이전이나 이후의 고통과 연결되지 않는 (후각적 쾌락들과 같은) 어떤 쾌락들이 있으며, 따라서 우리는 순수한 쾌락을 단순히 고통으로부터의 해방이라고 믿어서는 안 된다. "그러나 이른바 육체를 통해 영혼에 도달하는 쾌락들 또는 최소한 그것들 대부분, 그리고 그것들 가운데 가장 큰 쾌락들이 이런 종류의 것, 즉 고통으로부터 해방되는 그런 종류의 것이다." 이런 종류의 미래 경험들에 대한 예측으로부터 발생하는 쾌락과 고통도 같은 식으로 평가되어야 한다. 고통에 빠지는 것은 충분히 실제적이다. 그런 쾌락과 고통이 그런 예측에서 생겨나듯이, "사람들은 자신들이 강렬한 만족감[문자 그대로, 채움]과

---

38   583b.
39   584a.

쾌락을 즐기고 있다고 생각한다." 왜냐하면 그들은 그 단계를 넘어서 발견되는 참된 쾌락에 대한 경험을 갖지 못하기 때문이다. 이것은 지식과 덕의 쾌락이다. 쾌락적인 것은 자연이 요구하는 것들로 채워지며,[40] '더 진정한' 것으로 채워지는 것은 덜 그런 것으로 채워지는 것보다 더 쾌락적일 것이다. 지식의 대상들은 육체가 추구하는 것들보다 더 실제적이고 더 충실하다. 그러므로 영혼이 지식과 진리로 '채워질' 때 수용하는 채움은 육체의 채움보다 더 참되고 더 쾌락적인 종류의 것이다. 그러나 균형감의 결여는 우리의 육체적 쾌락들, 즉 "고통과 혼합된 쾌락들, 참된 쾌락의 환각적적인 상들[eidola], 상호 병렬되는 것으로부터 색깔을 취함으로써 모두 강렬해 보이는 배경 그림들"에 너무 많은 중요성을 부여하게 만든다.[41] 영혼의 '기개적인(spirited, 기백이 넘치는)' 부분에 의해 욕구된 쾌락들도 그와 마찬가지이다. 그러나 소크라테스는 하위 부분들의 욕구가 모두 부정되어야 할 것을 요구하지는 않는다. 오히려

> 만약 이것들이 통찰력과 추론능력을 따르고, 그것들에 동반되는 쾌락들을 추구하며, 또한 통찰력을 소유한 부분이 그것들에게 보여주는 것을 수용한다면, 각각의 것에 가장 좋은 것이 그것에 가장 많이 속하는 것일 경우에, 그것들이 진리와 그것들에 속하는 것들을 따르는 한 그것들은 그것들이 할 수 있는 가장 참된 쾌락들을 수용할 것이다.[42]

하위 부분들의 적절한 기능 자체가 결국 정의의 한 부분이다.

---

40 585d. 비교:『고르기아스』503c-d.
41 586b-c.
42 586d-e.

『국가』에 따르면, 덕은 우리에게 가장 좋고 가장 유익할 뿐만 아니라 가장 쾌락적이기도 하다. 지식과 지혜의 쾌락들은 순수하고 섞이지 않았다. 만약 영혼들이 정의롭고 잘 정돈되어 있다면, 우리는 이러한 쾌락들에 접근할 수 있을 것이며, 또한 우리의 저급한 충동들의 고유 대상들인 쾌락들에도 접근할 수 있을 것이다. 만약 이러한 충동들이 자유롭게 허용되고, 우리의 삶을 통제한다면, 그것들이 더 이상 만족될 수 없을 정도까지 그것들의 강도와 다양성이 증가할 것이며, 그 결과는 고통과 비참함일 것이다. 그러므로 저급한 부분들이 이성에 의해 통제될 뿐만 아니라 그것에 협조도 하는 상태인 자기-통제(self-control)도 쾌락적인 삶의 향유를 위한 필요조건일 것이다. 욕구들, 즉 '기개적' 부분의 욕구들 가운데 특정한 한 가지 유형의 질서를 의미하는 용기도 그렇다. 우리는 당연히 동료들과 경쟁하려 욕구하며, 그렇게 하는 데서 쾌락을 얻는다(아마도 이것은 일반적으로 용기 있는 행동들의 명백한 고통에 관한 문제에 대한 효과적인 답변일 것이다). 그러나 만약 경쟁하려는 욕구가 무분별한 공격성과 지배력의 추구를 의미한다면, 결과는 쾌락이 아니라 고통일 것이다.

플라톤은 덕이 쾌락적이기 때문에 좋다고 주장하지 않으며, 또한 그렇게 주장할 수도 없었다는 점에 주목하는 것이 중요하다. 이것은 또다시 좋음과 쾌락을 동일시하는 것이며, 이미 탐구되었고 틀렸을 뿐만 아니라 잠재적으로 위험한 방향으로 이끌어진다고 알려진 방법이다. 쾌락 자체는 좋음도 아니다. 플라톤이 주장하는 것은 쾌락(pleasantness)이 그것을 다른 어떤 것보다 더 욕구할 만한 것으로 만드는 덕스러운 삶의 또 다른 특징이라는 것이다. 만약 우리가 모두 행복을 욕구한다면, 우리는 또한 즐거움과 쾌락을 욕구한다. 쾌락을 좋고 행복한 삶이란 개념을 구성하는 요소들 가운데 하나로 만들지 않았다면, 그것은 그리스인에게는 물론이고 우리에게도 이상한 개념일 것이다. 사실상 그리스어 단어 에우다이모니아(eudaimonia)는 영어의 '행복(happiness)'이란 단어와 의미상 중요한 차이를 갖는다. 그것은 어떤 사람의 주관적인 만족감이 아니라 그가 소유할만하다고 생각되는 무엇이든 그가 소유하는 것을 의미한다. '에우다이몬(eudaimon)' 한 사람이란 문자 그대로 '좋은 다이몬(daimon)으로 축복받은 사람', 즉 운이 좋은 사람을 말한다. 그러나 일반적으로 좋음의 소유는 그에 대한 만족감을 가져온다고 생각될 것이다. 그리고 만약 어떤 사람이 지속적으로 비참하고 불만족스럽다면, 아마도 그 자체가 그를 '에우다이몬' 하다고 말할 수 없게 만들 것이다. 플라톤은 덕스러운 삶이 사실상 가장 쾌락적이라는 일반적인 견해 정도는 인정한다. 그러나 그가 즐거움(enjoyment)을 좋은 삶에 필요한 특징으로 간주하기도 하는지는 분명하지 않다. 사실상 그의 실질적인 행보는 그와 정반대의 모습을 시사한다. 그는 덕스러운 삶의 선택이 쾌락을 언급하지 않고도 옹호될 수 있음을 함축하는 듯이 보인다. 이 점은 내가 다음에 고려할『필레보스』에서 더 명확하게 제시될 것이다.

『필레보스』

아마도 상대적으로 늦은 시기에 집필되었을 길고도 난해한『필레보스』에서, 플라톤은 쾌락과 좋은 삶의 관계에 대한 중요한 문제를 전체적으로 다시 제기한다. 이 질문이 이 장의 핵심이며, 실질적으로『필레보스』의 논증 전체가 그것과 직접 관련되므로, 나는 그 대화록에 대해 대체로 완벽한 설명을 제시할 것이다.

　시작 부분에서 프로타르코스는 "모든 생명체에게 좋은 것은 즐거움,

쾌락, 기쁨, 그리고 그것들과 조화[symphona]를 이루는 모든 것이다."
라는 견해를 옹호하고 있다. 그리고 다른 한편으로 소크라테스는 다음
과 같이 주장한다.

> 지성[to phronein, 성찰, 지혜]과 사고와 기억, 그리고 올바른 의견과 참
> 된 추론처럼 그것들과 관련된 것들은 그것들에 참여할 수 있는 모든 것에
> 대한 쾌락보다 더 좋고 더 우월하다네. 그리고 만약 그것들이 그것들에 참
> 여할 수 있다면, 그렇게 하거나 하게 될 모든 것에 대해 그것이 가장 유익할
> 것이네.[43]

프로타르코스는 대화록의 제목이기도 한 필레보스의 견해를 이어받
는 것으로 그려진다. 필레보스는 더 저급하고도 완전히 감각적인 쾌락
을 대표하는 듯이 보인다. 그의 여신은 아프로디테이며,[44] 나중에 그는
노예 소년의 직업과 아주 미묘하게 동일시되는 것처럼 보인다.[45] 그가
논의에서 빠진 것은 아마도 우리가 근본적으로 관심을 가질 것이 그런
종류의 쾌락이 아니라는 표시일 것이며, 반면에 그와 마찬가지로 그가
논의 현장에 계속 남아 있는 것은 논의가 어디로 나아가는가에 대한 암
시이다. 그것은 쾌락 전반에 대한 냉철하고도 차분한 논의가 되며, 그
것에 오명을 안겨주는 떠들썩한 것들을 대체로 배제할 것이다.

소크라테스는 그 논의가 "영혼의 어떤 상태가 모든 사람들에게 행복

---

43   11bc.

44   10b.

45   또는 그 대신에 그처럼 아주 미묘하지는 않지만, 46ab(비교: 『고르기아스』 494c-
e). 만약 플라톤이 자기 대화록의 (주요) 제목들을 붙인 것이라면(Tigerstedt, 1977,
111쪽), 이 경우에 프로타르코스보다 필레보스를 대화록의 제목과 동일한 등장인물로
선택한 이유에 대해 생각해볼 필요가 있다.

한 삶을 부여하는 힘을 갖는가?"에 대한 것이라고 말한다.[46] 그는 그것이 '지성'이라고 말하며, 프로타르코스는 그것이 쾌락의 향유라고 말한다. 그러나 그 두 가지보다 우월한 제3의 어떤 상태가 있을 가능성이 제기되며, 그것이 사실임이 밝혀질 것이다. 즉, 지성과 쾌락이 혼합된 삶은 서로에 배타적으로 의존하는 삶보다 우월하다는 것이다. 그렇지만 쾌락에 대한 중요한 개념적 내용이 먼저 만들어진다.

쾌락은 모든 쾌락적인 것들이 쾌락적인 한에 있어서 하나이지만, 쾌락(즉, 향유된 것)의 한 가지 유형이 다른 것과 같지 않거나 또는 상반된 한에 있어서 그것은 또한 다수라고 소크라테스는 말한다. 처음에 프로타르코스는 이 견해에 반대한다. 그는 또한 소크라테스가 그로부터 끌어내리려고 노력하는 또 다른 추리, 즉 그렇기 때문에 우리가 좋은 쾌락과 나쁜 쾌락을 구분할 수 있다는 추리에 반대한다. 프로타르코스가 그런 움직임을 거의 수용하지 않는 이유는 그가 좋음과 쾌락이 동일하다는 입장을 취하고 있기 때문이다. 그러나 그는 쾌락이 하나인 동시에 다수라는 기본적인 내용을 수용하라고 설득된다.

그러나 뒤에 가서 소크라테스는 이런 종류의 진술이 문제가 있다고 지적한다. 그 문제는 생성되고 소멸하는 것들이 어떻게 하나이자 다수(one and the many)일 수 있느냐에 대한 문제가 아니다. 진정한 문제점은 사람, 소, 아름다움, 좋음과 같은 단일체(henades, monades, unity)들을 상정할 때 제기된다. 그런 단일체들이 실제로 존재한다고 가정**해야** 하는가? 만약 그렇게 하는 것이 옳다면, 많은 것들이 그것들 각각에 대해 참일 것이다. 그렇다면 어떻게 그것들이 하나일 수 있는가? 또한 그것은 존재하는 것들로 분리되거나 또는, 가능성은 별로 없지만,

---

46   11d.

각각의 내부에 전체로서 존재해야 한다. 여기에서 『파르메니데스』의 첫 번째 부분과의 연결은 아주 명백해 보인다. 그러나 그 구절의 그리스어가 왜곡되었을 가능성이 있으며(여기에는 분명히 우여곡절이 있다), 또한 제공된 해석이 유일하게 가능한 해석은 아니라는 점이 인정되어야 한다. 하나와 여럿의 문제에 접근하는 방법을 소개하는 다음 구절[47]은 우리를 더욱더 깊은 물속으로 끌어들인다.

"전문적 지식[techne]과 관련된 모든 것의 발견에 책임이 있는" 방법은 프로메테우스에 의해 "가장 밝은 종류의 불과 함께" 인간에게 부여되었던 것이다. 우리보다 신들에게 더 가까웠던 고대인들에 의해 전해진 이야기에 따르면, "언제든 존재한다고 말해지는 것들은 하나와 여럿에 의해 구성되며, 그것들에 내재하는 제한[peras]과 무제한[apeiria]을 갖는다." (제한과 무제한이라는 한 쌍의 용어들은 피타고라스 이론에서 빌려온 것으로서, 그 기원은 선사시대가 아니라 기원전 6세기쯤이라 말할 수 있을 것이다. 아마도 피타고라스 자신의 희미한 형체, 즉 인용문의 '프로메테우스'와 더불어 시작되었을 피타고라스학파는 세계 내의 각 사물이 '무제한적인' 또는 '무규정적인' 기체(substratum) 위에 '제한적인' 또는 수학적인 형상을 부과함으로써 나왔다고 보았다. 현재의 맥락에서 플라톤은 이 견해를 자기만의 특별한 용법을 만든 것처럼 보인다. 나중에 그는 그것을 그것의 최초 형태와 더 가까운 어떤 것으로 사용한다.) '고대인들'의 이야기는 계속된다. 사물들이 이런 방식으로(즉, 하나와 여럿으로 구성되었고 등등) 배열되었기 때문에,

---

47   16b 이하.

우리는 각각의 사물과 관련하여 단일한 특징[idea]을 상정하고 또한 (그곳에서 그것을 찾을 것이기 때문에) 그것을 조사해야 한다. 그런 뒤에 우리는 어쨌든 둘이 있는지, 그리고 그렇지 않다면 셋이나 다른 어떤 수의 것들이 있는가를 탐구하고, 최초의 것이 하나의 것이자 다수의 것들이며 또한 무제한한 수의 것들이라는 것뿐만 아니라 그것이 얼마나 많은 수의 것들인가를 보는 때가 될 때까지, 그것들 각각을 다시 동일한 방식으로 다루어야 한다. 우리가 그것의 수, 즉 하나와 무제한 사이에 있는 수를 전체적으로 볼 때까지, 무제한한 것의 특징[idea]이 다수성에 적용되어서는 안 된다. 그리고 우리는 전체 모음에 속하는 각각의 것[to hen hekaston ton panton]을 무제한의 일부가 되게 하고 그것에 안녕을 고하도록 해야 한다.

오늘날 전문가들을 괴롭히는 문제는

그들이 그것을 어떤 방식으로 우연히 발견하든, 그들은 자신들이 해야 하는 것보다 더 빠르고도 더 느리게 하나와 다수의 것들을 만들고[또는 그들은 하나를 ... 또한 다수의 것들을 만들고], 하나를 만든 뒤에 [그들은] 무한히 많은 수의 것들을 즉시 [만들며] [또는 "하나를 만든 뒤에 즉시 무한히 많은 수의 것들에게 (그것들이 전달하며)"], 또한 중간의 것들은 그것들을 벗어난다는 것이다. 그리고 이것들이 우리가 서로 문답식으로 이야기하는 것과 토론식으로 이야기하는 것을 구분하는 특징들이다.

그런 뒤에 소크라테스는 피타고라스의 이론에서 중요한 역할을 했던 음악과 관련하여, 그리고 목소리를 표현하는 문자들과 관련하여 서술했던 방법을 설명한다.

이 난해한 구절의 기본적인 의미는 다음과 같이 보인다. 즉, 음악이

나 음성 또는 그와 비슷하게 지식의 단일한 테크네(techne)나 영역의
주체인 다른 어떤 것처럼 '언제든 존재한다고 말해지는 것들'⁴⁸을 예로
들어보자. 그 영역에서 지식의 습득은 우리가 그 내부의 하나와 여럿을
동일시하는 데 달려 있을 것이다. 즉, 무한히 많은 사물의 사례들을 그
것들의 유(genus)로 묶고, 그 유를 그것의 종(species)들로 분리하는
데 달려 있으리라는 것이다. 무한히 많은 사례들이 하나와 여럿에 의해
특징지어지는 한에 있어서 '제한(limit)'은 '무제한(unlimitedness)'과
공존한다. (이 해석에 따르면 플라톤은 최소한 여기에서는 피타고라스
의 이론에 대한 언급이 우리에게 생각하도록 만드는 '개별자들의 형
성'에 대해 이야기하지 않으며, 몇몇 사람들이 주장하듯이 '형상들의
구성'에 대해서도 이야기하지 하지 않는다. 각각의 경우에 하나와 여
럿을 구성하고 '그 내부에 제한과 무제한을 갖는 것'이 바로 그 사물
전체이며, 그것의 구분에 앞서 테크네가 연구하는 대상이다. 이 단계에
서 형상과 개별자의 모든 구별은 아무런 관계가 없다. 만약 어떤 존재
론적인 가설이 만들어진다면, 그것은 현재 논의되는 구분 과정 이후에
나 만들어질 것이다.) 위 구절에서 직접 인용한 마지막 문장의 번역에
나타난 '전문가들'이 저지르는 오류들은 분명히 (a) 그들이 하나의 동
일시를 너무 서두르는 한편(그것을 적절히 이해하려 하지 않는다) 다
수의 동일시를 너무 지체한다는 것이며(다수를 소개조차 하지 않는
다), 또한 (b) 그들이 하나로부터 무제한적인 사례들의 다수성으로 곧
장 비약함으로써 중간의 것들을 놓친다는 것이다(이것은 첫 번째 비판
에 포함된 두 번째 지적을 표현하는 또 다른 방법처럼 보인다). 프로타

---

48 이것은 아마도 "…와 같은 그런 것이 있다는 것을 우리가 인지하는가?"라고 질문
함으로써 탐구를 시작하는 소크라테스(즉, 플라톤의 소크라테스)의 버릇에 대한 언급
일 것이다.

르코스가 쾌락을 다양한 유형들로 구분하기를 거부할 때, 그가 저질렀던 오류가 바로 두 번째 것이다. 소크라테스는 구분이 되어야만 한다고 주장하는데, 그것이 어떻게 가능한가?

그러나 그는 이 문제에 도달하자 이제 다른 경로로 진행한다. 그는 깨어있거나 꿈을 꿀 때 예전에 들었던 어떤 주장들, 즉 지성이나 쾌락이 좋음이 아니라 제3의 어떤 것이라는 취지의 주장들을 기억한다고 주장한다.[49] 만약 이것이 옳다면, 어쨌든 쾌락에 대한 보상은 거부될 것이며, 따라서 그들은 앞에서 서술했던 그런 방법을 필요로 하지 않을 것이다. (그러므로 공식적으로는 소크라테스가 소개하고자 하는 좋은 쾌락과 나쁜 쾌락의 구분에 대한 정보도 갖고 있지만, 쾌락의 다양한 형상들 또는 유형들이 있다는 주장이 우리에게 남겨져 있을 뿐이다.) ('지성'이 나뉘어진 '형상들'의 일부인) "사고, 기억, 지식, 그리고 참된 의견"이 혼합되지 않고는 누구도 현재나 과거 또는 미래에 쾌락을 인식할 수 없으므로, 쾌락 그 자체가 좋은 삶에 충분하지는 않다. **그런** 종류의 삶은 결코 인간의 삶이 아니라 해파리의 삶일 것이다. 쾌락과 고통에서 완전히 분리된 지성의 형상들도 그 자체로서 충분하지 않다. 최소한 프로타르코스는 그렇게 말하며, 모두가 자신에게 동의하리라고 주장한다. 쾌락과 지성이 혼합된 삶은 그 가운데 하나만 있는 삶보다 더 좋을 것이다. 그러므로 좋음은 쾌락일 수가 없으며, 또한 그것은 지성일 수도 없다고 프로타르코스는 주장한다. 그러나 소크라테스는 여기에서 한 가지 제약을 끌어들인다. 만약 순수하게 지성적인 삶이 불완전하기 때문에 인간을 위해 선택할 만한 가치가 없다면(식물이나 동물이나 또는 인간의 좋은 삶은 '충분하고', 완전하고 또한 욕구할 만한

---

49   20b.

것이라고 말해진다),[50] 아마도 그것은 '참되고 신성한 마음[nous]'을 위해 선택할 만한 가치가 있을 것이다. 여전히 그는 자신이 사고[nous] 를 위해 혼합된 삶의 승리를 '아직(not yet)'[51] 주장하고 있지 않다고 말한다. 문제는 무엇이 이등상을 받아야 하는가에 대한 것이다. 이 상은 혼합된 삶을 좋은 것으로 만드는 역할을 한 것에 수여될 것이다. 그리고 "혼합된 삶을 선택할 만한 가치가 있는 것인 동시에 좋은 것으로 만드는 것이 무엇이든 그것과 좀 더 밀접하게 연결되고 그것과 좀 더 비슷한 것"은 쾌락이 아니라 사고라는 것이 소크라테스의 주장일 것이다. 그는 쾌락이 일등상이나 이등상은 물론이고 삼등상조차 받지 못할 것이라 생각한다.

그는 자신의 견해를 구축하기 위해 새로운 무기들을 필요로 하지만, 일부는 전과 동일할 것이다. 존재하는 사물들이 네 가지 '형상들 [forms, eide]' 또는 사물의 집합들(classes)로 나뉜다. 먼저 '신[ho theos]'이 우리에게 보여줬던 '무제한'과 '제한'이 두 집합이고, 이 둘의 결과물이 세 번째 집합이며, 마지막으로 이 둘의 결합에 책임이 있는 것이 네 번째 집합이다.[52] 더 뜨겁고 더 차가운 것, 더 마르고 더 축축한 것, 더 많고 더 적은 것, 더 빠르고 더 느린 것이 ("난해한 동시에

---

50   22b.

51   22c.

52   플라톤은 '신'과 '신들'이라는 표현을 구분 없이 사용하는데, '신'은 집합명사의 지위를 갖는 어떤 것임을 보여준다. 우리는 그것에 일종의 유일신적 지위를 부과하는 것을 분명히 조심해야 한다. 자세히 살펴보면, 여러 가지 점에서 『티마이오스』의 창조신은 유대교나 기독교의 신과 다르지 않아 보인다. 그러나 그의 피조물들 가운데는 자연적인 우주에서 살아가는 다른 신들도 있다(라이프니츠는 천사들을 말했다. Patrick Riley, 'An Unpublished Lecture by Leibniz on the Greeks as Founders of Rational Theology: Its Relation to his "Universal Jurisprudence"', *Journal of the History of Philosophy*, 14 [1976]). 일반적으로 플라톤의 신학은 악명이 높을 정도로 유연하다.

논란의 여지가 있는 주제인") '무제한'의 집합 가운데 열거되어 있다.[53] 그것들의 공통된 특징은 "더 많고 더 적다"는 것이다. 달리 말해서, 그 집합은 연속체들(continua)로 표현되는 상반자들의 쌍들로 구성된다. 이 연속체들은 무한히 연장되기 때문에 '무제한적'이다. 뜨거운 어떤 것(즉, 다른 어떤 것보다 더 뜨거운 것)을 예로 들자면 항상 더 뜨거운 어떤 것이 있을 것이며, 차가운 어떤 것에 대해서도 마찬가지이다. 다른 한편으로, '제한'의 집합은 "먼저, 동등한 것(the equal)과 동등성(equality), 그리고 동등한 것 다음에는 두 배의 것, 그리고 수(number)와 관련된 수인 모든 것 또는 양(measure)과 관련된 양인 모든 것"으로 구성될 것이다. 이 모든 것들은 "서로 불일치하는 상반된 것들을 없애고, 수를 소개함으로써 그것들을 적합하고[commensurate] 조화롭게 만드는"[54] 것들이다. 처음의 두 가지를 올바르게 결합함으로써 얻어지는 이러한 세 번째 집합에 속하는 것들의 예들은 건강, 음악, 그리고 좋은 날씨이다. 적절한 수와 비율의 소개는 "지나치게 많고 무제한적인 것을 제거하고, 적당하고[emmetron] 적합한 것을 산출한다."[55]

여기에서 우리가 보고 있는 것은 분명히 빙산의 일각에 불과하다. 표면 밑에는 아마도 심각한 수학적 개념들,[56] 그리고 그것들과 관련된 형상들에 관한 또 다른 생각들이 함께 숨어 있을 것이다.[57] 그러나 여기에서 소크라테스는 자신의 분석을 대체로 피상적으로만 이용한다. 쾌락과 충족 자체는 제한을 포함하지 않는다(이것은 당연히 필레보스가 열

---

53   24c.
54   25a-b, d-e.
55   26a.
56   이것들의 일부를 재구성하는 것이 가능한가에 대해서는 Gosling(1975) 참조.
57   아래 198-199쪽 참조.

렬히 환영했던 개념이다). 그것들의 특징(즉, 쾌락들로서의 특징)이 유지되기 위해서, 그것들은 (a) 그것들에 부과된 노모스(nomos), '관습' 또는 '법률', 그리고 질서(taxis) 형태의 제한을 요구한다. 이것은 지금까지 고려되지 않았던 사물들의 네 번째 집합을 끌어들인다. 이 집합은 세 번째 집합의 결합을 야기하는 원인이다. 네 번째 집합은 사고, 지성, 그리고 지식의 범주에 속한 것들로 구성되는 것으로 밝혀진다. 이런 움직임은 자연 전체를 언급함으로써 획득된다. 그것의 가시적 질서(kosmos)는 단지 정신(nous, 마음) 작용들의 결과에 불과할 것이다. ("우리 조상들이 믿었듯이") 세계 자체가 지성적 존재임을 보이려는 논증이 시작된다. (이 '조상들'이 누구를 가리키는지 분명하지 않다. 그 개념 자체는 분명히 세계에 대한 전통적인 신화적 견해의 일부를 구성하지 않는다. 아낙시메네스나 헤라클레이토스와 같은 초기 철학자들일 가능성이 더 크다.) 그러나 우리는 우주의 부분들이자 소우주들이다. 그러므로 (소크라테스가 함축하듯이) 우리 자신과 우리 욕구의 통제는 우주적 질서의 연장에 불과하다.

그렇다면 지성은 네 번째 범주에 속하며, 두 번째 범주의 쾌락 '그 자체'는 무제한의 범주에 속한다. 다음으로 우리는 "각자가 어디에서 발견되고 어떤 경험을 통해 생성되는가"를 규명할 필요가 있다.[58] 쾌락은 고통(lype)과 함께 가장 먼저 고려되는데, 소크라테스는 그것들이 동시에 고려되어야 한다고 말하는데, 그 이유는 분명히 그가 그것들이 종종 함께 발생한다는 견해를 갖고 있기 때문이다(여기에서 그는 육체적 쾌락들 또는 육체와 관련된 쾌락들을 생각하고 있다). 그것들은 세 번째 범주의 것들 '안에서(in)' 발생한다고 말해진다. 즉, 쾌락과 고통

---

58   31b.

의 감정들이 이 범주와 관련하여 발생한다는 것이다. 고통은 (제한과 무제한의 결합인) 육체의 조화가 깨지고 있을 때 발생하며, 쾌락은 그것이 회복되고 있을 때 또는 그런 과정들이 예측될 때 발생한다.

소크라테스: 이러한 [경험들] 속에서, 각각의 유형[즉, 방해 과정과 복구 과정]은 보는 바와 같이 쾌락과 고통의 혼합이 아니라 [즉, 그 둘이 사실상 서로로부터 완전히 분리되어 발생하지 않을 것이기 때문에] 순수한 것으로 나타날 때, 즉 나는 쾌락에 관한 [질문]이 분명해지리라 생각하네. 즉, 모든 종류[genos]가 환영받는지 또는 이 [구별]이 이전에 언급되었던 종류들 가운데 다른 어떤 것에 부여될 것인지 말일세. 그리고 뜨거움과 차가움이나 그런 모든 것들처럼 쾌락과 고통에 대해서도 그런 경우에는 그것들이 환영받고, 다른 경우에는 좋은 것들은 아니지만 그것들 가운데 어떤 것들이 때때로 좋은 것들의 성질을 획득한다네.

프로타르코스: 지금 탐구되는 [질문]이 이런 방식으로 헤쳐 나가져야 한다는 선생님의 말씀은 전적으로 옳습니다.[59]

이런 의견 교환은 탐구의 다음 형태를 결정한다. 우리는 두 가지 과정의 유형들을 각각 살펴보아야 하며, 쾌락이 단적으로 욕구할 만한 것인지 아닌지를 발견하는 수단으로 그것을 사용해야 한다. 현재 고찰되고 있는 쾌락들, 즉 고통들과 관련하여 발견된 쾌락들 가운데 어떤 것도 '순수'하거나 또는 '참'일 가능성이 없으며, 따라서 다수가 사실상 바람직하지 않다는 사실이 밝혀질 것이다. 욕구할 만한 것들은 인간인 우리에게 자연스러운 것들이다. 그러나 소크라테스는 자신의 신성한

---

59   32c-d.

체계(paradigm), 즉 쾌락의 때가 전혀 묻지 않은 순수한 사고의 삶을
여전히 염두에 두고 있다.[60] 우리 자신의 조건, 즉 우리가 지속적으로
비우고 또한 채우고 회복할 필요가 있는 조건에 관한 본질적으로 불완
전한 어떤 것이 있다.

　소크라테스는 육체의 조화가 불안한 과정을 먼저 선택한다. 예를 들
어, 어떤 사람이 갈증을 느끼는 경우이다. 이 과정은 고통스러운 과정
이다. 그러나 사실 이 경험은 항상 물을 마실 수 있다는 기대감, 즉 이
전에 충족되었던 기억에서 나온 기대감으로 인한 쾌락을 수반한다. 이
처럼 사람의 영혼은 고통과 쾌락을 동시에 느낄 것이다. 왜냐하면 갈
증, 배고픔, 또는 다른 어떤 것을 느끼는 것은 육체가 아니라 영혼이기
때문이다.[61] 쾌락들이 그것들의 참과 거짓에 의해 구별될 수 있다는 것
이 발견된다. 미래에 대한 거짓된 판단들은 거짓된 희망들을, 그리고
거짓된 희망들은 거짓된 쾌락을 우리에게 가져올 수 있다. 악한 사람의
영혼들은 그런 거짓된 쾌락들로 가득하다고 소크라테스는 주장한다.[62]
이 점은 즉각적으로 『국가』의 논증을 떠올리게 한다. 사실상 대화록 전
체가 그렇지는 않을지라도, 최소한 전체적인 맥락은 그곳에서 논의했
던 것을 은연중에 계속 가리키고 있다. 따라서 다음과 같은 결론이 나
온다. 판단이 우리의 쾌락(또는 우리의 고통)을 그 자체의 거짓됨으로
오염시키듯이, 바로 쾌락과 고통의 병렬적인 배치는 우리의 판단, 즉
그것들의 정확성에 관한 우리의 판단을 왜곡시킬 수 있다. 그렇게 되면
신체적 쾌락들이 고통과 섞이기 때문에 '순수하지 않을' 뿐만 아니라
우리가 그것들에 대해 실수를 할 수도 있다. 동일한 가능성에 대한 또

60　33a-b.
61　35d.
62　39e 이하.

다른 설명은 사람들이 쾌락도 느끼지 않고 고통도 느끼지 않는 중립상
태를 가장 쾌락적인 것이라고 말하는 것을 우리가 종종 듣게 된다는 사
실이다.[63] 쾌락을 즐기는 것이 고통을 느끼지 않는 것과 다른 어떤 것이
라면, 그들이 분명히 틀린 것이라고 소크라테스는 말한다. 그러나 아마
도 두 가지 대안만이 가능할 것이다. 즉, 고통을 느끼는 것과 고통에서
벗어나는 것이다. 전자는 악이며, (악에서 벗어나는 것이기 때문에) 그
자체로서 좋은 것인 후자는 쾌락이라고 불린다. "자연과 관련된 것들
에 대해 매우 영리하다고 말해지는"[64] 어떤 사람들(즉, '자연과학자
들')은 쾌락과 같은 그런 것이 있다는 것을 사실상 거부했다고 그는 덧
붙여 말한다. 우리가 이해할 수 있는 한, 그들의 주장은 이렇게 진행한
다. 어떤 것을 검토함에 있어서, 우리는 그것의 본질적 특징들을 가장
잘 보여주는 사례들을 선택해야 한다. 쾌락의 경우에, 그것과 관련된
사례들은 가장 강력한 쾌락들일 것이다. 그러나 이것들은 육체적 쾌락
들이라고 말해지며, 이른바 육체적 쾌락들은 모두 '고통으로부터의 탈
출(flights from pain)'에 불과하다.

　소크라테스 자신은 이런 입장을 받아들이지 않는다. 그는 『국가』에
서 육체적 쾌락들에 대한 그런 어떤 견해를 거의 받아들일 뻔했는데,
이제 그것은 그가 (또는 오히려 플라톤이) 궁극적으로 어디에 서 있는
가를 분명히 보여주고 있을 뿐이다. 우리가 그런 육체적 쾌락들에 대해
다른 어떤 이야기를 하더라도, 그것들은 여전히 쾌락들로 간주된다. 그
러나 우리는 위에서 언급된 '과학자들'이 아카데메이아 자체 내에 있
는 진정한 개인들의 집단일 가능성을 배제해서는 안 될 것이다. 아리스

63　43d.

64　44b.

토텔레스가 플라톤이 기술한 입장을 직접 언급하지 않을지라도, 그의 증거는 아카데메이아의 다양한 구성원들 사이에서 쾌락이라는 주제에 대한 활발한 논의가 있었음을 보여준다. 『필레보스』 전체가 그 논의에 대한 기고문이었을 수도 있다. 플라톤이 프로타르코스의 것으로 간주하는 견해, 즉 쾌락이 좋은 것이라는 견해를 아리스토텔레스는 특히 수학과 천문학 분야에서 탁월한 인물이었을 뿐만 아니라 최소한 아카데메이아와 관련되었던 인물인 에우독소스의 것으로 간주한다. 『니코마코스 윤리학』 VII권과 X권에 나타난, 쾌락에 대한 아리스토텔레스 자신의 논의는 동일한 논쟁이 지속되고 있었음을 보여준다. 스토아학파, 에피쿠로스학파, 그리고 다른 사람들도 여전히 그것을 지속했다. 쾌락의 본성에 대한 질문과 좋은 삶에서 그것의 위치에 대한 질문은 그리스 철학의 지배적인 주제들 가운데 하나가 되었다.

어쨌든 소크라테스는 '과학자들'의 입장을 거부한다. 그가 테크네를 그 주제에 적용하기 때문에 그런 입장이 나오는 것이 아니라 (쾌락의 힘에 대한 과도한 증오감 때문에) 비열하지 않은 기질에 속하는 '어떤 혐오감'에서 나온다고 말한다.[65] 그러나 그는 그 주장의 한 가지 측면을 선택할 것이다. 그들과 마찬가지로, 그는 가장 강력하다고 생각되는 그런 쾌락들을 고려할 것이다. 그가 두 가지 과정 가운데 두 번째 것을 고려하기 시작하는 것이 아마도 이곳일 것이다. 이 경우에도 쾌락과 고통은 돌이킬 수 없을 정도로 서로 뒤섞인 것으로 나타난다. 모든 쾌락 가운데 가장 강력한 것들을 즐기는 듯이 보이는 사람들, 즉 육체적으로 아픈 사람들, 영혼들이 좋지 않은 상태에 있는 사악한 사람들은 건강하지 못한 사람들이다. 그런 경우에, 쾌락과 고통이 육체적이든 또는 (기

---

[65]   44c.

억과 예측에서 일어나는 쾌락과 고통이) '영혼에'만 있든, 혼합은 때때로 그것들의 상태가 쾌락 가운데 하나인지 고통 가운데 하나인지 분명하지 않은 그런 것이다. 다시 말해서, '정신적' 쾌락은 육체적 쾌락과 섞일 수 있으며, 그 반대의 경우도 가능하다.

소크라테스는 혼합된 쾌락들에 대한 논의를 또 다른 사례, 즉 비극과 희극을 보면서 우리가 얻게 되는 그런 종류의 쾌락을 통해 마무리한다(아래 6장 참조). 그런 뒤에 그는 혼합되지 않은 쾌락들로 나아가야 한다고 말한다.

> 왜냐하면 나는 모든 즐거움들이 고통으로부터의 해방이라고 말하는 사람들에게 그다지 설득되지 않지만[즉, 전혀 설득되지 않지만: ou panu pos], 내가 말했듯이, 나는 그것들(쾌락들—옮긴이)을 "어떤 점에서도 쾌락들이 아니지만 단지 그런 듯이 보이는 것들"과 "크고도 많다고 생각되지만, 사실상 육체와 영혼의 두 가지 측면에서 모두 고통과 가장 큰 고통의 완화로 뒤섞여 불편한 상태인 것들"을 보여주기 위한 증거물들로 이용한다네.[66]

혼합되지 않은 쾌락의 사례들은 단순한 형태들(즉, 기하학적 형태들), 색깔들과 소리들과 관련된 것들, 다른 어떤 것과 관련된 것이 아니라 그 자체로서 아름다운 그런 것들, 그리고 이것들이 배움에 대한 어떤 고통스러운 갈망을 수반하지 않는다는 데 우리가 동의하는 한에 있어서 배움(mathemata)의 분야들과 관련된 쾌락들이다. 혼합되지 않은 쾌락들은 참된 것들이다. 어떤 것의 더 참된 사례는 그와 관련된 더 많은 양적 특징을 보여주는 사례가 아니라 더 순수한 형태를 보여주는

---

66   51a.

사례이다. 순백색의 작은 영역이 다른 색깔과 섞인 흰색의 넓은 영역보다 더 희고 더 순수하고 더 참되듯이, 작은 쾌락이 고통과 혼합된 큰 쾌락보다 더 쾌락적이고 더 참되고 더 순수하다.[67] 다음은 육체적 쾌락들에 대한 또 다른 주장이다. (앞에서 언급했던 '영리한' 사람들과는 분명히 다른 형태인) '교묘한(subtle)' 어떤 사람들은 쾌락이 "항상 생성[genesis]의 과정"이라고 말한다. 즉, 그것은 어떤 것의 생산으로 끝나는 과정이라는 것이다. 그러나 모든 생산의 과정에서 좋은 것으로 분류되는 것은 생산물 자체이다. 과정 자체는 단지 수단에 불과하며, 그 자체로서 욕구되지 않는다. 만약 그렇다면, 쾌락은 그 자체로서 좋은 것일 수 없으며,[68] 그것은 또한 방종한 삶의 선택을 아주 어리석은 것으로 만든다. 어쨌든 (쾌락을 느끼는 것은 영혼이기 때문에) 가치를 영혼에만 연결하고, 용기나 절제 또는 마음, 또는 영혼이 관여하는 다른 어떤 좋은 것들이 아니라 쾌락에만 허용하는 것은 어리석다. 그리고 가장 좋은 덕을 갖고 있을지라도 고통을 겪는 사람은 나쁘며, 반면에 마음껏 즐기는 사람이 더 좋으며, 또한 더 큰 쾌락을 가지면 가질수록 더 잘 즐긴다는 입장을 취하는 것도 어리석다. 논의가 꼬리에 꼬리를 물면서 이어지지만, 결론은 명백하다.[69]

따라서 우리는 가장 순수한 형태의 쾌락을 안다. 이제 우리는 두 경쟁자들의 가장 참된 부분들이 서로를 통해 판단될 수 있도록 가장 순수한 형태의 '사고와 지식'을 발견할 필요가 있다.[70] 예를 들어, 순수한 산술(arithmetic)이 그에 상응하는 실용적 산술보다 더 정확하듯이, 지

---

[67] 53b-c.
[68] 54d.
[69] 가장 끝의 지적 사항은 『고르기아스』 495c 이하를 가리키고 있다.
[70] 56c.

식의 어떤 형태들은 다른 것들보다 더 정확하다. 참된 지식은 "그 안에 혼합된 것이 거의 없고, 변화 없이 항상 동일한 어떤 것이거나 또는 그런 것과 가장 밀접하게 관련된 것"을 다룬다.[71] (여기에서 사물들의 첫 번째 범주가 형상들로 보인다. 최소한 그것들에 대해 사용된 언어는 형상들에 대해 일반적으로 사용된 것과 동일하다. 두 번째 범주의 구성요소는 덜 분명하지만, "하늘에 있는 것들"이 그 후보일 가능성이 있는 것처럼 보인다.[72])

끝으로 우리는 좋은 삶이라는 주제로 돌아간다. 이것은 '지성'과 쾌락이 혼합된 삶이며, 이것들 가운데 어떤 것도 그 자체로서 "모두에게 완전하고 바람직한 것, 그리고 절대적으로 좋은 것"도 아니라는 데 동의했었다.[73] 우리의 삶에 이런 특징들을 부여하는 혼합은 분명히 가장 참된 쾌락의 형태와 지식의 형태를 함께 가져온다. 따라서 우리에게는 "정의와 다른 모든 것"에 대한 이해 능력, 그리고 이와 함께 하는 추론 능력이 필요할 것이다.[74] 그러나 프로타르코스는 일상적인 삶의 실용적이거나 다른 요구들을 충족시키기 위해서는 더 적은 형태의 지식을 덧붙일 필요가 있다고 주장한다. 우리는 그와 마찬가지로 다른 종류의 쾌락들도 필요로 할 것인가? 영혼을 방해하고, "우리의 [조화로운 전체인] 출생을 방해하며, 또한 무지를 통한 망각을 창조함으로써 우리의 자손[즉, 사고와 추론]이 생성되자마자 그 대부분을 모두 파괴하는" 가장 크고도 가장 강력한 것들을 필요로 하지는 않을 것이다. 우리는 순수한 쾌락들에 다음과 같은 것들을 혼합해야 한다.

---

71   59c.
72   아래 8장 참조.
73   61a.
74   62a.

건강과 절제에 결합된 것들, 그리고 특히 신의 보조물들처럼 모든 덕의 보조물들로 생성되며, 또한 모든 면에서 그것을 뒤따르는 모든 것들을 함께 [혼합해야 한다네]. 그러나 우리가 가장 순수한 혼합과 조합, 즉 가장 덜 분열된 것을 보고자 한다면, 지성의 결핍[aphrosyne, '지혜의 결핍', '어리석음']과 다른 모든 사악함으로부터 나오는 그런 쾌락들을 사고와 혼합하는 것, 그리고 사람과 모든 [우주] 내부에서 본성적으로 좋은 어떤 것과 신성한 것으로 존재하는 어떤 특징[idea]을 발견하려는 노력은 분명히 아주 비이성적이라네.[75]

『필레보스』의 논의가 그 논의를 궁극적으로 지배하는 단일한 지혜의 덕에 대한 것이 아니라 모든 덕들에 대한 것임을 마침내 승인한다는 점에서, 이 인용문은 특히 중요하다. 다른 초기 대화록들에서 그렇고, 『법률』에서도 그렇듯이, 지혜는 단지 대표적인 덕에 불과하다.[76] 『고르기아스』에서는 이런 역할이 '절제'에 부여되며, 『국가』에서는 '정의'에 부여된다. 그러나 여기에 포함된 다른 어떤 진정한 변화는 없다. 만약 다른 덕들이 지혜와 지식의 존재를 필요로 한다면, (저급한 충동들에 대한 통제인) 절제와 (영혼 내부의 모든 요소들의 고유한 기능인) 정의는 또한 지혜의 충분조건들이다. 사실 모든 덕들은 서로 상대방을 함축한다.

　따라서 우리는 좋은 삶에 대한 청사진을 갖게 된다. 그것의 좋음은 어디에 있는가? 어떤 혼합을 좋은 것으로 만드는 것은 '기준(measure), 그리고 균형의 본질(nature of commensurable)', 훌륭함(fine-

---

75　63d-64a.

76　631c-d.

ness), 그리고 진리가 있기 때문이다. 훌륭함을 말하는 이유는 기준이 훌륭함(그리고 아레테, 탁월성 또는 덕)을 구성하는 것이기 때문이며, 또한 진리를 말하는 이유는 좋은 것이 된다는 것이 참되게 또는 진정으로 그것이 되려 했던 것으로 되는 것이기 때문이다. 쾌락은 그 세 가지점에서 모두 사고와 지성보다 더 멀리 좋음으로부터 떨어져 있다는 것이 발견되며, 결국 다섯 번째 상(쾌락, 즉 지식과 감각 모두의 '순수한' 쾌락들의 형태를 지닌 쾌락)을 받는다. 첫 번째 상은 기준 자체와 그것에 관련된 다른 것들이고, 두 번째 상은 '균형 잡히고' 훌륭한 것, 즉 완전하고 충분한 것과 그 외의 것(아마도 기준에 의해 묘사된 어떤 것으로서의 좋은 삶 자체를 포함하게 될 범주)이며, 세 번째 상은 사고와 지성이고, 또한 네 번째 상은 "다양한 지식[epistemai]들과 기술들[technai]과 우리가 옳다고 했던 의견들"이다.[77] "소와 말과 다른 모든 야생동물들이 즐거움을 추구함으로써 그것을 지지할지라도", 쾌락은 결코 승리하지 못할 것이다.[78] (아리스토텔레스는 에우독소스가 그런 어떤 논증을 사용했다고 하는 반면에, 플라톤은 '다수의 사람들'을 언급한다.)

　나는 많은 어려운 문제들을 피해왔다. 하지만 그럼에도 나는『필레보스』의 다채로움과 복잡함을 제대로 보이고, 또한 그것의 참된 주제들에 대한 적절한 시각을 제시했기를 희망한다. 쾌락이 좋은 삶의 구성요소이며, 따라서 그것 없이는 좋은 삶이 불완전하리라고 적극적으로 주장한다는 점에서,『필레보스』는『국가』보다 한 단계 더 나아간다. 인간인 한에 있어서, 우리는 즐거움이 없이 살아가길 선택하지 않을 것이

77　66b.

78　67b.

다. 그러나 그렇게 되면 좋은 삶을 욕구할 만한 것으로 만들어주는 것
이 쾌락 그 자체라고 주장하는 것이 가능해질 것이며, 또한 좋은 삶을
구성하는 행동들의 종류에 대한 플라톤의 견해를 결정하게 될 것이다.
왜냐하면 그 행동들이 가장 좋고 가장 강력한 쾌락들을 결코 제공하지
못할 것이 분명하기 때문이다. 그 쾌락들이 다른 방식으로 여전히 더
쾌락적이라고 주장되긴 하지만, 이것은 『필레보스』에서 공공연히 인정
되는 사항이다. (그런데 왜 그런 쾌락들을 제공하지 못하는가? 분명히
그렇게 하겠지만, 우리가 쾌락들의 순위를 매기는 경우에, 사실상 경험
의 질이 그것의 강도보다 더 중요한 기준이 될 것이다. 그러나 한편으
로 만약 그것들이 이미 그것들을 공유하는 성향을 갖고 있지 않다면,
문제는 우리가 선호하는 것들에 대해 다른 사람들을 어떻게 설득하느
냐에 대한 것이다.) 이것이 바로 그 대화록이 다루어야 하는 상황이다.
사실상 플라톤이 실제로 적대자들에게 응답하는 것일 수도 있지만, 그
가 또한 자기 자신의 논의에 필요하기 때문에 응답하고 있다는 점이 더
중요하다고 나는 생각한다. 그 논의에 긴급히 필요한 것이 쾌락과 좋음
의 관계에 대해 지금까지 주어진 것보다 더 완전하게 조사하는 것이며,
그것을 바로 『필레보스』가 제공해준다. 그것은 한편으로 쾌락 자체가
다른 것들 가운데 좋은 것은 아니라고 주장한다. 왜냐하면 어떤 쾌락들
은 즐거움의 조건으로 나쁜 고통을 갖기 때문이다. 다른 한편으로 좋
고, 따라서 좋은 삶의 일부를 형성하는 그런 쾌락들은 다른 어떤 것들
보다 그것에 덜 중요한 요소이다. 근본적으로 그것의 좋음을 설명하는
것이 기준의 존재와 또한 지혜와 지성의 존재이다. 이것들이 좋음에 기
준을 부여하는 데 책임이 있으며, 결국 참된 쾌락들의 즐거움이 의존하
는 것이다. 원칙상으로, 이런 것들에 대한 즐거움 자체를 최종적인 목
표로 삼지 못할 이유는 없는 것처럼 보인다. 그러나 두 가지 점에서 그

런 결론이 거부된다. 첫 번째, 육체적 쾌락의 실재성을 부정하는 그런 '영리한' 사람들처럼, 플라톤 자신은 쾌락에 지나치게 많은 영향력을 허용한다는 생각 때문에 내적 혐오감을 느끼는 것처럼 보인다. 두 번째 이자 아마도 더 중요한 것은, 대화록의 후반부에 나타나기 시작하는 오래된 그의 야망, 즉 좋은 사람을 자연의 나머지 영역에서 실현되는 하나 또는 다수의 좋음과 연결시키고자 하는 야망이 있다는 것이다. 그러한 원대한 관점에서, 우리가 고통을 느낀다는 사실과 마찬가지로 우리가 쾌락을 느낀다는 사실은 그다지 중요하지 않다. 우리가 그런 느낌들을 갖는다는 것은 단지 우리 인류의 부산물에 불과하며, 우리를 신에게 적합한 순수한 합리성으로부터 마침내 분리시키는 일의 한 부분이다.

　나는 이 장을 시작할 때 그랬던 것처럼 '좋음에 대한 탐구'로 끝내고자 한다. 플라톤에 대한 한 가지 질문이다. 본래 우리가 찾던 것은 우리에게 좋은 것이었다. 만약 좋음이 이제 한계(limit), 기준(measure), 그리고 질서(order)라는 용어를 통해 분석된다면, 이것들에 대해 본질적으로 욕구할 만한 것은 무엇인가? 신이 수학자일지라도, (비록 플라톤의 세계에서는 아마도 우리 모두가 그럴 수도 있지만) 대부분의 우리는 그렇지 않다. 플라톤의 의미에서 질서 있는 삶을 사는 것이 나를 더 나은 인간으로 만든다고 가정해보자. 그것이 나로 하여금 더 나은 인간이 되게 만들기 위해 '지불하는(pay)' 것은 정확히 무엇인가? 그것이 양으로 하여금 제단과 탁자에 적합한 통통한 양이 되도록 지불하는 것은 결코 아니다. 그러나 정신적인 건강과 육체적인 건강 사이의 중요한 유비를 토대로 하여, 개인의 좋음이 그 개인을 인류의 좋은 표본으로 만드는 것과 동일하다는 것을 우리가 인정할지라도, 좋음에 대한 계획된 탐구라는 것이 여전히 어떤 발전도 이루지 못할 것이 분명하다. (여기에서도 그것이 고기나 우유나 양모를 위해 양육되었는가에 따른 차이점은 있겠지만) 좋은 양을 판단하는 분명한 기준들이 있을 것이다. 그러나 그런 구체적인 문맥이 결여된 상태에서는 인간의 탁월성을 판단하는 그런 기준들은 없을 것이다. 플라톤은 그런 기준들을 자연에서 이끌어낼 수 있다고 생각한다. 마음과 이성이 자연의 나머지 부분을 지배하듯이, 그것들이 우리 안에 분명히 있다는 것이다. 그러나 자연으로부터의 논증은 그만큼 그에게 불리하게 작용할 수 있다. 우리는 왜 인간과 자연의 다른 부분들 사이에 있는 **차이점**을 강조해서는 안 되는가? 다양한 방향들로 여행할 수 있는 것이 우리 본성의 일부라고 말할 수 있을 것이다. 우리가 별들을 부러워하기보다 별들(또는 그것들의 영혼들)이 우리를 부러워할 것이다. 우리의 어떤 선택들이 유감스럽긴 하지만, 플라톤이 하는 방식으로 우리의 자율성을 도덕적 주체로서, 즉 우리 인간의 잠재성을 실현하지 못하도록 방해하는 불운한 사건의 일종으로 다루는 것은 상당히 왜곡된 듯이 보인다.

5

국가와 개인

덕이 인간의 목적이라는 플라톤의 신념은 모든 시기에 걸쳐 그의 정치 사상의 주된 특징인 '공상적 이상주의(utopianism)'의 근원이다. 정부의 목적은 모든 국민들의 좋음을 보장하는 것이다. 만약 그런 좋음이 덕이라면, 통치자라는 명칭을 가치 있게 만드는 통치자의 기능은 국민들을 가능한 덕스러운 사람들로 만드는 것이다. 그러나 존재하는 어떤 정부 형태도 그것을 목표로 삼지 않으며, 사실상 그 어떤 것도 그것과 양립할 수는 없다. 그러므로 모두가 거부되어야만 한다. 그런 견해를 고려할 때, 플라톤이 현실적인 정치적 삶의 문제들에 대해 실질적으로 말할 것이 전혀 없다는 것은 놀라운 일로 보이지 않는다 (『정치학』에서 아리스토텔레스는 플라톤이 이 견해를 진지하게 다루고 있다고 생각한다). 만약 현존하는 정치적 합의가 원칙적으로 잘못이라면, 그에 대한 부분적인 수정을 통해 얻어질 것은 아무것도 없다. 사실상 중요한 과제는 필요한 목표의 성취로 이어질 만한 종류의 합의를 발견하는 것이다.

이런 맥락에서 플라톤이 했던 가장 유명한 또는 악명 높은 시도는 (다음도의 작품인)『국가』에 담겨 있다. 이 장의 첫 번째 부분에서, 나는 그가 그곳에서 제시했던 해결책의 배후에 놓인 가정들에 대한 비판적인 설명을 제시할 것이다. 그런 뒤에 좀 더 짧은 두 번째 부분에서, 나는『정치가』와『법률』에 나타난 플라톤 후기의 정치적 견해들에 관해 내가 2장에서 이미 제시했던 내용을 조금 확장할 것이다.

그러나 방금 말했던 것과 관련된 몇 가지 개론적인 사항을 먼저 살펴보자. 개인의 정치적 견해들, 특히 그의 개인적 경험에서 나온 정치적 견해들의 원인들을 탐색하는 것이 아마도 자연스러울 것이며, 그렇게 하면 할수록 그 견해들은 더 열정적으로 유지된다.『일곱 번째 편지』는 플라톤에 대한 이런 접근 방식을 상당히 장려할 것이다. 왜냐하면 그것은 그의 태도를 당시 정치, 특히 소크라테스의 재판과 처형이라는 한 가지 사건에 대한 그의 반응과 명시적으로 연결하고 있기 때문이다. 그러나 (『일곱 번째 편지』를 플라톤이 집필한 것이든 아니든 관계없이) 우리는 이것을 충분한 설명으로 간주하지 않도록 주의해야 한다. I장에서 보았듯이,『일곱 번째 편지』자체는 어떤 특수한 규칙의 유형 또는 유형들뿐만 아니라 존재하는 모든 유형들에 대해서도 아무런 구별 없이 반대를 표명한다. 그러나 좀 더 중요한 고려사항은 '그가 가장 강한 반감을 갖고 있었으리라 생각되는 민주주의에 대한 그의 경우'와 '그의 사고의 다른 단면들' 간의 순조로운 결합이다. 간단히 말해서, 우리는 그 경우의 이론적 또는 (아마도 더 나은 표현으로는) **지성적** 측면을 저평가해서는 안 된다. (그것을 이론적이라고 말하는 것은 플라톤의 정치 이론들이 실천적 요소를 갖지 않는다는 것으로 잘못 이해될 수도 있다. 아래 228쪽 이하 참조.)

플라톤의 정치적 입장이 출생의 문제나 또는 그가 속했던[1] 특별한 경제 계층의 이익을 반영한다는 견해에 대해서는 말할 것이 거의 없다. 그와 동일한 경제적이고 사회적인 지위를 공유했던 많은 사람들은 민중정치의 지지자들이었다. 그리고 그 자신이 과두제 집권층의 일원은 아니었다. 사실 그가 『국가』에서 제시하는 과두제의 유형에 대한 설명은 (어떤 점에서는 그가 다소 우호적이라 생각하는) 민중정치의 유형에 대한 설명보다 조금 덜 신랄할 뿐이다. 실제로 그렇다. 플라톤은 가장 부유한 사람들이 본성적으로 가장 잘 정돈되어 있다고 주장한다.[2] 하지만 그와 동시에 그는 재산을 정치적 권력의 분배 기준으로 사용하는 것은 나쁘다고 주장한다.[3] 민중정치에 대한 그의 탐구에는 당시 아테네(대부분 기원전 4세기의 아테네)의 민중정치에 대한 자각에서 직접 추론된 듯이 보이는 일련의 요소들이 들어 있다. 예를 들어, 가난한 자들의 지도자들이 부유한 자들로부터 약탈하는 것에 대한 언급,[4] 민중정치 사회의 겉으로만 그럴듯한 '자유'의 침식에 대한 언급,[5] 그리고 그로부터 제정된 법률의 점진적인 침식으로 보았던 것에 대한 언급 등이다. 플라톤의 비판들은 그가 스파르타나 크레타의 정치체제 유형을 선호하는 데서도 볼 수 있는 보수적인 어떤 편견을 반영하고 있는 것이 분명하다. 그렇지만 그것은 그의 일반 원리들과 대체로 일관적이다.[6] 그러나 모든 열등한 국가들과 정치체제들에 대한 그의 논의에서 훨씬 더 중요한 부분은 명예나 부 또는 '자유', 또는 참주의 경우에는 단순

---

1 예를 들어, Wood and Wood(1978) 참조.
2 564e.
3 551c.
4 565a.
5 563a 이하.
6 아래 233-236쪽 참조.

한 욕망들 같은 특별한 동기들이 지배적일 때 발생할 만한 것에 대한 예측이다. 또다시 이것은 철저하게 지성주의적인 접근 방식의 표시이다. 선험적 연역은 다른 영역들에서와 마찬가지로 정치적 영역에서도 모든 종류의 경험론을 대신한다. 플라톤이 지닌 야심의 규모도 드러난다. 그는 자신의 이론들이 특별한 사회에만 관련되는 것이 아니라 현재 존재하거나 미래에 존재할 모든 사회, 그리고 그런 사회들을 구성하는 모든 개인들에 관련된다고 본다.

이와 동일한 목적의 보편성이 초기 정치학에 대한 그의 관심을 설명해준다. 사실상 개인은 불완전한 사회에서도 자기 자신을 위해 덕을 획득할 수 있을 것이다.[7] 그러나 플라톤이 궁극적으로 원하는 것은 인간성 전체의 증진이다. 그리고 우리를 올바른 방향으로 이끌기 위해서는 우리 대부분은 단순한 경고 이상의 어떤 것을 필요로 할 것이다. 우리가 구할 수 있는 도구들은 일반적으로 우리의 행동을 어느 정도 조절할 수 있는 사회의 법률들과 정치체제들이다. 본질적으로 플라톤의 정치적 제안들은 덕을, 따라서 '행복'을 효과적으로 산출하기 위해 그런 법률들과 정치체제들을 확장하고 변형하자는 것이다.

『국가』

『국가』에서 플라톤이 제시하는 정치적 제안의 핵심은 통치가 철학자들의 손에 놓여야 한다는 것이다. 통치는 하나의 기예 또는 기량(an art or science, a techne)이며, 그것은 그런 기예를 소유한 사람들의 손에 있어야만 한다. 다른 모든 영역의 전문가처럼, 전문 통치자는 최종 생

---

7   『국가』 592b.

산물이 무엇이어야 하는지, 그리고 그러한 최종 생산물이 어떻게 잘 획득될 수 있는지 알 것이다. 플라톤은 『국가』 I권에서 모든 실질적인 기술(skill)들은 그것들이 상대하는 것들에게 가장 좋은 것을 목표로 한다고 주장한다.[8] 의사의 관심 대상은 환자들이고, 양치기의 관심 대상은 양들이며, 키잡이의 관심 대상은 배의 선원들이다. 또한 통치자는 자신의 지배하에 있는 것, 즉 자신에게 종속된 시민들의 좋음(good)에 대해 관심을 갖는다. 이 좋음, 즉 덕이 무엇인가는 이성에 의해 결정될 수 있어야 한다. 그리고 그것을 획득하는 데 필요한 것들도 그로부터 다시 이성적으로 결정될 수 있어야 한다. 그러나 이성이 참된 철학자의 직분이며, 따라서 철학자들이 통치해야 한다는 것이다.

이런 견해들은 『국가』 VI권의 배에 대한 비유를 통해 가장 생생한 형태로 제시된다.[9] 그리고 내가 제시하는 설명도 그 단락으로 한정된다. 소크라테스는 이미 철학자 통치의 필요성을 주장했었다. 철학자들만이 좋음, 아름다움, 그리고 정의에 대한 적절한 지식을 가질 수 있기 때문에, 그들은 정의로운 국가의 수호자들이 될 것이다. 이에 대해, 소크라테스의 논의 상대였던 아데이만토스는 단지 잠깐 동안 교육의 한 부분으로 철학을 접했던 것이 아니라 철학과 더불어 오랜 세월을 보냈던 대부분의 사람들은 "완전히 타락할 뿐만 아니라" 아주 이상해지며,[10] 반면에 그들 가운데 가장 존경받을 만한 사람들도 그들의 국가에 아무런 쓸모가 없는 사람들로 밝혀진다고 비난한다. 소크라테스는 뒷부분의 주장을 인정하고, 철학자들이 사회에 이익을 가져온다는 자신의 주장과 그 주장이 어떻게 일치될 수 있는가를 설명하기 위해 배의

8   341c 이하.
9   488a 이하.
10   『고르기아스』에서 철학을 비난하는 칼리클레스를 비교하라(위 4장).

비유를 제시한다. 그는 "국가는 철학자들이 통치하기 전에는 악에서 벗어날 수 없을 것이다."라고 말한 적이 있는데, 이제 그 이유를 설명한다.

다수의 배들이 있는 경우이든 하나의 배가 있는 경우이든 관계없이, 이런 종류의 일이 발생한다고 상상해보세. 선주는 배 위에 있는 [다른 사람들] 누구보다도 더 크고 더 강하지만, 그는 약간 귀가 멀고 또한 약간 근시이며, 그의 항해 지식은 대체로 똑같다네. 그런데 항해술을 배운 적이 없어서 자신의 스승이나 배웠던 기간에 대해 말할 수 없으면서도 각자 자신이 항해해야 한다고 생각하면서, 선원들은 항해에 대해 서로 다투고 있지. 더구나 그들은 그것이 결코 가르쳐질 수 없다고 주장하고, 그것이 가르쳐질 수 있다고 말하는 사람들을 반박할 준비를 하고 있네. 그들은 선주의 곁으로 몰려들어 그에게 간청하기도 하고 키잡이 노를 맡겨달라고 설득하기도 하면서 자신들이 할 수 있는 모든 일을 하네. 그리고 때로는 자신들은 성공하지 못하고 다른 사람들이 더 성공적인 경우에, 그들은 다른 사람들을 죽여서 바다로 던져버리기도 한다네. 그리고는 약물이나 술 또는 다른 모든 수단을 사용하여 그 훌륭한 선주를 묶어 놓고, 그리고 배에 있는 모든 것[아마도 화물]을 이용하여 배를 장악하지. 그들은 술을 마시고 잔치를 벌이면서 그런 사람들에게서 기대할 만한 방식으로 항해를 한다네. 게다가 그들은 설득이나 폭력으로 선주에게서 통제권을 얻도록 도울 만큼 영리한 사람들을 칭찬하지만, 그렇지 않은 사람은 쓸모없다고 비난하지. 한 해, 사계절, 하늘, 별, 그리고 바람에 주목해야만 하고, 또한 배를 통제할 진정한 자격을 갖추고자 한다면 그 기술에 속한 모든 것들에 주목해야만 하는 진정한 항해사에 대해 그들은 전혀 알지 못하고 있네. 또한 그들은 [다른] 어떤 사람들이 원하든 또는 원하지 않든, 어떤 사람으로 하여금 항해를 할 수 있도록 만들어줄 어떤 기술이나 기예, 즉 항해술의 습득이 가능하다는 생각을 하지 못하네. 만약 배에서 그런 일들이 발생한다면, 이런 상황에서는 배에 타고 있는 사람들이 참된 항해술의 전문가를 천문학자, 수다쟁이, 그리고 아무짝에도 쓸모 없는 사람으로 부를 것이라 생각하지 않는가?[11]

소크라테스는 상(eikon, image)에 대해서는 별다른 해석이 필요하지 않다고 주장한다. 그렇지만 논의가 필요한 몇 가지 세부 사항들이 있다. 물론 위 인용문의 참된 항해사는 참된 철학자를 가리킨다. 선원들은 현재 국가를 통치하는 사람들 또는 더 정확히 말하자면 권력을 위해 경쟁하는 집단들과 개인들이다. 플라톤은 어떤 경우든 그만큼은 명백하다고 말한다. 그러나 우리가 선주(naukleros)의 모습을 어떻게 해석하려고 의도하는가는 아마도 덜 명백할 것이다. 아리스토텔레스는 『수사학』에서[12] 자신이 민중정치를 대표한다고 말하는데, 이것은 대중들이 민중정치의 주권자임을 의미하는 것으로 보인다. 이 견해에 따르면, 선원들은 의회의 의원들에게 영향을 미치려고 경쟁하는 사람들을 상징하며, 플라톤과 다른 사람들은 그들을 선동자로 분류한다. 그러나 오래지 않아[13] 소크라테스는 민중정치의 의회를 우연히 좋아하거나 싫어하는 것을 제외하고는 사물들을 구분하는 별다른 기준을 갖지 않는 크고 강한 동물에 비교한다. 이것은 약간의 난청과 근시가 있다고 말해지는 '훌륭한' 선주보다 훨씬 더 나쁘게 들리는 조건이다. 더 나아가 같은 단락에서 민중정치의 민중들이 선주와 마찬가지 방식으로 통제력을 잃을 위험성은 없다고 주장된다. 철학적 통치라는 최초의 규정이 분명히 모든 국가를 위한 것이었기 때문에, 그 비유의 적용이 민중정치에

---

11   488a-489a.

12   1406b.

13   493a 이하.

(또는 아테네에) 한정되게끔 의도되었을 가능성은 없다. 국가에서 선주에 비교되는 것은 어떤 특정한 정치적 맥락을 벗어난 시민 집단 전체이다. 그렇게 되면 민중정치의 대다수, 즉 '다수당(the many)'은 선원들에 포함될 것이다. 플라톤은 모든 사람들과 논쟁하는 것이 아니라 권력을 강탈한 사람들과 논쟁한다. 그들 자체는 충분히 존경할 만하다 (gennaioi). 따라서 『소크라테스의 변론』에서[14] 국가는 "크기 때문에 다소 느리긴 하지만, 어떤 등에(즉, 소크라테스)에 의해 깨어나야 하는"[15] 크고도 고귀한 말(horse)로 제시된다.

그러나 질문은 선주가 국가라면, "배는 무엇인가?"이다. 그것은 국가 또는 다른 의미에서는 '도시국가'이다. 즉, 그것은 시민 집단 그 자체가 아니라 그것에 의해 형성된 공동체이며, 단일한 하나의 법률과 정치체제 체계를 공유하고 또한 최소한 이론적으로나마 하나의 목표나 일련의 목표들을 공유한다. 아리스토텔레스가 말하듯이,[16] 모든 공동체는 어떤 목적을 위해 존재한다. 참된 항해사가 배를 목적지로 조종할 줄 알듯이, 플라톤에게 있어서 참된 통치자는 정치적 공동체가 그것의 목표로 나아가도록 조종할 줄 아는 사람일 것이다.

그러나 플라톤은 사실상 국가들이 지식을 가진 사람들에 의해 통치되지 않는다고 말한다. 적절한 항해사의 지시를 따르는 것이 주된 업무인 선원들에 의해 배가 조종된다면 결과는 비참할 것이다. 소크라테스는 자신의 비유를 화가들이 그린 신화 속의 괴물, 염소와 수사슴이 결합된 괴물 등의 그림들에 비교한다. 화가가 염소의 일부와 수사슴의 일

---

14   30e.

15   크기 개념이 배의 유비와는 다소 다른 방식으로 사용된다. 선주의 크기와 힘은 반대파들에게 장애가 된다.

16   『정치학』 1252a.

부를 결합하듯이, 그는 배가 아닌 다른 어떤 것에 속하는 특징들을 부여하는 방식으로 현실에서 서로 아주 다른 두 사물들을 인위적으로 결합한다. 그는 자기가 이런 방식으로 작업할 수밖에 없다고 주장한다. 왜냐하면 "가장 훌륭한 사람들이 국가와 관련하여 겪어야 하는 운명이 아주 혹독해서 그것에 비유될 만한 다른 어떤 것이 전혀 없기 때문이다."[17] 다른 모든 영역에서는 전문가가 통제한다. 의사는 환자들을 통제하고, 실제 배에서는 항해사가 선원들을 통제한다. 『정치가』[18]는 국가를 지배하는 통찰력이 결여되고 그것을 괴롭히는 해악이 있음에도 불구하고 국가에는 회복력이 있어서 존속될 수 있다는 점을 인정한다. 그럼에도 불구하고 무지한 항해사들과 선원들의 부패나 무능함(여기에서 사용된 그리스어 단어 모크테리아mochtheria는 부패나 무능함 가운데 하나 또는 둘 모두를 의미할 것이다)으로 인해 침몰하는 배처럼, 많은 수의 국가들이 이미 몰락했고 앞으로도 몰락할 것이다. 여기에서는 그러한 국가의 파멸에 대한 어떤 실질적인 사례들이 제시되지 않고 있으며, 또한 국가의 '몰락'이 정확히 무엇을 말하는지도 분명하지 않다. 그것이 정치체제의 단순한 변화들[19]을 의미할 가능성은 없다. 그리고 플라톤은 국가에 재앙이라 간주될 그런 종류의 사건에 대해 거의 아무런 관심을 보이지 않는 듯이 보인다. 놀랍게도 그는 펠로폰네소스 전쟁 후반기에 있었던 아테네 군대의 쇠퇴 또는 마지막 패배 자체를 거의 언급하지 않는다. 그러나 그 이유는 아마도 부분적으로는 외교적이고, 또한 부분적으로는 작품의 시기를 설정하는 문제와 관련되어 있을 것이다. 가장 중요한 것은 그런 생략이 내가 강조하려고 노력했던

---

17   488a.
18   302a.
19   아리스토텔레스, 『정치학』 1276a.

그의 분석에 나타난 본질적으로 **일반적인** 성격을 반영한다는 점이다. 만약 (당시 독자들의 마음에 상당한 영향을 미쳤을) 이와 같은 사건들은 그의 마음속에 있지 않으며, 다른 무엇이 있을 것인지조차 알기 어렵다. 그는 그 이유가 도덕적임을 시사한다. 국가가 그런 재앙을 피할 수 있는 유일한 방법은 덕에 토대한 규칙을 설정하는 것이다.

　통치술과 항해술의 유비, 또는 좀 더 일반적으로 정치학을 전문 지식의 영역으로 다루는 것은 어떤 점에서는 상당히 그럴듯하다. 물론 정치가들은 수공업자들이나 의사들처럼 특별한 기술들을 필요로 한다. 의사가 환자의 건강을 인도하고, 항해사가 배를 주어진 목적지로 인도하듯이, 정치가의 과제는 국가를 명확한 어떤 목표로 인도하는 것이라고 플라톤이 주장하는 곳에서 문제가 발생한다. 미리 결정된 것처럼 보이는 전부는 그가 (공동체의 지도자인 한) 공동선을 위해 일해야 한다는 것이다. 그 공동선이 실제로 무엇인가의 문제는 항상 반론의 여지가 있을 만한 문제이다. 따라서 종종 지적되듯이,[20] 정치술과 일반적인 의미에서의 '기예(arts)' 또는 기술(skill) 사이에는 중요한 차이점이 있다. 그러나 플라톤은 그 차이점을 인식하지 못한다. 왜냐하면 우리가 알고 있듯이, 그는 목표의 본질이 사실상 독립적으로 발견될 수 있다고 생각하기 때문이다. 그러나 여전히 그 결과는 분명히 정치가를 항해사나 의사와는 다른 처지에 남겨두는 것이다. 의사는 건강이라는 합의된 목표를 획득하기 위한 가장 좋은 수단이 무엇인지 아는 사람이며, 항해사는 배의 주인이나 승객들에 의해 정해진 목적지에 어떻게 하면 가장 잘 도달할 수 있는지를 아는 사람이다. 다른 한편으로, 정치가는 수단은 물

20　바로 아래 언급되는 비평가인 Renford Bambrough가 이 문제를 탁월하게 논의한 바 있다. Bambrough(1967)에 재수록된 'Plato's Political Analogies'라는 제목이 붙은 그의 논문 참조.

론이고 목적에도 영향을 준다. 한 비평가가 말했던 것처럼, "그는 승객의 요금이나 주인의 요금을 받고 안내하는 데 만족하지 않고, 길을 가장 잘 횡단할 수 있고 목적지가 가장 잘 도달될 수 있는 경로뿐만 아니라 길과 목적지를 명시함으로써 자신의 전문 영역을 넘어설 것을 주장하는 항해사와 비슷하다."[21] (같은 비평가가 주장하듯이) 배의 유비는 결국 플라톤에게보다 민중정치의 지지자에게 더 쓸모가 있을 것이다. 배는 국가와 마찬가지로 다수의 다른 목적지로 여행할 수 있다. 그리고 항해사는 통치자와 마찬가지로 자신을 통제하는 사람들의 소망을 효과적으로 집행하는 제한된 기능을 가진 기술자에 불과하다.

이런 비판은 대체로 공정하지만, 전부가 그런 것은 아니다. 민중정치의 지지자, 또는 (머리끝에서 발끝까지 완전한 사회 개혁을 포함하는) 『국가』와 다른 대화록에서 제안된 대규모의 사회 통제라는 개념을 싫어하는 모든 사람은 당연히 플라톤의 철학적 정치가가 본질적으로 국가에 대한 해결책들을 제시한다고 생각한다. 그러나 플라톤은 그 문제를 그런 식으로 보지 않는다. 정치가의 전문성은 바로 시민들의 소망을 해석하는 바로 그 능력에 달려 있을 것이다. 시민들은 자신들이 욕구하는 것을 희미하게 볼 수 있을 뿐이다. 그들의 시각이 희미한 것은 배의 비유에서 선주의 난청과 근시를 통해 설명된다. 선주는 아마도 자신이 시라쿠사(Syracuse)보다 마르세유(Marseilles)로 가길 원한다는 것은 알겠지만, 그곳까지 어떻게 가야 하는지 알지 못하고 있다. 이와 마찬가지로 사람들은 자신들이 행복을 욕구한다는 것을 알지만, 그것을 어떻게 획득해야 하는가에 대한 지식을 결여하고 있다. 『카르미데스』[22]에

---

21 Ibid., 159쪽.

22 164a–c.

서 플라톤은 의술과 비슷한 기예와 관련하여 논란이 되는 점, 즉 그것이 목적보다는 수단에 관한 것이라는 점을 받아들인다. 그리고 이곳 『국가』에서 그는 은연중에 그것을 통치에까지 확장한다. 지식을 가진 통치자는 대중들이 가길 원하는 곳으로 그들을 데려갈 수 있다. 만약 그들이 그를 고용하지 않는다면, 그것은 그들 자신의 잘못이며 또한 그들 자신을 해치는 일이다.

자신들이 다른 어떤 것을 욕구한다고 사람들이 실제로 생각하고 말한다면, 사람들이 '실제로' 원하는 것이 무엇인가에 관한 이런 이야기는 의심스럽게 들린다. 문제는 플라톤이 『국가』에서 실질적인 쾌락과 덜 실질적인 쾌락을 구별하기 위해 노력하는 것과 관련하여 제기되는 문제와 유사하다. 만약 플라톤의 일반적인 처방을 따르면 사실상 우리가 더 행복하고 더 좋아질 수도 있지만, 그것이 보장되지는 않는다.[23] 다른 한편으로, 여기에서 우리는 그의 정치적 제안들 자체와 그런 제안들이 획득하려 하는 것을 구분해야 한다. 『국가』에서 상술된 종류의 국가가 지닌 다양한 측면들은 기괴하다. 그것들은 예를 들어 국가의 극단적인 계급(계층)들, 일상적인 의미에서 정치적 자유의 결과적인 상실, 창조적인 기예와 탐구에 대한 실질적인 억압, 시민들의 짝짓기와 양육에 대한 제안들 등이다. 그러나 정의롭고 덕스러운 사회의 확보와 같은 광범위한 목표 자체에는 반론의 여지가 거의 없다. 더구나 지금 그렇듯이, 대부분의 사람들은 자신들이 살고자 하는 그런 종류의 사회에 대한 일반적인 설명에 대해 반론을 제기하지 않았을 것이다. 소크라테스와

---

23 예를 들어, 사형제도의 재도입에 대한 논쟁에서 사람들이 원한다고 말하는 것이 항상 결정적인 요소가 되어서는 안 되듯이, 그것이 도덕적인 문제인 경우에 항상 결정적인 요소가 되어야 하는 것은 아니다. (이에 대해서는 플라톤이 옳았다. 다수의 평결들은 도덕적 문제들과는 무관하다.)

플라톤이 제시했듯이, 덕이라는 개념이 기원전 5-4세기 그리스 사회와 상당히 거리가 멀다는 주장이 간혹 제기되지만,[24] 증거에 따르면 그 주장은 옳지 않은 것 같다.[25] 플라톤 자신의 증거를 통해 알 수 있듯이, 정의와 용기 등의 덕들은 플라톤의 동시대 사람들에 의해 인지되고 받아들여졌다.[26] 그는 소크라테스가 그것들을 개별적으로 논의할 수 있었던 사람으로 제시한다. 그의 불만은 사람들이 그런 덕들을 인지하지 못한다는 것이 아니라 그것들에 대해 적절한 설명을 제시하지 못한다는 것이다.[27] 실제로 『국가』 VI권은 다수가 옳은 것과 그른 것을 정말로 구분할 수 있느냐고 묻는다.[28] 그러나 이 판단은 플라톤이 특히 '다수의 사람들(the many)'과 철학자를 대조하는 맥락에서 제기된다. X권에서 소크라테스는 좀 더 긍정적인 견해, 정의로운 사람이 죽은 뒤에는 신들에 의해 보상받을 것이고 현세에서는 사람들로부터 보상을 받으리라는 자신의 믿음을 담고 있는 견해를 제시한다. 또한 우리는 어떤 사람을 도발하지 않고도 그에게 해를 가하는 것('불의를 행하는 것')이 스스로에게 해를 가하는 것보다 '더 부끄러운' 일이라는 점에 대해 모든 인류가 동의한다고 주장하는 『고르기아스』의 단락을 생각해볼 수 있다. 즉, 단지 그것이 그렇다고 사람들이 말하는 것이 아니라 그것이 실제로 **그렇다는** 것이다.[29]

그래서 플라톤적인 정치가가 지향하는 (정의롭고 덕스러운 사회로

24　특히 Adkins(1960) 참조.

25　Dover(1974).

26　그러나 이것들은 일상 언어에서 (내가 대체로 '덕'이라고 번역했던) 아레테(arete)라는 단어의 포괄적인 의미를 충분히 설명하지 못한다. 다음 장 참조.

27　위 1장 참조.

28　493d.

29　474b 이하.

폭넓게 간주되는) 목표의 종류는 우리가 받아들일 그런 것뿐만 아니라 플라톤 시대의 사람들이 받아들였을 그런 것이기도 하다고 나는 생각한다. 그의 견해에 따르면, 문제는 그들이 다른 목표들을 동시에 받아들이고, 결과적으로 자신들의 삶에 대한 분명한 방향성을 갖지 못하게 된다는 것이다. 『고르기아스』의 구절은 그의 진단을 자세히 설명한다. 만약 타인에게 해를 가하는 것이 자신에게 해를 가하는 것보다 더 부끄럽다는 데 모두 동의한다면, 그들은 또한 그것이 '더 좋다'고 (즉, 자신에게 덜 해롭다고) 말할 것이다. 만약 그것이 더 부끄럽다면, 그런 사실이 그것을 선택하지 말아야 할 이유가 될 것이다. 다른 한편으로 만약 그것이 '더 좋다'면, 그런 사실이 그것을 선택할 이유가 될 것이다. 이것은 우리와 좋음의 관계에 대해 『국가』가 말했던 것의 예를 들어준다. "좋음은 모든 영혼이 추구하는 것이며…, 반면에 어려움에 처해 있어서 그것이 무엇인지 제대로 이해할 수 없거나 또는 그것에 관해 의존할 수 있는 견고한 어떤 신념도 찾을 수 없다."[30] 오늘날 그렇듯이, 일반 대중들의 도덕적 통찰력이 확고한 토대를 갖지 못하기 때문에, 그들은 항상 서로 충돌하는 견해들에 의해 압도되기 쉽다. 사람들은 무엇이 궁극적으로 추구되어야 하는가를 눈치채고 있다. 그들은 좋다고 여겨지는 다른 좋음들보다 그것에 안전하고 영속적인 우선성을 부여하는 능력을 결여하고 있을 뿐이다. 따라서 그는 『프로타고라스』에서 단기적인 쾌락들에 의해 그것들이 더 크고 장기적인 잃어버린 쾌락들, 즉 덕의 '진정한' 쾌락들로 잘못 이끌어진다고 말한다. 그들의 입장은 『국가』 V권에서 철학자와 비철학자의 차이점을 설명하기 위해 소개되는 "시각과 청각을 사랑하는 사람들"의 입장이다. 그들은 지식이 아니라

---

30   595de.

독사(doxa), 즉 '의견' 또는 '추론'만을 갖는다. 한 가지 결과는 III권
에서 말하듯이 명예나 명성의 획득인 금권정치, 부의 획득인 과두정치,
우리가 생각하고 있는 모든 종류의 목표를 갖는 민중정치, 가장 낮은
욕구의 충족인 참주정치 등 각자 나름대로의 목표를 설정하는 다양한
종류의 정치제도가 등장한다는 것이다.

그러나 그렇게 되면 플라톤은 정치적 목표들에 관한 의견 차이가 있
다는 점을 인정할 것이다. 통치는 여전히 우리가 항상 동의된 목적들로
시작하는 의술이나 항해술 같은 기술들과 적절하게 비교되지 않는다.
정치가는 정상적인 동기들을 주장하려고 했음에도 불구하고 결국 자신
의 국민들을 통치하게 될 것처럼 보인다. 왜냐하면 그는 그들이 선택한
목표들 가운데 일부에 대한 추구를 좌절시키는 데 영향을 미칠 것이기
때문이다. 결과적으로 그들은 자신들이 '좋음'을 획득했을 때조차 그
것을 인지하지 못하게 될 것이다. 그 경우에 그들은 자신들의 의지와는
반대로 '행복한' 상태에 있게 된다. 이것은 그리스인에게조차 상당히
역설적인 생각이다.[31] 그러나 플라톤은 물론 이런 상황이 발생하리라는
것을 부정한다. 그리고 이것은 그의 경우에 중요한 부분이다. 이 주장
은 덕이 단순히 객관적으로만 우리에게 좋은 것이 아니라 덕스러운 삶
이 사실 다른 어떤 것보다 우리의 모든 욕구들을 충족시킨다는 것이다.
이전 장에서 우리는 플라톤이 다양한 방법으로 그 주장을 정립하려 노
력하고 있는 것을 보았다. 만약 악인들은 자신들이 비참하다는 것을 알
지 못하면서도 비참할 수 있다고 플라톤이 때때로 소크라테스처럼 말
할지라도, 덕스러운 사람들이 자신들이 행복하다는 것을 알지 못하면
서 행복할 수 있다는 결론은 나오지 않으며 또한 나와서도 안 된다. 만

---

31 에우다이모니아의 의미에 대해서는 위 185쪽 참조.

약 그런 결론이 나온다면, 그는 더 이상 이른바 행복에 대한 보편적 욕구라는 것을 통해 그가 했던 것처럼 주장하지는 못할 것이다. 『에우뤼데모스』의 예를 살펴보자.[32] 모든 사람들은 행복을 욕구한다. 그리고 행복은 지혜를 필요로 한다. 따라서 모든 사람은 자신을 가능한 한 현명하게 만들기 위해 모든 수단을 사용해야만 한다. 만약 지혜가 우리가 실제로 선호했던 삶의 어떤 형태에 대한 거부를 포함하는 것으로 밝혀진다면, (플라톤과는 달리) 우리는 우리가 무지한 채로 남아 있는 것이 더 좋았으리라는 결론을 내릴 수도 있을 것이다. 그러나 이 주장은 처방전을 받거나 수술을 받도록 강요되어야만 하는 환자처럼, 바람직하지 않아 보였던 것이 사실상 우리에게 유익한 것이었음을 그 사건 이후에나 우리가 깨닫게 되리라는 것이다.

그럼에도 불구하고 플라톤은 폭력보다 설득을 선호(이성의 통제라는 바로 그 개념에 이미 함축되어 있을 선호)했을 것이다. 칼리폴리스(Callipolis), 즉 '아름다운 국가'에 종속된 시민들은 철학자의 모습을 취한 이성의 통치에 능동적으로 협력한다. 그렇다. IV권은 이성적인 논증을 선전으로 대체한다. 국가의 세 계급들이 정해진 기능들을 유지하는 상태에 있도록, 구성원들 각자가 다양한 영혼의 금속을 갖고 태어난다는 '고귀한 거짓말(또는 '허구', pseudos)'이 공표된다. 철학자들은 금을, 군인들 또는 보조자들은 은을, 생산자들은 철 또는 청동만을 갖고 태어난다는 것이다.[33] 다른 한편으로, 그 '거짓말'은 플라톤이 문자 그대로의 진실로 간주한 것, 즉 사람들이 본성적으로 서로 다르게 부여받았고 따라서 사회에서 서로 다른 역할을 맡게 되어 있다는 것을

---

32   282a.

33   414b 이하.

신화의 형태로 위장하고 있을 뿐이다. 더 파괴적인 것은 자신의 이익을 위해서이긴 하지만 최하위 계급이 최상위 계급의 노예가 될 것이라 말해지는 IX권의 단락이다.[34] 이것은 '다수(the many)'의 능력에 대해 이전에 했던 더 경멸적인 말들을 생각나게 하며, 또한 그들이 협력하려는 의도적 결정을 통해 함축될 수도 있는 제한적인 자율성조차 갖지 못하리라고 플라톤이 생각했었음을 시사한다. 그럼에도 불구하고 주된 강조점은 논증과 설득이며, 『국가』를 포함한 대화록들 자체가 그 사례들이다.

설득을 가능하게 만드는 것은 특히 우리의 욕구들이 부분적으로는 이미 올바르게 진행되고 있다는 (플라톤이 사실이라고 진술하는) 사실이다. 나는 플라톤이 이 견해를 적용했던 문맥들 가운데 몇 가지 사례를 제시했었다. 두 가지 다른 사례가 목록에 덧붙여질 수 있을 것이다. 이 가운데 하나는 『파이드로스』이며,[35] 그곳에서 소크라테스는 연애를 하는 사람이 자신의 연인과 처음으로 접촉할 때의 조건에 대해 기술한다. "그는 사랑에 빠져 있지만, 무엇과[또는 '누구와', 그리스어 관계사의 여격은 다의적이다] 사랑에 빠져 있는지 알지 못한다네. 그리고 그는 그에게 무슨 일이 발생했는지도 알지 못하며, 또한 그것이 무엇인지 말할 수 없다네." 그가 진정으로 사랑에 빠져 있는 것은 아름다움 그 자체처럼 보이며, 만약 사랑의 진로가 참이라면, 결과는 그와 그의 연인을 위한 덕스러운 삶일 것이다. 『향연』에서[36] 아리스토파네스는 진정한 연인들의 마음 상태를 비슷한 용어로 기술한다. 그는 물론 그들이 갈망하는 것의 진정한 성격을 그들만큼 파악하지는 못한다. 소크라테

---

34   590c-d.
35   255d.
36   192a 이하.

스는 적절한 답변을 제공한다.『파이드로스』와『향연』은 철학자의 내세에 대한 경험을 일상적인 삶의 핵심적인 측면과 관련시킨다. 그것은 일상적인 경험의 부정이 아니라 연장을 포함한다. 여기에서도 플라톤은 우리가 이미 궁극적인 목적에 대해 어떤 파악을 하고 있다는 주장을 함축한다. 그것을 완전히 지각할 때, 우리는 그것을 욕구할 뿐만 아니라 어떤 의미에서는, 즉 단지 우리가 (그것이 무엇이든) 좋음을 욕구한다는 의미에서가 아니라 우리가 사실상 좋은 바로 그것을 갈망한다는 의미에서는 이미 그것을 욕구하고 있는 것이다. (그러나 물론 그것은 어떤 의미에서든 우리가 그것을 욕구하는 것이 실제로 그것의 좋음을 구성한다고 말하는 것은 아니다.)

그러나 사실상 플라톤이 우리에게 제안한 것을 욕구할 만한 것으로 누가 인지하겠는가? 다시 말해서, 우리는 그의 근원적인 입장과 그것에 토대하여 그가 구축한 구체적인 제안들을 구분해야만 한다. 나중에 그 자신은『정치가』와『법률』에서 그 제안들을 포기하는 반면에, 우리의 고유한 목표를 따라서 '정치술'의 목표 구성에 대한 동일한 기초적 견해를 여전히 유지하고 있다.『에우튀데모스』[37]는 일반적으로 정치가의 임무로 간주되는 몇 가지, 즉 시민들을 부유하거나 자유롭게 만드는 것 또는 그들 간의 스타시스(stasis, 불화)를 종식시키는 일 등을 열거한다. 소크라테스는 이런 것들 가운데 어떤 것도 그 자체로서 좋거나 나쁘지는 않다고 주장한다.『에우튀데모스』에서든 또는 다른 어떤 대화록에서든, 제대로 이해된 정치학의 기능은 시민들의 덕을 산출하는 것이다. 이른바 다른 모든 목표들이란 것들은 그것에 종속된다. 플라톤에 대한 비판에서, 그가 국가의 이익을 개인의 이익보다 우선시한다는

---

37   292b.

점이 종종 언급되곤 한다. 모든 것이 덕을 위한 끊임없는 요구에 희생될 수밖에 없다고 말하는 것이 더 옳을 것이다. (물론 덕의 획득이 국가와 개인을 위한 최선의 수단, 즉 그 자체로서 욕구할 만한 것으로 흔히 취급되는 것들 가운데 최소한 일부나마 획득하는 최선의 수단이라는 사실이 밝혀지리라는 점을 제외하면 그렇다는 것이다. 덕스러운 국가는 또한 조화로운 국가이며, 전쟁에서 성공적일 것이며 등이다. 덕스러운 개인은 동료 국민들에 의해 보상될 것이며, 신들에 의해 선호될 것이다.)

이런 태도는 아마도 『국가』에서보다 『법률』에서 훨씬 더 명백할 것이다. 『국가』는 가장 낮고도 가장 넓은 계급인 생산자들에 대해 거의 아무런 이야기를 하지 않는다. 그러나 그들은 영혼의 최하위 요소인 '육체적' 욕구들에 책임이 있는 부분과 상응하므로, 그들이 마음을 덕에 고정되도록 한다고 일관되게 말해질 수 있는 방법이 무엇인지 알기 어렵다. (아마도 그들이 덕스럽다는 것은 그들이 위로부터 통제됨으로써 무절제한 행동을 수행하지 않는다는 의미일 것이다.[38]) 그래서 『국가』에 다원주의 사회의 몇 가지 흔적이 있게 될 것이다. 비록 그렇다 할지라도, 그것들은 『법률』에서 완전히 제거된다. 그곳에서 서술되었

---

[38] 플라톤이 덕에 토대를 둔 상태를 구성하려 할 때, 상당히 보잘것없는 의미를 제외하고는 그가 대부분이 그것을 실제로 결여하는 상태로 끝맺게 된다는 것은 이상해 보일 것이다. 그러나 이것은 단지 『국가』에서 그가 제작자들을 (일반적인 그리스 도시에서 그렇게 되리라 기대되듯이) 시민들로 만들고자 했다는 사실로부터 얻어진 결과에 불과하다. 그것은 또한 그로 하여금 최상의 국가와 최상의 개인 간의 유비를 허용하는 것이다. 그가 『법률』에서 삼분법적인 국가 개념을 포기한다는 것은 그것이 불충분함을 그가 인식했다는 것을 의미한다. 비록 현재의 맥락에서 이 점은 단지 우연적이지만, 그 또한 진정한 유비가 국가의 유비에서 영혼의 유비가 아니라 삼분법적인 영혼의 유비에서 삼분법적인 국가의 유비로 이루어졌음을 의미할 것이다. 이것은 II-IV권의 논증이 실제로 전개하는 방식이기도 하다.

던 상상의 국가 마그네시아(Magnesia)의 국민 집단은 어느 정도 참된 덕의 삶을 살고 '영혼을 존중할' 수 있는 사람들로만 구성된다. 국민들은 토지를 소유하겠지만, 그들을 위해 토지에서 일할 노예들을 가질 것이다. 그들은 장사나 사업에 전념하지는 않겠지만, 덕의 함양과 잘 정돈된 공동체의 운영에 모든 관심을 집중할 것이다. 이 덕스러운 삶의 요구조건들은 긍정적이라기보다는 부정적이다. 『국가』에서 그렇듯이, 덕 자체는 훌륭하고 관대한 행동의 수행이 아니라 단순히 악의 부재로 정의되는 것처럼 보인다. 제목 자체가 함축하듯이, 분명히 주로 법률 체계의 구성에 전념하는 저술에서 이런 강조는 어느 정도 불가피하다. 어떤 법률 체계든 상당히 제한적일 수밖에 없다는 것은 당연하다. 그러나 확인되지 않는 경우에 자연히 최악을 향하듯이, 그것도 인간성 자체를 향한 본질적으로 비관적인 태도를 드러낸다. 그 논의를 공공연하게 이끌어가는 '아테네의 이방인'은 인간의 삶 전반에 낮은 가치를 부여한다. 우리는 대부분의 경우 "사소한 일들에 대해서만 진리를 공유하는" 꼭두각시에 불과하며,[39] 원칙적으로는 신을 위해 희생하고 노래하고 춤을 추며 살아갈 것이다. 신들과 비교할 때, 우리는 심각하게 여겨지지 않는다. 우리는 '좋은' 삶에 대해 놀라울 정도로 협소한 개념을 갖는다. 이와 동일한 제한적인 행위 양상들은 영원히 그리고 포괄적으로 반복된다.

어찌 보면 『국가』에서 플라톤의 입장은 원래 덕과 지식에 대한 소크라테스적 동일시에서 직접적으로 나아간 것이다. 소크라테스는 삶에서 성공하려면 지식이 필요하며, 성공적인 삶이 덕스러운 삶이라고 말했다. 플라톤도 이에 동의한다. 그러나 그는 이제 그런 지식을 오직 소수

---

39   804b.

만이 접근할 수 있는 특별한 존재 집합인 형상들과 연결시킨다. 그렇다면 만약 다수가 (그것이 어느 정도이든) 성공과 행복에 기초한 덕을 획득한다면, 그들은 소수에 종속되어야 한다. 그러나 만약 훌륭한 소크라테스적 학설에 『국가』가 뿌리를 두고 있다면, 그것도 그에 대한 (좋은 의미에서의 남용이라 할지라도) 일종의 남용이다. 플라톤이 그랬던 것처럼 소크라테스도 객관적인 가치들의 존재를 믿었다. 그러나 그의 논증에 따르면, 우리는 자유롭게 스스로의 결정과 스스로의 실수를 할 수 있다. 소크라테스적 이상을 정치 영역으로 끌어들이면서, 플라톤은 영원히 고정된 채로 유지되고 또한 허용되지 않은 모든 논의와 논쟁이 위험하고 성가신 일에 불과한 삶의 양태를 제안하며 끝낸다. 『국가』와 『법률』의 국가에서 통치는 가능한 한 설득에 기초하며, 만약 설득이 실패하면 강제가 뒤따를 것이다. 결국 의견을 달리하는 것은 단적으로 **잘못**이다. 민중정치, 과두정치, 또는 다른 어떤 정치 집단은 배를 뒤흔드는 선원들과 비슷하며, 항해의 전체 목적으로 간주되는 짐을 침몰시키면서 끝날 것이다.

　플라톤의 주요 정치적 결론들에 대해 최소한 두 가지 핵심적인 반론이 있다. 첫째, 그는 덕 자체의 본질, 즉 덕의 도덕적 관점을 상실할 위험에 처해 있다. 그 관점은 근본적으로 우리가 다른 개인들이나 사회, 그리고 다른 사람들의 이익 자체에 대한 행위에서 설정하는 가치와 동일시하길 원할 만한 관점이다. 그런 관점을 생략함으로써, 그는 단지 당시의 태도들을 반영하고 있다. 이런 태도들은 사람들이 사회의 공동 목표를 위해 적극적으로 기여해야 한다는 일반적인 주장을 강력히 뒷받침하지만, 그들은 좁게는 그들 자신과 넓게는 단체의 이익을 보호하고 확장하기 위한 방향으로 강하게 동기 부여가 되리라 기대한다. 그러나 플라톤이 허용하리라 여겨지는 것보다 일반적으로 더 많은 가치가 개인의 관계들에 부여되리라고 생각할 만한 충분한 이유가 있다. (특히, 위 2장의 『향연』 참조. '우정'[40]에 관한 대화록인 『뤼시스』는 훨씬 더 지루한 견해를 제시한다.) 또한 이성 간의 관계에 대한 거의 완벽한 평가절하는 기껏해야 특정한 사회계급의 태도를 풍자하는 것에 불과하다.

둘째, 우리는 덕이 좋은 삶을 살기 위한 필요조건이라는 데 동의하는 반면에, 플라톤은 덕이 좋은 삶의 충분조건이라고 종종 주장했지만 끝까지 규명하지 못했다. 우리는 다른 목표들의 추구가 덕과 일관적인 것으로 제한되어야 한다는 점에도 동의할 것이다. 그러나 그 제한이 우리가 덕을 그 자체로 욕구할 만한 유일한 것으로 다룬다는 것을 함축하지는 않는다. 그것은 옳다. 그렇게 되면 덕의 요구조건들과 다른 목표들 사이에서 갈등이 발생하는 일이 빈번할 것이다. 그러나 어떤 행동이 훌륭한 행동이 되기 위해서는 그것이 자유롭게 선택되어야 한다는 주장을 뒷받침하는 강력한 사례가 있다. 만약 그것이 우리가 잘못 선택할 가능성을 열어 놓는다면, 그것은 우리가 받아들일 수밖에 없는 결과이다. 덕의 독재성은 결국 자멸적이기 때문이다.[41]

『국가』 이후

『국가』와 관련하여 제기되고 많이 논의되었던 중대한 한 가지 질문은 플라톤이 『국가』의 제안들을 실질적으로 가능하다고 진지하게 생각했는가 하는 것이다. IX권의 끝부분에서 소크라테스는 칼리폴리스

---

40 필리아(philia)의 의미에 대해서는 위 44쪽 참조.
41 만약 그렇다면, 플라톤이 염두에 두고 있는 목표의 획득은 역설적으로 그가 그토록 개탄하는 다원주의적인 사회의 존재에 의존하는 것으로 드러난다.

(Callipolis, 아름다운 국가)가 정말로 실현될 것인가에 대해 의문을 제기한다.

그것은 아마도 그것을 보려 하고, 자신의 견해를 토대로 자신을 정립하려는 사람을 위한 하늘의 모형[paradeigma]으로 제시될 것이네. 그것이 어딘가에 존재하고 있든 또는 존재할 것이든 차이는 없네. 그런 사람은 이 나라에 속한 것을 하지 다른 나라에 속한 것을 하지는 않을 것이네[또는 "그는 이 나라의 일에만 참여하지 다른 나라의 일을 하지는 않을 것이네"].[42]

만약 우리가 이 인용문을 있는 그대로 받아들인다면, 우리는 결국 '아름다운 나라'가 지상에서 실현될 수 없다고 생각하게 되며, 또한 국가들은 물론이고 특히 개인들이 자신들과 비슷해지려 노력해야 하는 모형으로 제시되고 있다고 결론 내릴 수 있을 것이다.[43] 그러나 이전에 소크라테스의 어조는 훨씬 더 긍정적이었다. IV권에서[44] 그는 그런 국가의 세부적인 모든 것들의 실용성을 입증할 수 없다는 점을 인정한다. 그러나 그는 하나의 변화가 발생한다면, 그것과 아주 유사한 다른 어떤 것이 생성될 수도 있으리라고 주장한다.[45] 물론 그 하나의 변화는 지혜에 기초한 통치를 도입하는 것, 즉 정치 권력과 철학을 함께 끌어들이는 것이다. 이것은 "작은 변화도 아니고 쉬운 것도 아니지만 가능하

---

42 592b.

43 비교: Guthrie, *HGP*, vol. IV, 483-486쪽.

44 473a-c.

45 가족의 포기나 짝짓기 축제 제도의 포기와 같은 세부적인 제안들 가운데 일부는 사실 고의로 충격을 주기 위해 의도되었을 것이다. 최소한 분명한 것은 현재의 사회 제도들에 대한 급진적인 개혁이 필요하다는 것이다.

다." 철학자들이 권력[46]을 갖게 되거나 기존의 왕들이 철학자들이 될 수도 있다. 사람들은 여기에서 『일곱 번째 편지』를 떠올리게 된다. 아마도 플라톤은 결국 철학이 시라쿠사의 일들에 대한 발판이 될 수도 있다는 희망을 가졌을 것이다. 만약 그가 그랬다면, 그의 희망은 『일곱 번째 편지』가 인정했던 것보다 더 제한되었을 것이다.

실용성에 대한 질문은 『정치가』에서 다시 제기된다. 2장에서 보았듯이, 그곳에서 플라톤은 '통치술'을 소유한 사람에 의한 통치와 법률에 의한 통치를 구분한다. 법률에 의한 통치는 차선책에 불과하다. 법률들은 필연적으로 불완전하다. 왜냐하면 그것들은 서로 다른 상황들에 대해 항상 동일한 규정을 적용하기 때문이다.

> 법률은 모든 사람에게 가장 좋은 것과 많은 것을 동시에 정확히 포함해서 가장 좋은 것을 하라고 결코 명령내릴 수 없다. 왜냐하면 사람들의 차이점과 행동들의 차이점, 그리고 실질적으로 인간사의 어떤 것도 항상 일정하지는 않다는 사실은 모든 경우와 모든 시대에 유효한 그런 완전무결한 규정을 보여주는 모든 기예를 방해하기 때문이다.[47]

다른 한편으로 법률들은 긍정적인 가치를 가질 것이다. 그것들은 많은 경험에 기초하며, 그것들을 위한 적절한 종류의 후원자들을 가질 것이다. 예를 들어, 의학 분야나 운동선수의 훈련과 같은 다른 영역의 일

---

46 피타고라스와 그의 지지자들이 남부 이탈리아의 도시인 크로톤에서 그랬을 것이다. 피타고라스학파의 일원이었던 아르키타스(Archytas)는 플라톤의 시대에 크로톤에서 그리 멀지 않은 타렌툼(Tarentum)을 통치했다. (분명히 플라톤은 아르키타스를 잘 알았다.)

47 『정치가』 294a-b.

반 규정들과 마찬가지로, 그것들은 전문가들의 지식을 가능한 한 문서
형태로 소중히 보호하는 '진리의 복제물들['모방들', mimemata]' 일
것이다.[48] 그것들이 기존의 법률에 토대를 두고 있다고 할 때, 참된 정
치가가 없는 경우에 현존하는 정치체제 형태들은 삶을 위한 일종의 뼈
대를 제공할 것이다. 플라톤은 그런 개인들이 나타나는 것이 가능하다
고 생각하는 것은 분명하지만, 이제 그는 『국가』에서는 (최소한 똑같이
긴박하게) 하지 않았던 질문, 즉 그들이 나타날 것 **같은가**(likely)라는
질문을 한다. 『국가』에서 그는 철학적 통치의 필요성을 주장하는 데 열
중해 있었다. 『정치가』에서 그는 일상적인 삶의 조건들이라는 관점에
서 그 이상(ideal)을 보고는 그것을 획득하기가 너무도 어렵다는 사실
을 깨닫는다. 모든 것들 가운데 가장 좋은 것은 지식, 즉 아마도 실용적
인 기술뿐만 아니라 영원한 진리에 대한 지식을 토대로 하여 통치할 수
있는 전문성을 지닌 개인인 참된 왕의 통치일 것이다. 그 문맥에서 더
많이 강조되는 것은 후자이다. 그러나 훌륭한 체스 선수의 수는 적지
만, 통치가 더 숙련이 필요한 기술이므로 통치 전문가의 수는 훨씬 더
적을 것이다.[49] 여왕벌이 벌통에서 하듯이 지성적이고 도덕적인 성질을
가진 사람들이 자연적으로 발생하는 것은 아니다.[50] 그래서 사람들은
함께 모여서 "가장 참된 정치체제의 흔적들을 추구하는" 법률의 규약
들을 작성한다. 그런 법률하에서 사는 것은 아주 어렵지만, 선호하는
순서대로 배치할 수 있다. 더 좋은 것은 더 적다는 원리 위에서 (명백
히) 군주정치는 과두정치보다 선호되며, 과두정치는 민중정치보다 선
호된다. 즉, 이것들이 명문화된 법률에 기초한다면 그렇다는 것이다.

48　300b 이하. (그렇다면 단적으로 어떤 성문법도 나쁠 수 없는 것인가?)

49　292e-293a.

50　301d-e.

만약 그것들이 그렇지 않다면, 민중정치가 가장 덜 나쁘며, 군주정치의
왜곡인 참주정치가 가장 나쁠 것이다.

『법률』에서 건설된 마그네시아(Magnesia)라는 상상의 국가는 사실
상 『정치가』에서 그려진 이상적인 왕정정치'와 '법률에 기초한 더 나
은 형태를 갖춘 세 가지 기존 정치체제의 유형들'을 절충한 형태이다.
이 유형들 자체는 "결코 정치체제들이 아니며, 그 가운데 일부를 다른
것들에 종속시킴으로써 국가를 운영하는 방법들"이라고 선언된다.[51]
이것은 『정치가』에서 제기되었던 비난, 즉 현존하는 체제들의 통치자
들이 정치가들이라기보다 오히려 '당파의 지도자들(stasiastikoi)'이라
는 비난이 떠오른다.[52] 마그네시아의 정치체제는 세 유형의 특징들을
모두 포함하지만, 특히 군주정치와 민중정치의 특징들을 포함한다.[53]
민중정치에서 그렇듯이, 시민들은 모두 원칙상 정부에 참여한다. 그러
나 그들은 특히 법률의 수호자들이라 불리는 관리들에 의해 엄격하게
통제될 것이며, 따라서 군주정치와 연합된 권위주의적 요소가 있을 것
이다. (여기에는 아리스토텔레스와 더불어 시작되는 후기 정치이론에
서 중요한 역할을 담당하는 '혼합 정치체제'라는 개념의 씨앗들이 있
다.) 그것은 법률에 기초한 정치체제의 새롭고도 더 나은 형태로서, 정
치 공동체의 진정한 목표를 승인한다. 이상적인 정치가의 모습은 배경
으로 사라진다. 그 이상적인 정치가는 제우스(Zeus) 이전에 신들의 왕
이었던 크로노스(Kronos)의 신화적 시간으로 투영된다. 크로노스는
"사멸적인 어떤 성질도 교만과 불의로 채워지지 않고는 인간의 모든
일을 홀로 통제할 수 없다."는 것을 깨달았고, 따라서 사람들이 아니라

---

51   712e–713a.

52   303c.

53   693c 이하.

"우월하고 더 나은 종류의" 존재자들, 즉 다이모네스(daimones)나 소수의 신들을 통치자들로 임명했다.[54] 이제 제우스의 시대에 통치는 법률의 손에 놓여야 하며, 이것은 우리로 하여금 운 좋은 조상들의 삶에 접근할 수 있게 해준다. 아테네인, 스파르타인, 그리고 크레타인을 포함한 세 사람은 그들이 생각할 수 있는 최상의 법률 규약을 만들어, (『정치가』에서 말하듯이) 적절하게 "가장 참된 정치체제의 흔적들을 추구"한다. 그러나 성문법의 내재적 불완전성에 관한 교훈은 아직 상실되지 않았다. 무엇보다도 욕구할 만한 것으로 보이는 모든 변화들을 법률에 소개하는 기능을 갖는 최고 평의회가 지명된다.[55] 이 평의회의 위원들은 국가의 목적들을 합리적으로 이해하며, 또한 최종적으로 그들의 인지와 획득에 대한 책임을 지게 된다. 이른바 야간 평의회의 중요성을 지나치게 강조해서는 안 되지만,[56] 그것은 전문가의 지식에 토대한 국가의 오랜 꿈이 아직 포기되지 않았음을 확인해준다.

그러나 그 지식의 근원에 대한 플라톤의 개념에는 사소하지만 주목할 만한 변화가 있다. 평의회 위원들은 철학 공부에 착수하여 우주에 대한 이해를 획득한다. 즉, 우주의 신성, 그 기저에 깔린 조화, 그 작용에 있어서 영혼과 마음의 우선성 등에 대한 이해를 획득한다는 것이다. (이것들이 X권에 있는 일련의 강력한 논증들의 주제이다.) 그러나 평의회의 위원들은 다른 국가의 제도로부터 가르침을 얻을 것이다. 플라톤이 암묵적으로 인정하듯이, 이론과 실질적인 적용은 다르다. 이것은 법률의 결함들에 대한 『정치가』의 논의에 이미 포함되어 있던 내용이

---

54 713c-d.
55 960b 이하.
56 야간 평의회는 "사람들이 공적이고 사적인 다른 활동들을 쉬고 있는" 새벽녘에 열릴 것이다(961b).

다. 마그네시아의 다양한 정치체제들을 결합할 필요성에 대한 결론 자체는 '두 모(母)정치체제들', 즉 혼합되지 않은 극단적 형태의 군주정치와 민중정치의 이용 결과를 검토한 후에 얻어진다.[57] 첫 번째 사례로 선택된 것은 페르시아이며, 두 번째는 아테네 자체이다. 플라톤의 설명에 따르면, 기원전 6세기 전반부의 아테네는 전통적인 법률들에 기초한 온건하고 성공적인 민중정치였다. 훨씬 더 우월했던 페르시아 군대를 마라톤(Marathon) 평야에서 정벌하도록 국가가 결합할 수 있었던 것이 바로 그런 법률들의 영향이었다. 그러나 이제 국가는 '속박되지 않는 자유'에 스스로를 내맡겼다. 부패는 음악과 연극에서 시작되었다. 이전에 수용되던 내용과 공연의 기준들이 있었고, 청중들은 통제된 방식으로 행동했다. 그러나 점차 이런 기준들이 사라졌고, 청중의 쾌락이 유일한 기준이 되었다. 완전한 방종이 그 결과였으며, 그것은 법률 규칙의 손상을 초래할 정도로 삶의 모든 부분에 영향을 미쳤다. 만약 그 구절이 순수하게 경험적인 글이 아니라 할지라도, 그것은 더 분명히 경험적이었던 아리스토텔레스의 접근 방식보다 먼 조상의 접근 방식이다. 아리스토텔레스는 그리스와 다른 국가의 실질적인 정치체제들에 대한 대규모의 연구를 촉발했다.[58] 동일한 접근 방식의 또 다른 흔적이 스파르타와 크레타 형식의 정치체제에 대한 지속적인 언급에서 발견된다. 플라톤은 그것이 좋다는 것이 널리 인식되었다고 『국가』와 『법률』에서 주장한다. 긍정적인 가르침과 부정적인 가르침은 모두 그것에서 얻어진다. 그 자체가 참주정치(아마도 플라톤이 보기에 이것 자체가 추천할 만한 것은 아니었을 것이다)의 요소들과 민중정치, 귀족정치,

---

57   693d 이하.

58   아리스토텔레스 전집은 이 연구의 결실들 가운데 하나의 사례인 『아테네인들의 정치체제』를 포함한다.

왕정정치의 요소들도 갖는 '혼합' 정치체제이다. 그것은 또한 시민에 대한 덕의 교육에 약간의 관심을 갖는다. 그러나 그것의 잘못은 다른 덕들을 희생시키고 용기라는 하나의 덕을 강조한다는 데 있다.[59]

우리가 『국가』에 대해 어떤 결론을 내리든, 『법률』 배후에 놓인 즉각적이고 실질적인 의도들에 대해서는 의심의 여지가 없다. 대화자들이 이상적이거나 또는 이상에 가까운 조건하의 새로운 토대를 상상하고 있지만(예를 들어, 5040명의 시민들[60]이 썩은 사과를 갖고 있지 않다고 가정된다), 기존 국가들에 대한 함축은 충분히 명료하며 때로는 숨김 없이 제시된다. 확고하게 유지되고 또한 비(非)플라톤적 견해로는 충분히 민중정치적인 아테네의 문제들에 대해 『법률』이 관찰할 만한 충격을 주지 못한다는 발견은 별다른 놀라움으로 다가오지 않는다. 다른 한편으로 분명히 그것은 아카데메이아[61] 내부는 물론이고 아마도 외부의 야심 찬 정치가들에게 읽히고 또한 영향을 주도록 기획되었을 것이다. 그 아테네인은 한 부분에서[62] 어떤 조항이 이론적으로 얼마나 이상적으로 나타나든, 그것이 현실적으로 불가능해 보인다면 재고되어야만 하리라고 분명히 말한다. 그 문맥에서 그런 결론을 야기하는 것은 사람들이 실제로 인내해야만 하는 것에 대한 고찰이다. 『정치가』에서 말하듯이, 하나의 국가가 잘 통치되겠다는 동의에 토대를 두고 통치될 필요가 없다는 것은 엄밀하게 보자면 옳을 것이다. 그러나 현실 세계에서

---

59   크레타 섬 출신의 클레이니아스(Cleinias)는 625e에서 국가가 영속적으로 전시체제를 갖추고 있어야 하며, 또한 분명히 진정한 스파르타적인 삶의 특징을 반영해야 한다고 주장한다.

60   이와 같이 정확한 숫자를 제시한 이유는 행정적인 목적들을 위해 상당히 다양한 방식으로 편의상 구분할 수 있기 때문이다.

61   위 1장 참조.

62   745e 이하.

사람들이 수용할 것과 그렇지 않은 것에 대해 묻는 것은 의미가 있다. 그러나 물론 그것은 제한적인 요소에 불과할 것이다. 입법자의 목표는 여전히 시민들을 발전시키는 것이지 단순히 그들의 현재 조건에 맞추기 위해 법률들을 재단하는 것이 아니다.

『국가』와 마찬가지로 『법률』은 교육에 많은 주의를 기울이며, 이 주제는 다음 장에서 집중적으로 다루어질 것이다. 본질적으로 우리 욕구에 대한 교육을 통해 이해되는 덕의 교육은 국가의 초석으로 간주된다.

> [그 아테네인이 말하기를] 나는 어린아이의 첫 번째 감각이 쾌락과 고통에 대한 것이며, 이것들은 미덕과 악덕이 스스로 영혼에 달라붙어 있는 영역이라는 입장을 유지하고 있다. 지혜와 참된 의견들과 관련하여, 고령에 접어 들어 이것들을 획득하는 사람은 운이 좋은 사람이다. … 그래서 나는 교육을 어린아이들이 첫 번째로 획득하는 덕이라고 부른다.[63]

완전한 덕은 여전히 지혜를 분명히 포함하겠지만, 기본적인 요구조건은 우리가 올바른 것들을 욕구해야 한다는 것이다. 덕스러운 삶이 가장 행복한 것이라고 또다시 주장된다. 그것은 우리에게 가장 좋은 것이고 또한 가장 즐거운 것이다. 만약 그것이 가장 즐거운 것이 아니라면,[64] 사람들에게 그것을 선택하라고 설득하는 일은 어려울 것이다. 왜냐하면 "누구도 결과적으로 고통보다 더 많은 쾌락을 갖지 못하는 어떤 것을 하겠다는 데 기꺼이 동의하지는 않을 것이기 때문이다."[65] 여

---

63   653a-b.
64   만약 그렇지 않을지라도, 입법자는 여전히 젊은이들을 위해 그들에게 그것이 그렇다고 말해야만 한다(663d-e).
65   663b.

기에서 플라톤은『프로타고라스』에서 보여줬던 자신의 최초 입장, 즉 덕이 선택되는 것은 단지 그것이 제공하는 쾌락 때문이라는 입장에 가까이 다가간 것처럼 보인다. 그러나 그 문맥 전체를 정확하게 해석하기는 어려우며,『필레보스』에서 말했던 것처럼 아마도 그는 단지 쾌락이 사람으로서의(qua man) 사람에게 좋은 것의 필수적인 일부라고 주장하고 있을 것이다.

6

시인, 웅변가, 그리고 소피스트

(그리스적 의미의 무지케mousike를 함께 구성했던) 음악과 시는 『국가』와 『법률』에서 소개된 플라톤의 교육 프로그램에서 핵심적인 역할을 한다. 우리는 그가 그것들에 얼마나 근본적인 영향을 부여하는가를 보았다. 그는 예술적 기준의 왜곡이 이전에 위대했던 아테네의 몰락을 가져온 유일한 원인이었음을 시사했다. 만약 국민들이 덕스러워지려면, 그들은 적절하게 교육되어야만 한다. 그리고 적절한 교육은 맨 먼저 그들이 올바른 종류의 음악과 시에 노출되는 데 의존할 것이다. 플라톤이 예술의 산물들에 대해 이처럼 협소하고 제한적인 태도를 선택한 것은 그것이 야기하는 즐거움을 인지하지 못했기 때문이 아니라 오히려 인지했기 때문이다. 예술은 영혼 깊숙이 가라앉으며, 그것이 우리에게 어떤 종류의 특징을 제시하든 우리는 불가피하게 그것을 지니게 된다. 간단히 말해서, 예술가는 교육 영역의 경쟁자로 보인다. 경쟁은 서로 다른 두 진영, 즉 수사학 교사들과 '소피스트(sophist)'라고 알려

진 다재다능한 일련의 순회 교사들 사이에서도 생성된다. 분명히, 이 두 집단들은 상당 부분 중첩된다. 수사학 교육은 모든 또는 어쨌든 많은 소피스트의 본업이었으며, 아리스토파네스의 증거에서 보듯이 대중은 그것을 소피스트의 주된 특징들 가운데 하나로 간주했을 것이다. (『구름』이라는 희극에서 언급되는 '소송에서 이기는 기술'은 가공인물로 그려지는 소크라테스가 가르쳤던 두 과목들 가운데 하나로 제시된다. 다른 과목은 분명히 소피스트인 히피아스Hippias[1]가 전문가였다고 말해지는 자연과학이다.[2]) 그러나 뒤에서 보겠지만, 플라톤은 수사학에 대한 비판과 궤변에 대한 비판을 분리하곤 한다. 예를 들어, 수사학에 대한 강력한 비판을 포함하는 『고르기아스』는 그것을 궤변과 분명히 구별한다. 소크라테스가 그 대화록의 시작 부분에서 대화를 나누던 능란한 수사학 전문가 고르기아스는 흔히 소피스트로 간주되는데, 아마도 그 당시에는 그랬을 것이다. 그러나 그런 꼬리표는 어쨌든 느슨하며, 플라톤에게는 그에게 그 꼬리표를 붙이지 않았던 특별한 이유가 있었다(아래 pp. 257-259 참조).

대화록에서 소크라테스는 종종 세 집단, 즉 (특히 시인들에 의해 묘사되는) '예술가들', 웅변가들, 그리고 소피스트들을 모두 만난다. 우리는 이미 첫 번째에 대한 플라톤의 관심에 대해 설명했다. 그가 다른 둘에 부여하는 탁월성은 그것들이 그 자신의 관심사와 관련 있으며, 또한 기원전 5세기와 그 후의 아테네의 지성적인 분위기에서 그것들이 중요했음을 시사한다. 이번 장에서 나는 그가 각 집단을 어떻게 다루고 있는가를 하나씩 논의할 것이다. 시인들을 먼저 살펴보자. (음악 자체

---

1 즉, 엘리스 출신의 히피아스 (Hippias of Elis, 위 1장 참조).
2 『프로타고라스』 315c.

가 종종 시 낭송을 동반했으며, 음악에 대한 그의 태도는 대체로 시에 대한 그의 태도의 단순한 연장이다. 그는 회화와 조각을 주로 비유와 은유를 위한 전거로 사용한다. 그러나 그것들은 시와 음악을 포함한 모든 예술이 본질적으로 표상적인, 즉 '모방적인' 삶이라는 일반적인 관점을 격려하는 곳에서 특히 중요할 것이다.)

시인에 관하여

특히, 호메로스(Homer)의 시에 대한 독서와 학습은 교육을 받았던 아테네인들에 대한 '기초' 교육의 핵심을 이루었다. 분명히 "아버지 호메로스"는 『국가』 II-III권에 나타난 문학에 대한 플라톤의 주요 비판 가운데 하나에 맞서고 있다(다른 무엇보다 호메로스는 신들을 잘못 묘사하고 있다고 비난받는데, 이것은 심각한 비난이다). 그러므로 시인이 교육자라는 생각은 드물지 않았다. (『프로타고라스』에 등장하는) 프로타고라스는 호메로스, 헤시오도스, 그리고 시모니데스가 사실상 시라는 칸막이[3] 뒤에서 자신의 본색을 감추는 소피스트들(즉, 자기와 같은 교사들)에 불과하다고 주장한다. 그러나 플라톤 외의 다른 많은 사람들이 시라는 개념을 오직 교육과 성격 형성의 도구라는 용도로 갖고 있었다고 생각하기는 어렵다. 무엇보다 그의 태도가 얼마나 급진적이었는가를 인지하는 것이 중요하다. 다른 영역에서처럼 여기에서도 그는 의식적으로 동시대인들과 충돌하고 있다.

그가 선택했던 접근 방법의 결과들은 아마도 그가 마그네시아에서 기존의 모든 또는 최소한 대부분의 비극을 금지하는 한편 희극은 승인

---

3   316d.

할 것을 주장하는 『법률』에서 가장 놀라운 형태로 나타날 것이다.[4] 우리의 관점에서 이 제안은 『고르기아스』에서 기원전 5세기 아테네의 대규모의 공적 업무를 '그만큼이나 많은 쓰레기'로 묵살하는 것보다 약간 덜 야만적으로 보일 뿐이다.[5] 그러나 그런 입장은 그의 전제들로부터 직접 도출되는 것이다. 비극의 양식은 '진지한 것'(토 스푸다이온to spoudaion, 문자 그대로는 "주목할 만한 가치가 있는 것"을 의미한다. '스푸다이온'한 것은 그런 종류 가운데 좋은 어떤 것이다)을 다룬다. 희극은 '우스운 것'(to geloion, '우리가 비웃는 것')을 다룬다. 덕의 획득이 우리가 해학을 스스로 피할 수 있도록 우리에게 그것을 인식하길 요구하는 한, 희극을 위한 여지가 있어야 한다. 만약 비극 작가가 진실로 '심각한 것'을 무대에 올린다면, 그에게는 오직 훌륭하고 고상한 삶만이 허용될 것이다. 우리가 알고 있는 실질적인 모든 그리스 비극이 어떻게 예외적으로 그런 묘사에 속할 수 있을지 알기는 어렵다. 그리고 그리스 비극이 그것에서 벗어나 있는 만큼, 그것은 삶에 대한 잘못된 모형들을 제공하기 때문에 위험한 것으로 간주될 것이다. (마그네시아에 대한 설명 자체는 그런 의미에서 '비극'이라고 말해진다.)

플라톤이 여기에서 제시하는 희곡에 대한 견해는 다른 대화록들을 통해 설명된다. 『필레보스』[6]는 비극에 대해서는 상당히 간결하지만, 희극에 대해서는 자세히 설명하고 있다. 희극과 관련된 감정은 프토노스(phthonos)라고 말해진다. 그 단어는 일반적으로 부러움(envy), 시기

---

4   816d 이하. 더 연로한 비극 작가들의 연극들이 기원전 4세기에 부활했기 때문에, 아마도 이것들도 (다른 근거들에 기초했으므로 – 아래 참조) 그 금지에 포함될 것이다.

5   519b.

6   47e 이하.

(jealousy), 앙심(spite) 같은 것을 의미하지만, 여기에서는 특히 다른 사람들의 불행을 보면서 우리가 갖게 되는 즐거운 감정을 의미한다. (고통도 쾌락과 혼합되었다고 생각된다. 4장에서 보았듯이, 우리가 '우리 자신의 눈물을 즐기는'[7] 곳인 희극과 비극이 모두 '혼합된 쾌락'의 사례들로 소개된다.) 가장 어리석거나 비웃을 만한 불행은 자기 자신의 한계를 알지 못하는 불행, 즉 자신이 원래보다 더 나은 척하는 불행이다. 사람들은 자신들의 현재 상태보다 더 부유하다고 생각할 수도 있고 또는 자신들의 힘이나 매력에 대해 잘못 생각할 수도 있다. 그러나 가장 많은 범주는 자신들의 도덕적 성질과 지적 성질, 특히 자신들의 지혜에 대해 착각하는 사람들의 범주이다. 이 마지막 것을 과시하는 사람들은 권력과 영향력을 소유한 사람들과 그렇지 않은 사람들의 두 종류로 나뉠 수 있을 것이다. 후자는 사실상 어리석은 사람들이다. 전자는 어리석지는 않지만 위협적이고 위험한 사람들이다. 여기에서 플라톤은 더 이상 단지 극장에 대해 말하는 것이 아니라 삶 자체에 대해 말하고 있다. 무지한 자들(소크라테스적-플라톤적인 맥락에서는 사악한 자들과 부도덕한 자들)의 손에 권력이 들어갈 때, 그것은 즐겁지 않다. 소크라테스는 "그 논증에 따르면, 무대뿐만 아니라 삶의 모든 비극과 희극에서 장송곡, 비극, 희극에 고통과 쾌락이 서로 혼합된다."라고 말하면서 그 장을 마무리한다.[8] 극장에서 희극과 비극은 삶의 표상들, 즉 삶을 거의 그대로 연장한 것들이다. 삶은 덕스러운 행동을 수행하며 살아야 하기 때문에 비극적이며, 많은 사람들이 사실상 자신들이 소유하지 않은 지식을 가진 척하기 때문에 희극적이다.

---

7   48a.

8   50b.

『법률』은 최소한 겉으로는 비극 작가들에게 매우 정중하다. 『법률』
은 아테네의 후기 예술 전체를 겨냥하면서 저속하다고 비난했지만,
『고르기아스』[9]는 더 직접적으로 특히 비극에 대해 저속하다고 비난한
다. 소크라테스는 "이 장엄하고도 놀라운 시적 형태를 갖춘 비극"에 대
해 그것의 목표가 "단지 관중들을 만족만 시키는 것인지 또는 해로운
어떤 것이 그들에게 쾌락적이고 매력적일지라도 그것을 말하는 것을
피하려 노력도 하고, 또한 그들이 그것을 즐기든 말든 대화와 노래에서
불쾌하고 유익한 어떤 것을 표현하려는 것인지"를 묻는다. 칼리클레스
는 그것이 청중의 쾌락과 만족을 목표로 한다고 답한다. 이것은 수사학
의 특징을 설명하기 위해 도입된 비극을 수사학과 마찬가지로 '아첨
(kolakeia)'의 일종으로 만든다고 소크라테스는 말한다. 비극 자체는
일종의 공개 연설 또는 웅변이라 선언된다. 우리는 『향연』에서 보았던
성공적인 비극 시인 아가톤을 기억할 것이다. 『향연』에서 사용된 언어
는 『고르기아스』에서 직접 나온 것으로 묘사되었다. 현존하는 그리스
비극들 가운데, 에우리피데스는 수사학적 기교의 영향을 함축하는 특
정한 흔적들을 보여준다. 그러나 플라톤의 지적은 더 일반적이다. 그는
비극 작가들이 청중의 도덕적 건강에 대한 적절한 관심을 갖지 않고,
웅변가들처럼 단지 청중의 즐거움만을 위해 말장난을 한다고 비난한
다. (그는 여기에서 이상주의자들에게는 드물지 않은 비타협적 태도와
화해의 거부를 보여준다. 그는 도덕적 정치적인 문제들에 대해 진지하
고도 사려 깊은 종류의 할 말이 많기 때문에, 에우리피데스Euripides
를 자연스러운 협력자로 간주해야 한다.)

시인들에 대한 플라톤의 비판은 『국가』 X권에서 가장 강렬하고도 광

---

9 502a 이하.

범위하다.[10] 모든 시인들, 즉 호메로스를 포함한 '비극' (즉, 진지한) 시인들과 다른 시인들은 우리의 가장 저급한 요소들에 대해 이야기한다. 그 시인들은 바람직하지 않은 모든 종류의 방법으로 활동하고 느끼는 개인들을 대표하며, 따라서 묘사된 특징을 우리가 공감하는 만큼 그들은 우리에게 유사한 감정들을 유발한다. 우리가 동료들의 관찰하에 있는 일상의 삶에서, 우리는 이런 감정들을 억누른다. 시를 들을 때, 우리는 그것들을 즐길 완전한 자격을 갖는다. 시인들은 우리에게 그릇된 행위의 모형들, 즉 그릇된 '덕의 상들'을 제시한다. 그들은 좋음과 나쁨을 구분하지 않으며, 진리에 관심이 없다. 그들은 삶에 대한 참된 지식이 없으면서도 삶을 나타낸다. 화가들과 마찬가지로, 그들은 "사물들이 이상적으로 어떠해야 하는가?"의 문제와 플라톤이 동일시하는 사물들의 실제 모습이 아니라 겉모습을 다룬다. 사실 그들은 진리에서 두 단계 떨어져 있다. (예를 들어, 침대나 피리와 같은) 어떤 것의 제작자는 그 사물의 형상을 살핌으로써 획득한 지식의 토대 위에서 또는 사용자의 지식으로부터 도출된 옳은 신념의 토대 위에서 일한다.[11] 그런데 화가나 시인 같은 예술가의 산물에 대해서는 그런 통제가 없다. 예술가가 제시하거나 모방하는 것은 아름답거나 아름다움 자체가 아니라 '많은 무지한 자들'에게 아름답게 (또는 '훌륭하게') 나타난 것이다. (시

---

10   595a 이하.

11   아마도 플라톤은 두 가지 가능성들 가운데 두 번째 것을 강조하길 원할 것이다. 최소한 VI권과 VII권에서 그랬듯이 '형상'이 동일한 것을 의미한다면, 그는 모든 평범한 제작자가 형상들에 접근할 수 있다고 심각하게 주장하지는 않을 것이다. '신'이 침대나 식탁의 형상을 만들었다고 소크라테스가 주장할 때, 우리는 그것에 대해 반신반의할 것이다. 플라톤이 흔히 그렇듯이, 형상과 변화의 세계를 대조함으로써 정말로 형상 자체가 창조되었다고 봐야 한다는 제안을 했을 가능성은 거의 없다. 이 견해는 아마도 '예술가에 의해 만들어진 모조품 또는 복사물', '장인에 의해 만들어진 물건', '신적 주체에 의해 만들어진 형상'처럼 그럴듯한 유사점을 제공하기 위해 소개되었을 것이다.

형태에 대해서 전반적으로 더 친절하고 더 인도적인 태도를 채택한 아리스토텔레스의 『시학』은 이 모든 것에 대한 어떤 개선책을 제공한다. 그는 특히 비극의 감정적인 효과에 대해 더 긍정적이다. 비극을 관람하면서 우리는 순수한 형태의 감정을 경험하며, 더 균형 잡힌 상태에 있게 된다. 이 과정은 '일종의 카타르시스(katharsis)' 또는 '정화'이다.[12]

시인들이 본질적으로 무지하다는 견해는 짧으면서도 매력적인 작품이자 아마도 상대적으로 초기 작품인 플라톤의 『이온(Ion)』에서도 나타난다. 그 대화록은 전적으로 음유시인들, 이온(Ion)과 비슷한 사람들, 전문 공연자들, 그리고 시 해석자들, 또는 시인들 자체가 어떤 테크네(techne), 즉 '기예(art)', '공예(craft)', '기술(skill)', '전문성(expertise)'을 소유했다는 견해를 비판하는 데 몰두한다. 소크라테스는 만약 그들이 좋은 어떤 것을 생산한다면, 그것은 그들이 엔쎄오이(entheoi)함으로써, 즉 '신에 의해 소유됨으로써' 나온다고 주장한다. 이온이 테크네를 결여한다는 사실은 그가 호메로스를 해석하는 전문가일지는 모르지만 헤시오도스나 아킬로코스(Archilochus)를 해석하지는 못한다는 사실을 통해 드러난다. 그들이 동일한 주제들에 관심을 갖는데, 왜 그러지 못하는가? 이온이 제시할 수 있는 유일한 답변은 그 시인들이 열등하기 때문이라는 것이다. 그러나 소크라테스가 증명하듯이, 어떤 분야의 전문가는 그 분야의 좋고 나쁜 것에 대해 모두 알고 있을 것이다. 이온은 다른 어떤 시인이 언급될 때 자신이 말할 중요한 내용이 전혀 없이 꾸벅꾸벅 졸고 있었다는 점을 인정하므로, 그가 호메로스에 대해 '기예와 지식을 통해서' 말할 수는 없었다. '시를 짓는 기술이 전체

---

12   예를 들어, H. House, *Aristotle's Poetics* (Hart-Davis, London, 1964), Lecture VII 참조.

이므로' 만약 그가 말했더라면, 그는 모두에 대해 똑같이 이야기할 수 있었을 것이다.¹³ (이온은 호메로스의 시에 나타나는 다른 기예나 기술 가운데 어떤 것의 전문가도 아니다. 이런 기술들을 아는 사람은 그것들을 실행하는 사람이며, 음유시인이나 또는 함축적으로는 시인 자신이 아니다.)

그렇다면 어떤 사람이 주어진 테크네를 소유한다고 말해지기 위한 조건은 그가 특정한 영역에서 좋은 것과 나쁜 것에 대해 모두 똑같이 전문가여야 한다는 것이다. 생산 기술의 경우에, 이것은 전문가가 좋은 것뿐만 아니라 나쁜 것도 생산할 수 있어야 한다는 것을 의미할 것이다. 의사는 환자들을 낫게 할 수 있듯이 그들을 아프게 할 수도 있을 것이다. (『소(小)히피아스』와 『국가』 I권에서 모두 이 개념은 덕과 테크나이의 유비와 관련하여 사용된다. 만약 『소(小)히피아스』가 아니라면 『국가』에서, 플라톤은 좋은 사람이 나쁜 결과를 산출할 수 없는 한에 있어서, 즉 나쁘게 행동할 수 없는 한에 있어서, 덕이 테크나이와 다르다는 것을 깨닫고 있는 듯이 보인다.) 아리스토텔레스적 용어로 설명하자면, 테크네는 '상반된 것들을 할 수 있는 능력'이다. 전문가의 지식을 이런 방식으로 이해하는 것은 『향연』의 끝 부분에 있는 이상한 구절을 설명하는 데 도움이 된다(위 2장 참조). 오직 소크라테스, 아가톤, 그리고 아리스토파네스만이 깨어 있었고, 소크라테스는 "희극과 비극을 만드는 방법을 아는 것이 동일한 사람에게 속하며, 따라서 전문적인 비극 작가[technei tragoidopoion]는 또한 [전문적인] 희극 작가이기도 하다."라는 견해를 다른 사람들에게 강요하고 있었다고 말해진다.¹⁴

---

13   532c.
14   223d.

우리는 그의 논점이 무엇이었는지 알 수 없으며, 다만 아가톤과 아리스토파네스가 잠이 들어 있었고, 그것을 이해하기 어려워했다고 말해질 뿐이다. 이제 우리는 그의 논증이 무엇이었는지 재구성할 수 있다. 테크네의 소유자는 그의 영역에서 좋은 것과 그 반대되는 것에 대해 모두 전문가일 것이다. 참된 비극 시인은 테크네를 소유한다. 그의 영역은 '진지한 것', 즉 훌륭하고 덕스러운 모든 것이다. 진지한 것의 반대는 우스운 것이며, 그것은 (『필레보스』에서 언급되었던) 지혜와 덕으로 위장한 것이다. 그러나 우스운 것은 희극의 영역이다. 아가톤은 오직 비극만을 썼고 아리스토파네스는 오직 희극만을 썼기 때문에, 그의 논증은 그들과 직접적인 연관성이 있다. 그리고 사실상 그것들이 지혜로 위장하고 있음은 이미 알려져 있으며, 따라서 『필레보스』의 용어로는 그것들은 모두 진실로 우스운 것이다. 아리스토파네스는 그 불합리함 밑에 놓인 자기 발언의 중요성을 주장하려고 절실하게 노력했으나 실패하고 말았다.[15] 반면에 훌륭하고도 아름답게 들리는 아가톤의 말들이 무엇인가는 소크라테스에 의해 드러났다. 그러나 플라톤의 목표는 단순한 개별자들이 결코 아니었다. 사실은 이 시기의 어떤 시인도 비극과 희극을 함께 쓰지는 않았다는 것이다.[16] 따라서 우리는 훨씬 더 강력한 결론, 즉 당시의 어떤 비극 시인이나 희극 시인도 사실상 자신의 직업을 알지 못했다는 결론에 도달한다. 그러나 진정한 시인은 철학자, 즉 (우리가 시작했던 『법률』에서) 소크라테스 자신임[17]이 밝혀진다.[18] 즉,

---

15 189b, 193d, 212c와 205d-e.

16 Clay(1975) 참조. 몇 가지 점에서는 다르지만, 『향연』에 대한 나의 해석은 클레이의 논문에 많이 의존한다.

17 소크라테스는 『파이돈』 60e 이하에서 철학과 무지케mousike를 명시적으로 동일시하지만, 그것들이 사용된 맥락은 다르다.

18 『향연』 212a.

진정한 시인은 지식의 위장을 드러내는 데 탁월하고, 또한 그가 기술했던 참된 연인처럼 "상상적인 덕의 상들이 아니라 참된 덕을 낳는" 소크라테스라는 것이다. 소크라테스를 무대 위에 올려놓은 책임이 있는 것은 결국 플라톤 자신이다. 최소한 우리는 『법률』보다 『향연』이 '시'의 모형으로 더 유망해 보인다고 말할 수 있을 것이다.

수사학에 관하여

("수사학에 관하여"라는 부제를 갖는) 『고르기아스』에서, 플라톤은 소크라테스로 하여금 그 자신이 대중 강연과 정치술에 있어서 유일하게 진정한 전문가라고 주장하게 만드는데, 그것은 수사학에 대해 했던 것과 아주 똑같은 장난이다. 『법률』의 시대에 이르러서는 새롭고도 적절하게 철학적인 수사학이 과거의 폐허로부터 구조되어 시민들에게 정돈된 삶의 좋음과 즐거움을 설득하는 법률의 협력자로 활동한다. 그러나 진정한 (소크라테스적 또는 플라톤적) 수사학과 거짓된 경쟁자의 대조는 초기 작품들에도 존재한다. 『소크라테스의 변론』에서 플라톤은 소크라테스로 하여금 그 자신이 기소된 것처럼 뛰어난 이야기꾼은 아니라고 말하면서 변론을 시작하게 만든다. 그는 단지 진리를 말하는 방법을 알고 있을 뿐이며, 그것이 웅변가의 진정한 업무라고 주장한다.[19] 그러나 물론 그는 상당히 설득력 있는 방식으로 '진리를 말하고 있는' 것으로 드러난다. 『소크라테스의 변론』에서 플라톤의 글은 가장 숙련되어 있다.

우리는 이미 『고르기아스』에서 당시 수사학을 넘어선 경우의 일부를

---

19   18a.

살펴보았다. 비극(과 더 강력한 시의 다른 형식들)처럼, 수사학은 청중에게 좋거나 나쁜 것이 무엇이든 상관없이 그들을 즐겁게 하려는 목표만을 갖는다. 다시 말해, 시와 마찬가지로 그것은 지식에 기초하지 않으며, 따라서 그것은 테크네가 아니다. 이 주장은 다음과 같은 두 가지 비난을 밀접하게 연결한다.

따라서 나는 [수사학을] 아첨이라 부르며, 또한 나는 그런 것을 부끄럽다고 말한다네, 폴로스. 왜냐하면 그것은 가장 좋은 것[을 고려함이] 없이 즐거운 것만을 목표로 하기 때문이지. 또한 나는 그것이 기예가 아니라 재주[empeiria]라고 말하네. 왜냐하면 그것은 각각의 원인[aitia]을 표현하지 못하도록 그것들의 본성에 어떤 것들이 있는가에 대해 그것이 적용하는 것을 적용하는 사람에게 [? 제공할] 어떤 합리적인 설명[logos]도 하지 못하기 때문이지. 나는 사람들이 하는 불합리한[alogos, '로고스logos를 결여하는'] 어떤 것도 기예라고 부르지 않는다네.[20]

사실상 요리법은 수사학처럼 쾌락만을 목표로 하면서도 어떤 음식이 몸에 가장 좋은가를 아는 척함으로써 의학의 역할을 침식시키려 하듯이, 수사학은 그와 같은 방식으로 (고르기아스와 처음 대화를 나누면서 참된 웅변가는 정의로우리라 확신했던 소크라테스가 '정의'와 동일시하는) 진정한 테크네의 역할을 침식시키려 한다. 의술은 "그것이 관심 갖는 것의 본성과 그것이 하는 것들의 원인[aitia]을 탐구했고, 그것들 각각에 대해 제시할 합리적 설명을 갖는다." 한편, 요리법은, 즉

---

20   464e-465a.

그것의 모든 관심사가 지향하는 쾌락에 대한 [요리법은] 쾌락의 본성이나 그것의 원인[aitia]을 전혀 조사하지 않고 전적으로 비과학적인 방식[atech- nos, 즉 테크네가 완전히 결여된 방식]으로, 또한 생각해보려는 시도도 전혀 없이 완전히 비이성적인 방식으로, 흔히 발생했던 쾌락을 제공할 수 있는 수단인 관행과 경험을 단순히 기억함으로써, 그것에 접근한다네. 따라서 이것이 적절한 설명이라는 점에 자네가 동의하는지, 그리고 영혼과 관련된 그런 종류의 다른 어떤 활동들도 있는지 먼저 보게. 그 활동들 가운데 일부는 영혼에게 가장 좋은 것이 무엇인가에 대한 어떤 선견지명을 갖는 기술적인 종류[technikai]이며, 다른 일부는 이런 종류를 경멸할 뿐만 아니라 어떤 쾌락들이 더 좋은지 또는 나쁜지를 묻지 않고 요리법처럼 쾌락이 어떻게 영혼에게 생길 수 있는가에 대해서만 연구한다네....[21]

이 인용문과 앞의 인용문에 나타나는 사고의 전환은 다소 혼란스럽다. 아마도 소크라테스는 이런 것을 의미했을 것이다. 일련의 다른 활동들과 더불어, 수사학은 쾌락을 그 대상으로 한다. 그러나 그 활동들이 좋은 쾌락과 나쁜 쾌락을 구분하지 않는다는 사실에서 보이듯이, 그것들은 쾌락의 본성이나 원인을 탐구하지 않고 그렇게 한다. 이것이 아마도 그런 탐구의 첫 번째 결과였을 것이다. 따라서 그것들은 테크나이(technai)가 아니다. 왜냐하면 테크나이는 항상 그것들 자체에 대해 설명을 제시할 수 있어야 하고, 또한 그 설명은 항상 그것들의 특수한 영역에서 가장 좋은 것을 통한 설명이기 때문이다.

그 논증의 정확한 형태가 무엇이든, 수사학이 쾌락을 목표로 한다는 초기의 전제는 상당히 이상해 보인다. 사람들은 분명히 강연을 듣는 것

21   501a-b.

을 좋아했다. 그들은 분명히 고르기아스와 같은 스승들의 특별한 강연을 듣는 특권을 위해 많은 돈을 지불할 준비가 되어 있었다. 그러나 여기에서 우리는 공적이고 정치적인 웅변술에 대해 이야기하고 있으며, "쾌락을 목표로 했다"는 말을 모두 문자 그대로 받아들일 사람은 거의 없을 것이다. 또한 플라톤이 실제로 그런 주장을 하는 것도 아니다. 그의 논점은 웅변가가 대체로 청중의 비위를 맞추면서 일한다는 것이다. 웅변가는 그들이 듣길 원하는 것을 말해주고, 일반적으로 그들의 도덕적 건강에 필요한 것을 주기보다 그들이 원하는 것을 준다. 실존했던 고르기아스나 이소크라테스 등은 다른 설명을 선호했겠지만, 최소한 이런 설명의 전반부를 이해하는 데 큰 어려움은 없었을 것이다. 대화록의 전반부에서 고르기아스는 기대되던 방식대로 웅변술을 설득의 기술로 묘사한다.[22] 분명히 이것은 플라톤의 용어로도 사실상 적절한 기예 또는 테크네처럼 보인다. 그것은 목공이나 신발을 만들 때 하는 것과 동일한 방식으로 좋음과 나쁨을 구분한다는 것이다(좋고 나쁜 신발과 침대가 있듯이, 좋고 나쁜 연설이 있을 것이다). 그리고 화술을 위한 안내서들이 존재했으며, 이것은 '원인들'에 대한 어떤 연구가 있었음을 시사한다. 그러나 플라톤은 그런 어떤 답변을 거부할 것이다. 진정한 수사술의 영역은 (그리고 그는 이 점에 대해 고르기아스로 하여금 소크라테스에게 동의하게 만든다)[23] 정의와 불의, 훌륭함과 수치스러움, 좋음과 나쁨이다. 그것의 목표는 단지 청중에게 신념을 갖도록 하는 것이 아니라 질문이 옳고 그름에 대한 것이거나 또는 어떤 정책이 유익할 것인가를 증명하는 것인 경우에 그러저러한 것이 사실임을 가

---

22   452e.

23   454b 이하.

르치는 것이기도 하다. 웅변가는 이 주제들에 대해 무지할 것이다. 왜냐하면 지식을 가진 사람보다 갖지 않은 사람이 모든 영역에서 더 확신할 수 있도록 만드는 것이 고르기아스가 하는 일의 일부이기 때문이다. (그는 테크나이 자체와 관련하여 이 주장을 전개한다. 그런데 그것을 소크라테스가 어떤 용도로 이용할 것인가를 고르기아스가 깨달았을 때, 고르기아스는 물러나려고 애쓴다. 플라톤이 승인하듯이, 그는 그 자신이지 칼리클레스가 아니다.) 그렇다면 기존의 웅변가들은 현상들에 대해서만 관심을 가졌지 실재에 대해 관심을 가졌던 것이 아니다. 그들은 무엇이 정말로 그런가를 다루는 것이 아니라 자신들의 청중에게 즉각적으로 매력적이고 쾌락적이어서 좋은 것으로 보이는가를 다룬다. (플라톤은 정말로 고결한 웅변가들이 없다고 생각했을까?『고르기아스』[24]에서 페리클레스의 업적에 대해 경멸적인 것들을 이야기했음에도 불구하고, 플라톤은『파이드로스』에서 페리클레스를 그런 고결한 웅변가로 인정하는 듯이 보인다. 플라톤적 모형을 충족하는 철학적 웅변가, 즉 훌륭함과 좋음에 대한 완전한 지식에 토대를 두고 연설하는 철학적 웅변가의 자격을 갖춘 사람은 없었고 또한 거의 있을 수 없었을 것이다.)

시에 반대할 때 그랬듯이, 이처럼 플라톤은 특히 수사학의 목적을 재확인함으로써 수사학에 반대하는 자신의 주장을 전개한다. 그는『파이드로스』[25]에서 이 과정을 지속한다. 좋은 웅변가는 자신에게 철학자나 변증가가 되길 요구하는 자신의 주제(subject)를 이해할 것이다. 그는 또한 영혼의 본성에 대한 전문가일 것이다. 의사가 육체의 건강에 관여

---

24 『파이드로스』269e 이하. '…처럼 보인다(seem)'가 아마도 가장 중요한 말일 것이다. 자세히 검토해보면, 그 단락은 소크라테스가 결코 진지하지 않음을 함축한다.
25 259e 이하.

하듯이, 웅변가는 영혼의 건강에 적절하게 관여한다. 수사학에 대한 책은 특정한 연설의 유형을 어떻게 구성하는가, 그리고 이러저러한 결과를 어떻게 산출하는가에 대한 가르침으로 가득하다. 소크라테스가 규칙들을 만든 전문가들 사이의 의견이 불일치하는 데서 순수한 즐거움을 얻을지라도, 그런 규칙들이 유용하다는 것은 분명하다. 그러나 그것들이 수사학의 전체를 구성한다고 생각하는 것은 의사의 기술이 단지 약을 이용하여 어떤 결과들을 산출하는 방법, 즉 토하게 만들고 변을 보게 만드는 방법을 알 뿐이라고 생각하는 것만큼이나 어리석다. 그런 기능을 하는 약이 누구에게, 언제, 어느 정도 필요한가를 아는 것이 무엇보다 중요하다. 그와 마찬가지로,

> 어떤 종류의 사람이 어떤 종류의 것들에 의해 설득되었는가를 그가 말할 수 있고, 실제로 그를 실제로 확인할 수 있을 때, … 또한 그가 말하거나 침묵을 지켜야 하는 적절한 경우들, 짧게 말하거나 또는 동정심을 유발하고 과장된 방식으로 말하는 적절한 경우들, 그리고 그가 배운 모든 종류의 연설을 구분할 때, … 그런 뒤에야 [그 웅변가의] 기예는 훌륭하고도 완전한 방식으로 마무리될 것이며, 그 이전에는 마무리되지 않을 것이네.[26]

웅변가의 목표는 청중에게 진리를 (그것이 어떤 종류의 것이든) 설득하는 것이다. 다른 한편으로, 최근의 수사학적 이론가들은 단순히 설득력 있는 말의 중요성을 강조한다. 법정에서는 아무도 진리에 관심을 갖지 않는다고 그들은 말한다. 발생했다고 믿을 수 없는 일이라면 실제

---

26   271e-272b. 이 모든 것은 분명히 플라톤이 자신의 행동을 지각하고 있었다는 사실과 직접 관련된다. 위 2장에서 언급된 저술들의 단점에 대한 논의가 그 바로 뒤에 나온다.

로 발생했던 일이라도 말하지 말고, 발생했다고 믿을 수 있는 것을 대부분의 사람들이 기대하는 대로 말하는 것이 때로는 더 나을 것이다. 그런 것이 오늘날 수사 '술'의 규칙들로 이해된다.

이것이 수사학은 참된 목적을 결여한다는 플라톤의 주장 가운데 일부이다. 그러나 그것에는 아마도 더 중요한 또 다른 부분이 있을 것이다. 고르기아스의 학생들은 단순히 청중을 즐겁게 하는 방법을 배우려고 그에게 갔던 것이 아니다. 그들은 정치적 권력과 영향력을 얻는 수단이 될 수사학을 배우기 위해 그에게 갔다. 고르기아스는 자기 상품(수사학-옮긴이)을 바로 다음과 같은 말로 광고했다고 한다. 그는 이런 것을 제공한다는 것이다.

사실상 … 가장 좋은 것, 자신들의 자유와 타인들에 대한 통치를 모두 각자의 나라에서 산출하는[aition] 것, 즉 연설을 통해 법정의 판사들, 위원회의 위원들, 의회의 의원들, 그리고 있을 수 있는 다른 모든 시민 단체를 설득하는 능력.[27]

폴로스(Polus)와 칼리클레스(Callicles)는 자신들이 보는 것과 (아마도 고르기아스는 그러지 않았겠지만) 플라톤이 보았던 것을 이런 입장의 결과로 끌어냈다. 숙련된 웅변가는 자신이 원하는 것을 무난히 할 수 있을 것이다. 그는 자신을 폭군으로 만들고 완전히 방종한 삶을 살 것이다. 그들에 따르면, 숙련된 웅변가는 생존한 사람들 가운데 가장 행복한 사람일 것이다. 그러나 소크라테스에 따르면, 물론 그는 조금도 행복하지 않을 것이다. 왜냐하면 수사학은 정말로 좋은 것

---

27   『고르기아스』 452d-e.

을 볼 수 있게 가르쳐주지 못했을 것이며, 따라서 숙련된 웅변가는 그 것을 획득하지 못할 것이다. 모든 규제에서 벗어나고 참된 가치에 무 지하기 때문에, 그는 최악의 충동이 이끄는 곳으로 따라가고 자신을 불행에 빠뜨릴 것이다. 달리 말해서, 수사학 교육은 악으로 나아가는 쉬운 길이다. 만약 그렇다면, 그것은 교육이 해야 하는 일과 정반대의 것이다.

소피스트에 관하여

당시 소피스트들이 일반적으로 받았던 혹평과 더불어, 『국가』 I권에서 있었던 소크라테스와 트라시마코스의 대립과 『고르기아스』에서 있었 던 소크라테스와 칼리클레스의 대립이 그것들의 맥락에서 갖는 가장 특징적인 성격 때문에, 많은 사람들은 플라톤이 소피스트들에 대해 근 본적으로 반대했던 것은 그들이 공통적으로 지닌 비도덕적이거나 반도 덕적인 학설들이었다고 주장한다. 그러나 칼리클레스는 분명히 소피스 트들과 달랐으며(그는 그들이 '무가치' 하다고 주장한다),[28] 또한 『국 가』도 분명히 트라시마코스와 그들을 동일시하지 않는다. 예외적으로 『파이드로스』는 그를 수사학 교사로 다루며, 많이 남아 있지 않은 그의 저술에 따르면, 그는 『국가』에서 자신에게 부여된 견해를 (만약 그것이 정말 그의 것이었다 할지라도) 단지 논쟁적인 입장에서 채택했을 뿐이 다. 하지만 플라톤에게 그보다 덜 위험한 것은 없다. 비록 플라톤이 정 말로 그를 끝까지 소피스트로 간주하길 원한다 할지라도, 그는 대체로 소피스트들에게 똑같은 오명을 씌우지 않으려고 조심한다. 『국가』 VI

---

28 『고르기아스』 520a.

권은 소피스트들이 "최소한 상당히 많은[29] 젊은이들을 부패시킨다."(물
론 이것은 소크라테스에 대한 법정 고발 내용의 일부이다)는 점을 명
시적으로 부정한다. 진정한 소피스트들(즉, 진정으로 젊은이들을 부패
시키는 사람들)은 모여 있는 바로 그 사람들이다. 플라톤이 여기에서
단지 더 큰 다른 목표로 잠시 시선을 돌리는 것일 수도 있다. 그러나
『국가』 VI권은 대체로 『프로타고라스』와 『테아이테토스』에서 프로타
고라스를 다룰 때와 『대(大)히피아스』에서 (진위 여부가 가끔 의심되
지만, 만약 이것이 실제로 플라톤의 작품이라면) 히피아스를 다룰 때
의 어조와 일치한다.

소피스트들에 대해 플라톤이 제기해야 할 진정한 불평은 그들이 덕
을 가르칠 자격이 전혀 없음에도 불구하고 스스로를 '교육과 덕(paid-
euseos kai aretes)'[30]의 교사들이라고 주장했다는 것이다. 『고르기아
스』의 소크라테스에 의하면, 수사학과 정의의 관계는 궤변과 입법자의
기예의 관계와 같다. 현재의 웅변가들은 가짜 정치가들이다. 소피스트
들은 법률의 교육적 기능을 모방한다.[31] 플라톤의 설명에 따르면, 프로
타고라스나 프로디코스 또는 에베누스와 같은 소피스트들[32]은 아레테
(arete, '덕')를 가르친다고 주장하지만, 이상적인 환경하에서 국가의
법률과 제도하에 소중히 보호될 참된 전문가의 지식을 결여하고 있다.
우리는 무엇보다도 프로타고라스와 에베누스와 같은 사람들이 그런 주
장을 한다는 점을 의심할 이유를 갖고 있지 않다. 어쨌든 플라톤에게

---

29   492a.

30   『프로타고라스』 349a, 시인들처럼. 비교: 『프로타고라스』 316d, 『국가』 600c 이하.

31   기원전 443년에 프로타고라스가 새로운 아테네의 식민지인 투리이(Thurii)를 위
한 법률 체계를 구축하기 위해 초대되었다는 기록은 이 문맥과 전혀 무관하지 않을 것
이다.

32   비교: 『소크라테스의 변론』 19e(프로디코스 Prodicus), 20a(에베노스 Evenus).

그것은 소피스트들을 규정하는 주요 특징이 된다.

그 점은 그가 고르기아스를 다루는 곳에서 설명된다. (비록 소크라테스는 그 두 가지를 혼동하는 대중의 성향을 인정하지만)『고르기아스』라는 대화록은 그를 소피스트와 다른 웅변가로 묘사한다.『메논』은 그가 아레테(arete)를 가르치지 않고 다만 능란한 이야기꾼들을 만들어 낸다고 주장한다는 점에서, 그를 다른 소피스트들과 구분되는 소피스트로 묘사한다.[33] 여기에는 아무런 실질적인 모순이 없다.『메논』의 문맥에서는 소피스트들과 다르다는 점을 주장하기 위해 고르기아스를 소피스트들과 동일시하는 그의 유명한 이론에 의존하고 있을 뿐이다. 플라톤은 고르기아스가 최소한 자신이 실천할 수 없는 것을 주장하지 않는다는 점에서 정직하다고 생각한다. 다른 한편으로,『고르기아스』는 고르기아스에 대한 적절한 분류로 플라톤이 생각하는 것을 제시한다. 고르기아스가 그런 결정적인 주장을 하지 않는다는 단지 그 이유 때문에, 그는 소피스트가 아니라는 것이다. (그가 제시했던 실제 교육 과정이 '진정한' 소피스트의 교육 과정과 뚜렷하게 구분되는가의 문제와 플라톤이 그렇다고 생각했는가의 문제는 물론 전적으로 다르다.) 그러나 소크라테스는 그 주장을 자기에게 반대하는 것으로 만들 수 있다. 분명히 옳음과 그름의 차이에 대해 무지한 학생이 그에게 온다면, 그는 웅변술을 가르치기 전에 그것을 먼저 가르쳐야 할 것이다.[34] 고르기아스도 이 점에 동의하지만, 나중에 수치심 때문에 그럴 뿐이다. 플라톤이 그에 대해 설명하듯이, 도덕 교육은 그가 해야 할 역할의 일부가 아니다.

---

33   95c.

34   459c 이하.

만약 소피스트들이 '덕'을 가르칠 수 있다고 말한다면, 그들은 은연 중에 자신들이 그 주제에 대한 전문 지식을 갖고 있다고 말하는 것이다. 이 주장은 플라톤이 주기적으로 되새기는 사실, 즉 그들이 자신들의 가르침에 대해 돈을 요구한다는 사실을 통해 뒷받침된다. 이처럼 그들은 플라톤에게 특별한 흥밋거리가 되는 집단이다. 그들은 플라톤과 소크라테스가 가장 중요하다고 간주하는 그런 지식을 자신들이 갖고 있다고 주장한다. 따라서 『프로타고라스』와 『에우튀데모스』 등의 대화록들은 그들의 자격 여건에 대한 조사에 착수하고, 소피스트가 가짜이자 허구이거나 또는 ('진정한 소피스트'에 대한 오랜 탐구 끝에 『소피스트』가 묘사하듯이) 지식의 무지한 모방자라는 『고르기아스』의 평가를 승인한다.[35]

그러나 우리는 소피스트가 아레테에 대한 지식을 '모방한다'는 플라톤의 주장을 좀 더 자세히 살펴볼 필요가 있다. 이 진단은 소피스트들이 마치 플라톤적인 교육자와 동일한 듯이 보이게 만든다. 즉, 동일한 종류의 목표들을 자신들에게 설정하지만 그것들을 획득할 능력은 부족하다는 것이다. 그러나 그것이 참이라 할지라도, 상당히 멀어 보이는 의미에서 때때로 그렇다. 그들이 이해하는 아레테는 플라톤이 이해한 것과 결코 반드시 동일하지는 않다. 극단적인 경우를 보자면, 『에우튀데모스』라는 대화록에 등장하는 소피스트들인 에우튀데모스와 디오뉘소도로스(Dionysodorus) 형제는 아레테를 단순히 '논쟁적인(eristic)' 토론술, 즉 우연히 손에 들어온 모든 언어적 수단을 사용하여 반대자들을 곤경에 빠뜨리는 능력에 의존하는 기술로 간주한다. 우리는 앞에서 아레테라는 단어의 의미가 영어의 '덕'보다 더 포괄적임을 보

---

[35]   267b 이하.

았다. 예를 들어, 아레테는 사람들은 물론이고 사물들에 의해서도 소유
될 수 있다. 그것은 아가토스(agathos)라는 형용사, 즉 '좋은(good)'에
상응하는 명사이다. 따라서 좋은 칼은 칼에 적절한 아레테, 즉 그것의
'탁월성(excellence)'을 소유한다고 말해질 수 있다. 플라톤에게서 사
람의 탁월성은 일반적으로 덕의 소유를 통해 이해되므로, (내가 전에
주장했듯이) 내가 했던 방식대로 '덕'이라는 번역어의 사용은 해가
없을 뿐만 아니라 도움이 되기도 한다. 또한 사람들에 대해서 사용된
아레테가 일상 언어에서도 동일한 일반적인 의미를 담았을 가능성이
있다는 훌륭한 증거가 있다. 용기나 남성다움이란 덕과의 연결성이
특히 강하다.[36] 그러나 '덕'이 그 단어의 의미에 필수적이거나 불가피
한 부분이 아니라는 것을 보여주는 대화록이 바로 『에우튀데모스』이
다. 그곳에서 아레테는 최소한 첫 번째로 상당히 중립적인 의미로 이
해되어야 한다. 그런 기술이나 성질 또는 일련의 성질들이 사람을 존
경할 만한 사람으로 만든다. 그러나 우리가 존경하는 것은 **성공한** 사
람이다. 따라서 질문은 궁극적으로 그가 성공하기 위해 무엇을 필요
로 하느냐는 것이다. 에우튀데모스와 디오뉘소도로스(Dionysodor-
us)에 따르면, 이것이 논쟁술(eristic skill)이다. 대화록의 시작 부분에
서 종종 그렇듯이, 소크라테스가 실제로 지혜와 아레테를 가르칠 수
있냐고 그들에게 질문할 때, 그 질문은 아마도 단지 그들이 공급하는
것이 사실상 성공과 행복으로 이어지겠느냐는 것이다. 그는 그것이
그렇지 않다는 것을 쉽게 보여줄 수 있다. '철학'이 논쟁적이라는 오
명은 "훌륭하거나 좋거나 희거나, 또는 그런 다른 어떤 속성을 갖거
나, 또는 다른 것들과 완전히 다른 것은 아무것도 없다."는 주장으로

---

36 Dover(1974) 참조.

끝이 난다.[37] 다시 말해서, 그것은 모든 차이점들을 없애며, 따라서 선택을 불가능하게 만드는 효과를 갖는다. 그러나 성공과 행복은 물론 우리가 올바른 선택들을 하는 데 달려 있다. 그리고 그것을 할 능력은 정치술 또는 '군주술'과 동일시되는 진정한 지식, 즉 소크라테스적 지식에서 나온다.

플라톤의 설명에 따르면, 에우튀데모스와 디오뉘소도로스가 아레테라는 제목으로 가르친다고 주장한 것은 일종의 반도덕적인 '성공술'이다. 역사학자들은 때때로 이 해석을 소피스트들 전체로 확장한다. 그러나 플라톤 자신이 그렇게 하지는 않았을 것이다. 『프로타고라스』에서 소크라테스는 프로타고라스에게 직접 무엇을 가르치느냐고 묻는다. 프로타고라스의 즉각적인 답변은 '개인적인 일과 국가의 일에 대한 분별력(euboulia, '판단의 건전성'), 즉 개인이 자신의 가정을 가장 잘 관리하는 방법과 활동이나 연설을 통해 국가의 일에 가장 잘 공헌하는 방법에 대한 분별력'을 가르친다는 것이다.[38] 프로타고라스의 동의를 얻은 소크라테스는 이 답변을 '정치술'을 가르치고 좋은 국민들로 만든다는 주장으로 간주하며, 프로타고라스를 에우튀데모스와 디오뉘소도로스의 태도에 가까이 위치시키는 듯이 보인다. 프로타고라스가 가르치는 것은 사람이 공적인 삶과 개인적인 삶에서 성공하기 위해 필요한 기술들이다. 그런 유사성은 이전에 프로타고라스가 능란한 이야기꾼들을 산출하는 전문가로 간주되었다는 사실로 인해 더 가까워진다. 그러나 사실상 논의가 진행되면서, 소크라테스와 프로타고라스는 모두 '좋은 국민들을 만드는 것'에 대한 해석, 즉 국민들이 요구하는 아레테를 가

---

37   303d-e.

38   318e-319a.

르치는 것에 대한 해석을 하고 있다고 말해진다. 그것은 특히 그들에게 '수치심(aidos)'과 '정의(dikaiosyne)에 대한 존중심'이라 말해졌던 핵심적인 것들, 즉 **덕들**을 가르치는 문제이다. 소크라테스에 의해 처음 제시되었던 이런 움직임을 프로타고라스가 받아들일 때, 그는 다만 솔직하지 않은 것일 수도 있다. 그러나 만약 그렇다 할지라도, 그에 대한 명확한 증거는 없다. 언뜻 보기에 프로타고라스의 입장은 덕이 성공의 조건이라는 플라톤의 입장과 비슷해 보인다. (그러나 그는 완전히 플라톤적인 견해, 즉 성공한 삶이 사실 덕스러운 삶과 외연이 동일하다는 견해를 갖고 있지는 않다. 그에게 있어서 성공이란 분명히 개인적인 영향이나 국가에 대한 공헌과 같은 외적 기준들에 의해 측정될 것이다.) 『대(大)히피아스』에서 (이미 말했듯이 이 작품의 저자는 플라톤이 아닐 수도 있다) 히피아스는 비슷한 관점에서 조명되고 있는 듯이 보인다. 그는 '훌륭한 행동들, 즉 젊은 사람에게 적합한 것들'에 관한 자신의 연설들을 높이 평가한다.[39] 그러나 그것은 물론 플라톤이 프로타고라스나 히피아스와 논쟁을 하지 않는다는 말은 아니다. 『국가』에서 그들은 모두 '다수의 사람들'[40]에 의해 말해진 훌륭함과 좋음에 대한 견해들을 단순히 되풀이하고 있다는 비난을 받는다. 『프로타고라스』는 특히 덕에 관한 프로타고라스의 '무지'를 드러내며(또는 그렇게 하려고 하며), 『대(大)히피아스』에서 히피아스는 연설은 훌륭하지만 '훌륭

39　286a.

40　이 점은 특히 "인간은 만물의 척도이다!"라는 이론을 주장했던 프로타고라스에게 적용될 것이다. 『프로타고라스』와 『테아이테토스』에서는 그가 도덕과 법에 관해 시민을 최고의 권위자로 만들었다고 지속적으로 말해진다. 이 견해는 물론 플라톤이 전적으로 반대했던 것이다. 프로타고라스의 상대주의와 플라톤의 객관주의가 지닌 명백한 상반성은 대화록들이 다른 어떤 소피스트보다 그에 대해 훨씬 더 많은 관심을 부여했던 이유를 이해하는 데 도움이 된다.

함'이라는 주제에 대해서는 아주 무능력한 것으로 그려진다. 정의(def-
nition)에 대한 요청을 받았을 때, 그는 훌륭한 것들의 사례들을 제시
할 뿐 더 나아가지 못한다. 이것은 심지어 에우튀프론도 인정하도록 설
득될 수 있는 그런 종류의 실수이다.

이처럼 플라톤의 설명은 '소피스트'의 두 유형, 즉 개인과 사회에 대
한 도덕의 중요성을 말로만 동의하는 프로타고라스나 히피아스 같은
소피스트들과 에우튀데모스나 디오뉘소도로스 같은 논쟁자들의 구분
을 허용한다. 『소피스트』에서 그는 참된 궤변을 두 번째 유형과 동일시
하면서 마무리하는 것처럼 보인다. 진정한 소피스트는 "개인적으로 활
동하고, 자기에게 대항하여 말하는 사람이 스스로 모순을 범하도록 만
드는 간단한 논증들을 사용하는" 사람이다.[41] 이런 설명은 에우튀데모
스와 디오뉘소도로스에게 완전하게 들어맞지만, 방금 전에 『소피스트』
에서 언급되었던 '단순한' 개인들, 즉 "자신들이 정말로 자기 견해들의
주제들을 안다고 생각하는" 개인들과 더 비슷한 프로타고라스나 히피
아스 같은 사람에게는 거의 들어맞지 않는다.[42] 『소피스트』의 결론은
아마도 기원전 5세기 말 이후에 팽배했던 논쟁적 유형을 반영하고 있
을 것이다. 그것은 또한 그것이 더 위험하다는 플라톤의 견해도 분명히
반영하고 있다. 그러나 플라톤의 관점에서 확실히 그 두 유형은 여전히
동일한 유(genus)에 속한다. 즉, 그것들은 모두 사람이 삶에 적합해지
도록 하기 위해 아레테를 가르친다고 주장한다는 것이다. 그것들은 모
두 지식보다 언어적 기민함을 더 중시한다(고 플라톤은 말한다). 그러

---

41   268b.

42   플라톤은 '논쟁자(eristics)'라는 표현이 '소크라테스'에게도 적절해 보일 수 있
다는 점을 너무도 잘 알고 있다. 『에우튀데모스』와 『소피스트』는 모두 논쟁의 방법과
소크라테스의 고유한 변증법을 직접 대비시킨다.

므로 그것들은 모두 어떤 의미에서는 참된 교육자를 '모방하고' 있다는 것이다.[43]

---

43 『소피스트』에서는 소피스트가 덕을 가르치는 교사라는 점이 다른 곳보다 덜 두드러진다. 소피스트의 역할은 오히려 거짓말을 중개하는 교사로 보인다. 이것은 소피스트를 웅변가와 선동 정치가에 가깝게 만들며, 그들과의 차이점은 사실상 아주 적다. 그러나 덕과 교육에 대한 특별한 주제와의 연관성은 여전히 하위 주제로 나타나는 것이 분명하다.

'영혼'에 관하여

역사적 실존 인물인 소크라테스는 우리에게 "우리의 영혼을 돌보라"고 촉구한다. '영혼' 또는 프쉬케(psyche)[1]와 육체 또는 소마(soma) 사이의 대립은 기원전 5세기의 사고 속에 이미 내재해 있었다. 예를 들어, 우리는 한편으로는 정신적 상태들과 다른 한편으로는 육체적 상태들의 상호관계에 대한 관심을 반영하는 의학 작가들에게서 그 흔적을 발견한다. 그들이 그것들을 명확히 구별했던 것은 아니다. 실제로 그들은 일반적으로 의식이 순수하게 육체적인 토대를 갖는다고 보았다. 결과적으로 그들은 정신장애가 육체적 치료를 통해 치유될 수 있다고 생각했다. 원자론자인 데모크리토스는 자신의 윤리적 이론들 속에서 이런 선상의 사고를 뒤집어 "영혼[psyche]의 완성이 육체의 오류를 교정한

---

1 곧 보겠지만, '영혼'은 아주 절망적일 정도로 부적절한 '프쉬케(psyche)'의 번역어이다. 그러나 (a) 그것은 전통적인 번역어이며, 또한 (b) 그것은 더 많은 문맥에서 다른 대안보다 더 적합하다.

다."는 입장을 취한다.[2] 육체를 조절하는 것은 마음 또는 영혼이다. 그러므로 우리는 마음이 적절한 상태에 있는가를 살펴야만 한다. 마음의 질서와 조화, 체계적 사고와 '쾌활함(euthymie)'은 행복과 번영으로 이어질 것이다. 그러므로 데모크리토스에게 있어서도 우리가 우리의 "영혼"을 보살피는 것이 중요하다. 그러나 소크라테스가 동일하게 보이는 듯한 것을 요구할 때, 사실 그는 그것에 상당히 다른 의미를 부여한다. 데모크리토스는 인간 전체, 즉 정신적인 복지는 물론이고 육체적인 복지에도 관심을 갖는다. '영혼의 돌봄'이 문제가 되는 것은 우리의 운명이 우리의 사고와 태도에 의해 결정되기 때문이다.[3] 다른 한편으로, 소크라테스가 말하는 적절한 '영혼의 돌봄'은 육체 **이전에** 영혼을 보살피는 것, 즉 우리의 물질적인 관심사보다 우리가 '영적인' 관심사들이라 부르는 것에 우선권을 부여하는 것을 의미한다. 또는 더 도움이 되도록 구체적으로 말하자면, 우리의 우선적인 과제는 **도덕적** 복지를 보장하는 것이라는 말이다. 물질적 복지가 사실상 이로부터 생겨날 수도 있지만, 그 자체는 다만 이차적 중요성을 지닐 뿐이다. 이런 관점에서, 우리의 '영혼'은 도덕적 존재자로서의 측면이 되는데, 이것은 우리 존재의 핵심적인 측면으로 간주된다. 이런 개념은 참신해 보인다. 왜냐하면 소크라테스 이전에는 그와 비슷한 어떤 것도 발견되지 않기 때문이다. 다른 한편으로 그것은 그의 동시대 사람들에게 완전히 기이하게 들리지는 않았을 것이다. 그는 올바른 또는 덕스러운 행동이 지혜나 지

2   Diels-Kranz, 단편 187의 일부.
3   데모크리토스의 윤리학에 대해서는 특히 G. Vlastos, 'Ethics and Physics in Democritus', reprinted in R.E. Allen and D.J. Furley (eds), *Studies in Presocratic Philosophy* (Routledge & Kegan Paul, London, Humanities Press, New York, 1975), vol. II 참조.

식에서 야기된다고 본다. '영적인 건강,' 즉 영혼의 '건강' 은 올바르게 추론하는 문제 또는 달리 말해서 **정신적** 건강의 문제이다. 그렇다면 궁극적으로 소크라테스에게 있어서 '영혼' 은 최소한 의사들과 데모크리토스, 또는 비전문가의 문헌에서 그것이 갖는 의미, 즉 마음, 지성 또는 의식이라는 의미를 포함할 것이다.[4] 소크라테스가 덧붙인 것은 '행복' 또는 성공이 위치하는 그 자신의 특별한 개념이며, 이것은 다시 성공적인 삶이 의존하는 정신적 또는 '영적' 복지의 본성이라는 그의 개념에 영향을 미친다.

데모크리토스를 비롯한 '소크라테스 이전' 대부분의 다른 사상가들과 소크라테스의 또 다른 차이점은 소크라테스가 그들과 달리 영혼에 관한 **이론**을 갖고 있지 않았다는 것이다.[5] 데모크리토스는 우주의 다른 모든 것과 마찬가지로, 영혼이 육체를 통제할 뿐만 아니라 그것에 의해 결합되며, 또한 그와 함께 소멸하는 원자들의 복합물이라고 말한다. 피타고라스학파는 일반적으로 그것이 죽지 않으며, 또한 하나의 육체에서 다른 육체로 이주할 수 있다고 믿었다. 그리스의 철학적 전통에서 초기 인물들 가운데 한 사람인 아낙시메네스는 영혼을 공기 또는 호흡과 동일시했다. 그런 이론들은 소크라테스와 전혀 관련이 없다.[6] 그의 개념은 일상 언어의 단어인 프쉬케(psyche)의 의미에 의존하고 또한 그 의미를 연장한다. 즉, 그것은 특히 원칙상으로 그 분야를 사물의 본성과 속성, 즉 프쉬케 자체에 대한 모든 특별한 설명에 열어 놓는 그것

---

4   참고자료는 D.B. Claus, *Toward the Soul* (Yale UP, New Haven and London, 1981) 참조.

5   이 점은 특히 Vlastos, 'The Paradox of Socrates', in Vlastos(1971).

6   죽음 이후의 생존과 관련하여, 『소크라테스의 변론』은 그를 무신론자로 묘사한다. 다른 견해들은 그에게 아무런 쓸모도 없고 또한 흥미도 주지 못한다는 것이 아주 분명하다.

의 부정확성을 공유한다.[7] 아낙시메네스는 그런 질문들을 제기하지 않고도 즉각적으로 자신의 실용적인 주장들을 제시할 수 있으며, 또한 그런 질문들을 다른 사람에게 남겨 놓는 데 대해 분명히 만족하고 있다.

"영혼의 돌봄"이라는 소크라테스의 개념을 승계하는 한편, 그것을 뒷받침하기 위해 완전히 발달한 심리학적 이론을 발전시키려 하는 플라톤은 그렇지 않다. 피타고라스주의에서 그렇듯이, 플라톤의 철학에서 영혼은 육체라는 '무덤'에 한시적으로 거주하는 비물질적 존재이며, 죽음 이후에 우리 운명의 성격, 즉 우리가 탄생과 재탄생의 윤회를 벗어나 우리의 시간을 신들과 함께 보내는가 또는 윤회하는가를 영혼의 상태가 결정할 것이기 때문에 우리는 그것을 돌봐야만 한다. 대화록들에 나타나는 사후세계에 대한 몇 가지 신화들은 구제불능의 악인들에게 가장 심한 처벌을 부여하는 하데스(Hades, 죽은 자들의 나라-옮긴이)와 죽은 자들의 심판에 대한 설명을 이용한다.[8] 이 신화들은 덕을 위한 최후의 논변에 상응하는 것을 구성한다. 그리고 비록 그것들을 액면 그대로 받아들이지 말라고 구체적으로 경고 받지만,[9] 플라톤이 그것들을 단순히 꾸며낸 이야기로 간주한다고 생각해서는 안 된다. 다른 한편으로, 전통적인 형태의 생각들은 단지 신화적 문맥에서만 나타나는 반면에, 피타고라스의 주제들은 그렇지 않다. 이것들은 중기 대화록의 인식론과 존재론에 잘 들어맞지만, 플라톤이 그것들을 적절하게 조정된 형태로 받아들이고 있음은 분명하다.[10] 죽음의 순간에 육체로부터

---

7 즉, 만약 그가 그것을 '사물(thing)'로 생각했다면 그렇다는 것이다.
8 호메로스에게 있어서, 가장 큰 처벌은 신들과 경쟁하려고 시도하는 사람들을 위해 남겨둔다. 플라톤은 우리가 그들을 모방해야 한다고 적극 추천한다. 그러나 그의 신들은 호메로스의 신들과 분명히 다르다.
9 『파이돈』 114d.
10 불사하는 영혼이라는 견해가 『향연』에는 빠져 있다. 소크라테스는 은유적인 불사

분리되는 영혼이라는 주제는 형상을 개별자로부터 분리된 것으로 설정하는 것과 밀접하게 관련된다(위 3장에서 논의된 아남네시스anamnesis 이론 참조). 『파이돈』에서는 죽음이 철학자의 행복한 탈출임을 보여준다. 왜냐하면 그것은 지식의 대상들에 대한 직접적인 접근을 허용하기 때문이다. 다른 사람들에게 (철학의 결핍은 덕의 결핍을 함축하기 때문에)[11] 죽음은 처벌 이후에 발생하며,[12] 어떤 형태의 생명체로든 결국 다시 태어나는 것이 우리에게 적절하다. (우리가 이 두 번째 주제도 '신비로운' 것으로 다루고 싶어 할 수도 있다. 그러나 만약 우리가 그렇게 하길 고집한다면, 우리는 플라톤이 했던 것보다 더 확고하게 진리와 허구 사이에 선을 그을 것이다.[13])

따라서 영혼은 인간이라 (또는 동물이라) 불리는 복합물의 바로 그 부분, 즉 죽음을 넘어 존속하는 바로 그 부분이다. 그런데 그게 어떤 부분인가? 달리 말해서, 프쉬케(psyche)라고 불리는 이것에 경험의 어떤 측면들이 부여되어야 하는가? 플라톤은 이 질문을 핵심적인 것으로 옳게 보고 있으며, 직접적으로든 간접적으로든 그 문제로 자주 돌아간다. 그는 그것에 답변하는 몇 가지 다른 방법들을 갖고 있다. 때때로 그는 영혼이 본질적으로 우리의 이성적인 부분이라고 본다. 다른 경우에 그것은 이성적인 요소들은 물론이고 비이성적인 요소들도 포함한다. 또 다른 경우에 그것은 생기를 불어넣는 힘(animating force), 즉 육체에

성에 대해서만 이야기한다. 그러나 이에 대해서는 문맥상의 문제와 같은 특별한 이유가 있을 수도 있다.

11   『파이돈』 69a 이하에서 명확하게 언급된다.

12   결국 세계는 좋다. 우리는 삶 속에서 악이 어쩔 수 없이 처벌되는 것이 아님을 알기 때문에, 그것은 죽음 이후에 처벌되어야만 한다.

13   만약 지옥이 어디든 존재한다면, 『파이돈』은 그것이 지상에 있을 것이라고 주장한다. 그러나 삶에 대한 플라톤의 태도가 항상 그처럼 부정적이지는 않다.

생명을 가져오는 것이다. 이 개념은 프쉬케라는 그리스어 단어 자체가 역사적으로 '생명'이라는 개념과 밀접한 관계를 갖고 있다는 사실과 무관하지 않다. '살아 있는(alive, animate)'을 의미하는 그리스어 단어는 엠프쉬코스(empsychos)이며, '살아 있지 않은(inanimate)'은 앞쉬코스(또는 아프쉬코스, apsychos)로서, 문자 그대로 그것들은 각각 '그 안에 프쉬케를 갖는'과 '그 안에 프쉬케를 갖지 않는'을 의미한다. 아마도 인간과 동물 사이의 윤회는 특히 이런 연결성을 보여준다.[14] 플라톤은 불멸성을 주장하는 몇 부분에서 이러한 프쉬케 개념을 사용하는데, 영혼을 일반적으로 살아 있다고 간주되는 것들은 물론이고 우주 전체에서 발생하는 모든 운동의 최초 원인으로 만드는 『파이드로스』에서 전개된 것이 가장 두드러진다.[15] 그러나 물론 플라톤은 영혼의 불멸성을 단순히 '자기 운동자(self-mover, 외부의 도움 없이 스스로 운동하는 사물-옮긴이)'로 설정하는 문제에는 아무런 관심이 없다. 영혼은 '자기 운동자', 즉 육체에 생명을 가져오는 것인 동시에 다른 것들이기도 하다. 특히, 그것은 이성적이다. (『파이드로스』에 따르면, 동물들에 거주하는 영혼들은 형상들을 결코 '본 적이' 없거나 또는 아주 오래전에 보았다.[16] 이것은 그것들이 잠재적으로 이성적이라는 그의 말을 허용하는 듯이 보이는 반면에, 동물들이 우리가 흔히 말하는 그런 이성적

---

14   『티마이오스』 77b에서 플라톤은 식물들이 '살아 있다(zen)'고 말해질 수 있다고 말한다. 그리고 그것들이 영혼을 갖지만, 그것의 최하위의 형상 또는 에이도스(eidos)를 갖는다. 식물 '영혼들'은 분명히 윤회의 영역에서 배제된다. 이것은 식물들에게 불공평해 보일 수도 있다. 그것은 아마도 (만약 그것이 옳다면) 그것들이 동물들보다 지성의 흔적을 더 적게 보여주기 때문이 아니라 동물과 인간의 행위에 대해 만들 수 있는 것보다 식물과 인간의 행위에 대해 만들 수 있는 유비가 더 적기 때문일 것이다.

15   245c 이하.

16   249b.

존재자들이 아니라는데 동의한다.) 프쉬케를 추론하거나 생각하는 것
으로 만들 때, 플라톤은 또다시 일상적인 용법에 근접해 있다. 일상 언
어에서는 이런 함축적 의미와 다른 것(운동하는 것으로서의 프쉬케)
사이에 분명한 관련성이 물론 전제되지 않는다. 그러나 여기에서 플라
톤에게 하나의 문제가 있다. 그는 결국 (예를 들어, 소화나 배설처럼)
마음이 필요 없는 어떤 기능들을 마음에 귀속시키는 것처럼 보인다. 이
것이 문제일지라도, 그는 그것에 대해 침묵한다. 생물의 생물학적 측면
들은 그에게 아무런 흥밋거리가 되지 않는다. 예를 들어, 다양한 육체
기관의 기능에 대해 논의하는 『티마이오스』는 생물학을 윤리학의 한
분야로 전환하려 노력한다.[17] 그가 지각하는 문제는 오히려 마음이나
의식 자체를 어떻게 다루느냐 하는 것이다. 그는 이런 측면에서 프쉬케
의 서로 다른 두 가지 모형처럼 보이는 것을 갖고 있다. 즉, 그는 그것
을 본질적으로 단일하고 이성적인 존재로 만드는 모형과 이성적인 요
소와 비이성적인 요소의 복합물로 만드는 모형을 갖고 있다. 이 장의
나머지 부분은 이 두 가지 모형에 대한 그의 사용 방식을 추적하고, 그
것들의 상호 관계를 설명하려 시도할 것이다.

　프쉬케 또는 '영혼'에 대해 가장 많이 말하는 대화록인 『파이돈』은
전적으로 첫 번째 모형을 사용한다.[18] (그 대화록의 배경은 그의 마지
막 순간이며) 사형에 직면한 소크라테스는 철학자가 죽음을 환영하리
라고 주장한다. 죽음은 "육체로부터 영혼이 해방되는 것"을 의미하
며,[19] 이것은 참된 철학자가 가능한 한 살아 있는 동안에 획득하도록 노

17　아래 284-286쪽 참조.
18　다시 말하자면, 경험에 대한 의식적 측면들과 관련해서 그렇다는 것이다. (프쉬
케에 대한 생물학적 개념도 대화록에 분명히 들어 있다.)
19　64c.

력해야 하는 상태이다. 생생하게 묘사되듯이, 철학이란 "죽는 과정과 죽음을 연습하는" 문제이다.[20] 육체는 지혜와 진리 추구의 방해물이다. 육체의 감각들은 우리를 혼란스럽게 하며, 그것의 쾌락들은 우리를 혼란스럽게 한다. 그러므로 우리는 그것의 영향으로부터 우리 자신을 정화하고, 이성으로 하여금 홀로 순수하게 작동하도록 해야 한다. 이런 정화 과정은 다음과 같이 묘사된다.

> 육체로부터 영혼을 가능한 한 멀리 떨어지게 하고[chorizein], 그것이 육체의 모든 부분들로부터 그것 자체를 스스로 함께 모으고 결집되게 하며, 또한 마치 족쇄에서 벗어나듯이 스스로를 육체로부터 방면함으로써 현재와 미래에 그것이 할 수 있는 한 오래 거주하게 습관화하는 것일세.[21]

이 인용문은 주변의 문맥과 함께 『파이돈』의 논증 전체의 바탕에 깔린 많은 가정들을 보여준다. 즉, 영혼과 육체가 서로 다른 두 가지 것들(things)이고, 우리의 영혼들이 우리의 진정한 자아들이고, 영혼 자체의 성격에도 불구하고 영혼은 육체의 모든 활동들에 관여하고, 그것의 고유한 상태는 육체라는 감옥으로부터 떨어져 있을 때이고, 또한 끝으로 가장 중요한 것은 영혼 자체가 순수하게 이성적인 어떤 것이라는 가정들이다. '정화(purification)' 뒤에는 지성만이 남는다. 우리의 '비이성적인' 욕구들을 포함한 우리 존재의 다른 모든 비이성적인 측면들, 즉 우리가 우리의 개별성에 핵심적인 것으로 간주할 수도 있는 측면들은 영혼 자체의 본질에 속하지 않을 것이다. 소크라테스는 사실상 비이

---

20   64a.
21   67c–d.

성적인 욕구들이 **육체**에 속하는 것처럼 말한다.[22] 그러나 여기에서 우리가 그의 말을 문자 그대로 받아들일 필요는 없다. 이 욕구들이 '육체적'이라는 것은 육체가 그것들을 스스로 느낀다는 의미가 아니라(즉, 그것들은 결국 활동과 운동의 모든 잠재적인 근원들이며, 육체는 스스로를 움직일 수 없다) 욕구들이 완성되기 위해 육체를 필요로 한다는 의미이며, 또한 우리가 육체를 가짐으로써 욕구들을 소유하게 되기 때문이다. 육체는 영혼에 새로운 기능들을 부과하며, 그것의 고유 대상들로부터 주의를 돌릴 수 있는 새로운 쾌락들에 접근하게 한다. 나쁜 사람과 교제하는 경우에 육체가 통제에서 벗어날 수 있듯이, 우리의 영혼도 육체와 지나치게 가까이 연결됨으로써 나쁜 습관을 갖게 될 수 있다. 영혼은 그것이 있어야 할 상태로 있게 유지하기 위한 훈련('죽음을 위한 훈련')을 필요로 한다. 그런 훈련이 없다면, 죽음 이후에도 영혼은 '육체적 요소'에 의해 짓눌리게 될 것이며, 또한 그것이 적합한 종류의 육체에서 환생할 때까지 무덤들을 방황하게 될 것이다('그렇게 말해진다').[23] 비이성적 욕구들과 영혼의 관계는 잉여 지방과 육체의 관계와 같다. 즉, 참된 잠재력을 발휘하지 못하는 단순한 짐에 불과하다.

　영혼이 육체의 영향으로 인해 왜곡된 이성적 존재라는 이런 묘사는 방금 언급했던 인용문의 바로 앞부분에서 그 인용문까지 이어지는 『파이돈』[24]에서 다루어지며, 불멸성에 대한 주요 논증 가운데 세 번째 논증에서 특히 분명하게 드러난다. 그 논증은 다음과 같다. 복합적인 것은 그것의 구성요소들로 분리되고 파괴될 수 있지만, 비복합적인 것은

22　66c. '신체적 느낌들(ta kata to soma pathe)'에 대해 이야기하는 94b도 비교할 것.

23　81c-d.

24　78b 이하.

그렇지 않다. 지속적이고 불변하는 것은 비복합적일 가능성이 가장 많은 그런 것이다. 변화하고 결코 지속되지 않는 그런 것은 복합적일 가능성이 상당히 많다. 첫 번째 부류에 속하는 것들은 형상들이며, 두 번째는 "그것들과 동일한 이름들을 공유하는 모든 것들(즉, 개별자들)"이다. 첫 번째 부류의 것들은 비가시적인(볼 수 없는 또는 눈에 보이지 않는-옮긴이) 것들이며, 두 번째 부류의 것들은 가시적인(볼 수 있는 또는 눈에 보이는-옮긴이) 것들이다. 영혼은 비가시적이며, 육체는 가시적이다. 그러므로 영혼은 육체보다 더 비가시적인 것에 가깝고, 육체는 더 가시적인 것에 가깝다. 영혼이 육체의 도움을 통해 사물들을 연구하고 또한 감각들에 의해 지각된 비지속적인 대상들 쪽으로 끌려갈 때, 그것이 마치 술에 취한 것처럼 혼란스럽고 어지러워하는 한에 있어서, 그 또한 변화하는 것보다는 불변하는 것에 더 가깝다. 반면에, 영혼이 스스로 작동하고 지속적인 대상들을 향하는 경우에 그것의 방황은 끝나고 그것들과 관련하여 불변하는 상태에 남게 되는데, 이것이 지혜라고 불리는 상태이다. (이것은 아마도 지혜가 영혼의 자연적 상태라는 것인 반면에, 술 취한 것과 같은 다른 상태는 비자연적이라는 논증일 것이다. 그러므로 우리가 그것의 본질적 상태를 찾는 것은 첫 번째에 대한 것이다.) 끝으로, 영혼은 신적인 것을 닮으며, 육체는 사멸적인 것을 닮는다. 왜냐하면 영혼이 육체를 지배해야 한다고 "자연이 명령하며", 자연적으로 지배하기에 적합한 것은 신적인 것이고 지배되기에 적합한 것은 사멸적인 것이기 때문이다. 따라서 결과들은 다음과 같이 요약될 수 있다. (육체는 모든 상반된 속성들을 갖는 것과 "가장 유사한" 반면에,) "영혼은 신적이고 불사하고 지성적이고 단일하고 불가분적이고 항상 불변하며 지속하는 것과 가장 유사하다." 그것은 신적이고 불사하는 등의 것과 '가장 유사할' 뿐이다. 왜냐하면 영혼과 형상들 사이에는 중요한 차이점들이 있기 때문이다. 영혼은 여전히 형상들을 통해 우선적으로 비교되고 있다. 특히, 형상들은 전적으로 정적인 존재자들인 반면에, 영혼은 운동하며 또한 다른 것들에 의해 영향을 받는다. 실제로 그것은 아주 많이 또한 아주 규칙적으로 영향을 받으며(철학자들은 결국 우리들 가운데 아주 적은 수에 불과하다), 따라서 전혀 '변화하지 않는 것'과 유사하다는 주장조차 거의 하지 않는 것처럼 보인다. 그러나 바탕에 깔린 생각은 그것이 최소한 잠재적으로는 그것의 실제 모습인 이성적 존재자로 항상 남아 있다는 것이다. 만약 그것이 육체적 활동들에도 잠재적으로 관련된다면, 이것은 다소 약한 의미에서의 잠재태이다. 왜냐하면 그것은 실질적으로 하나 안에 있을 때 상대적으로 짧은 시간 동안만 육체와 함께 작동할 수 있기 때문이다.

이 문맥에서 플라톤의 의도는 비혼합성(혼합되지 않음-옮긴이)을 통해 비파괴성(파괴되지 않음-옮긴이)을 주장하려는 것이었음이 분명하며, 그가 영혼이 부분들을 갖지 않는다는 것을 많은 단어로 말하지는 않았지만 최소한 그런 내용이 제시되긴 했다. 『파이돈』은 일반적으로 영혼의 부분들이라는 개념을 사용하지 않는다. 이 개념이 『국가』, 『파이드로스』, 그리고 『티마이오스』에서 소개될 때, 그것은 새로운 출발처럼 보이지만, 아마도 실제로 새로운 출발이었을 것이다. 그러나 그것을 새로운 모형이라 부를 수 있을지 모르겠으나, 그 새로운 모형은 낡은 모형을 간단히 대체하지 못한다. 실제로 『국가』는 최소한 그 두 모형을 결합하는 것으로 나타난다.

새로운 분석은 『국가』에서 정의(justice)를 규정하려 시도하는 과정에 처음 나타난다.[25] 국가 내부의 세 '종류의 본성들' 또는 계급들, 즉

---

25   『국가』 434d 이하.

철학 계급, 군사 계급, 생산 계급이 자기 고유의 기능을 수행할 때, 국가가 정의롭다고 규정되었다. (다른 덕들은 이런 '종류'의 다른 '감정들affections/pathe'과 '성향들dispositions/hexeis'로부터 발생한다.[26]) 더 큰 것과 더 작은 것에 동일한 이름이 적용되는 한 그것들은 서로 유사할 것이라는 원리 위에서, 개인의 정의는 국가의 정의와 동일한 형상을 가질 것이라고 주장된다. 그러나 또다시 이것은 국가에서 그렇듯이 개인의 영혼에도 동일한 '형상들(eide)'이 나타날 것임을 전제한다. 소크라테스는 그것들이 실제로 나타나는가를 즉각적으로 탐색하기 시작한다. 그는 그 질문이 어려운 질문이라는 점에 동의하면서도, "이것으로 이어지는 도로는 더 길고 더 크기 때문에..., 우리가 현재 우리의 논의에서 사용하는 그런 방법들을 통해서는 결코 그것을 정확하게 파악하지 못할 것이다."라는 자신의 의견을 덧붙인다.[27] 현재의 질문과 명확하게 연결된 뒷부분의 내용[28]은 '이것'이 단지 영혼에 관한 질문에 대한 답변만이 아니라 영혼이 무엇을 위해 탐색되어야 하는가에 대한 답변, 즉 정의(와 다른 덕들)의 본성에 대한 답변이기도 하다는 점을 보여준다. 그러나 플라톤이 두 질문에 대해 제시될 잠정적인 답변들을 미리 보여주려는 의도를 갖고 있었다고 생각하는 것이 합리적이다. 뒤에 이어지는 영혼에 대한 '삼분법적' 분석이나 그것에 토대를 둔 (각 '부분'이 '그 자신의 것을 하는 것'이라고 설명되는) 정의에 대한 분석도 최종적이고 확정적인 것으로 간주되어서는 안 된다. 정의에 관한 한, "더 먼 길로 돌아가는 것"은 분명히 형상들에 대한 탐구, 특히 좋음의 형상에 대한 탐구를 필요로 한다. IV권에 나타나는 탐구의 부적절

26 『국가』 435b.
27 『국가』 435c-d.
28 『국가』 504a-b.

함은 그것이 설명에서 일상 경험의 현상들에 토대를 두는 대신에 형상
들을 배제한다는 점이다. 세 가지 요소들, 또는 플라톤의 표현으로 '형
상들', 즉 정의로운 국가의 세 계급들에 상응하는 영혼의 '형상들과 특
징들(ethe)', '종류들(gene)', 또는 '부분들(mere)'의 존재에 대한 승
인은 사실상 이런 토대 위에서 도달된다. 실질적인 내적 갈등들에 대한
분석은 각각 이성적인 것, '격정적인 것', 그리고 욕구적인 것이라고
명명된 세 가지 대립적인 충동들의 근원들이 존재하고 있음을 드러낸
다. 격정적인 '부분'은 우리가 분노와 같은 고급스런 감정들을 "느끼게
되는" 그런 부분이고, 욕구는 저급한 욕구들, 즉 "탐닉[pleroseis]과 쾌
락 같은 것들에 동반하는 것들"의 원인이 되는 부분이다.[29]

플라톤이 영혼에 대한 이런 분석을 유용하고 생산적인 것으로 간주
했음은 의심의 여지가 없다. 그는 그것을 IV권에서는 물론이고 『국가』
의 뒷부분들에서도 사용한다. 그러나 그 작품의 끝부분에서 우리는 그
것이 영혼의 참된 본성을 파악하는가에 대해 질문하고 있는 그를 발견
한다. 소크라테스는 영혼이 죽지 않는다고 말하며, (그리고 그는 그렇
게 말하는 데 대한 또 다른 논증을 제시한다). 그러나 "다수의 것들로
혼합되고 (지금 영혼이 그렇지 않아 보이듯이) 가장 정교한 방식으로
결합되지 않은 어떤 것이 영원하기란[aidion] 쉽지 않은 일이다."[30] 영
혼은 실제로 무엇과 비슷한가의 문제와 그것이 육체와 결합의 결과로
어떻게 나타나는가의 문제는 구분된다. 육체적인 점에서, 그것은 바다
의 신 글라우코스를 닮아 있다. 그것은 끊임없이 파도에 휩쓸리고, 따
개비와 해초와 자갈로 뒤덮여 그것의 본성을 전혀 드러내지 않는다. 지

29 『국가』 439d.
30 『국가』 611b.

금껏 우리는 영혼을 그런 식으로 관찰해왔으며, 또한 우리는 인간의 삶 속에서 그것의 '상태(state)와 형태(form)'를 올바르게 기술해왔다. 그러나 이제 우리는 다른 곳을 찾아보아야만 한다. 지혜에 대한 그것의 사랑, "신적이고 불사하며 항상 존재하는 것"에 대한 그것의 유사성, 그리고

> 혼신을 다해 이것을 따르고 이런 충격을 통해 지금 있는 바다에서 빠져나오는 경우에는 그것(영혼-옮긴이)이 무엇이 될 것인지를, 또한 돌들과 조가비들을 그것에서 떼어내는 경우에는 그것이 지상에서 잔치를 벌이기 때문에 들러붙은 흙과 돌의 부착물들을, 행복하다고 불리는 그것의 잔치들 때문에 많고도 악한[agrios] 것들을 [찾아보아야만 한다네]. **그런 뒤에** 우리는 그것의 참된 본성이 다수의 형상이든 또는 단일한 형상이든, 또는 그것의 속성들이 무엇이든 관계없이 그것을 볼 수 있을 것이네.[31]

이 전체 문맥에서 사용된 언어는 많은 부분에서 『파이돈』을 떠올리게 하며, '삼분법적' 분석에도 불구하고 플라톤은 그곳에서 대체로 자신이 선택했던 기본적인 입장을 다시 주장하고 있는 것으로 보인다. 그 분석은 삶에서 그랬던 것과 같이 영혼에 관한 진실을 제시해준다. 그러나 육체는 영혼을 왜곡한다. 육체 속에서 영혼은 과거의 영혼이 아니며, 앞으로 계속될 그런 영혼도 아니다. 마지막에는 이러한 본래적이고 회복 가능한 상태라는 용어를 통해 설명될 것이다. 그러나 플라톤이 이 상태에서, 따라서 그것의 본질적 성질에서 영혼이 '다수의 형상'인지 또는 '단일한 형상'인지, 즉 그것이 하나의 '형상'이나 (IV권에서 영혼

---

31 『국가』 611e-612a.

의 '부분'을 가리키기 위해 사용된 단어들 가운데 하나인[32] 에이도스 (eidos)를 갖는지 또는 하나 이상의 것을 갖는지에 대한 문제를 여전히 열린 채로 남겨두고 있다는 점을 주목할 만하다(사실 '부분'을 의미하는 메로스meros 자체는 그 논의의 가장 끝부분 근처에서 단 두 번 사용되고 있다). 그리고 『파이드로스』와 『티마이오스』에서 보듯이, 그는 그것을 진심으로 열린 채로 남겨두려 한다. 『파이드로스』는 영혼이 영속적으로 세 부분을 모두 소유한다고 주장하는데, 환생한 상태와 환생하지 않은 상태의 차이점은 전자는 하위의 두 부분들이 작동하는 반면에 후자는 그렇지 않다는 것이다. 한편, 『티마이오스』는 처음에 하위의 두 부분들의 창조를 물리적 사물들의 창조와 동일한 수준에 놓고, 그것들을 '사멸적인 것'으로 간주한다.[33] 즉, 그것들을 잠재적으로 소멸할 수도 있고 또한 불멸하는 이성적 부분을 괴롭힐 수도 있는 그런 것으로 간주하는데, 그 이유는 그것들이 분명히 환생할 때마다 생존하기 때문이다. (그것들이 더 이상 작동하지 않는다고 말하는 것을 액면 그대로 받아들이면 그것들이 더 이상 전혀 존재하지 않는다고 말하는 것과 실질적으로 동일해 보인다. 그러나 한 가지 중요한 차이점이 있다. 첫 번째 경우에 영혼은 '탈출한' 뒤에도 육체에 다시 들어갈 준비를 하고 있을 것이며, 두 번째 경우에 그것의 탈출은 영원할 것이다.)

영혼의 본성과 운명은 『파이드로스』에서 확장된 비유의 형태로 다루어진다. 직접적인 문맥은 소크라테스와 파이드로스 사이의 논의로서, 파이드로스는 『향연』에서 가장 먼저 이야기했던 인물이다. 그리고 여기에서도 주제는 사랑, 즉 에로스(eros)이다. 파이드로스는 웅변가 리

---

32   위 참조.

33   69c.

시아스(Lysias)가 사랑에 대해 이야기했던 내용을 전해주며, 소크라테스는 이에 대해 자기 자신의 이야기로 답변하는데 그것을 후회하고 있다고 주장한다. 그는 사랑에 빠진 사람(lover)은 미친 것이기 때문에 사랑에 빠지지 않은 사람이 사랑에 빠진 사람보다 더 선호되어야 한다고 말한다. 이제 그는 광기가 신에게서 비롯된 것일 때는 악이 아니며, 참된 연인, 즉 철학적인 연인의 광기가 바로 그런 것이라고 말한다. 자신의 주장을 정리하기 위해, 그는 신적인 영혼들과 인간의 영혼들이 수행하는 영혼의 '능동적 행동과 수동적 행동'에 대해 설명한다. 그는 모든 영혼들(즉, 신적인 영혼들과 인간의 영혼들)이 불멸한다고 시작하지만, 불멸성에 대한 또 다른 주장이 이어진다. 영혼은 유일하게 참된 '자기 운동자'이다. 다른 모든 운동은 그것으로 역추적될 수 있다. 만약 운동이 영원히 지속된다면, 영혼도 영원히 존재해야만 한다. (흥미롭게도, 『티마이오스』[34]에 의하면, 영혼은 **생성되지 않는**다고 말해지기도 한다. 왜냐하면 그렇지 않은 경우에는 그것이 진정한 의미에서 운동의 최초 원인이라고 말해질 수 없기 때문이다.) 그런 뒤에 그는 영혼의 형상(idea)[35]으로 화제를 돌린다. 그것은 "날개를 가진 한 쌍의 말들과 전차병의 복합적인[symphytos] 성질"을 닮는다.[36] 전차병과 신적인 마차의 두 마리 말들은 튼튼하지만, 우리 마차들을 끄는 말들 가운데 한 마리는 허약하고 그 전차와 전차병을 아래쪽으로 끌어당기는 성향이 있다. (이 말은 아마도 『국가』에 등장하는 영혼의 '욕구적' 부분일 것

---

34   아래와 다음 장 참조.

35   관념(idea, 이데아)과 형상(eidos, 에이도스)은 모두 '본다'라는 근본적인 의미와 연결된다. 플라톤의 경우에 갖는 전문적인 의미와는 별도로, 그것들은 어원상으로 사물이 어떠해 보이는가, 즉 사물의 가시적 특성들을 언급한다. Ross(1951), 13쪽 참조.

36   246a.

이다. 다른 고귀한 말은 '격정적인' 부분이며, 전차병의 '연합'은 이성적 부분이다.) 이로 인해, 우리는 매번 만 년의 시기가 끝날 때 신들을 따라 그들의 잔치에 가기 어렵다는 사실을 깨닫게 되며, 또한 우리의 날개들에 적절한 영양을 제공하지 못할 수도 있다. 신들이 먹고 사는 것과 우리의 날개들에 필요한 것은 천체의 너머에 존재하는 아름다움과 모든 진리에 대한 통찰력, 즉 형상들이다. (신들의 전통 음식인 암브로시아ambrosia와 넥타르nectar가 말들에게 적절하게 제공된다.) 만약 어떤 경우든 전차병이 잔치에 참여하지 못하게 되면, 천년에 한 번씩 각 삶에 따른 적절한 보상과 처벌을 받는 환생이 뒤따른다. 삼천 번째 해에 석방될 때 우리가 철학자의 삶을 세 번 연속으로 살지 못한다면, 우리는 만 번째 해에만 우리의 날개를 되찾을 것이다. 형상들을 볼 때, 모든 형상들 가운데 아름다움이 가장 두드러진다. 육체적 아름다움도 우리에게 특별히 강한 영향을 주며, 또한 그것은 형상에 대한 기억을 새롭게 시작한 사람 속에 생겨날 것이다. 그것은 사랑에 대한 육체적 징후들을 야기하고 "영혼의 형상 전체 위에" 깃털이 생겨나기 시작한다. "왜냐하면 한때 그것이 모두 깃털로 덮였었기 때문이다."[37]

이러한 소크라테스의 이야기에는 훨씬 더 많은 것이 있고, 내가 제시한 것은 아주 대략적인 내용에 불과하다. 그는 특히 (남자들 사이의) 연애 관계의 다양한 유형과 (흔히 기대하듯이) 가장 높이 평가되는 비육체적 사랑을 생생하게 표현한다. 그는 『향연』에서 그랬던 것보다 대체로 더 호소력 있는 설명을 제시한다. 엄격하게 말하면, 사랑의 대상은 여전히 아름다움 그 자체이지 개별자가 아니며, 연인들은 삶 속에서

---

[37]   251b. 이것은 우리의 말들도 우리를 **위쪽 방향으로** 끌어올릴 수 있음을 함축하는가? 그럴 가능성은 없어 보인다. 그러나 『티마이오스』에 대한 아래 내용 참조.

결합되어 있을 것이다. 그러나 이 장의 목적들과 관련된 나의 유일한
관심사는 플라톤의 영혼 개념에 대한 이야기에 함축된 내용들이다. 여
기에서 우리는 분명히 플라톤적 '신화'의 범주에 속하는 것을 다루고
있으며, 적절하게 주의를 기울이며 그것에 접근해야 한다. 그러나 이
경우에 의도적인 문학적 장치의 요소들을 제거하는 것이 그리 어렵지
않다. 우리가 그렇게 할 때, 우리는 영혼에 대한 설명이 본질적이고도
결정적으로 삼분되어 있다는 설명을 발견할 것처럼 보인다. 육체에 거
주하는 영혼은 순수하게 이성적인 신적 영혼들뿐만 아니라 그것들의
하위 부분들을 통해서 육체 그 자체와 자연적인 친근감을 갖는다는 견
해도 나타난다. 소크라테스는 이 결론을 명확히 끌어내지는 않지만, 그
것은 그가 말한 것에서 나올 수밖에 없는 결론으로 보인다. 그리고 그
것은 『파이돈』이 제시하는 태도로부터 상당히 먼 거리에 『파이드로스』
를 남겨둔다. (『파이돈』과 또 다른 갈등은 그곳에서 소크라테스가 혼합
이 그 자체로서 파괴성을 함축한다고 보기 때문이다.) 그러나 『국가』 X
권은 좀 더 완곡한 방법을 선택함으로써, 조화롭지 않게 구성된 것이
영원히 지속되기는 어려울 것이라고만 말하고 있을 뿐이다. 『파이드로
스』에서 전차병과 말들은 최소한 항상 잠재적으로 조화로운 한 조를
형성한다. 만약 두 번째 말이 욕구적 부분이라면, 그것의 유일한 역할
은 분명히 육체와 연결된다. 다른 말, 즉 격정적인 부분도 그것이 작동
하는 육체적 환경을 요구한다. 그 경우에 신들이 하위의 두 부분을 갖
는가에 대해 궁금해 하는 사람이 있을 것이다. 왜냐하면 신들은 결코
그런 부분들이 기능할 그런 종류의 육체에 거주하지 않을 것이기 때문
이다. 『파이드로스』[38]는 의인화된 전통적 신 개념을 분명히 거부한다.

---

38 246c-d.

(그렇게 말해지지는 않지만) "신적인 마차들"은 아마도 천체의 영혼들과 동일시될 것이다.[39] 그러나 영혼들이 항성들과 행성들에 거주하지 않듯이, 플라톤의 항성들과 행성들이 분노를 드러내거나 하위의 욕구들을 느낄 가능성은 없을 것이다. 그 답은 아마도 그 이야기의 구성에 있을 것이다. 전차는 그것이 신적인 전차일지라도 말이 없이는 불완전할 것이다.

『티마이오스』에서의 태도는 『파이돈』과 훨씬 더 유사하다. 하위의 두 부분들은 이성적인 부분의 소멸 가능한 부속물들에 불과하며, 특히 육체에서 존재하는 데 필요한 것들을 충족시키기 위해 창조되었다. 이성적인 부분도 창조되었다고 말해지지만, 그것은 신적인 제작자 자신의 산물이었다. 반면에 다른 부분들은 우주 창조의 이전 단계에 신적인 제작자가 창조했던 다른 신들에 의해 산출되었다. 시간이 시작될 때, 신적인 제작자는 천체 둘레의 진로를 유지하며 운동하는 세계영혼을 만들었던 재료와 동일한 재료를 혼합함으로써 우리의 이성적 영혼들을 창조하고 각각의 영혼에 그 자체의 항성을 분배했다. 그리고 만약 우리가 육체를 갖고 잘 살아간다면, 우리는 '시간의 도구들'인 행성들을 넘어 우리의 동반자인 항성으로 다시 한번 돌아가서, 영원하고 불변한 존재에게 가능한 한 가장 가까이 다가갈 수 있을 것이다.[40] 영혼의 본질적인 합리성을 이보다 더 명백하게 다시 주장할 수 있는 방법은 없을 것이다. 그러나 만약 영혼이 이와 같다면, 그것은 도대체 육체에 왜 들어가고 또한 하위의 두 부분들이라는 불만족스러운 부가조건을 받아들이는가? 플라톤의 답변은 그것이 처음에 '필연적으로' 육체에 들어갔다

---

39   『티마이오스』에 대한 다음 장 참조.

40   41d 이하. 나는 세계영혼의 '조화'에 관한 불명확한 단락에 대해 아무 말도 하지 않을 것이다.

는 것이다.[41] 즉, 육체에 들어가는 것이 영혼의 운명의 일부였다는 것이다. 제작자는 그것이 분명히 지상의 육체에 거주하도록 창조했지만(아마도 그런 이유에서 그것의 혼합은 세계영혼과 비교할 때 '순수성의 정도에서 두 번째나 세 번째'라고 말해진다), 그것이 탈출할 수 있는 가능성을 허용했다.

비물질적인 어떤 것이란 표현과 관련된 '부분들'이란 개념은 그 자체로 문제의 소지가 있다. 그리고 그것은 플라톤이 『국가』 Ⅳ권에서 자신의 논증에 필요했음에도 불구하고 왜 그것의 사용을 그처럼 분명히 주저했는가를 설명하는 데 도움이 될 것이다. (그곳에서 소크라테스는 "영혼이 삶 속에서 하는 것처럼 보이듯이, 하나의 동일한 것이 하나의 동일한 시간에 그것의 동일한 부분에서[kata to auto: '부분'이라는 단어가 번역에 의해 아마도 불가피하게 도입될 것이다] 동일한 관계를 통해 두 가지 상반된 방식으로 작용될 수 있다거나 또는 두 가지 상반된 것들이라거나 또는 두 가지 상반된 결과들을 산출할 수 있다는 것은 불가능하다."고 말했다.[42]) 『티마이오스』가 영혼의 세 부분들에 서로 떨어진 육체의 위치들을 할당할 때, 즉 이성적인 부분을 머리에, 격정적인 부분을 가슴에, 그리고 욕구적인 부분을 횡격막 밑에 할당할 때, 그것은 거의 의도적으로 이 문제들을 강조하는 듯이 보인다. 이것은 세 부분들의 위치에 관한 내용이 문자 그대로를 의미하는 것으로 받아들여져야 한다고 항상 생각하면서, 세 명의 소인들(homunculi, 작은 사람들-옮긴이)[43]이 거주하는 하나의 육체를 하나의 영혼이 아니라 세 영혼들과 함께 남겨두는 것처럼 보인다. 『티마이오스』에서 인간(hu-

---

41   42a.

42   436e-437a.

43   Crombie, *EPD*, vol. I, 354쪽 참조.

man animal)에 대한 설명의 많은 부분들을 단순히 상징적인 것으로 간주하고 싶어지는 것은 당연하다.[44] 예를 들어, 간(liver)을 이성적인 부분과 욕구적인 부분의 대화 수단으로 다루는 경우를 살펴보자.[45] 간은 부드럽고 밝기 때문에, 이성적 부분의 생각을 시각적 이미지로 옮겨서 욕구적 부분에 영향을 주는, 즉 (그 자체가 쓰기도 하고 달기도 해서) 한 번은 위협하고 한 번은 위로하는 일종의 거울로 작용한다고 말해진다. 후자의 경우에 욕구적 부분은 꿈을 통해 예언을 하는 자리가 된다. 이런 활동에서 간의 역할은 희생양들의 내장을 검사하는 전문적인 예언자들의 일에 기초한다. 티마이오스는 생물이 살아 있을 때는 징후가 분명하지만 죽었을 때는 불분명하다고 말한다. 진정한 논점은 아마도 예언 자체의 본성, 즉 그것이 비이성적이지만 진리와 어떤 연관성을 갖는다는 것이다. 놀랍게도 욕구적 부분도 그런 것을 갖는다. 그것의 본성은 결국 불멸적인 부분의 본성과 완전히 상반되지는 않는다.

그러나 생리학을 전체적으로 이상하고도 세밀하게 취급함에 있어서 진지한 의도가 결여되었음을 보여주는 분명한 흔적은 없다. 만약 그것이 주로 윤리적 관점에서 수행된다면, 그것은 바로 사람과 자연을 전체적으로 조망하는 플라톤의 특징적인 모습이다. 상징과 현실이 이처럼 서로 뒤엉켜 있다. 이것은 이성 자체에 대한 논의에서 가장 분명히 드러난다. 인간의 사고는 기껏해야 천체의 항성들과 행성들의 회전 운동만큼 지속적이고 완전한 원 운동을 통해 그려진다. 공 모양의 형태를 지닌 우리의 머리들은 세계영혼의 원들과 비슷한 원들을 내부에 포함

---

44 『티마이오스』의 우주 생성론 전체를 문자 그대로 받아들여야 할 것인가에 대한 문제는 다음 장 참조.

45 71a 이하.

하는 둥근 모양을 지닌 우주의 축소판(microcosm)이다.[46] 신적인 제작
자는 (『소피스트』에서 말해지는 '가장 위대한 종류들' 가운데 세 가지
인) '분할적인(나눌 수 있는)' 존재와 '불가분할적인(나눌 수 없는)'
존재, 그리고 동일한 두 종류의 동일함과 차이점이라는 특수한 재료들
을 혼합하여 세계영혼과 우리(즉, 우리의 이성적 부분)를 만들었다고
말해진다. 논증은 다음과 같이 전개되는 것으로 보인다. 유사한 것
(like)은 유사한 것을 지각하고 안다. 이성적 측면에서 영혼은 '불가분
할적인' 형상들과 육체적이고 혼합되고 따라서 분할적인 것들을 모두
지켜본다. 그리고 어떤 것을 파악한다는 것은 그것의 존재를, 그것의
자기-동일성을, 따라서 다른 모든 것들과 그것의 차이점을 파악하는
문제이다. 이것은 처음에는 제멋대로 뻗어나가는 심상(imagery)처럼
보이는데, 어떤 의미에서 그것은 실제로 그렇다. 그러나 분명히 플라톤
은 물리적인 우주에서 가장 높은 곳의 존재자들인 항성들과 행성들의
운동이 활동하고 있는 이성의 가장 고귀한 표현이라고 믿고 있다. 그리
고 우리의 이상 국가가 이성적 존재자들처럼 어떤 방식으로든 그들의
것을 반영한다는 생각은 자연스런 결과이다. (플라톤은 사실 단일한
세계영혼이라는 개념을 끝까지 받아들이지 않을 것이다. 『티마이오스』
는 원 운동만 역추적되는 데 반해, 『법률』X권은 천체의 모든 운동들이
그들의 개별적인 영혼들로 역추적될 가능성도 허용한다.[47] 그것은 신들
에 대한 믿음을 정열적으로 논의하는 문맥에서 나타난다. 항성들과 행
성들을 인도하는 것은 하나 또는 그보다 많은 수의 영혼이다. 그리고
이 물체들의 운동은 그것이 이성적이고 신적일 뿐만 아니라 가장 좋은

---

46   44d.

47   898e 이하.

종류의 하나 또는 다수의 영혼들이어야 한다는 것을 보여준다. 그러므로 신들은 존재하며, 우리의 할 일은 우리가 할 수 있는 한 그들의 행동을 모범으로 삼아 행동하는 것이다.[48])

피할 수 없는 결론은 플라톤의 사고에 해결되지 않은 긴장감이 흐르고 있다는 것이다. 다른 한편으로, 이성을 포함하는 영혼은 지구상의 살아 있는 피조물인 우리에게 필수적이고도 필연적인 부분이다. 다른 한편으로, 우리가 소유한 이성은 우리를 신들과 유사하게 만든다. 후자의 관점에서 보자면, 육체는 석방을 기다리는 영혼의 단순한 무덤 또는 감옥이다. 다른 관점에서 보자면, 육체 속에서 우리의 시간은 모든 점에서 나름대로의 가치를 지닌다. 즉, 그것은 우리와 다른 동물들을 부분들로 갖는 물리적 우주라는 전체적 계획 속에서의 가치이다. 그것이 가치를 갖는다는 것은 우리가 다른 근거 위에서 기대하곤 하는 것과 다르지 않다. 결국 플라톤은 물리적 세계가 가장 좋은 방향으로 나아가리라는 입장을 취한다. 게다가 철학자들의 지식 탐구를 위한 최초의 동기는 자연의 계획에 대해 우리가 기여했던 것이 발전했기 때문이다. 지식은 인간과 사회를 더 좋게 만들기 위해, 즉 목적 그 자체로 만들기 위해 필요했다. 자연의 위계에서 우리의 위치는 근본적으로 애매하다. 그러나 그 애매성은 윤리학자로서의 플라톤이 지속적으로 유리하게 이용할 수 있는 그런 것이다.

---

48   나는 다음 장에서 (영혼이 '스스로 움직일 수 있는 운동'이라는 일반적인 정의를 포함하는)『법률』의 중요한 부분에 대해 이야기할 것이다.

8

자연세계에 관하여

앞의 장들에서 나는 자연세계에 관한 플라톤의 견해를 다소 산발적으로 언급했다. 이 장에서 나는 특히 우주와 우주의 부분들에 대한 가장 포괄적이고 명료한 설명을 포함하고 있는 『티마이오스』를 중심으로 실마리들을 함께 연결해보려 한다.

플라톤은 물리적 우주를 바라보는 대조적이면서 궁극적으로 양립할 수 있는 두 가지 방법을 갖고 있다. 한편으로 그는 그것이 합리적이고 질서 정연한 체계를 나타낸다고 주장한다. 다른 한편으로 그는 종종 그 내부의 것들이 어쨌든 결함을 가질 뿐만 아니라 필연적으로 그렇다고 주장한다. 그 두 견해들은 서로 다른 문맥에서 서로 다른 정도의 중요성을 갖는다(따라서 예를 들어 『법률』에서 지배적인 것은 첫 번째 것이며, 두 번째 것은 사실상 배제된다). 그러나 그 견해들은 대체로 함께 나타난다. 그것들은 정확한 상호 관계에 대한 명확한 설명이 없이 아마도 『파이돈』에서 처음 나타날 것이다. 그곳에서 소크라테스는 사물들의 참된 원인은 그것이 각 사물의 존재에 얼마나 '더 좋은' 가라는 질문을 통해 발견되리라고 주장했다.[1] 이 탐구는 '각자에게 가장 좋은 것'이자 '모두에게 공통적으로 좋은 것'이어야만 한다.[2] 이에 대해, 3장과 4장에서 나는 세계 전체가 좋음 자체에 대한 그것의 관계를 통해 설명될 수 있다고 보는 『국가』를 토대로 하여 해석했다. 그러나 『파이돈』도 최소한 일부 개별자의 집합들과 영원한 범형들의 차이점에 대해 설득력 있게 설명하고 있다. 예를 들어, 동등성(equality)의 개별적 사례들은 어쩔 수 없이 동등함(the equal) 자체를 '결여한다'고 말해진다. 그리고 그 내용은 암암리에 '동일한 종류의 다른 모든 것들'까지 확장되는데, 이에 대해 주어진 사례들은 '더 큼(the larger)'과 '더 작음(the smaller)', 훌륭함, 좋음, 정의로움, 그리고 경건함이다.[3] 큼과 작음의 완벽한 사례들을 발견할 가능성을 플라톤이 거부하는 것은 불합리하지 않으며, 또한 3장에서 우리는 그가 정의와 경건함의 완벽한 사례들을 배제하기 위해 사용했을 근거들을 보았다. 그러나 예를 들어, 길이가 완전히 똑같은 한 쌍의 막대기들이 있으면 안 되는 이유가 무엇인가? 여기에는 아마도 '개별자들과 관련된 술어'와 '형상들과 관련된 술어'의 차이점에 관한 특별한 어떤 내용이 있을 것이다.[4] 그러나 표면적으로는 그 논증이 오히려 경험적 사실들이라 생각된 것에 의존하는 것처럼 보인다. 즉, 그것이 우리가 사실상 완전히 동등한 (또는 넓거나 좁거나 훌륭한) 것들을 결코 만나지 못한다는 평범한 주장에 의존하는 것처럼 보인다는 것이다. 『국가』에서, '가시적인' 모든 것은 불완전하

---

1   97b 이하.

2   98b.

3   75c-d.

4   관련 단락에 대한 Gallop(1975)의 논평과 위 3장 참조.

다는 것이 공리(증명이 없이도 참이라고 인정되는 명제-옮긴이)로 취급되는 듯이 보인다.

> [소크라테스는 다음과 같이 말한다.] 천체의 이 장식물들은 보이는 [곳]에 수놓아졌기 때문에, 우리는 그 장식물들이 그런 것들[즉, 가시적인 것들] 가운데 가장 아름답고도 가장 정확하지만, 참된 수와 모든 참된 도형들 속에서 실제의 속도와 실제의 느림이 서로 관련되어 진행되며 또한 그것들 내부에 있는 것들을 이끌어가는 참된 운동들을 상당히 결여하고 있다고 생각해야만 한다네. 그것들은 모두 시각에 의해서가 아니라 이성과 사고에 의해서 파악될 수 있는[문자 그대로, '존재하는'] 것들이라네.[5]

분명히 소크라테스는 이곳에서 개별자와 형상의 대비에 대해 말하고 있는 것이 아니다(여기에서 언급되는 '참된 운동들'이 단순히 운동의 '종species'은 아닐 것이다). 그러나 그것이 지금 논의되는 것에 영향을 미치지는 않을 것이다. 가장 훌륭한 것들을 포함하는 모든 가시적인 것들은 (그리고 우리는 『국가』의 '가시적인 것들'을 '물리세계의 것들'로 읽을 수 있을 것이다) 불완전하다. 그러나 반대로 '천체의 것들'은 훌륭하거나 아름답다. 그러므로 그것들을 합리성과 탁월성의 범형들로 간주하는 것이 모순되지는 않을 것이다.

『티마이오스』의 주요 효과들 가운데 하나는 자연에 대한 두 가지 선상의 접근 방식을 함께 적용하고 있다는 것이다. 티마이오스에 따르면, 세계는 완전한 모형(형상들)을 만들려고 했지만 어떤 조건들로 인해

---

5   529c-d.

창조 활동이 제약되었던 신적 제작자의 산물로서 생성된다.[6] 후자는 그 대화록의 중반부에서 중요한 주제이다(전반부는 '정신을 통해 제작된 것들'을 다루었다).[7] 그것들은 '필연성(anankē)' 또는 '방황하는 원인 (the wandering cause)'이라는 표제하에 나타난다. 처음에 정신은 "가장 좋은 것을 위해 생성되는 것들 가운데 가장 커다란 부분을 인도하도록 그녀(필연성-옮긴이)를 설득함으로써" 필연성을 지배했다. 그러므로 이 '형상(종류, 범주: eidos)'은 사물들의 기원에 대한 설명에 포함되어야 한다. 이야기의 새로운 단계는 "세계가 생성되기 이전에 불, 물, 공기, 흙의 본성 자체, 그리고 그 전에 [그것들에] 발생했던 것[ta pro toutou pathe]과 더불어 시작된다." 따라서 '방황하는 원인'은 우리가 (시대착오적으로, 그리고 결국 실수로) '질료'라고 부를 수 있는 것의 운동과 견고하게 연결된다.

티마이오스는 이전 사람들이 불(fire)과 다른 것들의 기원에 대해 탐구하지 않았으며, 또한 그것들이 심지어 음절들의 본성에 대한 것이 아님에도 그것들을 제일원리들과 '요소들'로 다루었다고 불평한다. (여기에서 '요소element'라 번역된 단어는 스토이케이온stoicheion으로서, 이것은 알파벳 철자들로 제시되는 명확한 소리를 구성하는 '단순요소들simples'로 사용될 수 있다. 플라톤 이후에, 그것은 일반적으로 '단순요소'로 번역된다. 네 가지 원소의 목록을 처음 소개했던 기원전 5세기 시칠리아의 시인이자 철학자이자 우주론자였던 엠페도클레스는 그것들을 '뿌리들'이라 불렀다. 이제 우리에게는 그 네 가지 뿌리의

---

6 티마이오스가 모든 우주 생성론을 말했던 역사적 실존 인물이라는 증거는 없다. 그는 분명히 플라톤을 대변하고 있다. 그의 논의는 전적으로 독백 형태이다. 그것은 대화록들 속에서 가장 길게 지속되는 글이다.

7 47e 이하.

'생성'에 대한 설명만이 제시된다. 그러나 티마이오스는 그것이 모든 것의 진정한 최초의 단일 원리 또는 다수의 원리들을 드러내리라고 가정하지 말라고 경고한다. 그것이 다른 어떤 설명보다 더 설득력이 있겠지만, 그것은 단지 무엇이 '그럴듯한지' 또는 '가능한지'(eikota, 웅변가가 다루었던 바로 그것들)를 말할 뿐이다.[8] 처음에 티마이오스는 그것의 대상(즉, 세계)이 변화하는 '상(image)' 또는 복제물(eikon)에 불과하다는 근거에서, 그 전체 논의를 기술하는 데 동일한 용어를 사용했다.[9] 네 가지 '원소들'의 특수한 사례는 그런 거부를 강화할 수 있게 돕는다.[10] 그것들이 서로로 변화해가는 것을 관찰할 수 있을 것이다. 예를 들어, 우리가 물이라고 부르는 것이 '돌과 흙'으로 변화하는 것이 보이며, 또한 같은 것이 다시 '바람과 공기'로 변화하는 것이 보인다. 그러나 만약 그것이 지속적으로 이런 변화들을 겪는다면, 그것을 다른 어떤 것보다 물과 동일시하는 데 대한 어떤 정당화가 가능한가? 만약 우리가 '물' 또는 '불'이라는 이름표를 붙이려 노력할지라도, 그것은 이름표를 받아들일 때까지 기다려주지 않을 것이다. '물' 또는 '불'은 오히려 물임(wateriness, 물의 성질 또는 수성水性)이나 불임(fieriness, 불의 성질 또는 화성火性)처럼 '성질'에 대해 사용되어야 한다.[11] 물임이나 불임은 모두 '이것(this, 개체 또는 개별자-옮긴이)'이 아니지만, 각각의 사물과 동일한 관계를 가지며 지속적으로 동반되는 '그런 것(the such, 성질-옮긴이)'이다. 그러나 '뜨거운 또는 흰 또는 모든 대

8 48c-d.
9 29b-d.
10 49b 이하. (이 단락의 일부에 대한 번역은 위 3장 113쪽 참조.)
11 플라톤 자신이 『테아이테토스』에서 '성질'에 해당하는 그리스어 단어를 새롭게 만들고 있다는 것은 명백하다. 그는 사실상 여기에서 그것을 사용하지는 않지만, 그는 분명히 같은 것을 이야기하고 있다.

립자들'과 같은 그런 성질들은 그것들이 나타나기 위한 매개체를 필요로 한다. 그러므로 우리는 처음에 가졌던 원형과 복제물 외에도 세 번째 '종류의 것(eidos)'을 필요로 한다. 티마이오스는 그것을 생성과 변화(genesis)의 '수용자(receptacle, hypodoche)' 또는 '유모(nurse)'라고 부르는데, 특징 없는 '장소' 또는 '공간'(즉, 일상적으로 '영역 terri-tory', '지역 location', '위치 position'처럼 무언가에 의해 점유된 장소를 의미하는 코라chora)으로 밝혀진다. 이것은 '그것에 들어가는 것들에 의해 서로 다른 형태로 움직여지고 모방되며, 그것들 때문에 서로 다른 시기에 서로 다르게 나타난다.'[12] 그러나 사실 그 자체는 '그것으로 생성되는 것들'이 결여하는 '이것임(thisness)'을 소유함으로써 항상 동일하게 유지된다.

여기에서 우리는 (아리스토텔레스가 그랬던 것처럼) '수용자' 자체가 질료와 동일하다고 생각하게 될 수도 있다. 플라톤 자신은 수용자와 그 수용자가 금(gold)의 유비를 통해 받아들이는 '특징들', 그리고 금 세공사가 그것에 부여한 형태들의 관계에 대해 자세히 설명한다. 또한 티마이오스는 "[그 '성질들']로 들어오고 그것들로부터 나가는 것들이 영원히 존재하는 것들의 복제물들, 즉 표현하기 난해한 몇 가지 놀라운 방식으로 그것들로부터 새겨지는 영원히 존재하는 것들의 복제물들"이라고 말한다. 그러나 주조된 것 또는 새겨진 것과 유사한 어떤 것이 어떻게 단순한 '장소'에 발생할 수 있는지 알기 어렵다. 사실상 우리가 유비를 강요할 필요는 없다. '장소'는 모든 지각적인 특징들이 사물로부터 배제될 때 무엇이 남는가, 그리고 그런 특징들이 (어떤 의미에서든) 무엇에 '내재하는가'라는 질문에 대한 플라톤의 답변이다. 만약 다

---

12   50c.

른 이론들이 '질료' 또는 '실체'를 그 답변으로 제시한다면, 아마도 그
것들에게는 훨씬 더 나쁠 것이다. 또한 장소는 신적 제작자가 가지고
일하는 재료도 아니다. 만약 창조에 대한 이야기나 설명이 문자 그대로
받아들여진다면,[13] 그가 일하기도 전에 장소가 점유될 것이다. 즉, 플라
톤이 충분히 분명하게 말했듯이,[14] 장소 자체는 이론적 존재자에 불과
하다.[15] 현재 고찰되는 대화록의 내용 앞부분에서, 신은 "정지해 있지 않
지만 조화를 이루지 못하고 무질서한 눈에 보이는 모든 것을 지배했다."
고 말해진다. 이제 우리는 존재와 장소뿐만 아니라 생성(genesis, com-
ing-into-being, '존재하게 되는 것'-옮긴이)이나 변화가 창조 이전에
존재했다고 말해진다.[16] ('존재자being'는 형상들을 의미한다. 티마이
오스는 누스nous, 즉 이해나 지성, 그리고 '참된 신념'의 차이를 토대
로 불, 공기, 물, 그리고 흙의 형상들이 존재한다고 주장했다.[17] 만약 두
사물들이 동일하다면, 참된 신념을 불러일으키는 지각 가능한 사물들이
참된 실재일 것이다. 그러나 지성은 참된 신념과 다르다. 그 이유는 지
성이 다른 방식으로, 즉 설득보다 가르침에 의해 생산되기 때문이고, 지
성이 항상 참된 설명logos을 동반하지만 참된 신념은 로고스가 없기 때
문이며, 또한 지성이 오직 소수에 의해서만 공유되지만 참된 신념은 모
두에 속하기 때문이다. 그러므로 지성의 대상들은 분명히 존재한다. 이
논증은 약하며, 아마도 『테아이테토스』 이후에 쓰이지는 않았을 것이다.
위 3장 참조.) 심지어 그때 창조 이전에, 생성의 유모(nurse)는 "축축

---

13   아래 참조.
14   51a-b, 52b.
15   30a.
16   52d 이하.
17   51b 이하.

해지거나 건조해지기도 하며, 흙과 공기의 형상들[morphai]을 수용하기도 하고,[18] 또한 이것들과 함께 그것에 발생하는 것들을 갖기도 했다."[19] 여기에서 의미하는 것은 불, 공기, 물, 그리고 흙이 우리가 알던 그런 것, 즉 장소의 범위를 파악하는 과정에서 티마이오스가 언급했던 '복제물'이 아니라 그것들의 어떤 원시적인 형태라는 것이다. 그가 불분명하게 표현하듯이, "그것들은 그것들 자체의 **어떤 흔적들**을 가졌다."[20]

데미우르고스 또는 장인은 이처럼 불분명하고 이전에 존재했던 '장소'의 점유자들을 다룬다. 그는 그것들을 입자 구조들로 배치함으로써 불, 공기, 물, 흙 자체로 변형시킨다. 그 네 가지는 각각 기본적인 삼각형들로 형성된 정다면체의 형태를 취하는데, 이것은 하나의 '요소'가 다른 것으로 변화되는 것을 허용하는 재배열이다. (티마이오스가 '물체들bodies'이라 부르는) 불의 '입자들'에는 사면체의 형태가 부여되며, 공기 입자들에는 팔면체, 물 입자들에는 정이십면체, 흙의 입자들에는 정육면체의 형태가 부여된다. 각각의 역할은 관찰되는 '요소'의 속성들에 대한 설명을 고려한다. 예를 들어, 흙은 이동성이 가장 적기 때문에 정육면체이며, 불은 작용성이 가장 많고 또한 다른 것의 분해를 야기하기 때문에 사면체의 날카로운 모서리와 끝을 갖는다. 그러나 만약 데미우르고스가 갖고 있던 것이 이미 '축축한 것', '건조한 것', 그리고 그 외의 것이라면, 그가 전적으로 물과 불의 속성들에 대한 책임이 있다고 볼 수는 없다. 특히, 그는 그것들의 **운동**에 대한 책임이 있지

---

18 문자 그대로 '생김새(shape)', 아래에서 곧 논의될 '생김새'도 아니고, 엄격히 말해서 아마도 '생김새'가 전혀 아닐 수도 있다.

19 52d-e.

20 53b.

않다.[21] 그는 오히려 순수하게 기계적인 방식으로 그것들 내부에서 발생하는 기존의 운동들을 활용하고 유지하는 것처럼 보인다. 수용자의 내용에 포함된 '균일성의 결여(lack of uniformity)'로 인해, 창조 이전과 이후에 운동이 도출된다고 말해진다. 이것을 입증하는 논증[22]은 다음과 같이 진행되는 것으로 보인다. 운동은 움직이는 어떤 것과 움직여지는 어떤 것을 전제하며, 이것들은 서로 균일적(homala)일 수 없다. 왜냐하면 그것들이 균일적인 경우에는 어떤 운동이나 변화도 생성될 수 없기 때문이다. '힘'[23]과 성질(quality)은 '불균등(unequal)'하기 때문에 균일적이지 않다(그것들의 최초 상태는 "비슷하지도 않고 균등하게 균형 잡히지도" 않았다고 말해지기 때문이다).[24] 그러므로 그것들은 서로를 움직여야만 한다. 만약 운동이 비균일성을 요구할지라도, 비균일성이 필연적으로 운동을 포함한다는 결론이 나오지 않는다. 다른 한편으로, 그런 '비균일적인' 것들의 종류들을 고려할 때, 논증이 더 그럴듯해 보인다.

어쨌든 이제 플라톤은 (만약 『파이드로스』의 집필 시기가 『티마이오스』보다 시기적으로 앞선다고 가정할 수 있다면) 그가 『파이드로스』에서 채택했던 입장, 즉 영혼이 모든 운동의 궁극적인 원인이라는 입장을 포기하고 있는 것처럼 보인다. 『파이드로스』에서 그는 부여된 운동 자체의 근원이 자기 원인적인 운동이라는 사실을 밝혀냈다. 이제 그는 자기 운동적인 최초의 원인이 없이 부여된 운동의 사슬들이 끊어지지 않

21　이 문맥 전체에서 '운동(movement)'은 변화(change)를 포함한다. 여기에서 다루어지는 그리스어 단어(kinesis)는 분명히 운동과 변화의 의미를 모두 포함하게끔 의도되었다.

22　특히, 57d 이하 참조.

23　52e.

24　Ibid.

을 가능성을 허용하는 듯이 보인다. 『티마이오스』에서의 영혼은 오늘
날 고려되고 있는 대규모 우주 변화가 지속되기 위한 조건이다. 초기
상태에 수용자의 내용물은 유사한 것이 유사한 것과 결합했던 그런 방
식으로 '흔들리거나' 또는 '걸러지며', 각각의 '요소'는 자기 위치를
점유하는 성향을 지닌다. 티마이오스는 이런 과정이 지속되면 내용물
들이 완전히 분리되고 그것들의 상호작용도 중단될 것이라고 주장한
다.[25] 그러나 이것은 그것들을 압박하고 상호작용을 지속하도록 강제하
는 '전체의 순환[periodos]'에 의해 방해된다. (여기에서 페리오도스
periodos라는 단어는 다의적이다. 그것은 단순히 데미우르고스가 전체
에 부과한 원 형태만을 의미할 수도 있다. 그러나 그것이 세계영혼에
의해 야기된 우주의 원운동을 언급하는 것일 가능성이 더 크다.)

이 모든 것은 '필연성'과 '방황하는 원인'이라는 개념들에 대해 상
당히 정확한 의미를 부여할 수 있게 해준다. 후자는 물리적 사물들을
방황하게(즉, 변화하고 달라지게) 만드는 내적 성향에 기초한다. 데미
우르고스는 불, 공기, 물, 그리고 흙 자체의 '복제물'들을 만들어내며,
또한 이것들로부터 다른 형상들과 유사한 복합물들을 만들어낸다. 이
복합물들 자체는 불안정하며, '요소들'의 경우에 야기되었던 것과 같
은 동일성의 문제를 포함하는 것으로 보일 수도 있다(따라서 예를 들
어 『파이돈』은 사람이 살아 있는 동안에도 그의 신체 조직이 지속적으
로 소멸하고 대체되어야 한다는 것을 인식하고 있다.)[26] 그러나 '질료'
의 문제는 단지 그것이 변화하고 움직인다는 것뿐만 아니라 그것이 **예
측할 수 없는** 방식으로 그렇게 한다는 데 있다. 그것의 운동들은 "지성

---

25   58a 이하.

26   87d-e.

으로부터 분리되어 각각의 경우에 우연적 결과를 무질서하게 산출하는" 그런 원인들의 집합이 된다.[27] 달리 말해서, 그것들이 초기 상태를 특징짓는 무질서를 어느 정도 유지하고 있다고 생각할 수도 있을 것이다. 이것은 물리적 사물들에 대해 '그럴듯한' 설명만이 부여될 수 있다는 플라톤의 주장에 대한 부가적이고 아마도 더 잠재적이었을 근거들을 구성한다. 이성은 '요소들'이 겪는 변화들을 활용하여 생산물을 산출하기 위한 부수적인 원인들로 이용한다. 그러나 그것은 필연성을 완전히 배제하지 못한다. 첫 번째 한계는 최소한 지상 영역에서 그것이 산출하는 모든 것이 '서서히 소멸하는' 성향을 갖는다는 것이다. 일반적으로 '영원한 것들의' 안정적인 '복제물들'은 물리적 매개체 속에서 존재할 수 없다. 자연의 균형과 질서는 다른 지속적인 원인의 행위주체인 영혼을 통해 재생의 순환 과정에 의해 보존되어야만 한다. 그러나 (그리고 이것이 두 번째 한계인데) 그것은 이 과정이 여전히 '방황하도록', 즉 독자적인 길을 가게끔 실현된 '질료'의 본성 속에 있다. 이 견해는『파이돈』과『국가』에서 주장된 가시적 사물들의 불완전성을 설명하는 실질적인 토대를 제공할 것이다.

그러나 우리는『티마이오스』자체가 자연세계의 불완전성을 덜 강조하는 한편, 그것의 좋음을 훨씬 더 강조하고 있다는 점을 인정해야만 한다. 지금까지의 내 설명은 사실상 그 대화록을 혼란에 빠뜨렸다. 티마이오스 전체의 중심적인 교훈은 필연성에 대한 이성의 승리, 그리고 우주 질서의 합리성에 대한 것이다. 모든 것이 왜 현재 존재하듯이 존재하는가에 대한 이유는 전체의 광범위한 구조를 통해 설명된다. 세계가 이성적 영혼의 부여된 살아 있는 피조물인 이유는 데미우르고스가

---

27   46e.

좋기 때문이며, 따라서 그의 생산물도 좋다. 가치의 위계에서 지성을 가진 사물은 그것을 갖지 않는 사물보다 더 높은 위치에 있다. 그리고 지성의 소유는 영혼의 소유를 요구한다.[28] 불과 흙은 세계의 몸통을 구성하는 요소들에 포함되어야 한다. 왜냐하면 육체적인 것은 볼 수 있고 만질 수 있어야 하므로, 가시성(visibility, 볼 수 있음 또는 보이는 성질-옮긴이)은 (빛을 특별한 형상으로 갖는) 불의 존재를 필요로 한다. 반면에 가촉성(tangibility, 만질 수 있음 또는 만져지는 성질-옮긴이)은 흙의 존재를 전제하는 단단한 성질을 필요로 한다. 다른 두 가지 '요소들'인 공기와 물의 존재는 다양하게 복원되었던 모호한 수학적 논증을 통해 설명된다.[29] 세계 내의 살아 있는 피조물의 유형들의 수와 범위와 관련하여, 이것들은 "이성이 동물(즉, 살아 있는 피조물의 형상)에 들어 있다고 보았던 특징들(ideai)"과 부합된다.[30] 이것은 그 이상도 아니고 그 이하도 아니며, 이론적으로 가능한 만큼의 많은 종들이 있음을 의미하는 것처럼 보인다. 아마도 이것은 '동물'이라는 형상을 선택하고, 『필레보스』에 의해 제안된 방식으로 순수하게 이성적인 수단을 통해 그 형상과 무한히 많은 수의 개별자들 사이에서 '다수의 것들(the many)'을 세려고 노력한다면, 우리는 실제로 존재하는 종(species)의 숫자로 구성된 목록으로 끝맺음을 하게 된다는 주장일 것이다. 플라톤이 이 과제를 (그는 그것이 완결될 수 있음을 함축하지만) 시작

---

28 30a-c. 표현되지는 않았지만, 동일한 결론에 대해 있을 수 있는 또 다른 주장은 이것이다. 이 세상의 변화들은 대체로 천체의 운동들에 의해 통제된다. 그것들은 동일한 정도로 지성적이므로 정신에 의해 그만큼 야기된다. 그러므로 (영혼이 '자기-발생적 운동'이라는 『법률』의 정의를 가정한다면) 항성과 행성을 순환과정에 따라 돌게 하는 천체의 운동은 하나의 정신 또는 다수의 정신들을 구성한다.

29 31b 이하.

30 39e.

만 하고 마는 것은 이해할 만하다. 세계를 구성하는 네 가지 주요 구성 요소들이 있듯이, 세계에는 네 가지 유형의 살아 있는 피조물, 육지동물, 수중에 사는 동물, '날개를 갖고 공기 중에서 움직이는' 동물, 그리고 끝으로 별과 행성, 즉 불로 구성된 몸통을 갖는 '하늘의 신적 종족'이 있다.[31]

따라서 세계의 전체 구조는 이성이 예측할 수 있는 것과 같다. 그러나 필연적으로 그것은 불안정하며, 부분들을 '결여하고 있다.' 그러나 이제 그것들 모두가 그렇지는 않을 것이다. 물론 '천체에 있는 것들'은 항상 성장과 소멸의 과정들을 벗어나 있으며, 이것은 『티마이오스』에서 분명하게 재확인된다. 데미우르고스는 창조된 신들에게, 비록 (육체와 영혼의) 복합물들이 모두 불멸적이거나 해체될 수 없는 것은 아니지만, 사실상 그 복합물들이 해체되거나 죽음을 경험하지는 않을 것이라고 말한다. 왜냐하면 그것은 그의 동의를 필요로 할 것이며, 또한 "그것은 아주 잘 들어맞고 좋은 상태에 있는 것을 해체하려고 하는 것은 악의 표시"[32]이기 때문이다. 그러나 그것들이 결함을 갖는다는 비난을 은연중에 면한다고 주장될 수도 있다. 방금 언급되었던 단락에서,

---

31   전통적인 올림피아의 신들에 대해, 티마이오스는 시인들에 의해 주어진 설명들을 받아들여야 한다고 아주 냉소적으로 제안한다(40d 이하). 그 냉소는 시인들을 향한 것이다. 플라톤은 이러한 신들의 범주에 대한 자신의 견해를 우리에게 전혀 말해주지 않는다. 이와 마찬가지로 그는 『파이드로스』에서 올림피아 신들을 찾아내는 데 실패했다. 그러나 나는 그들이 그곳에서 천체의 영혼들, 즉 『티마이오스』에 나오는 창조된 신들 가운데 최고의 구성원들과 동일시되고 있다고 주장했다. 만약 그들이 그렇다면, 그들은 그들의 전통적인 역할에서 너무도 멀리 떨어져 있어서 인식될 수 없을 정도이다. 그렇기 때문에 플라톤은 그들의 이름들을 자신이 원하는 방식으로 수용하거나 거부할 수 있다. 『크라튈로스』 400d는 신들이 자신들을 무엇이라고 부르는가 하는 것이 결정적인 요소라고 주장되는데, 우리는 이에 대해 아무것도 알지 못한다.

32   41a-b.

우리는 천체들의 훌륭함이나 아름다움이 그것들의 해체에 대한 (그렇지만 더 이상의 것은 아닌) 논리적 가능성을 포함하는 그것들의 복합성에 의해서만 제한된다고 결론 내릴 수 있을 것이다. 다시 말해서, 만약 그것들이 조화로운 존재자들이라면, 그것들이 아마도 조화롭고 질서 있는 방식으로 운동하리라고 우리는 기대해야 할 것이다. 『티마이오스』는 사실상 그 운동의 어떤 불완전성도 명확하게 언급하지 않는다. 이것들은 "수적으로 혼란스럽고, 상당히 복잡한 양식으로 형성된다."[33] 그는 그럼에도 불구하고 "완전한 시간의 수가 어떻게 훌륭한 해(year)를 실현하는가를 파악할 수 있다."고 말한다. 즉, 분명히 모든 천체들이 언제 동일한 상대적 위치들로 돌아오는가를 파악할 수 있다는 것이다. 기원전 5세기 말 이전에, 아테네의 천문학자 메톤(Meton)은 길고도 충분한 시간 기준을 통해, 음력 달과 양력 해 사이에 상당히 정확한 관계가 확립될 수 있음을 보였다. 아마도 이것을 자신의 모형으로 삼아, 플라톤은 모든 천체들의 주기들 사이에 관계가 있으리라고 주장할 것이다. 그러나 만약 그렇다면, 그것들이 규칙적이라는 결론이 뒤따라야 할 것처럼 보인다. 『법률』은 천체들이 '방황한다'는 개념을 분명히 반대한다.[34] 즉, "그것들 각자는 원 내부에서 다수의 경로가 아니라 하나의 동일한 경로를 완주한다."

만약 이 해석이 유효하게 만들어질 수 있다면, 그것은 플라톤에게 중요한 태도 변화가 있었음을 함축할 것이다. 소크라테스는 『국가』에서 이렇게 말한다.

---

[33] 39d.
[34] 821a 이하.

밤과 낮, 이것들과 달(month), 달(month)과 해(year), 그리고 [즉, 해(sun)와 달(moon)을 제외한] 다른 항성들과 이것들, 그리고 서로에 대한 비율과 관련하여, [참된 천문학자라면] 이것들이 항상 동일한 방식으로 발생하고 그것들이 그렇듯이 몸통을 갖고 볼 수 있어서 전혀 다른 방향으로 벗어나지 않고, 또한 모든 수단을 통해 그것들의 진리를 파악하려 하는 것이 어리석다고 생각하리라고 자네는 생각하지 않는가?[35]

최소한 열망하는 철학자에게 적절한 종류의 천문학은 관찰이 아니라 이론이다(이런 맥락에서 철학자에 대한 교육이 논의된다). 기하학자가 도형들을 간주하는 방식으로, 우리는 관찰 가능한 현상들을 학문의 대상이 아니라 천문학자가 관심 갖는 실제 대상들에 대한 이해를 돕는 보조물로 간주해야 한다. 즉, 그것들이 사실상 불완전하게 복제하는 이상적인 운동들이라고 우리가 해석할 수 있는 천체의 '참된(true)' 운동들에 대한 이해를 돕는 보조물로 간주해야 한다는 것이다. 그러나 이제 『티마이오스』에서 우리는 행성 운동의 명백한 불규칙성의 배후에 있는 규칙성을 가정할 수 있는 설명을 갖고 있다. 태양, 달, 그리고 알려져 있는 다른 다섯 행성들의 운동들은 상반된 두 가지 원운동의 결합, 즉 '동일한 것'과 '다른 것'의 순환을 통해 설명된다. 새로운 종류의 접근 방식은 우리가 생각하는 진실로 과학적인 천문학의 가능성을 제안한다. 그 안에서 이론은 관찰된 사실들을 설명하려 시도하며, 궁극적으로는 그것들에 의해 통제된다. 플라톤의 이론이 형이상학에서 도출되는 일련의 선험적 가설들에 기초한다는 사실 자체가 그것을 비과학적으로 만들지는 않는다. 문제가 되는 것은 그 이론이 설명적 가치를 갖는가

---

35   530a-b.

하는 것이며, (『티마이오스』에 관한 최근의 저술에서 설득력 있게 주장 되듯이) 실제로 그것은 그런 가치를 갖는다.[36] 물론 그것은 이런 측면 에서의 완전한 성공과는 거리가 멀다. 그 모형은 너무 단순해서 그것에 부여된 요구 사항들을 충족시키지 못한다. 그것은 『티마이오스』 자체 가 언급한 그런 현상들조차 '구제'할 수 없다. 그러나 에우독소스(Eu-doxus), 칼리포스(Callippus), 그리고 아리스토텔레스를 비롯한 많은 다른 사람들은 이성적이고 순환적인 운동을 위해 동일한 기초적 가정 을 사용하는 더 복잡한 모형들을 전개했다.

그러나 『티마이오스』의 천문학에 대한 이 해석에는 하나의 강력한 반론이 있다. 앞에서 나는 천체 운동의 불완전성에 대한 언급이 없다는 점을 지적했었다. 그러나 실제 세계에 대한 자신의 전체적인 설명이 '그럴듯한 이야기'라는 티마이오스의 포괄적인 서술을 고려할 때, 그 리고 그 서술에 대한 명백한 근거들을 고려할 때, 천체 운동의 **완전성** 에 대한 분명한 언급이 없다는 것이 더욱 중요하다고 말할 만한 강력한 논거가 있다. 구체적인 증거도 없이, 특히 천체의 운동이 남김없이 설 명되리라고 플라톤이 생각했다고 가정하는 것은 전혀 안전해 보이지 않는다. '완전한 해(perfect year)'라는 개념의 소개는 그 자체로서 충 분하지 않다. 왜냐하면 그 개념은 다만 엄격하게 천체 운동들의 **총합**이 정해진 주기로 스스로 반복할 것을 요구하며, 이것은 운동들 사이에 불 규칙성들의 가능성을 허용할 것이기 때문이다. 그 경우에 생겨날 형식 은 우주에 대해 제시된 일반적인 상황, 즉 안정적인 전체 구조 속의 다 양성이라는 상황과 일치한다. 물론 사람들이 신적인 하늘의 영역을 다

---

36   Vlastos(1975). 이 단락 전체는 Vlastos에게 상당히 의존하고 있다. 『국가』의 단 락에 대해서는 특히 Anton(1980)에 실려 있는 그의 논문 참조.

루는 것과 지상의 영역을 다루는 것의 차이를 기대한다는 것은 사실이
다. 그러나 그것은 천체의 실질적인 불멸성을 통해 이미 설명되었다.
그 주장은 아마도 『국가』에서처럼 아래에 있는 것들보다 덜 파격적일
것이다. 만약 에우독소스의 우월한 모형이 중간 시기에 유용했더라면,
현상들을 모두 (에우독소스가 의도했었을 수도 있는) 이상적인 원운동
들로 환원함으로써 그것이 완전하게 '현상들을 구제하는 것'이 궁극적
으로 가능하리라고 그가 믿었을 것이다. 간단히 말해서, 분명히 『티마
이오스』는 과학적(또는 유사-과학적) 천문학을 주장하지 않는 반면에,
『법률』은 분명히 그렇게 한다. 그러나 한 가지는 분명하다. 플라톤은
지상세계의 사물들에 대한 과학의 가능성을 단 한 순간도 상정하지 않
았다. 그의 견해에 따르면, 우리는 변화의 과정들 속에서 순식간에 복
제된 모형들을 상정할 수밖에 없다. 그러나 이미 지적했듯이, 아리스토
텔레스조차도 지상 영역에서 발생하는 원인들의 작용을 '예외 없는 규
칙성들'의 산물이라는 측면에서 이해하지는 못했다.[37]

마지막 질문은 다음과 같다. 창조에 대한 이야기는 문자 그대로 받아
들여져야 하는 것인가 또는 크세노크라테스가 (그리고 아마도 다른 플
라톤주의자들이) 분명하게 주장했듯이 단순히 자신의 설명을 돕기 위
해 플라톤이 고안했던 허구에 불과한 것인가? 비교적 최근까지, 현대
의 의견은 크세노크라테스의 주장으로 크게 기울어져 있었다. 그러나
이제 시계추는 반대 방향으로 돌아오는 기미를 보인다. 문자 그대로의
해석에 대한 한 가지 핵심적인 반론은 그것이 운동의 원인들이라는 중
요한 주제와 관련하여 『티마이오스』를 (이전 작품이었을 가능성이 있

---

37 R. Sorabji, 'Causation, Laws and Necessity', in M. Schofield and others
(des), *Doubt and Dogmatism* (Clarendon Press, Oxford, Oxford UP, New York,
1980.

는)『파이드로스』, 그리고 (분명히 나중 작품인)『법률』과 불편한 모순
관계에 남겨두는 것처럼 보인다는 것이다.『티마이오스』의 설명은 영
혼의 창조보다 먼저 존재하는 운동들을 상정하는 반면에,『파이드로
스』는 모든 운동이 궁극적으로 영혼에 의해 야기된다고 말하고, 또한
『법률』도 아주 자연스럽게 그렇게 말하는 것으로 해석된다. 그러나 만
약 (내가 이전에 주장했듯이)『티마이오스』가 질서정연한 우주 내부에
서도 순수하게 기계적인 원인들의 작용이 있을 수 있다고 허용한다 할
지라도, 단순히 창조에 대한 이론을『티마이오스』에서 뽑아내는 것으
로는 우리의 모든 문제들을 해결할 수 없다. 일반적으로, (즉, 본질적
으로 이성적이라는) 영혼에 대한 플라톤의 견해를 고려할 때, 모든 운
동이 어떻게 그것으로 귀속될 수 있는 것인지 알기 어렵다.『법률』은
사악한 영혼이라는 개념을 잠시 다루지만 곧 그것을 버리며, 사실상 악
의 문제 전체를 보류하는 방향으로 진행한다. 그 아테네인은 이제 아주
미세한 것에 이르기까지 우주의 모든 것이 신의 통제하에 있다고 말한
다. 영혼들만이 자신들의 운명을 선택할 수 있다.[38]

그러나 우리는 지금 플라톤이『티마이오스』에서 발견된 '필연성'이
란 요소를 포기하라고 제안하는 것으로 생각해서는 안 된다.『법률』은
정치학적 저술이다. 그 아테네인은 국가에 잠재적으로 위험하게 보이
는 무신론을 반대하는 입장을 수립하는 과정에 있다. 그러므로 그가 세
계의 설계라는 요소를 강조할 것으로 기대되며, 이것은『티마이오스』
의 모든 부분에서 전체적으로 명백하다.[39] 그 경우에 그 문제는『법률』
로 옮겨간다. 만약 플라톤이 실제로『티마이오스』의 설명을 유지한다

---

38 896d 이하.

39 이와 동일한 점이 '하늘에 있는 것들'에 대해『법률』이 말한 것에 영향을 준다고
주장될 수도 있다(위 참조).

면, 그가 분명히 그렇게 하듯이 영혼이라는 행위주체에 모든 운동을 최
종적으로 귀속시키는 것이 어떻게 가능한가?[40] 아마도 그 입장은 정치
적 편의주의를 고려함으로써 유발될 수 있을 것이다. 그러나 그는 시민
들에게 자신의 일반적인 원칙과는 동떨어진 명백한 허위가 말해져야
한다고 제안하고 있다.[41] 이전에 제안되었던 다른 해결책은 영혼이 아
르헤 키네세오스(arche kineseos), 즉 '운동의 원인이라는 [또는 '근
원' 또는 '제일원리' 라는]' 불쾌한 주장을 동일한 문맥에서 나온 또 다
른 주장, 즉 영혼이 '생성과 소멸의 제일원인[aition]' 이라는 주장으로
해석하는 것이다.[42] 이 견해가 의미하는 것은 『법률』에서 고려된 사물
들의 유일한 상태인 창조된 세계에서 영혼이 변화의 우선적인 원인이
라는 것이다. 그러나 더 나은 해결책이 있을 것이다.

　"영혼이 **아르헤 키네세오스이다.**"라는 결론이 도출되는 논증은 다음
과 같이 진행된다. (명백히 결합과 분리, 증가와 감소, 생성과 소멸, 원
운동과 한 장소에서 다른 곳으로의 운동인) 다른 모든 종류의 운동이
나 변화는 부여된 운동(imparted movement, 다른 것에 의해 운동의
원인이 부여된 운동-옮긴이)과 자기-원인적인 운동(self-caused
movement, 다른 어떤 것에 의한 운동이 아니라 스스로 야기한 운동-
옮긴이)처럼 좀 더 일반적인 종류에 속한다. 질문은 이것들 가운데 어
떤 것이 "생성[genesis]과 힘[rhome]에서 우선적인가?" 일련의 부여
된 운동들이나 변화들을 고려한다면, 그것들 가운데 어떤 것도 우선적
일 수 없다. 그러나 일련의 운동들이 자기-운동자에 의해 시작될 때,
'근원(arche)'은 '스스로를 움직였던 운동의 변화'이어야 한다. 다시

40　893b 이하.
41　그러나 위 5장의 각주 64 참조.
42　Vlastos(1939); 하지만 그는 나중에 그것을 포기했다.

말해서, "만약 사물들의 총합이 합쳐져서 어떤 방식으로든 정지하게 된다면", 플라톤이 주장하듯이 다수의 자연철학자들은 최초의 운동이 자기-운동적인 유형임에 틀림없다고 "말할 만한 배짱[tolmosi]을 가질 것이다."

따라서 우리는 스스로를 움직이는 운동이, 즉 모든 운동들의 시작이자 정지한 것들 가운데 최초로 생성된 것이고 또한 움직이는 것들 가운데 [시초이자 최초인] 것으로서의 운동이, 필연적으로 모든 변화 가운데 가장 오래되고 가장 강력한 것이며, 다른 어떤 것에 의해 야기되고 다른 것들을 움직이는 변화는 두 번째라고 말할 것이다.

그러나 '스스로를 움직일 수 있는 운동'은 영혼의 운동이다. 따라서 플라톤은 영혼이 변화와 운동에 책임이 있거나 또는 그것들의 원인(aitia)이라고 단호하게 결론짓는다. 그러나 이 마지막 조치는 부적절하다. 이 논증은 만약 (기존의) 모든 운동이 시작을 갖는다면(이것은 암묵적으로 거부된다), 그리고 만약 일련의 특수한 운동들이 모두 하나의 시작을 갖는다면, 최초의 운동은 자기-원인적이었거나 또는 자기-원인적이어야 한다는 결론을 정당화하고 있을 뿐이다. 달리 말해서, 그것은 일련의 부여된 운동들이 자기-원인적인(즉, 염력에 의한psycho-kinetic) 어떤 운동보다도 더 먼저 존재한다고 말해지는 『티마이오스』에서 상정된 시나리오를 엄격하게 배제하지 않는다. 최종적인 결론은 부여된 모든 운동들이 결국에는 영혼이라는 행위주체로까지 역추적되어야만 한다는 주장을 사실상 포함하지만, 그에 대한 어떤 근거도 제시되지 않았다. 두 가지 점에 대한 혼란이 있는 것으로 보인다. 일련의 모든 운동들에서, 부여된 운동은 순서상 두 번째보다 위에 올 수 없고(또

한 원하는 만큼 아래로 내려올 수 있으며),[43] 반면에 자기-원인적 운동
이 있는 경우에 그것은 첫 번째여야만 한다. 그리고 이것은 시작이 없
는 일련의 부여된 운동들이 있을 가능성을 허용한다. 따라서 시작이 있
는 일련의 운동들 가운데서, 자기-원인적 운동들은 부여된 어떤 운동
들보다 선행해야 한다. 어쨌든 이 논증은 부여된 운동들을 (자기-원인
적이거나 또는 부여된) 다른 어떤 운동보다 늦다고 간주하던 것에서
그것들을 자기-원인적 운동들보다 늦다고 간주하는 것으로 바뀐다. 여
기에서 플라톤은 전체 문맥이 반발하는 무신론적 자연철학자들의 가설
에 대한 논증에 편입됨으로써 힘을 얻을 것이다. 그 주된 내용은 심지
어 (또는 특히) 모든 운동에 최초의 시작이 있었다는 그들의 가정에 따
르면 영혼이 먼저 왔어야 했다는 것이다. (다른 한편으로 그 논증만이
예외적으로 인신공격적이지는 않다. 그리고 그런 한에 있어서 우리는
마지막 구절에서 언급되었던 문제에 대한 다른 해결책에 의존할 필요
가 있다.)

　이 분석의 결과는 『법률』 자체가 영혼이 모든 운동의 근원적인 원인
이라는 이론을 처음 보였던 것보다 덜 수용한다는 것이다. 만약 그렇다
면, 그것은 『티마이오스』에 나타난 우주발생론의 위상과 관련된 강력
한 증거가 되지 못할 것이다. (유일하게 남은 대안은 『법률』이 물리적
우주가 전체적으로 좋다고 묘사한다고 생각하는 것처럼 보인다. 그러
나 우리는 그것을 『티마이오스』와 화해시키려 노력할 필요가 전혀 없
을 것이다.) 어쨌든 이전에 존재했던 무질서한 운동들에 관여하는 창
조자에 대한 이야기를 삭제한다 할지라도, 『티마이오스』는 인과론을
설명하는 『법률』에 대한 자구적 해석과 여전히 충돌한다는 것이 나의

43　비교: 896b.

주장이었다. 또한 창조 '신화'의 허구적 해석에 대한 다른 어떤 결정적인 외적 증거는 없다. 만약 크세노크라테스가 그것을 채택했더라도, 아리스토텔레스는 감동받지 않았을 것이다. 만약 아리스토텔레스가 적대적 증인으로 간주된다 할지라도, 크세노크라테스는 플라톤을 변론하기 위해 그의 견해를 사용했다고 말해진다. 틀림없이 플라톤은 종종 ('신화'의 완전한 의미에서) 유사-역사적 신화들을 이용한다. 『티마이오스』 자체는 완성되지 않은 동반 대화록인 『크리티아스』에서 시작된 장르의 핵심 사례인 '아틀란티스의 신화(Atlantis myth)'를 기대한다. (그것은 작동 중인 이상 국가에 대한 묘사였다. 기원전 5세기에 아테네가 페르시아 군대를 패퇴시켰던 것과 마찬가지로, 선사 시대의 아테네는 홍수가 있기 전에 지상에서 가장 강력한 국가였던 아틀란티스의 군대를 패퇴시켰다고 그려졌다.) 그러나 창조 '이야기'가 그와 동일한 방식으로 이야기되어야 한다는 확실한 표시는 없다. 사실상 오히려 정반대이다. 『법률』은 의도적으로 하길 거부했던 반면에, 우주와 그 기원에 대한 『티마이오스』의 설명 전체는 아주 상세하긴 하지만 자연철학자들에게 유리한 곳에서 그들에 맞서려고 하는 것처럼 보인다.

내적 증거의 나머지 것들은 어떤 것도 말해주지 않는다. 시간의 창조 이전에 운동의 존재를 상정하는 데 포함된 명백한 모순은 플라톤의 특별한 시간 개념, 즉 천체의 주기와 동일시되는 시간 개념으로 인해 소멸된다.[44] 또한 『법률』이 보여주듯이, 영혼의 창조라는 개념과 자기-운동이라는 개념 사이에는 『파이드로스』에서와 같은 어떤 모순도 감지되지 않는다. 다시 말해서, 플라톤은 티마이오스로 하여금 자신의 논의를 미토스(mythos)로 간주하게 만드는 반면에, 좀 더 중립적으로 그것을

---

44   이것과 다음의 두 가지 점들에 대해서는 Vlastos(1939)와 (1964) 참조.

로고스(logos), 즉 설명으로 간주하게 만들기도 한다. 이미 보았듯이, 그리고 그가 사용하는 미토스라는 단어는 그 단어의 연계 동사(associated verb)인 미톨로게인(mythologein)과 더불어 대체로 또는 종종 완전한 허구성보다 상당히 적은 것을 보여준다. 예를 들어, 그것은 (여기에서 아마도 그렇듯이) 주어진 설명의 가치에 관한 어떤 의심을 함축할 뿐이다. 데미우르고스의 모습은 데미우르고스가 예를 들어 (『법률』의 토대 위에서 지지되고 논쟁될 수 있는 해결책인) 세계영혼과 동일시되면 방지될 수 있을 몇 가지 문제들을 제시한다. 그 설명에서 보듯이, 그는 분명히 창조 이후에 아무런 역할을 하지 않으며, 또한 신들 가운데 그만이 물리적 우주 밖에 존재하거나 또는 어쨌든 그 안에 존재하지 않는다. 그러나 플라톤의 신학은 이미 너무 혼란해서 이런 점들을 강조하기 어렵다. (우주의 외부라는 그런 장소는 없다는 것이 플라톤의 견해라는 것은 거의 분명하다.[45] 그런 뒤에 우리는 장소를 갖지 않는 운동이라는 개념을 갖게 될 것이다. 왜냐하면 아마도 데미우르고스는 움직일 것이기 때문이다. 다른 한편으로, 그는 순수한 영혼임에 틀림없다. 왜냐하면 육체는 그가 창조하는 어떤 것이며, 또한 그 또한 순수하게 이성적이기 때문이다. 그리고 플라톤이 사고와 같은 종류의 운동이 반드시 장소를 가져야만 한다고 가정할 필요는 없다. 세계와 인간의 내부에는 이성이 존재한다. 그 이유는 그것이 단지 세계와 인간, 즉 복합적인 사물들의 이성적 부분이기 때문이다. 다른 한편으로, 만약 데미우르고스가 순수한 영혼이라면, 그것은 그 이야기 속에 신화적이거나 은유적인 요소들이 있다는 것을 의미한다. 그러나 그것은 말할 필요도 없

---

45 『티마이오스』33c는 아마도 "[세계의 영역에서] 벗어났거나, 또는 [그곳에 접근했을 다른 어떤 곳]조차 없기 때문에 다른 어디에서도 그곳에 접근했던 것은 아무것도 없다"고 말하는 것으로 읽힐 수도 있을 것이다.

다. 예를 들어, 아무도 신적 제작자가 자신의 반죽 그릇에서 세계영혼의 '재료들'을 혼합한다는 묘사를 액면 그대로 받아들이라고 진지하게 주장할 수는 없을 것이다.)

그 문제는 아마도 해결할 수 없을 것이다. 그러나 결국 이 논증은 그것에 매달려 있는 것이 많지 않다는 점을 시사한다. 아마도 데미우르고스는 하나의 은유일 것이다. 즉, 세계에 대해 철저하게 목적론적인 플라톤의 접근 방식이 자연스럽게 확장된 것이다. 아마도 플라톤은 설계와 목적이 분명히 세계 내에 존재한다는 사실이 실제 제작자를 전제하고 있다고 결론 내렸을 것이다.[46] 또는 아마도 그것은 이것도 아니고 저것도 아닌 둘의 혼합, 즉 새로운 이론에 대해 절반은 문학적이고 절반은 진지한 실험의 혼합일 것이다(즉, 창조에 관한 한 그렇다는 것이다. 그것이 표현하는 자연에 대한 설명이 근본적으로 진지하다는 점에 대해서는 의심의 여지가 없다.) 그러나 우리가 데미우르고스에 대해 어떤 결론을 내리든, 『파이돈』에서 소크라테스가 마음이 영혼이라는 사실을 무시한다고 아낙사고라스를 비난했던 것처럼 플라톤을 비난할 수는 없을 것이다. 그의 우주는 하나의 체계이다. 즉, 그것은 세계영혼의 형상이나 신들의 형상 또는 (『법률』에서의) '신'의 형상이나 '왕'의 형상으로 이성에 의해 통제된 의미 있는 하나의 체계이다.

---

46   어떤 면에서 그런 결론은 윤리적 논증을 상당히 원만하게 만들 수도 있을 것이다. (식탁에 오를 정도로) 살찌고 건강한 양이 되는 것, 즉 양에게 '좋은 것'이 양치기에 의해 결정되듯이, 인간의 탁월한 사례가 되는 것, 즉 인간에게 좋은 것은 제작자에 의해 최종적으로 결정될 것이다.

9

'기록되지 않은 학설들'

이 책에는 이른바 '기록되지 않은 학설들'을 전부 다룰 만한 충분한 공간이 없다. 그러나 다음의 간략한 언급이 이전 장들, 특히 2장에서 말했던 내용을 통해 어느 정도 정당화되길 희망한다. 그곳에서 나는 특히 『파이드로스』와 『일곱 번째 편지』에 기초한 몇몇 학자들의 견해, 즉 (우리가 아리스토텔레스와 2차 또는 3차의 다른 자료에서 도출하는 지식인) '학설들'이 플라톤 사상의 진정한 본질을 보여주며, 또한 그 대화록들이 (단지 독자의 관심을 끌고 독자를 철학으로 향하도록 고안된, 그리고 더 높은 단계에 위치한 중요한 업무인) 순수하게 설득적 기능을 갖고 있다는 견해를 언급했었다. 그러나 내가 주장했듯이, 『파이드로스』와 『일곱 번째 편지』는 모두 이 견해에 대한 근거를 제공하지 못한다. 이 두 대화록들이 모두 그렇지만, 특히 『파이드로스』는 기록된 글에 너무 많은 중요성을 부여하지 말라고 권하는 한편, 결국은 두 대화록들 가운데 어떤 것도 대화록들을 자기 일에 심취한 철학자의 아주 진지한 사례들 외의 다른 어떤 것으로 다룰 것을 강요하지 않는다.[1] 또한 그것들을 읽는 그 누구도 실제로 다른 어떤 것을 위해 그것들을 선택하지는 않는다는 것은 분명하다. 더 중요한 것은, 실제로 플라톤이 그것들을 진지하게 다룬다는 것이다. 그 주장의 순수한 밀도와 그것의 지속성은 그만큼 더 많은 것을 입증한다. (특히 『향연』처럼) 설득적인 요소가 지배적인 두어 개의 대화록이 분명히 있다. 그러나 (『테아이테토스』와 『파르메니데스』처럼) 오직 간헐적으로만 가시적인 다른 것들도 있고, (『파르메니데스』와 『필레보스』처럼) 모든 점에서 심오한 다른 것들도 있다. 그것들이 좀 더 특별한 청중을 위해 의도되었다는 생각을 설득력있게 만들 정도로 심오하다. 가장 명백한 제안은 그것들이 아카데메이아 자체의 내부에서 유통되게 만들려는 목적으로 집필되었다는 것이다. 그러나 그 경우에는 한편으로 대화록들과 다른 한편으로 기록되지 않은 학설들 사이에 있다고 주장된 그런 종류의 단순한 대립은 없다.

그러나 그 문제는 그렇게 쉽게 해결되지 않을 것이다. 사실은 '구술 교육'에 관한 우리의 보고서는 최소한 그것이 어떤 면에서는 대부분의 대화록들보다 높은 수준에 있다고 묘사한다는 것이다. 대화록들은 형상들을 우주에서 가장 상위에 있는 존재자들로 다루곤 한다. 아리스토텔레스의 증거가 보여주듯이, 플라톤은 최소한 일련의 형상들이 다른 것들과 더불어 과거에 '생성'되었거나 또는 현재 '생성'되고 있는 좀 더 근본적인 원리들의 존재를 구술상으로 주장했다. 좋음을 형상들의 '존재 원인'으로 만드는 한, 『국가』는 그런 원리를 알고 있으나 그에 대해 자세히 설명하지 않는다. 플라톤이 『국가』를 집필하던 시기에 이

---

1 즉, 『파이드로스』의 관점 외의 다른 모든 관점에서.

런 원리의 본성에 대해 제공할 세부적인 이론을 갖고 있었든 그렇지 않든, 삶의 한 순간에 그는 분명히 그 주제에 대해 강의할 수 있을 정도로 자신감을 느꼈다. 아리스토텔레스의 제자이자 그 강의에 대한 주요 내용을 우리에게 전해주는 아리스토크세노스(Aristoxenus)는 그 강의가 좋음을 한계(limit)나 단일성(unity) 등의 개념들과 동일시하고 있다고 말한다. 이것은 그 강의를 아리스토텔레스의 보고 내용과 후기 대화록들의 부분들에 모두 연결해준다. 이 모든 것을 고려하고, 또한 아리스토텔레스가 (특히) 기록되지 않은 플라톤에게 귀속시키고 있는 플라톤주의적 논제들의 후기 형식에 대한 일반적인 영향을 고려한다면, 플라톤의 사상에 대한 모든 설명은 그런 논제들의 존재를 인지할 뿐만 아니라 그것들이 플라톤에게 중요할 수도 있다는 가능성을 인정할 준비가 되어 있어야 한다. (마지막에 언급되었던 고려 사항, 즉 기록되지 않은 전통의 역사적 중요성이라는 것이 아마도 가장 설득력이 있을 것이다. 구술 교육과 후기 플라톤주의의 명백한 지속성, 즉 플라톤의 직접적인 후계자들이자 아카데메이아의 대표자였던 스페우시포스Speusippus와 크세노크라테스Xenocrates에게서 시작되는 후기 플라톤주의와의 명백한 지속성은 이 부분에 대한 그의 활동을 경시하는 사람들에게 반대되는 강력한 논증이다. 이 논증은 종종 말해지지 않은 근거, 즉 대화록에서 발견될 수 있는 어떤 것들보다 그들의 기호에 덜 맞는다는 말해지지 않은 근거에 기초한다.)

그러나 이 모든 이야기가 끝난 뒤에, 논의되는 개념들의 실질적인 내용을 재구성하는 것은 불가능하지는 않을지라도 무척이나 어려운 일이다. 근본적으로 아리스토텔레스에 의존한 표준적인 설명에 따르면, 플라톤은 형상들을 '생성하며' 그것들을 통해 모든 것의 원인들이 되는 궁극적인 두 원리들, 즉 '하나(one)'와 '무규정적인 한 쌍(indefinite dyad)'이 있다고 가르쳤다. 형상들은 (그것이 무엇을 의미하든) '수들이다.' 그리고 형상들과 개별자들(즉, 수학적 진술들에 의해 요구되는 다수의 이상적인 대상들을 나타내는 '수학적인 것들')의 중간에는 여분의 존재자 집합이 있을 수도 있다.[2] 이것을 많이 넘어서는 모든 것은 가설적이거나, 또는 후기 플라톤주의자들로부터 플라톤에 이르기까지 적절하게 거꾸로 읽어간 결과일 가능성이 있다. 그러나 방금 제시된 것과 같은 그러한 분명하고도 어려운 밑그림조차 불안정하다고 의심할 만한 합리적인 근거들이 있다. 아리스토텔레스는 형상과 수의 동일시를 주장하는 성향이 있다고 지적한 바 있는데, 이것은 그가 그에 대한 직접적인 증거를 갖지 못했음을 보여준다.[3] 그러나 벽돌을 치워버리면, 전체 구조물이 무너진다. 대체로 그것은 하나와 무규정적인 한 쌍에서 도출되는 것으로 말해지는 숫자들과 크기들이기 때문이다. 옳다. 이 숫자들과 크기들이 형상들일 수도 있다. 그러나 플라톤은 최소한 직접적으로는 보편적인 제일원리들의 탐색에 더 이상 관여하지 않을 것이 분명하다. 최근의 (상당히 설득력 있는) 주장에 따르면, 그의 직접적인 목표는 산술학과 기하학을 통합하는 더 제한적인 (그렇지만 여전히 야심찬) 목표이다.[4]

---

2 이 일련의 존재자들은 대화록들 속에서 직접적으로 인식되지 않는다. 그러나 일부 학자들은 (예를 들어, 『국가』 VI과 VII, 좋음의 형상에 대한 구절에서) 그에 대한 함축적인 언급들을 발견했다.

3 Cherniss(1944)와 (1945).

4 Annas(1976). (그녀의 서론에 나타난) 애나스의 전체 논의는 '기록되지 않은 문서들'에 대해 쉬운 설명을 제공해준다. 예를 들어, "나는 '무규정적 둘'을 사용하고 전통적인 '무규정적 쌍'은 사용하지 않는다. 왜냐하면 번역된 뒤아스(duas)라는 단어는 '둘'을 의미하는 일반적인 그리스어 단어이며, '한 쌍'처럼 거창한 어떤 것도 의미하지 않기 때문이다. 나는 전통적인 '유일한 하나(the one)'보다 '하나(one)'를 사용한다. 왜냐하면 영어의 '유일한 하나(the one)'도 일반적으로 '하나(one)' 또는 '하나임

물론 그 과제는 지식의 모든 학문들을 통합하는 더 큰 계획의 일부로서 그의 흥미를 유발할 것이다. 그런 계획의 핵심은 분명히 수학일 것이다. 대화록들에서 우리는 수학적 언어와 윤리학적 개념들이 침식되는 것을 보았다. 『티마이오스』에서 기하학은 물리학을 위해 이용된다. 크세노크라테스는 『티마이오스』에 묘사된 조화로운 영혼의 창조와 수의 생성을 연결함으로써, 영혼을 '자기-운동적인(스스로 움직이는) 수'로 만들었다고 말해진다. (그는 창조를 사실적으로 받아들이지 않으며, 수의 생성도 받아들이지 않는다. 그리고 아리스토텔레스는 논쟁적인 이유에서 다시 반대 입장을 취한다.) 다시 말해서, 하나와 무규정적 한 쌍, 그리고 『필레보스』의 제한과 무제한이라는 원리들 사이에 일종의 연결을 가정하는 것은 당연하다. 그러나 그 두 쌍은 단순히 **동일시될** 수 없다. 제한과 무제한(또는 무제한성)의 구별을 처음 소개하는 『필레보스』의 구절은 하나와 한 쌍으로 구성되는 어떤 용도와 아주 분명히 무관해 보이는 방식으로 그것을 사용한다. 제한은 일반 개념을 통해 나타내지며, 무제한성은 그에 상응하는 무제한한 수의 개별자들을 통해 나타내진다.[5] 잠시 후 그 구별이 다시 소개되는 구절에 도달하게 되면, 상황이 약간 더 나아 보인다. 무제한의 집합에 있는 항목들은 '더 많고 더 적은'이라는 그것들의 공통된 특징으로 인해 한 쌍과 상당히 비슷해 보이며, 이것은 분명히 무규정적 한 쌍이라는 다른 이름을 가졌던 '더 크고 더 작은'으로부터 멀리 떨어지지 않은 것이다. 그리고

(oneness)'으로 사용되는 그리스어의 '헨(hen)'보다 더 허세가 가득하기 때문이다(p. 42, n. 49)." 이것은 구술 교육에 대해 말했던 것들 가운데 일부에 대한 유용한 해결책이다. 다른 한편으로, 우리는 분명히 이런 접근 방식을 극단으로 밀어붙일 수 있을 것이다. 가장 일상적인 단어는 그것의 문맥을 통해 중요성이 부여될 수 있기 때문이다.

5 위 188쪽 이하 참조.

'동등한 것(the equal)과 동등성(equality)'으로 구성된 '제한'의 집합, 그리고 동등한 것 이후의 이중적인 것, 그리고 수와 관련된 수, 치수와 관련된 치수인 모든 것은 단일성(unity)과 관련된다고 생각될 것이다. 만약 우리가 이 문맥을 '수와 형상(또는 모양)'과 일종의 기체(substratum, 바탕 또는 토대-옮긴이)와의 결합에서 발생하는 『티마이오스』의 '요소들'에 대한 분석과 함께 고려한다면, 형상과 수를 동일시할 수 있는 길을 찾고 싶을 것이다. 그러나 크세노크라테스에게는 유감스러운 일이지만, 『필레보스』와 『티마이오스』는 모두 수 자체의 생성에 대해 아무 말도 해주지 않는다. 일반적으로, 플라톤과 피타고라스학파는 세계를 이해하는 도구로서 수학의 힘을 공유했으며, 최종적인 존재론적 체계를 구성하는 데 플라톤의 결과들을 사용하지 않으면서도 그것의 유용성을 다양한 방식으로 탐구했다고 결론짓는 것이 상당히 그럴듯해 보인다.[6] 느슨한 부분들을 묶는 과제는 아마도 그의 후계자들에게 남겨졌을 것이며, 중기 플라톤주의와 신플라톤주의의 신비들로 직접 이어진다. 아카데메이아 내부나 주변에 수학의 발전에 중요한 테아이테토스, 메나이크모스(Menaechmus), 에우독소스(Eudoxus) 등을 비롯한 많은 인물들이 있다는 것은 그 자체가 수학에 대한 플라톤의 헌신 정도에 대해서뿐만 아니라 그에 대한 그의 접근 방식의 본질적인 개방성에 대한 증거일 것이다. 달리 말해서, 그 증거는 플라톤의 '구술 교육'이 그가 집필한 저서들과 동일한 유연성과 독단주의 결여를 공유한다는 견해와 일치하며, 이것이 바로 우리가 『파이드로스』와 『일곱 번째 편지』에서 기대해야 하는 것이다.

---

6 'On the Good'에 대한 Annas의 강연과 비교할 것. "수학과 세계의 관계와 더불어 … 수학의 토대들에 대한 설명은 아마도 편의를 위한 것이겠지만 다소 모호하다" ([1976], 62쪽).

그러나 만약 기록되지 않은 학설들이 그 자체로서 어떤 체계도 형성하지 않았다면, 그리고 만약 구술 교육이 오직 간헐적으로 함께 고려되는 사상들의 흐름에만 의존했다면, 제일원리들에 대한 모든 논의가 그것들 밑에 있는 것들보다 상위 단계를 차지한다고 생각되는 경우를 제외하고는, 우리는 더 이상 플라톤이 대화록들보다 그 학설들에 전체적으로 더 많은 가치를 부여했으리라 생각해야 할 실질적인 어떤 부담도 갖지 않는다. 사실 대화록들 자체에서 '체계'와 유사한 어떤 것이 세계나 세계 내에서의 인간의 위치에 대한 폭넓은 견해를 통해 나타난다. 어쨌든 기록되지 않은 학설들의 반대자들은 중요한 모순에 직면한다. 즉, 그들의 논증이 의존하는 저술들 가운데 하나에 의해, 플라톤의 구술 교육의 주제를 구성한다고 생각되는 바로 그것들이 표현될 수 없다고 선언되는 모순에 직면한다.[7] 그 선언 자체는 플라톤의 입장에서나 호교론자의 입장에서 결정적인 결과들에 도달하지 못했음을 승인하는 것으로 읽혀야 할 것이다. 그러므로 우리가 대화록들을 맑은 정신으로 읽고 분석하는 업무를 진행할 수 있다는 것은 그 대화록들을 우리가 소유하기 때문에 내릴 수 있는 만족스러운 결론인 반면에, 기록되지 않은 채로 남아 있는 것은 대부분 그렇지 않다. 우리는 어떻게 기록되지 않은 학설들을 수학 철학에 대한 공헌으로 읽을 수 있는가를 보았다. 그리고 그 학설들의 배후에 놓인 의도가 더 컸을 가능성이 있음을 인정하는 한편, 그것들이 훨씬 더 광범위한 역사적 결과들을 가져왔다고 보는 것이 아마도 가장 안전할 것이다.

---

7   위 2장과 Tigerstedt(1977) 참조.

플라톤과 당시의 사상

나는 이 장에서 그리스 후기의 철학과 플라톤의 관계를 논의하려 하지 않는다. 이 책의 주제는 플라톤 자신이며, 후계자들에 의해 받아들여진 그의 이론들은 엄격하게 보자면 그 주제와 무관하다. 우리는 그의 영향이 항상 강력하긴 했지만 결코 강압적이지는 않았다는 점에 주목할 필요가 있다. 그의 뛰어난 '제자'였던 아리스토텔레스는 특히 윤리학과 정치학의 많은 점에서 항상 플라톤주의자로 남아 있었지만, 아카데메이아에서의 초기에도 플라톤의 몇 가지 핵심 이론들을 거부했다. 나중에 아카데메이아 자체가 한동안 플라톤에서 회의주의로 향하기도 했다. 특히 아리스토텔레스의 소요학파, 스토아학파, 에피쿠로스학파 등의 다른 철학 '학파들'도 발생했으며, 우리가 1장에서 몇 가지 증거를 보았듯이 이 학파들과 이전에 확립된 아카데메이아의 대립이 부분적으로는 반(反)플라톤적인 전통의 성장에 책임이 있었다. 그렇지만 그와 동시에 그것들 모두가 플라톤에게 상당히 많은 지적인 빚을 지고 있다.

그러나 플라톤적 이론들의 잔상에 대한 모든 구체적인 설명이 고대세계를 벗어나 있듯이, 그것은 내가 요약할 수 있는 한계를 벗어나 있다. 이 장은 플라톤 자신의 독특한 공헌의 성격과 정도를 규정하기 위해, 그와 그의 철학을 그의 시대에 이미 존재했던 사고의 흐름들과 연결시키려 했다는 점에서 제한적인 목표를 갖는다. 그 토대의 많은 부분이 직접적 또는 간접적으로 이전 장들에서 다루어졌다. 여기에서 나는 대체로 일반적인 결론에 도달하는 데 관심을 가질 것이다.

최근에 플라톤에 관한 짧은 책을 쓴 한 저자는 "우리가 그의 대화록들에서 발견하는 모든 이론들이 새롭게 주조되었을 가능성이 없다는 것은 분명하다. 그리고 사실상 그것들이 그렇지 않다는 상당히 많은 증거가 있다. 철학의 독창성은 종종 새로운 사상들을 갖는 데 달려 있는 것이 아니라 이전에 명료하지 않았던 것을 명료하게 만드는 데 달려 있다."고 말한다.[1] 더 나아가 그는 플라톤 철학의 몇 가지 주요 이론들에 대해 가능성 있는 근거들을 파악한다. 그 근거들은 서양철학을 시작했다고 전통적으로 말해지는 기원전 6세기 초의 탈레스에서 5세기의 아낙사고라스, 피타고라스학파와 엠페도클레스, 파르메니데스와 제논, 헤라클레이토스, (엄격하게 말해서 근원은 아니지만, 그럼에도 플라톤이 응답하고 있는 한에 있어서 중요한 영향이었던) 소피스트들, 그리고 끝으로 소크라테스에 이르는 초기 자연철학자들이다. 플라톤에 대한 그 적용의 원리와 일반적인 형태는 철학의 역사만큼이나 오래되었다. 그것들은 아리스토텔레스까지 거슬러 올라간다. 차이점은 그 저자가 오직 가능한 영향들만을 말하는 반면에, 아리스토텔레스는 좀 더 단정적이라는 것이다. 『형이상학』의 초기 사상에 대한 탐구에서 아리스

---

1   Hare(1982), 9쪽.

토텔레스는 다음과 같이 말한다.

앞서 말했던 철학자들 이후에 플라톤의 저술들[pragmateia]이 나타났는데, [그는 피타고라스학파에 이르는 '소크라테스 이전' 철학자들의 '인과론'에 대한 견해들을 검토했고] 대부분의 측면에서 이들[즉, 피타고라스학파]을 따르면서도 그 이탈리아인들[또다시 피타고라스학파]의 철학에 의해 공유되지 않는 특별한 어떤 점들도 가졌다. 지각되는 모든 것들이 항상 변화 중에 있으며, 따라서 그것들에 대한 지식이 있을 수 없다고 주장하는 크라튈로스와 헤라클레이토스의 견해에 어렸을 때부터 익숙했기 때문에, 나중에도 그는 이것들이 그러리라고 생각했다. 그러나 소크라테스가 자연 전체에 대해서는 전혀 관심을 갖지 않고 윤리적인 문제들에 관심을 기울이면서 그런 문제들의 보편적인 것을 탐구하고 처음으로 정의(definition)에 전념했을 때, [플라톤은] [그의 접근 방법]을 받아들였고 [즉, 그가 헤라클레이토스의 학설들을 받아들였기 때문에] 그 과정이 지각되는 사물들에 대한 것이 아니라 다른 것들에 대한 것이라는 그런 종류의 추론을 제시했다. 왜냐하면 그는 지각되는 사물들이 항상 변화하기 때문에 그것들 가운데 어떤 것에 대해서도 공통된 정의가 불가능하다고 생각했기 때문이다. 따라서 그는 그런 것들을 존재하는 것들의 형상들[ideai]이라고 불렀고, 지각되는 모든 사물들이 그것들과 비교하고[? para] 또한 그것들을 따라 이름 붙여졌다고 생각했다. 왜냐하면 동일한 이름을 공유하는 사물들은 형상들처럼 그것들에 참여함으로써 존재하기 때문이다. 참여[에 대해 이야기하면서], 그는 단지 이름만을 바꾸었을 뿐이다. 왜냐하면 피타고라스학파는 사물들이 수를 모방(imitation)함으로써 존재한다고 말하고, 플라톤은 용어를 바꿔서 참여(participation)함으로써 존재한다고 말하기 때문이다. 그러나 그들은 모두 형상들의 참여나 모방이 무엇인가에 대해서는 탐구하지

않았다.[2]

　(나는 아리스토텔레스의 그리스어가 지닌 어색함과 난해함을 정확히 보여주는 번역에 대해 사과하지 않을 것이다.)

　내가 질문하고 싶은 것은 플라톤적 사고 형태의 특이한 기계적 설명에 부여된 가치의 정도에 대한 것이다. 현대적 접근 방식을 아리스토텔레스의 거친 분석과 너무 밀접하게 연결하는 것은 불공평할 것이다. 그러나 그것들 사이에는 분명히 일반적인 유사성이 있다. 아리스토텔레스는 플라톤의 사상이 피타고라스주의, 헤라클레이토스주의, 그리고 소크라테스의 결합이라고 주장한다. 반면에 그에 대응하는 현대 학자는 그가 받아들였던 학설, 즉 "현상들의 세계가 끊임없이 변화한다는 헤라클레이토스 또는 크라튈로스의 견해와 실재가 하나이며 불변한다는 파르메니데스의 학설을 좀 더 깊이 있게 검토함으로써, 우리는 그가 그 학설들을 종합하기 위해 노력하고 있었다고 생각할 수도 있다."고 주장한다.[3] 이런 식의 진술들은 플라톤에 관한 문헌에 공통적이다. (내가 이 특별한 사례를 선택한 것은 그것이 이 책을 쓰고 있던 시기에 소개된 신선한 사례이기 때문이다). 물론 피타고라스학파, 헤라클레이토스주의, 파르메니데스, 그리고 특히 소크라테스가 플라톤의 발전에 중요한 역할을 했다는 것은 누구도 부정하지 못할 것이다. 그러나 우리는 그가 어떤 방식으로든 실제로 이전 철학자들로 **환원될** 수 있음을 함축하는 모든 성향을 적절하게 부정할 수 있을 것이다.

2　『형이상학』 987a-b.
3　Hare(1982), 13쪽.

본질적으로 자서전적인 이러한 접근 방식의 약점은 아리스토텔레스의 글을 통해 설명될 수 있다. 아리스토텔레스에 따르면, 플라톤은 지각되는 사물들이 항상 변화한다는 헤라클레이토스의 이론을 받아들였기 때문에, 소크라테스의 정의들과 같은 것들은 지각되는 사물들에 '관한' 것일 수 없다고 결론 내린다. 이제 『크라튈로스』에서,[4] 실제로 플라톤은 유동(flux) 논증 하나만을 갖고도 이런 종류의 결론에 도달할 가능성을 주장할 수 있을 것이다. 그러나 만약 그가 그렇게 한다면, 그 맥락에서 그렇게 하는 특별한 이유가 있을 것이다. 즉, 소크라테스가 헤라클레이토스주의자와 대화하고 있다는 것이다. 다른 곳에서 비슷한 결과들이 얻어질 때, 물리적 사물들의 변화 가능성은 언급된 일련의 고려 사항들 가운데 하나에 불과하다. 즉, 유일한 예외는 아마도 물리적 변화에 대해 논의하는 『티마이오스』일 것이다. 만약 플라톤이 '젊어서부터' 크라튈로스와 관련이 있었다는 아리스토텔레스의 이야기가 정말 사실이라면, 이른바 그의 헤라클레이토스주의는 역사적으로 중요한 요소였을 것이다. 그러나 만약 그게 사실일지라도, 그것이 우리와 관련된 '플라톤'의 많은 부분을 차지하는 대화록들에 의해 증명되지는 않는다. 사실상 크라튈로스의 영향에 대한 아리스토텔레스의 설명은 『티마이오스』의 도움과 『크라튈로스』 자체에서 추론된다. 플라톤에 대해 논의할 때, 아리스토텔레스는 흔히 하나의 특정한 대화록을 개별적으로 선택한다. 아리스토텔레스가 플라톤이 '모방'이라는 개념보다 '참여'라는 개념을 사용했다고 말하면서 '이 참여가 무엇인지'에 대해 탐구하지 않았다고 비판하는 곳에서, 우리는 바로 이러한 선택적 접근 방식의 명확한 사례를 보게 된다. 우리는 단지 플라톤이 『파르메니데스』

---

4   439b 이하: 위 115-117쪽 참조.

를 읽지 않았거나 또는 그것을 잊었거나 또는 그것을 무시하기로 결정
했으리라 가정할 수 있다. 그 세 가지 대안들 가운데서, 가장 그럴듯한
것은 아마도 세 번째일 것이다. 아리스토텔레스는 플라톤이 다른 곳에
서 했던 어떤 제한이나 취소와 무관하게 그가 말한 모든 것(플라톤은
때때로 참여라는 개념을 그 자체로 사용하며, 그 이유를 설명하려 시도
하지도 않는다)이 진심이었다고 생각하는 것처럼 보인다. 이것 자체는
합리적이다. 아리스토텔레스는 플라톤의 대변인으로 일하지 않는다.
그러나 그가 동일한 방법을 사용할 때, 즉 현재의 맥락에서처럼 플라톤
적 철학 전반에 대해 말하려 할 때, 그것은 왜곡된 효과를 낳게 된다.

아리스토텔레스도 플라톤과 피타고라스학파의 관계를 오해하고 있
다. 증거의 성격 때문에, 피타고라스주의라는 것은 믿을 수 없는 주제
이다. 그러나 플라톤주의자들과는 다른 피타고라스주의자들, 즉 피타
고라스주의화된 플라톤주의자들을 배제한 피타고라스주의자들이 실제
로 사물들을 '모방하는' 숫자들에 대해 이야기했을지라도, 아리스토텔
레스 자신이 다른 곳에서 전하는 이야기에 따르면 그들은 플라톤의 대
화록들에서 볼 수 있는 개별자와 형상의 관계와 같은 것을 염두에 두지
않았다(이 구절 바로 뒷부분에서 아리스토텔레스는 "그들은 사물들 자
체가 숫자들이라고 말한다."고 전한다).[5] 그러나 그는 여기에서 이미
내가 이전 장에서 간략히 논의했던 플라톤의 그러한 사상적 발전들, 즉
피타고라스주의적 영향이 아주 분명한 '기록되지 않은 학설들'에 대해
생각하고 있었음이 분명하다. 그 학설들은 아리스토텔레스가 즉각 논
의하기 시작하는 것들이며, 또한 플라톤의 저술이 "대부분의 경우 피
타고라스주의자들을 따랐다."는 자신의 초기 진술을 정당화하는 것들

---

5 비교: Guthrie, *HGP*, vol. I, 229쪽.

이다. 수학은, 따라서 아마도 수학의 전문가였던 피타고라스주의자들은 '분리된' 형상들이라는 가설의 초기 발전에 (그 가설이 수학자가 탐구하는 대상들에 대한 설명을 제공하는 한에 있어서) 추진력의 일부를 제공했을 것이다. 그러나 (만약 '기록되지 않은 학설들'의 배후에 놓인 사고가 나중 것이라고 가정할 수 있다면) 정말로 밀접한 관계는 나중에 나타난다.[6] 그러나 여기에서도 우리는 신중해야 한다. 플라톤주의에 대한 우리의 증거는 피타고라스주의에 대한 증거보다 훨씬 더 강력하며, 따라서 우리가 얼마나 많은 것을 피타고라스주의에 귀속시켜야 하는지 결코 확신할 수 없다. 우리가 강력한 증거에 기초하여 가장 합리적으로 주장할 수 있는 것은 플라톤이 한 때 피타고라스주의의 어떤 이론들에서 가능성을 보았고 그것들을 독창적으로 사용하기 시작했다는 것이다. 내가 이미 함축했듯이, 헤라클레이토스주의에 대해서도 이와 마찬가지이다. 플라톤의 헤라클레이토스주의는 기원전 5세기 초 경에 있었던 본래의 헤라클레이토스주의가 아니다. 헤라클레이토스 자신은 유동(flux) 개념 자체에서 인식론적인 결론들을 끌어내지 않았으며, 아마도 문자 그대로 변화가 어디에나 있다는 주장도 하지 않았을 것이다 (플라톤이 그 사실을 인식했던 것 같지는 않지만, 헤라클레이토스도 플라톤과 마찬가지로 변화의 배후에서 단일성을 발견했다). 그러나 아리스토텔레스가 『형이상학』[7]의 다른 곳에서 말한 바에 따르면, 그 가운데 어떤 것도 사실상 "아무 말도 하지 말아야 한다고 생각하고 자신의 손가락만 움직였던" 크라튈로스의 것이 아니다. 『테아이테토스』에서

6　그러나 Annas(1976), 62쪽 참조. "『좋음에 관하여』에 대한 우리의 증거가 부족하다는 사실은 후기 대화록들의 시기에 그것과 『국가』에서 모두 명백하게 드러나는 일종의 과감한 추측에서 나온 상당한 혐오감에 의해 설명될 수 있을 것이다."
7　1010a.

플라톤은 상당히 절제하면서 이 극단적인 형태를 거부한다. 결국 그는 자신이 필요로 하던 것을 선택하여 그로부터 자기 자신의 (인식론적이고 우주론적인) 결론을 발전시켰고 나머지는 버렸다. 그는 파르메니데스의 접근 방법 가운데 어떤 것을 유지하면서 파르메니데스와 제논을 동일하게 자극적 방식으로 다루는 한편, 동시에 파르메니데스의 이질적인 결론들을 피하고 제논의 논증 방식을 차용하고 또한 변형시킴으로써 논리적 수단을 발전시킨다.

플라톤 철학의 탄생을 설명하는 단순한 공식은 없다. 그는 실질적으로 철학적인 것은 물론이고 비철학적인 기존의 모든 사고 형태들을 자신의 영역으로 끌어들인다(후자에 대해서는 특히 5장과 6장 참조). 철학자들 가운데 그는 오직 자신의 선임자들만을 직접 대면한다. 그러나 아카데메이아의 논의들이 미친 영향에 대한 명백한 증거에 따르면, 대화록들도 우리가 기대하는 것처럼 당시의 발전들을 엄밀하게 반영하고 있다. 아카데메이아가 철학적 활동의 중심지였지만, 플라톤 시대의 철학적 활동이 아카데메이아로 한정되었던 것은 아니다. 우리는 소크라테스의 세 제자들, 즉 견유학파의 창시자로 명성이 높던 안티스테네스(Antisthenes), 그리고 각각 메가라학파와 키레네학파의 창시자인 에우클레이데스(Eucleides)와 아리스티포스(Aristippus)를 더 언급할 수 있을 것이다. 그들에 대한 우리의 증거가 너무도 부족하기 때문에 확실하게 말하기는 어렵지만, 만약 대화록들이 암묵적으로나마 이 인물들에게 속하는 사상들을 언급하지 않는다면 놀라운 일일 것이다. (에우클레이데스는 『테아이테토스』에서 조연으로 등장한다. 이 대화록의 주요 내용은 그가 기록했던 실제 대화에서 나왔다고 말해진다. 그러나 그것이 그의 사상과 분명히 연결된 파르메니데스를 간략하게 언급한다는 사실을 제외하고는, 에우클레이데스와 그 내용의 관련성은 분명하지 않다. 어떤 사람들은 소크라테스가 꿈에서[8] 들었다고 주장하는 『테아이테토스』의 구체적인 철학 이론이 안티스테네스의 것이라고 생각한다. 그러나 다른 사람들은 이 견해에 이의를 제기한다.) 그러나 플라톤이 죽었거나 살아 있는 다른 사상가들과의 활발한 논쟁에 지속적으로 참여했다는 일반적인 내용에는 의심의 여지가 없다. 단순한 '영향들'보다 논쟁 습관이 그의 철학에 원동력을 제공한다. 그는 자신의 반대자들로부터 견해를 받아들이는 것을 아주 자랑스러워하지는 않는다. 예를 들어, 『티마이오스』의 '필연성' 개념은 아마도 『법률』과 『소피스트』에서 비난되었던 '무신론적'이고 물질론적인 사상가들이었던 레우키포스(Leucipus)와 데모크리토스(Democritus)와 같은 원자론자들에 의해 제시되었던 운동에 대한 설명과 연결되었을 것이다.[9] 만약 우리가 곧은 뿌리를 찾으려 한다면, 그것은 소크라테스와 동일시되어야 한다 (최소한 이와 관련해서는 아리스토텔레스가 옳았다). 그러나 내가 이 책을 시작하며 주장했듯이, 소크라테스에 대한 플라톤의 관계는 처음부터 끝까지 변증적이다.

---

8 201d 이하.

9 운동이라는 주제에 대한 플라톤의 견해들과 레우키포스의 견해들과 구체적으로 연결되고 있는 아리스토텔레스의 『형이상학』 1071b 참조.

플라톤과 20세기

끝으로 오늘날의 철학, 과학, 그리고 수학과 플라톤의 관련성에 대한
몇 가지 일반적인 사항을 언급해보자. 저명한 플라톤 연구자인 쇼리
(Shorey)는 1927년에 다음과 같이 주장했다.

후기 수학자들의 몇 가지 방법들과 의사들의 몇 가지 의학적 관찰들을 제
외하고는, 사실상 어느 고대 사상가의 과학적 지식도 오늘날의 연구자에게
관심거리가 되지 않을 것이다. 고대 과학사에 대한 관심은 근원들에 대한
진화론적 연구에 대한 관심이거나, 또는 그것은 현대 과학이 처음으로 세상
에 소개했다고 흔히 말해지는 포괄적이고 일반적인 고대 사상가들의 개념
들을 통한 기대에 우리가 부과하는 중요성에 의존한다.[1]

---

1   Paul Shorey, 'Platonism and the History of Science', *Proceedings of the American Philosophical Society*, 66 (1927), p. 179.

쇼리의 견해에 따르면, 과학 영역에 대한 플라톤의 공헌은 "고대 과학의 창시자가 플라톤이었고, 또한 세계가 과학이라는 개념을 … 그로부터 받아들였다는" 두 가지 점에서 모두 특별한 주의를 기울일 만하다.[2]

이것들은 포괄적인 주장들이며, 아마도 쇼리 자신의 주장들이 정당화하는 내용을 넘어설 것이다. 그의 진정한 목적은 플라톤을 근본적으로 반과학적으로 다루는 한편, 데모크리토스의 물질론, '사실을 중시하는 아리스토텔레스', 또는 '루크레티우스의 반목적론적 주장들'을 선호하는 과학사가들을 비판하기 위한 것이었다. 그들은 『국가』를 잘못 읽었고, 따라서 『티마이오스』의 시적, 상징주의적, 그리고 예술적 뼈대의 배후에 고대의 원자론적 전통에 있는 어떤 것보다 현대 과학에 더 가까운 이론들이 숨어 있다는 사실을 알지 못했다는 것이다. 그런데 현대 사상의 그런 예측들('포괄적이고 일반적인 개념들')이 실제로 데모크리토스보다 플라톤에게서 발견되는가?

쇼리의 주요 증거들 가운데 하나는 그가 현대 물질이론의 실질적인 선례라고 보는 '요소들(elements)'에 대한 플라톤의 이론이다. 다른 사람들도 그런 관련성을 주장하는데, 물리학자 하이젠베르크(Heisenberg)가 했던 1964년의 공개 강연이 그런 사례이다.[3] 그는 또한 플라톤과 데모크리토스에 대한 문제에 관심을 가졌고, "나는 현대 물리학이 플라톤에 유리한 방향으로 판결을 내렸다고 생각한다. 사실 [현대 물리학에 의해 인지된] 가장 작은 질료의 이 단위들은 일상적인 의미에서의 물리적 대상들이 아니다. 그것들은 형상들, 즉 수학적 용어들로만 분명

---

2 Shorey(1927), p. 182.

3 아테네의 프뉙스(Pnyx)에서 발표되었다. 저자의 번역으로 출간되었다(The Rebel Press, London, 1970).

하게 표현될 수 있는 관념들이다."라고 말했다.[4] 플라톤이 예견했다고 말해지는 것은 물론 오늘날의 이론에 대한 세부 내용이 아니라 단지 화이트헤드가 표현하듯이 (그는 그 발견이 플라톤보다는 피타고라스의 것이라 생각하지만)[5] '수적으로 한정된 양을 통해 질을 표현하는' 그것의 본질적인 수학적 성격, 즉 성향이다.[6] 경험세계를 설명하기 위해 수학적 구성을 사용함에 있어서, 현대 과학은 플라톤적 (또는 피타고라스적) 모형을 따른다(고 말해진다).

그러나 분명히 중요한 차이점들이 있다. 현대 과학자에게 이론은 항상 원칙적으로 관찰에 의해 통제된다. 그 문제를 간단하게 말하자면, 결국 그의 목적은 현상들을 설명하는 것이다. 다른 한편으로 플라톤의 관심은 만약 (그는 처음부터 그렇지 않다고 가정하지만) 세계가 완전히 만족스러운 수학적 구조를 나타낸다면, 어떨 것인가에 대한 것이다. 쇼리가 오직 천문학적인 영역 내에서만 "모든 과학의 작업가설과 궁극적인 물질적 사실들의 그러한 현대적 구별"의 흔적을 발견할 수 있다는 점이 중요하다.[7] 만약 그 구별이 그곳에서 발견된다면, 그것은 플라톤이 특히 가시적인 것들 가운데서 천체들이 운동 중에 완전한 규칙성과 균형을 벗어날 수도 있다는 사실을 받아들였기 때문이다(위 8장 참조). 이것들과 상관없이, 우리는 가장 설득력(여기에서 설득력은 목적론적 체계의 현상들과 요구조건들에 대한 폭넓은 일관성을 의미한다) 있는 설명을 받아들이고, '더 이상 아무것도 찾지 말아야 한

---

4 하이젠베르크의 위 강연문. pp. 32-33.
5 그러나 위 10장과 Shorey(1927), p. 176 참조. "우리가 아무것도 알지 못하는 피타고라스와 관련하여, 현명한 독자는 그 이름을 볼 때 그 책장을 넘긴다."
6 A. N. Whitehead, *Science and the Modern World* (Cambridge UP, Cambridge, 1926), p. 41.
7 Shorey(1927), p. 178.

다.'[8] 과학자 자신이 수학적 모형과 감각적 현실, 또는 일반적으로 이론과 '사실' 사이에 차이가 있음을 인식한다는 것은 사실이다. 그러나 그에게 있어서 모형의 가치는 그것이 (얼마나 확인되든) '사실들'에 대한 우리의 이해를 돕는 정도에 달려 있는 반면에, 플라톤에게 문제가 되는 것은 그 모형 또는 그 청사진 자체이다. 물리적 실재와 다른 수학적 실재의 지도를 만드는 데 자신의 시간을 기꺼이 할애했던 하디(G. H. Hardy)가 자신의 『수학자의 변명(apologia pro vita sua)』[9]에서 자기 고백적으로 기술했듯이, 플라톤은 순수 수학자와 좀 더 유사하다.[10] 그러나 그와 동시에 플라톤은 어쨌든 자기가 물리적 실재에 대해 기술하고 있다고 주장한다. 적절한 결론은 아마도 그의 입장이 현대적인 용어로는 불명확하다는 것이다. 어떤 면에서 그의 수단들은 현대 과학의 수단들을 고대하는 것처럼 보인다. 그러나 그의 형이상학이 물리세계를 지나치게 가깝게 바라볼 필요성을 해소하는 부분에서, 플라톤은 과학이 기초한 가정들을 분명히 약화시킨다.

플라톤의 이러한 애매한 입장은 과학 철학자보다 역사학자에게 더 많은 관심사를 제공해준다. 철학의 다른 부분들과 관련하여, 그의 중요성은 더 직접적이다. 윤리적, 정치적 또는 형이상적 개념들이 쇠퇴하는 것이 과학적인 이론들이 쇠퇴하는 것보다 더 낫다. 그런 영역들에서 사고의 진화에는 지속성 개념이 훨씬 더 많은 의미를 갖는 것은 연구될 수 있는 자료들이 거의 동일한 형태로 남아 있기 때문이 아니다. 우리가 넘어서지 못했던 플라톤을 여기에서 완전히 넘어섰다 할지라도, 몇

8　『티마이오스』 29d.

9　G. H. Hardy, *A Mathematician's Apology* (Cambridge UP, Cambridge, 1940).

10　비교: M. Hesse, *The Structure of Scientific Inference* (Macmillan, London, 1974), pp. 96-97.

가지 문제를 완전히 이해하기 위해서는 그것들의 기원과 발전에 대한 인식이 여전히 필요할 것이다. 그러나 사실상 철학자들은 지속적으로 플라톤을 읽기 때문에, 그들이 그래야만 한다고 주장하는 일이 급하지는 않다. 가장 큰 그의 공헌은 그의 활동이 집중되어 있는 윤리적 철학, 특히 그가 소크라테스의 통찰력을 확장하는 도덕성의 이성적 토대에 대한 탐구에 있다.[11] (그의 정치 사상들은 우리 세대에 많은 중요한 주목을 받았다. 내가 5장에서 주장했던 것처럼, 그의 정치적 구조물은 윤리적이고 심리학적 가정들에 기초하는 방법을 고려하지 않았기 때문에, 그 비판들은 종종 잘못된 방향으로 이끌려졌다.) 그러나 아마도 무엇보다 그는 끈질긴 철학적 논증의 범례를 제공한다. 대화록들도 그것들이 제공하는 순전히 심미적 쾌락만을 위한 철학 원전들 속에서는 흔치 않다. 현대 학자들의 노력 덕분에 그것들을 번역본 형태로 접하기가 더욱 쉬워졌지만, 대화록들은 여전히 우리가 고대 그리스어를 배워야 하는 주된 이유들 가운데 하나이다.

---

11 이 주제에 대한 플라톤의 견해를 건설적으로 사용한 현대적 사례는 G. J. War-nock, *The Objects of Morality* (Methuen, London, 1971), 6장 `Moral Virtues` 참조.

(주: 각 경우에 꺾쇠 괄호는 장별 각주에서 언급된 자료에 대한 축약된 형태의 참고문헌을 보여준다.)

그리스어 원전

플라톤의 저술들에 대한 그리스어 원전들 가운데 가장 유용한 것은 옥스퍼드 고전 원전(Oxford Classical Texts) 전집이나 그리스어와 영어 번역이 대면하는 형태로 된 로에브 고전(Loeb Classical Library) 전집이다.

영어 번역

〈완전한 번역들〉

B. Jowett, *The Dialogues of Plato Translated into English with Analyses and Introductions* (4th edn, revised, Clarendon Press, Oxford, 1953).

E. Hamilton and H. Cairns (eds), *Plato, The Collected Dialogues Including the Letters* (Princeton University Press, Princeton, 1961).

많은 대화록들과 『편지들 VII과 VIII』의 번역들은 Penguin Classics 시리즈가 유용하다. 특히 정확한 번역들은 Clarendon Plato volumes에 포함되어 있다(아래 〈주석서〉 참조). G. M. A. Grube의 번역서 『국가』(Hackett, Indianapolis, 1974, Pan Books, London, 1981), J. B. Skemp의 『정치가』, 그리고 이제 P. Woodruff의 *Hippias Major*도 추천할 수 있을 것이다(아래 〈주석서〉 참조).

〈주석서와 연구서〉

이 책(과 다른 곳)에서 언급된 플라톤에 대한 대부분의 주제들에 대해서는 많은 연구물이 있다. 책과 논문에 대한 (거의 대부분 영어 저술들로 한정된) 아래 목록의 주된 목표는 최근의 문헌에서 비교적 대표적인 목록을 제공하려는 것이며, 이를 통해 독자들은 내가 본문에서 직면했던 최근 논쟁들에 대해 좀 더 쉽게 접근할 수 있을 것이다. 여기에서 열거된 많은 연구물들은 그것들 자체의 참고문헌들을 포함한다. 특히 Grube의 저서(*Plato's Thought*) 제2판의 참고문헌 목록과 그 저서에 포함된 D. J. Zeyl의 'bibliographic essay'를 참조하라. 많은 독립적 참고문헌 연구 가운데 하나가 J. B. Skemp의 *Plato(Greece and Rome, New Surveys in the Classics* No 10: Clarendon Press, Oxford, 1976)이다.

〈주석서〉

여기에서 '주석서'는 상당히 포괄적인 의미로 이해된다. 아래 목록은 (완전하지는 않지만) 그리스어를 모르는 사람들이 충분히 사용할 수 있는 책들로 한정된다.

R. E. Allen, *Socrates and Legal Obligation* (University of Minnesota Press, Minneapolis, 1980) (*Apology* and *Crito*).

A. D. Woozely, *Law and Obedience: The Arguments of Plato's Crito* (Duckworth, London, 1979).

R. E. Allen, *Plato's* Euthyphro *and the Earlier Theory of Forms* (Routledge & Kegan Paul, London, Humanities Press, New York, 1970).

P. T. Geach, 'Plato's *Euthyphro*. An Analysis and Commentary', *Monist* 51 (1966).

Plato, Gorgias, *Translated with Notes* by T. Irwin (Clarendon Plato series: Clarendon Press, Oxford, Oxford University Press, New York, 1979).

Plato, Hippias Major, *Translated with Commentary and Essay* by P. Woodruff (Blackwell, Oxford, 1982).

A. Sesonke and N. Fleming (eds), *Plato's* Meno: *Text and Criticism* (Wadsworth, Belmont, California, 1965).

Plato and Parmenides: Parmenides' Way of Truth *and Plato's* Parmenides *Translated with an Introduction and Running Commentary* by F. M. Cornford (Routledge & Kegan Paul, London, 1939).

Plato's Phaedo. *A Translation of Plato's Phaedo with Introduction, Notes and Appendices* by R. S. Bluck (Routledge & Kegan Paul, London, 1955).

Plato, Phaedo. *Translated with Notes* by D. Gallop (Clarendon Plato series: Clarendon Press, Oxford, Oxford University Press, New York, 1975) [Gallop (1975)].

Plato, Philebus. *Translated with Notes and Commentary* by J. C. B. Gosling (Clarendon Plato series: Clarendon Press, Oxford, Oxford University Press, New York, 1975) [Gosling (1975)].

Plato, Protagoras. *Translated with Notes* by C. C. W. Taylor (Clarendon Plato series: Clarendon Press, Oxford, Oxford University Press, New York, 1976).

B. A. F. Hubbard and E. S. Karnofsky, *Plato's* Protagoras: *A Socratic Com-*

mentary (Duckworth, London, 1982).

J. Annas, *An Introduction to Plato's Republic* (Clarendon Press, Oxford, Oxford University Press, New York, 1981).

R. C. Cross and A. D. Woozely, *Plato's Republic: A Philosophical Commentary* (Macmillan, London, St Martin's Press, New York, 1964).

N. P. White, *A Companion to Plato's Republic* (Blackwell, Oxford, 1979).

Plato's Statesman: A Translation of Politicus of Plato with Introductory Essays and Footnotes by J. B. Skemp (Routledge & Kegan Paul, London, 1952).

Plato's Theory of Knowledge: The Theaetetus and Sophist of Plato Translated with a Running Commentary by F. M. Cornford (Routledge & Kegan Paul, London, 1935) [Cornford (1935)].

Plato, *Theaetetus and Sophist of Plato Translated with Notes* by J. McDowell (Clarendon Plato series: Clarendon Press, Oxford, Oxford University Press, New York, 1973).

Plato's Cosmology: The Timaeus of Plato Translated with a Running Commentary by F. M. Cornford (Routledge & Kegan Paul, London, 1937).

〈일반 연구물과 소개서〉

I. M. Crombie, *An Examination of Plato's Doctrines* (Routledge & Kegan Paul, London, Humanities Press, New York: vol. I, 1962, vol. II, 1963).

I. M. Crombie, *Plato, The Midwife's Apprentice* (Routledge & Kegan Paul, London, 1964, Barnes & Nobel, New York, 1965).

G. C. Field, *The Philosophy of Plato* (2nd edn, with an appendix by R. C. Cross, Oxford University Press, Oxford, Lodon and New York, 1969).

P. Friedländer, *Plato*, translated by H. Meyerhoff, 3 vols (Pantheon Books, New York, Routledge & Kegan Paul, London, 1958-69; vol. I, 2nd edn, revised, Princeton University Press, Princeton, 1969).

J. C. B. Gosling, *Plato* (The Arguments of the Philosophers: Routledge & Kegan Paul, London and Boston, 1973).

G. M. A. Grube, *Plato's Thought*, (2nd edn, with new introduction, bibliographic essay and bibliography by D. J. Zeyl, The Athlone Press, London, Hackett, Indianapolis, 1980).

W. K. C. Guthrie, *A History of Greek Philosophy* (Cambridge University Press, Cambridge: vol.I, 'The Earlier Presocratics and the Pythagoreans', 1962; vol. II, 'The Presocratic Tradition from Parmenides to Democritus', 1965; vol. III, 'The Fifth-Century Enlightenment': Part I, 'The World of the Sophists'; Part II, 'Socrates', 1969; vol. IV, 'Plato, the Man and his Dialogues: Earlier period', 1975; vol. V, 'The Later Plato and the Academy', 1978; vol. VI, 'Aristotle: An Encounter', 1981) [Guthrie, *HGP*].

R. M. Hare, *Plato* (Past Masters: Oxford University Press, Oxford and New York, 1982) [Hare (1982)].

G. Ryle, *Plato's Progress* (Cambridge University Press, Cambridge, 1966).

P. Shorey, *What Plato Said* (University of Chicago Press, Chicago, 1933).

A. E. Taylor, *Plato, The Man and his work* (4th edn, revised, Methuen, London, 1937).

〈기타 연구물〉

J. L. Ackrill, 'SYMPLOKE EIDON' ('Weaving together of forms'), reprint-
ed in Allen, *Studies*, and Vlastos, *Plato* (아래 참조).

J. L. Ackrill, 'Plato and the Copula: *Sophist* 251-259', (also reprinted in
both Allen and Vlastos).

A. W. H. Adkins, *Merit and Responsibility* (Clarendon Press, Oxford, 1960)
[Adkins(1960)].

A. W. H. Adkins, 'Aretē, Technē, Democracy and Sophists: *Protagoras*
316b-328d', *Journal of Hellenic Studies*, 93 (1973).

R. E. Allen, 'Participation and Predication in Plato's Middle Dialogues', re-
printed in the following and in Vlastos, *Plato*.

R. E. Allen (ed.), *Studies in Plato's Metaphysics* (Routledge & Kegan Paul,
London, Humanities Press, New York, 1965).

A. Andrewes, *The Greeks* (Hutchinson, London, 1967).

*Aristotle's Metaphysics, Books M and N, Translated with Introduction and
Notes* by J. Annas (Clarendon Aristotle series: Clarendon Press, Ox-
ford, 1976) [Annas (1976)].

J. P. Anton and G. L. Kustas (eds), *Essays in Ancient Greek Philosophy*
(State University of New York Press, Albany, 1971).

J. P. Anton (ed.), *Science and the Sciences in Plato* (Caravan Books, New
York, 1980) [Anton (1980)].

J. R. Bambrough (ed.), *New Essays on Plato and Aristotle* (Routledge & Ke-
gan Paul, London, Humanities Press, New York, 1965).

J. R. Bambrough (ed.), *Plato, Popper and Politics: Some Contributions to a
Modern Controversy* (Heffer, Cambridge, Barnes and Noble, New

York, 1967) [Bambrough (1967)].

R. Barrow, *Plato, Utilitarianism and Education* (Routledge & Kegan Paul, London and Boston, 1975).

J. A. Brentlinger, 'Particular in Plato's Middle Dialogues', *Archiv für Geschichte der Philosophie* 54 (1972).

M. F. Burnyeat, 'The Material and Sources of Plato's Dream' (on Theaetetus 201c ff.), *Phronesis* 15 (1970).

H. F. Cherniss, 'The Philosophical Economy of Plato's Theory of Ideas', reprinted in Allen, *Studies*, and Vlastos, *Plato*.

H. F. Cherniss, *Aristotle's Criticism of Plato and the Academy*, vol. I (The Johns Hopkins Press, Baltimore, 1944) [Cherniss (1944)].

H. F. Cherniss, *The Riddle of the Early Academy* (University of California Press, Berkeley and Los Angeles, 1945) [Cherniss (1945)]

H. F. Cherniss, 'The Relation of the *Timaeus* to Plato's later Dialogues', reprinted in Allen, *Studies*.

D. Clay, 'The Tragic and Comic Poet of the *Symposium*', *Arion* N.S. 2 (1975) [Clay (1975)].

J. M. Cooper, 'Plato's Theory of Human Good in the *Philebus*', *Journal of Philosophy*, 74 (1977).

J. Dillon, *The Middle Platonists* (Duckworth, London, 1977).

E. R. Dodds, 'Plato and the Irrational', in *The Ancient Concept of Progress and Other Essays on Greek Literature and Belief* (Clarendon Press, Oxford, 1973).

E. R. Dodds, 'The Sophistic Movement and the Failure of Greek Liberalism', ibid.

Sir Kenneth Dover, *Greek Popular Morality in the Time of Plato and Aristotle* (Blackwell, Oxford, 1974) [Dover (1974)].

Sir Kenneth Dover, *Greek Homosexuality* (Duckworth, London, 1978).

J. C. Dybikowski, 'False Pleasure and the *Philebus*', *Phronesis* 15 (1970).

L. Edelstein, *Plato's Seventh Letter* (Philosophia antiqua 14: Brill, Leiden, 1966).

V. Ehrenberg, *The Greek State* (2nd edn, Methuen, London, 1969).

J. N. Findlay, *Plato: The Written and Unwritten Doctrines* (Routledge & Kegan Paul, London, Humanities Press, New York, 1974).

Sir Moses Finley, *The Ancient Greeks* (Chatto & Windus, London, 1963).

Sir Moses Finley, 'Socrates and Athens', in *Aspects of Antiquity* (Chatto & Windus, London, 1968) [Finley (1968)].

Sir Moses Finley, 'Plato and Practical Politics', ibid.

Sir Moses Finley, *Democracy Ancient and Modern* (Chatto & Windus, London, 1973).

M. B. Foster, *The Political Philosophies of Plato and Hegel* (Clarendon Press, Oxford, 1935).

K. von Fritz, 'Die philosophische Stelle im siebten platonischen Brief und die Frage der "esoterischen" Philosophie Platons', *Phronesis* 11 (1966).

K. Gaiser, *Protreptik und Paränese bei Platon* (Kohlhammer, Stuttgart, 1959).

K. Gaiser, *Platons ungeschriebene Lehre* (2nd edn, Kohlhammer, Stuttgart, 1968).

J. C. B. Gosling and C. C. W. Taylar, *The Greeks on Pleasure* (Clarendon

Press, Oxford, Oxford University Press, New York, 1982).

N. Gulley, *Plato's Theory of Knowledge* (Methuen, London, 1962).

N. Gulley, *The Philosophy of Socrates* (Macmillan, London, St Martin's Press, New York, 1968).

N. Gulley, 'The Authenticity of the Platonic Epistles', in *Entretiens Hardt* vol.18 (Vandoeuvres-Genève, 1972).

E. Hussey, *The Presocratics* (Duckworth, London, 1972).

T. Irwin, *Plato's Moral Theory: The Early and Middle Dialogues* (Clarendon Press, Oxford, 1977) [Irwin (1977)].

T. Irwin, 'Plato's Heracliteanism', *Philosophical Quarterly* 27, (1977).

C. H. Kahn, *The Verb 'Be' in Ancient Greek (Foundations of Language*, Supplementary Series, vol. 16: *The Verb 'Be' and its Synonyms*, vol. 6: Reidel, Dordrecht, 1973).

C. H. Kahn, 'Dia Plato Write Socratic Dialogues?', *Classical Quarterly* N.S. 31 (1981).

G. B. Kerferd, *The Sophistic Movement* (Cambridge University Press, Cambridge, 1981) [Kerferd (1981)].

E. Keuls, *Plato and Greek Painting* (Brill, Leiden, 1978).

G. S. Kirk and J. E. Raven, *The Presocratic Philosophers* (Cambridge University Press, Cambridge, 1957).

H. J. Krämer, *Arete bei Platon und Aristoteles* (Winter, Heidelberg, 1959).

N. Kretzmann, 'Plato on the Correctness of Names', *American Philosophical Quarterly* 8 (1971).

E. N. Lee, A. P. D. Mourelatos and R. M. Rorty (eds), *Exegesis and Argument: Studies in Greek Philosophy Presented to Gregory Vlastos* (Van

Gorcum, Assen. 1973).

A. C. Lloyd, 'Plato's Description of Division', reprinted in Allen, *Studies*.

J. D. Mabbott, 'Is Plato's *Republic* Utilitarian?', reprinted in revised form in Vlastos, *Plato*.

J. M. E. Moravcsik (ed.), *Patterns in Plato's Thought: Papers Arising out of the 1971 West Coast Greek Philosophy Conference* (Reidel, Dordrecht and Boston, 1973).

G. R. Morrow, *Plato's Cretan City: A Historical Interpretation of the Laws* (Princeton University Press, Princeton, 1960).

I. Murdoch, *The Fire and the Sun: Why Plato Banished the Artists* (Clarendon Press, Oxford, 1977).

H. F. North (ed.) *Interpretations of Plato: A Swarthmore Symposium* (Mnemosyne, supplementary vol. 50: Brill, Leiden, 1977).

M. J. O'Brien, 'Modern Philosophy and Platonic Ethics', *Journal of the History of Ideas*, 19 (1958).

G. E. L. Owen, 'The Place of the *Timaeus* in Plato's Dialogues', reprinted in Allen, *Studies*.

G. E. L. Owen, 'A Proof in the *Peri Ideon*', ibid.

G. E. L. Owen, 'Plato on Not-Being', in Vlastos, *Plato*.

Sir Kark Popper, *The Open Society and its Enemies*, vol. I: *Plato* (5th edn, Routledge & Kegan Paul, London, 1966).

A. S. Riginos, *Platonica: The Anecdotes Concerning the Life and Writings of Plato* (Brill, Leiden, 1976).

J. M. Rist, 'Plato's "Earlier Theory of Forms"', *Phoenix* 29, (1975).

J. M. Rist, *Human Value: A Study in Ancient Philosophical Ethics* (Brill,

Leiden, 1982).

R. Robinson, *Plato's Earlier Dialectic* (2nd edn, Clarendon Press, Oxford, 1953).

T. M. Robinson, *Plato's Psychology* (Toronto University Press, Toronto and Buffalo, 1970).

Sir David Ross, *Plato's Theory of Ideas* (Clarendon Press, Oxford, 1951) [Ross (1951)].

C. J. Rowe, 'Justice and Temperance in *Republic* IV', in *Arktouros: Hellenic Studies Presented to Bernard M. W. Knox* (de Gruyter, Berlin and New York, 1979).

C. J. Rowe, 'The Proof from Relatives in the *Peri Idēon*: Further Reconsideration', *Phronesis* 24 (1979).

W. G. Runciman, *Plato's Later Epistemology* (Cambridge University Press, Cambridge, 1962).

G. Ryle, 'Plato's *Parmenides*', reprinted in Allen, *Studies*.

G. H. Sabine, *A History of Political Theory* (4th edn, revised, Dryden Press, Hinsdale, Illinois, 1973).

D. Sachs, 'A Fallacy in Plato's *Republic*', reprinted in Vlastos, *Plato*.

G. X. Santas, *Socrates: Philosophy in Plato's Early Dialogues* (The Arguments of the Philosophers: Routledge & Kegan Paul, Boston and London, 1979).

M. Schofiled and M. C. Nussbaum (eds), *Language and Logos: Studies in Ancient Greek Philosophy Presented to G. E. L. Owen* (Cambridge University Press, Cambridge and New York, 1982: includes six new essays on Plato) [Schofiled and Nussbaum (1982)].

J. B. Skemp, *The Theory of Motion in Plato's Later Dialogues* (2nd edn, Hakkert, Amsterdam, 1967).

F. Solmsen, *Plato's Theology* (Cornell University Press, Ithaca, 1942).

R. K. Sprague, *Plato's Use of Fallacy: A Study of the Euthydemus and some other Dialogues* (Routledge & Kegan Paul, London, 1962).

R. K. Sprague, *Plato's Philosopher King* (University of South Carolina Press, Columbia, SC, 1976).

J. P. Sullivan, 'Hedonism in Plato's *Protagoras*', *Phronesis* 6 (1961) [Sullivan (1961)].

E. N. Tigerstedt, *Interpreting Plato*, (Almqvist & Wiksell, Uppsala, 1977) [Tigerstedt (1977)].

S. Toulmin and J. Goodfield, *The Fabric of the Heavens* (Hutchinson, London, 1961).

S. Toulmin and J. Goodfield, *The Architecture of Matter* (Hutchinson, London, 1962).

S. Toulmin and J. Goodfield, *The Discovery of Time* (Hutchinson, London, 1965).

W. J. Verdenius, *Mimesis: Plato's Doctrine of Artistic Imitation and its Meaning for Us* (Philosophia antiqua 3: Brill, Leiden, 1949).

G. Vlastos, 'The Disorderly Motion in the *Timaeus*', reprinted in Allen, *Studies* [Vlastos (1939)].

G. Vlastos, 'Creation in the *Timaeus*: is it a Fiction?', in Allen, *Studies* [Vlastos (1964)].

G. Vlastos, 'The Third Man Argument in the *Parmenides*', in Allen, *Studies*.

G. Vlastos, Review of Krämer, *Arete*, *Gnomon*, 41 (1963): reprinted with appendix in *Platonic Studies* (아래 참조).

G. Vlastos, Introduction to *Plato*, Protagoras trans. B. Jowett and M. Ostwald (Bobbs-Merrill, New York, 1956).

G. Vlastos (ed.), *The Philosophy of Socrates: A Collection of Critical Essays* (Doubleday, New York, 1971, Macmillan, London, 1972) [Vlastos (1971)].

G. Vlastos (ed.), *Plato: A Collection of Critical Essays*, 2 vols. (Doubleday, New York, 1971, Macmillan, London, 1972).

G. Vlastos, *Platonic Studies* (Princeton University Press, Princeton, 1973).

G. Vlastos, 'The Unity of the Virtues in the *Protagoras*', reprinted in revised form with appendix in *Platonic Studies*.

G. Vlastos, *Plato's Universe* (University of Washington Press, Seattle, Clarendon Press, Oxford, 1975) [Vlastos (1975)].

G. Vlastos, 'The Theory of Social Justice in the *Polis* in Plato's *Republic*', in North, *Interpretations*.

G. Watson, *Plato's Unwritten Teaching* (Talbot Press, Dublin, 1973).

A. Wedberg, *Plato's Philosophy of Mathematics* (Almqvist & Wiksell, Stockholm, 1955).

W. H. Werkmeister (ed.), *Facets of Plato's Philosophy* (*Phronesis*, supplementary vol. 2: Van Gorcum, Assen, 1976).

N. P. White, *Plato on Knowledge and Reality* (Hackett, Indianapolis, 1976).

E. M. Wood and N. Wood, *Class Ideology and Ancient Political Theory: Socrates, Plato and Aristotle in Social Context* (Blackwell, Oxford, 1978) [Wood and Wood (1978)].

찾아보기

B. 플라톤 인용문 색인

(주의: 더 넓은 원전이나 전체 대화록을 다루는 과정에서 언급된 인용문들은 그 자
체가 특별히 중요하지 않은 이상 별도로 열거되지 않는다.)